고려시기 지방제도 연구

고려시기 지방제도 연구

초판 1쇄 인쇄 2017년 2월 25일
초판 1쇄 발행 2017년 2월 28일

지은이 박종진
펴낸곳 서울대학교출판문화원
펴낸이 성낙인

책임 편집 신선규
디자인 최선아

출판등록 제15-3호

주소 (08826) 서울 관악구 관악로 1
대표전화 02-880-5252 | 팩스 02-888-4148
출판관리팀(주문상담) 02-889-4424, 02-880-7995
이메일 snubook@snu.ac.kr
홈페이지 www.snupress.com

ISBN 978-89-521-1864-6 93910

고려시기 지방제도 연구

박종진 지음

서울대학교출판문화원

A study on the local governing system in Goryeo Dynasty

Jongjin Park

Seoul National University Press

책을 내면서

이 책은 필자의 고려시기 지방제도 연구를 종합한 것이다. 고려시기의 지방제도는 고려 건국 후 몇 차례의 개편 끝에 현종 9년에 기본 틀이 만들어졌다. 고려 현종 9년에 정해진 지방제도는 하나의 주현(主縣)과 몇 개의 속현(屬縣)이 하나의 지방통치단위인 '주현속현단위'로 묶여서 지방통치의 중심이 되는 제도라는 점에서 '주현속현제도(主縣屬縣制度)'라고 할 수 있다. 이 책에서는 '주현속현제도'의 성립과 운영, '주현속현단위'의 범위와 지리적 특징에 대해서 연구하였다.

필자가 고려시기 지방제도에 대해서 관심을 가지기 시작한 것은 고려시기 조세제도를 연구하면서 조세의 수취단위에 대해서 천착하면서였다. 그 결과 『고려사』 지리지에 기록된 고려시기의 단위 군현들은 모두 독립된 영역과 읍사(邑司)를 가진 대등한 위상의 존재로, 국가의 지방통치의 기초 단위였고, 동시에 조세의 수취단위였다는 것을 확인할 수 있었다. 조세의 수취단위에서 시작된 지방제도에 대한 연구는 조세제도에 대한 연구가 일단락되면서 자연스럽게 고려시기 지방제도 연구의 주요 주제인 안찰사와 계수관에 대한 관심으로 이어졌다.

필자가 고려시기 지방제도 연구에 집중하게 된 것은 10년 전 몸을 크게 다친 이후이다. 그 첫 번째 작업으로 '청주목지역'을 사례로 고려시기의 가장 중요한 지방통치단위인 '주현속현단위'의 편성 배경과 지리적 특징을 살펴보았다. 이때 '청주목지역'을 첫 사례로 선택한 것은 '청주목지역'이 고려 현종 9년 주현속현단위 편성의 특징이 가장 잘 드러나는 지역이기 때문이었다. 또한 청주시에서 10여 년간 살았던 익숙함(추억)도 '청주목지역'을 첫 사례 연구로 정한 이유의 하나였다. '청주목지역'의 편성 배경을 살핀 데 이어서, '상주목지역', '밀성군지역', '진도현지역', '개성부영역'의 지리적 범위와 특징을 고찰하였다. 그 결과 고려 현종대 '주현속현단위'를 정할 때 과거 지방통치단위의 역사적 경험과 지리적 요인을 적극적으로 고려하였다는 것을 다시 한번 확인할 수 있었다. 고려 현종대 '주현속현단위'의 편성 과정에 지형 등 지리적 요인이 적극적으로 고려되었다는 사실을 구체적으로 밝힌 것은 이 연구의 매우 중요한 성과이다. 다만 그 사례연구가 부족한 것이 아쉽다. 앞으로 보완할 기회가 있으면 좋겠다.

아울러 이 책에서는 '주현속현제도'의 성립을 고려초기 지방제도의 개편과정 속에서 살펴봄으로써 고려 현종 9년 고려 지방제도의 성립이 가지는 의미를 분명하게 설명할 수 있었다. 즉 고려 현종 9년에 성립한 '주현속현제도'는 고려 건국 이후 중앙집권적인 군현제의 정착이라는 일관된 방향에서 이루어진 몇 차례의 지방제도 개편 결과였다. 특히 필자는 이 책을 쓰면서 현종 9년의 '주현속현제도'는 성종 14년의 '주현제도(州縣制度)'와 전혀 다른 제도가 아니라 그 한계를 보완한 제도이고, 또한 두 제도는 신라후기부터 운영해 온 지방제도의 역사적 경험을 상당 부분 이어받았다는 것을 확인하였다.

고려시기 지방제도에 대해서는 많은 연구 성과가 있지만, 고려시기의 지방제도를 '주현속현제도'로 보고, '주현속현제도'의 성립과 운영, '주현속현단위'의 지리적 특징에 대해서 연구한 필자의 이 책도 고려시기 지방제도를 이해하는 데 조금이라도 도움이 되었으면 좋겠다.

10년이면 강산도 변한다는 말이 있지만 2016년 5월, 꼭 10년 만에 찾은 지리산은 여전히 아름다웠다. 이 책의 대부분은 10년 전 지리산에서 몸을 크게 다친 이후에 쓴 것이다. 10년의 오랜 재활기간 중 여러 방면에서 도와주신 모든 분들께 감사드린다. 그 도움이 없었다면 지금의 나도 그리고 이 책도 없었을 것이다. 출판을 허락하고 예쁘게 책을 만들어 주신 서울대학교출판문화원의 여러 선생님께도 감사드린다.

2016년 12월 31일

남북의 백두대간이 이어지기를 꿈꾸며

박 종 진

차례

표 및 그림 차례

서장

고려시기 지방제도 연구 성과 정리

1. 연구사를 정리하면서

한국 중세의 지방통치는 중앙집권적인 지방제도인 군현제도를 토대로 하여 이루어졌다. 한국사에서 군현제를 토대로 한 지방제도가 틀을 갖춘 것은 신라가 삼국을 통일한 이후이다. 신라는 삼국통일 후인 685년(신문왕 5) '9주5소경제' 혹은 '주군현제도(州郡縣制度)'로 불리는 지방제도를 정비하였고, 그 70여 년 후인 757년(경덕왕 16) 군현의 명칭을 한자식 이름으로 개편하였다. 고려 건국 후 고려정부는 신라후기의 '주군현제도'를 토대로 지방제도를 편성하였다. 그것은 고려정부가 중앙집권적인 지방통치를 지향하였기 때문이다. 이후 몇 차례 커다란 변화가 있었지만 한국 중세 지방제도의 토대는 군현제도였다.[1] 고려시기 지방제도의 기본 틀은 고려

1 신라후기 이래로 지방통치는 군현제로 이루어졌다. 그렇지만 군현제의 구조와 특징은 시기에 따라 많은 차이가 있다. 이 책에서는 신라후기 이후의 지방제도 변천과정을 일관성 있게 서술하기 위해서 시기별 지방제도의 명칭을 다음과 같이 구분하여 사용하기로 하겠다. 즉 통일신라시기의 지방제도는 '9주5소경제' 혹은 '州郡縣制度'로, 고려 성종 14년의 지방제도는 '10도제' 혹은 '州縣制度'로, 고려 현종 9년의 제도는 '主縣屬縣制度'로 구분하여 사용한다. 또 연관된 용어로 '주군현제도' 때의 지방통치단위는 '州領縣單位' 혹은 '郡領縣單位'로 쓰고, '주현제도' 때의 지방통치단위는 '州縣單位', '주현속현제도' 때의 지방통치

건국 이후 크고 작은 몇 차례의 변천 끝에 1018년(현종 9)에 정해졌다. 고려 현종 9년에 정해진 지방제도는 하나의 주현(主縣)과 몇 개의 속현(屬縣)이 하나의 지방통치단위인 '주현속현단위'로 묶여서 지방통치의 중심이 되는 제도라는 점에서 '주현속현제도(主縣屬縣制度)'라고 정의할 수 있다.[2] 지금까지 발표된 고려시기 지방제도에 대한 연구는 매우 많다.[3] 고려시기 지방제도 연구 전체에 대한 연구사가 정리되어 있기 때문에[4] 서장에서는 이 책의 내용과 연관된 고려시기 지방제도의 주요 주제에 대한 연구 성과를 정리하여 이 책의 내용을 보완하려고 한다. 이 책은 고려 지방제도에 대한 주요 주제들을 모두 포함하고 있지 않기 때문이다. 아울러 이 책 앞에 선행 연구 성과의 내용을 정리하는 것은 고려시기 지방제도 연구에 대한 큰 흐름을 제시하기 위해서이기도 하다. 이 글에서는 고려시기 지방제도에 대한 연구 성과를 지방제도의 성립, 지방제도의 구조와 운영, 지방제도의 변화로 나누어 정리하였다. 고려시기 지방통치의 한 축을 담당하였지만 이 책의 연구 대상에서 빠진 양계(兩界)에 대한 연구 성과는 여기에서 정리하지 않았다. 이 글에서 다루지 못한 연구 성과는 부록으로 첨부한 「고려시기 지방제도 연구 목록」에 포함시켰다.

단위는 '主縣屬縣單位'로 쓰겠다.

2 그렇지만 일반 행정구역이라 할 수 있는 남쪽의 개성부 및 5도와 달리 그 북쪽인 양계영역은 일부를 제외하고는 '주현속현제도'로 운영되지 않았다.

3 이 책 부록 「고려시기 지방제도 연구 목록」 참고.

4 고려시기 지방제도 연구 성과 전체에 대한 정리로는 다음 글들이 있다. 蔡雄錫, 1995, 「군현제와 향촌사회」, 『한국역사입문②』, 풀빛; 尹京鎭, 2000, "연구동향과 문제제기", 「高麗 郡縣制의 構造와 運營」, 서울대학교 박사학위논문; 박종기, 2002, 「군현제 연구론」, 『지배와 자율의 공간, 고려의 지방사회』, 푸른역사; 具山祐, 2003, 「연구현황」, 『高麗前期鄕村支配體制 研究』, 혜안.

2. 고려시기 지방제도의 성립

1) 태조대 지방제도의 개편

태조대의 지방제도 개편에 대한 연구가 본격적으로 이루어진 것은 호족연합정권설이 비판받기 시작한 것과 연관이 있다. 즉 고려초기 왕권의 성격을 호족연합정권으로 보던 시기에는 983년(성종 2)의 12목 설치와 지방관 파견, 향리제 실시 등에 주목하였다면, 1970년대 중반 이후 호족연합정권설이 비판 극복되면서 태조대 지방제도에 대한 관심이 나타났고 그 이후 상당한 연구가 이루어졌다.

고려 태조대의 지방제도 개편과 관련하여 주목되는 것은 940년(태조 23) 전국의 주부군현(州府郡縣)의 명칭을 고친 사실이다.[5] 그렇지만 『고려사(高麗史)』 지리지에서 태조 23년의 군현 명칭 개편 기록을 확인할 수 있는 것은 아주 적다. 대신 『고려사』 지리지에는 개별 군현의 초기 개편 시기를 고려초(高麗初)·지고려(至高麗)·고려(高麗)(이하 '고려초') 등으로 기록한 사례가 많다. 이에 따라 태조대의 지방제도 개편에 대한 연구 중에는 『고려사』 지리지의 '고려초'와 태조 23년의 지방제도 개편에 대하여 언급한 것이 적지 않다. 일부 예외를 인정하고 있기는 하지만 대부분의 연구들은 '고려초'는 태조대, 더 나아가 후삼국 통일 이전 시기로 본다.[6]

---

5 『高麗史』 卷56, 地理1, 序文 "高麗太祖 興於高句麗之地 降羅滅濟 定都開京 三韓之地 歸于一統 然東方初定未遑經理 至二十三年 始改諸州府郡縣名"; 卷2, 太祖 23年 春3月 "改州府郡縣號".

6 金甲童, 1986a, 「'高麗初'의 州에 대한 考察」, 『高麗史의 諸問題』, 삼영사(1990, 『羅末麗初의 豪族과 社會變動硏究』, 고려대학교출판부); 朴宗基, 1987a, 「≪高麗史≫ 地理志의 「高麗初」 年紀實證 -太祖代 郡縣改編의 背景-」, 『斗溪李丙燾博士九旬紀念 韓國史學論

즉 『고려사』 지리지의 '고려초'의 시기는 고려 건국 후 후삼국 통일까지 이루어진 일련의 지방제도 개편 시기가 반영된 것으로 보아서 후삼국 통일 이후인 태조 23년과는 일단 구분한다. 그렇지만 『고려사』 지리지의 '고려초' 연혁을 정리하는 방식의 측면에서 분석하여 '고려초'의 연기(年紀)를 모두 태조대로 일괄 파악하는 연구의 한계를 지적하고 읍명과 관계된 것은 태조대로, 영속과 관련된 것은 현종 9년으로 보기도 한다.[7] 고려는 건국 후 신라후기의 '주군현제도'를 바탕으로 지방제도를 편성하였다. 비록 고려 건국 당시 신라의 지방제도는 제대로 운영되지 못하였고, 더구나 당시 고려의 통치력이 미치는 곳이 한정되어 있었지만, 그 범위에서나마 신라후기의 '주군현제도'를 토대로 지방제도를 운영하려 한 것은 급격한 변화를 원하지 않았던 호족의 지지를 얻기 위해서였을 수 있다.[8] 그 후 태조는 정치적·군사적 목적에 따라서 부분적으로 지방제도를 개편하였다. 태조대의 지방제도 개편에서 가장 눈에 띄는 것은 많은 군현의 명칭이 변경된 것인데, 그중에서도 주(州)와 부(府)로 변경된 것이 많다.[9] 이렇게 태조대에는 많은 군현의 명칭이 개편되었을 뿐 아니라, 수도 개경과 경주를 비롯하여 운주, 천안부, 흥례부, 고울부, 보성부, 청도군 등에서는 군현의 개편 혹은 신설과 함께 영속관계의 변화도 있었고, 이 결과는 태조 23년의 지방제도 개편에 반영되었다.[10] 최근 연구에서 후삼국시기 주와 부를 교통로와 연관시켜 분석한 것도 이 시기 지방제도

叢』, 지식산업사; 金日宇, 1998, 「高麗初期 郡縣의 主屬關係 形成과 地方支配」, 『高麗初期 國家의 地方支配體制 研究』, 일지사.

7 윤경진, 1996, 「고려 태조대 군현제 개편의 성격－신라 군현제와의 상관성을 중심으로－」, 『역사와 현실』 22; 1999, 「高麗史 地理志의 연혁정리 방식에 대한 비판적 검토」, 『奎章閣』 22.

8 邊太燮, 1989, 「高麗時代 地方制度의 構造」, 『국사관논총』 1.

9 金甲童, 1990, 앞 책; 具山祐, 2003, 앞 책; 尹京鎭, 2000, 앞 박사학위논문.

10 이 책 제1장 참고.

개편과 관련하여 주목된다.[11] 태조대의 지방제도 개편은 태조 23년 주부군현의 이름을 바꾸는 것으로 나타났다. 초기 연구에서는 『고려사』 지리지에서 태조 23년에 명칭 개편이 확인되는 군현이 16곳에 불과하여 이때의 지방제도 개편의 의미를 과소평가하기도 하였지만, 고려 태조대 왕권의 성격을 적극적으로 해석하는 연구가 진행되면서 태조 23년의 지방제도 개편에 대해서도 적극적으로 해석하는 경향이 나타났다. 즉 태조 23년에는 단순히 주부군현의 명칭을 바꾼 것이 아니라 대대적인 지방제도 개편이 이루어졌고,[12] 이때 고려 영토 안의 단위군현이 확정되었다고 보았다.[13] 더 나아가 태조 23년의 지방제도 개편을 현종대에 완성되는 고려 지방제도의 첫 단계로 보는 연구도 나왔지만,[14] 태조 23년의 지방제도 개편이 현종대에 완성되는 지방제도를 목표로 이루어졌다고 보기는 어렵다.[15]

한편 태조대 지방제도의 성격이 신라의 지방제도와 밀접하게 연관되었다고 언급되기도 하였다. 태조대 군현제는 단위군현의 확정이나 '군(郡) – 영현(領縣)체계'의 구현이라는 점에서 신라 군현제를 토대로 하고 있다고 보기 때문이다.[16] 즉 이 연구에서는 신라 군현의 90% 가까이가 고려에 들어와서도 군현으로 유지되었고, 신설되는 군현의 수도 많지 않았기 때문에 태조대 군현 개편이 새로운 주속관계를 형성했다기보다는 신라의 근간을 이어 왔다고 보았다. 반면에 태조대 군현 개편은 신라

---

11 정요근, 2008, 「後三國時期 高麗의 남방진출로 분석」, 『韓國文化』 44; 2009b, 「후삼국시기 고려의 주(州)·부(府) 분포와 그 설치 의미」, 『역사와 현실』 73.

12 김아네스, 1996, 「高麗太祖代의 地方支配體制」, 홍승기 편, 『高麗 太祖의 國家經營』, 서울대학교 출판부.

13 윤경진, 1996, 앞 논문.

14 朴宗基, 1988a, 「高麗 太祖 23年 郡縣改編에 관한 硏究」, 『韓國史論』 19.

15 윤경진, 1996, 앞 논문.

16 위와 같음.

군현제의 한계를 개혁하기 위해서였다는 반론이 제기되기도 하였다.[17] 즉 이 연구는 태조대에는 점차 군을 없앰으로써 상하 이층구조로 구성된 통일신라 지방제도의 골격을 근본적으로 개편하려 하였다고 보았기 때문에 태조대 군현제도를 신라후기의 것과 같은 성격으로 보는 연구에 비판적이다. 이와 관련된 것으로 지방관 파견의 여부와는 관계없이 태조대 주현(主縣)과 속현(屬縣) 관계가 전반적으로 형성되었다고 보거나,[18] 전라도 지역에서 태조대에 주속현의 관계가 형성되었고 주현지역에 외관을 파견하거나 중앙군이 주둔하였다고 본 견해도 있다.[19] 그렇지만 최승로의 상소문 내용을 보면 태조대에 중앙에서 지방관을 파견하였다는 것을 받아들이기 어렵다.[20] 또한 지방관이 파견되지 않은 태조대에 광범위한 내속(來屬)관계가 형성되었다고 보는 것도 적절하지 않다. 태조대의 영속관계 내용은 대체로 신라후기의 군현영속관계를 토대로 하였을 뿐 아니라[21] 주현·속현의 개념 역시 현종 9년 이후 지방관 파견 여부를 토대로 도출된 것이기 때문이다.[22]

결국 태조 23년까지 적잖은 지방제도 개편이 이루어졌지만 이때는 군현 사이의 영속관계의 개편을 포함한 전면적인 지방제도 개편까지는 이르지 못하였다.

고려초기 지방군현에 설치되었던 금유(今有)·조장(租藏)[23]과 전운사

---

17 具山祐, 2003, 「太祖代 地方制度 成立」, 『高麗前期 鄕村支配體制 硏究』, 혜안, 126쪽. 구산우는 『삼국사기』 지리지보다 『고려사』 지리지의 가치가 훨씬 높다고 평가하여, 전자를 분석하여 고려 태조대의 군현제 개편의 실상에 접근하려는 윤경진의 연구방법을 비판한다.

18 金日宇, 1998, 앞 논문.

19 김갑동, 1990, 앞 책.

20 김아네스, 1996, 앞 논문, 241쪽.

21 윤경진, 1996, 앞 논문.

22 尹京鎭, 2001a, 「高麗 郡縣制의 운영원리와 州縣-屬縣 領屬關係의 성격」, 『한국중세사연구』 10.

(轉運使)에 대해서도 학계에서는 초기 연구부터 관심을 가져서, 그 기능(성격)과 설치 지역을 둘러싸고 다양한 견해들이 제시되었다. 그렇지만 그에 대한 구체적인 기록이 없기 때문에 대체로 이들의 성격을 성종 2년 지방관이 파견되기 이전에 중앙에서 조세 징수와 관련해서 임시로 지방에 파견한 관리로 이해하였다. 즉 금유와 조장은 조세 징수와 보관, 전운사는 운반과 관련된 일을 하였을 것으로 추론하는 정도이다.[24] 이들의 성격을 정확히 알 수는 없지만 전주(全州) 지방의 유력자였던 류윤겸(柳潤謙)이 금유·조장과 같은 것으로 보이는 검무조장(檢務租藏)을 맡았던 것으로 보아[25] 이들 임시 지방관에는 고려 중앙정부에 우호적인 지방 세력이 임명되었을 것이다.

2) 성종대 지방제도의 개편

(1) 성종 2년의 12목 설치와 향리제의 시행

고려시기 지방제도 성립과 관련하여 가장 주목되는 것은 983년(성종 2)에 12목(牧)을 설치하고 처음으로 지방관을 파견한 사실이다. 특히 이것은 성종 즉위 후 최승로가 올린 '시무28조'의 내용에 공무(公務)를 빙자한

---

23 『高麗史』 卷77, 百官2, 外職 "今有租藏 並外邑使者之號 國初有之 成宗二年 罷". 대부분의 연구자들은 위 기록에 '國初'라 한 것으로 보아서 금유·조장의 파견이 태조대에 이루어졌다고 하였지만, 구체적인 근거를 제시하지 않았다. 한편 하현강은 그 설치 시기를 광종 즉위 초기로 보았다. 그들의 임무가 지방에서 '租賦'를 징수하고 보관하는 데 있었으므로, 광종 즉위 초기 주현의 세공액이 정해졌을 때 세공징수를 담당하기 위한 관직으로 설치되었을 것으로 추정하였다(河炫綱, 1988, 『韓國中世史研究』, 일조각).

24 邊太燮, 1987, 「高麗初期의 地方制度」, 『韓國史研究』 57.

25 「柳邦憲墓誌銘」(金龍善 編, 1993, 『高麗墓誌銘集成』, 翰林大學校 아시아文化研究所).

향호(鄕豪)들의 침탈을 막기 위해서 지방관을 파견해야 한다는 내용과 연관하여 많은 주목을 받았다. 이것은 고려의 제도가 전반적으로 성종대에 성립한 것과 연관되어 있다. 12목 설치를 계기로 중앙의 행정력이 지방통치에도 직접 미치기 시작하였다. 이때의 12목을 『고려사』 지리지에서 확인되는 8목(廣州·淸州·忠州·公州·晉州·尙州·海州·黃州)과 995년(성종 14) 절도사가 설치된 양주(楊州)·전주(全州)·나주(羅州)·승주(昇州)로 본 연구[26]가 나온 이후 대부분의 연구자들은 이 견해를 그대로 받아들이고 있다. 다만 양주와 승주 대신 경주와 김주(金州)를 12목에 포함시켜야 한다는 연구 성과도 있다.[27] 파견지역에 대한 부분적인 의견 차이와 관계없이 이때 목이 된 12지역은 이전부터 지방통치의 중심지였던 것은 분명하다.[28]

12목 설치와 지방관 파견을 계기로 중앙의 행정력이 조세 징수 등 백성의 통치에 직접 영향을 주기 시작하였다. 이에 따라 고려시기 지방제도가 군사적인 것에서 민정적인 것으로 전환하는 출발점이 되었고, 또한 이때부터 고려의 지방제도는 본 궤도에 오르게 되었다.[29] 즉 대부분의 연구자들은 성종 2년 12목의 설치로 고려의 중앙정부가 지방을 직접 통치할 수 있는 계기를 만들었다고 보았다. 그렇지만 12목이 직접적이고 실질적인 지방지배를 구현하기에는 12지역이라는 수가 너무 적다. 따라서 12목은 중앙에서 지방을 직접 통치하는 데 큰 역할을 했다고 보기보다는 지방통치의 중심도시로서 지방군현에 대한 감찰 기능을 했을 가능성

26 邊太燮, 1968a, 「高麗前期의 外官制 –地方機構의 行政體系–」, 『韓國史硏究』 2(1971, 『高麗政治制度史硏究』, 일조각).

27 윤경진, 2005, 「고려 界首官의 제도적 연원과 성립과정 –9州·12牧과의 연결성을 중심으로–」, 『韓國文化』 36.

28 12목 중 公州·全州·羅州·尙州·晉州·廣州는 신라후기 9주였고, 忠州·淸州는 소경이었으며, 楊州·黃州·海州·昇州는 郡이었다. 또 慶州는 신라의 수도였고, 金州는 소경이었다.

29 邊太燮, 1968a, 앞 논문.

이 높다.[30] 성종 2년의 12목 설치는 처음으로 민정을 목적으로 지방관을 파견하였다는 상징적인 의미는 크지만 지방관 파견지역이 12곳에 불과하였다는 사실에서 이때 12목에 파견된 지방관의 기능이 제한적일 수밖에 없었다는 것을 짐작할 수 있다. 성종 2년 지방제도에 대한 국가의 조치는 12목 설치로 끝난 것이 아니었다. 『고려사』에는 성종 2년에 주부군현의 이직(吏職)을 개편하였다는 기록이 있다.[31] 신라후기 사병(私兵)을 연구하면서 이 기록을 주목한 이래,[32] 이 기록은 고려시기 향리제(鄕吏制)의 시행시기뿐 아니라 향리직의 기원과 조직을 이해하는 데 없어서는 안 되는 자료가 되었다. 대부분의 연구자들은 이 자료를 토대로 성종 2년에 당대등(堂大等)을 수반으로 하던 지방세력의 관반(官班)이 지방군현에서 실무를 맡는 향리제로 개편된 것으로 보았고, 아울러 같은 해에 고려시기 향리제가 성립하였다고 보았다.[33] 반면에 향리제는 성종 2년에 전면적으로 실시된 것이 아니라 지역에 따라 태조대부터 부분적으로 실시되었으며 지방제도 개편에 따라 확대되어 현종 9년에 완성된 것으로 본 연구도 있다.[34] 한편 향리제의 기원을 신라말기에서 고려초기에 이르는 지방세력들이 가졌던 독자적인 행정조직인 관반으로 이해하면서 금석문 자료를 이용한 관반에 대한 연구도 이 시기 지방세력을 이해하는 데 기여하였다.[35]

---

30 尹京鎭, 2000, 앞 박사학위논문.

31 『高麗史』 卷75, 選擧3, 銓注, 鄕職, 成宗 2年.

32 李基白, 1957, 「新羅 私兵考」, 『歷史學報』 9(1974, 『新羅政治社會史研究』, 一潮閣).

33 金鍾國, 1962, 「高麗時代の鄕吏について」, 『朝鮮學報』 25; 朴敬子, 1974, 「高麗 鄕吏制度의 成立」, 『歷史學報』 63.

34 李純根, 1983, 「高麗初 鄕吏制의 成立과 實施」, 『金哲埈博士華甲紀念史學論叢』, 金哲埈博士華甲紀念史學論叢 刊行準備委員會.

35 金光洙, 1979, 「羅末麗初의 豪族과 官班」, 『韓國史研究』 23; 蔡尙植, 1982, 「淨土寺址法鏡大師碑 陰記의 分析-高麗初 地方社會와 禪門의 構造와 관련하여-」, 『韓國史研究』

(2) 성종 14년의 지방제도 개편

성종대 본격적인 지방제도 개편은 995년(성종 14)에 이루어졌다. 그리고 성종 14년의 지방제도 개편은 성종 2년의 지방제도 개혁이 이루어졌기에 가능하였다. 특히 향리제도의 안정적인 정착은 매우 중요한 전제조건이었다. 『고려사절요』 성종 14년 7월 기록에 따르면[36] 개주(開州)를 개성부(開城府)로 고쳐서 적현(赤縣) 6개와 기현(畿縣) 7개를 관할하게 하였고, 관내도(關內道)·중원도(中原道)·하남도(河南道)·강남도(江南道)·영남도(嶺南道)·영동도(嶺東道)·산남도(山南道)·해양도(海陽道)·삭방도(朔方道)·패서도(浿西道) 등 10도를 두었으며, 개성부와 10도에는 128주, 462현, 7진이 속하였다. 또 주에는 12절도사를 비롯하여 도단련사·단련사·자사 등 새로운 지방관이 파견되었다. 보통 성종 14년의 지방제도를 10도제 혹은 주현제도(州縣制度)라고 하는데, 그 존속기간이 짧았을 뿐 아니라 그 제도를 충분히 설명할 수 있는 자료가 부족하기 때문에 연구자들에게 제대로 조명받지 못하였다.

초기 연구에서는 10도라는 광역의 행정구획 편성을 중국 당나라 제도의 모방으로 보았다. 하지만 10도 영역의 상당수가 신라후기 9주 영역과 거의 일치하기 때문에 10도 편성의 바탕에는 신라후기 9주의 편성에 대한 이해가 있었다고 보아야 한다.[37]

10도 편성의 의미와 기능에 대하여는 서로 엇갈린 의견이 제시되었다. 고려말기까지 행정구획으로서의 도제(道制)가 확정되지 않았다고 보

36; 하일식, 1999, 「고려초기 지방사회의 주관과 관반 - 금석문 자료 분석을 통한 시론적 해석 -」, 『역사와 현실』 34.

36 『高麗史節要』 卷2, 成宗 14年 7月.

37 10도 편성을 9주와 고려중기 이후의 5도 양계와 연관시켜 언급한 연구로 洪淵津의 「高麗前期 道制의 成立과 그 性格」(1993, 『釜大史學』 17)이 있다.

는 연구에서는 당연히 10도 역시 상급행정기구로 제도화한 적이 없다고 보고 있다.[38] 그렇지만 10도가 주군(州郡)을 관할하는 상급지배기구이고, 그의 장관, 즉 상급행정관으로서 전운사(轉運使)가 존재하였다는 연구[39] 이후 전운사를 10도에 파견된 상급행정관으로 보는 연구가 이어졌다.[40] 또 10도를 주군현의 상위행정구역으로 보면서도 10도의 장관을 관찰사(觀察使)나 전운사로 보는 것을 반박하면서 당시 지방행정의 중심이 된 것은 12절도사(節度使)를 비롯한 외관이었다고 본 연구가 있다.[41] 이 연구에서는 10도는 수 개의 주현을 묶은 '명목상의 상위행정구역'으로 편성한 것에 불과하다고 보았다. 한편 10도제를 주현제도 시행과 직접 연관하여 검토한 연구 성과도 있다.[42]

성종 14년 지방제도 개편과 관련된 연구 중에서는 '주현제도(州縣制度)'의 구조에 대한 것이 주목되는데,[43] 이 연구에서는 10도 중 패서도를 제외한 9도에 속한 주(州)는 독립된 단위군현이 아니라 몇 개가 현을 관할하는 상위영역으로만 존재하였다고 보았다.[44] 이 연구에서는 중국 당나라의 '주현제도'에서도 주는 현의 상위영역으로 존재하였다는 것과

38 河炫綱, 1962, 「高麗 地方制度의 一硏究(上) - 道制를 中心으로 -」, 『史學硏究』 13; 「高麗 地方制度의 一硏究(下) - 道制를 中心으로 -」, 『史學硏究』 14.

39 邊太燮, 1968a, 앞 논문.

40 尹京鎭, 2006a, 「고려초기 10道制의 시행과 운영체계」, 『震檀學報』 101; 金甲童, 1990, 『羅末麗初의 豪族과 社會變動 硏究』, 고려대학교 민족문화연구소, 45쪽.

41 崔貞煥, 1996, 「高麗 地方制度의 整備와 道制」, 『慶北史學』 19. 최정환은 만약 전운사가 10도의 장관이었다면 전운사가 혁파되는 현종 20년 이후에는 장관이 없는 10도가 존속했다는 모순에 빠지게 된다고 반박하였다.

42 尹京鎭, 2006a, 앞 논문.

43 濱中昇, 1977, 앞 논문; 尹京鎭, 2001b, 「高麗 성종 14년의 郡縣制 改編에 대한 연구」, 『韓國文化』 27.

44 '주현제도'에서 주가 상위영역으로 존재하였다는 것은 '주현단위'에서 주는 독립된 영역이 없이 주에 속한 여러 현 중의 하나인 중심 현에 '주현단위'의 행정을 맡은 주의 관청만 있다는 것을 의미한다.

'모주모현인(某州某縣人)'으로 되어 있는 당시 인물들의 출신지 표시에서 현의 명칭이 주의 별호(別號)로 표시된 것을 중요한 논거로 제시하였다. 이 연구 결과는 대부분의 연구자들의 지지를 받았지만[45] 『고려사절요』의 관련 기록 중에서 패서도를 제외하고 주와 현의 수를 대략 추산하여 주가 현의 상위영역으로 존재했다는 추론은 보완이 필요하다. 성종 14년의 지방제도 개편이 성종 12년 거란과의 전쟁 후에 이루어졌고, 이때 절도사 등 군사적인 성격을 가진 지방관을 도입한 것 때문에 성종 14년의 지방제도 개편을 군사적인 지방제도 개편으로 보는 것이 보통이다. 그렇지만 성종 14년에는 단위군현 사이의 영속관계가 전면적으로 개편되었고,[46] 동시에 많은 단위군현에 지방관이 파견되었다.[47] 따라서 성종 14년의 지방제도 개편은 고려 건국 이후 고려가 지향했던 중앙집권적 지방제도로 개편하는 과정으로 해석할 수 있다. 성종 14년의 지방제도는 고려의 지방제도로 정착하지 못한 채 현종 9년 '주현속현제도'라는 새로운 지방제도로 개편되었다. 그 원인에 대해서는 거란과의 전쟁 이후 화풍(華風)을 중시하던 세력이 쇠퇴하고 토풍(土風)을 중시하는 정치세력이 득세하면서 화풍의 외연을 갖춘 10도제의 구현은 좌절될 수밖에 없었다고 본 연구[48]와 집권력의 한계로 지방세력들을 제대로 통제하지 못하였기 때문이라고 본 연구[49]가 있다. 이 외에도 성종 10년의 별호 제정과 11년의

45 金甲童, 1990, 앞 책; 尹京鎭, 2001b, 앞 논문; 具山祐, 2003, 앞 책.

46 尹京鎭, 2001b, 위 논문; 박종진, 2015b, 「고려 초 지방제도 개편과 '主縣屬縣制度'의 성립」, 『韓國文化』 72.

47 金甲童, 1990, 앞 책; 尹京鎭, 2001b, 위 논문.

48 洪淵津, 1993, 앞 논문.

49 구산우는 이때 파견된 지방관의 수가 부족하였고, 도의 장관이 12목의 장관보다 낮아서 지방제도 개혁에 저항하는 향촌지배층의 반발을 제압하기 어려웠다고 하였고(具山祐, 2003, 앞 책), 윤경진은 현종의 몽진과정에서 확인할 수 있듯이 중앙 집권력의 '재지세력'들에 대한 통제력 한계 때문에 실패하였다고 보았다(윤경진, 2001b, 앞 논문).

읍호(邑號) 개정을 성종 14년의 지방제도 개편과 연관시킨 연구[50]가 있다.

(3) 개성부와 적현·기현

995년(성종 14) 7월에 설치된 적현(赤縣)과 기현(畿縣)은 현종 9년 개성현과 장단현을 중심으로 '주현속현단위'를 구성했던 12개의 단위군현에 송악군이 포함된 것으로 보는 것이 일반적이다.[51] 특히 당시 개성부의 핵심영역인 적현 6개는 개성현·덕수현·임진현·정주·송림현·송악현으로 보거나,[52] 개성현·덕수현·임진현·강음현·송림현·송악현으로 보고 있지만,[53] 적현에 수도로 개편된 송악현[송악군]이 포함되었다고 보기는 어렵다. 따라서 필자는 적현 6개에는 개주에 포함되었던 송악군·강음현·송림현·개성군·덕수현·임진현 중 수도 개경이 된 송악군[송악현]이 빠지고 정주(貞州)가 포함되었다고 보고 있다.[54]

성종 14년 적현·기현을 관할하기 위해 설치한 개성부의 성격에 대해서도 크게 두 가지 의견이 있다. 초기 연구에서 성종대 개성부는 적현·기현을 관할하기 위한 것이 강조되기도 하였지만,[55] 대체로 이후 연구에서는 성종대 개성부는 적현과 기현뿐 아니라 개경을 통치하기 위해서 설치한 것으로 보는 것이 대세였다. 최근에 다시 성종 14년의 개성부는 기본적으로 수도 개경이 아니라 적현과 기현을 관할하기 위한 관청이었

50 濱中昇, 1977, 앞 논문; 윤경진, 2002b, 「고려 성종 11년 읍호 개정에 대한 연구－고려초기 군현제의 구성과 관련하여－」, 『역사와 현실』 45; 具山祐, 2003, 앞 책.

51 尹武炳, 1956, 「所謂 '赤縣'에 對하여」, 『李丙燾博士華甲紀念論叢』, 一潮閣; 邊太燮, 1971, 앞 책; 朴龍雲, 1996, 앞 논문.

52 朴龍雲, 1996, 『高麗時代 開京 硏究』, 일지사.

53 鄭學洙, 2007, 「高麗前期 京畿制 硏究」, 건국대학교 박사학위논문.

54 이 책 제3장 4절 참고.

55 末松保和, 1938, 「高麗開城府考」, 『稻葉還曆記念滿鮮史論叢』(1965, 『青丘史草』 1, 笠井出版社).

다는 연구 결과가 나왔다.[56] 이러한 연구 결과에 따라 개성부의 중심지[治所]도 개경 밖인 개성현에 있었다는 견해와 개경 중심부에 있었다는 의견으로 나뉜다.

3) 현종대 지방제도의 성립과 특징

'10도제'와 '주현제도'로 대표되는 성종 14년의 지방제도 개편은 고려의 지방제도로 정착하지 못하였다. 성종대 설치된 지방관들은 단계적으로 혁파되었고, 1018년(현종 9) 2월에 4도호(都護)·8목(牧)·56지군사(知郡事)·28진장(鎭將)·20현령(縣令)이 설치되면서[57] 새로운 지방제도가 성립하였다. 현종 9년에 성립된 지방제도에 대해서는 초기 연구에서부터 지방관이 파견된 주현(主縣)을 중심으로 한 제도로 이해하였고, 동시에 계수관(界首官)인 주목(州牧)이 그것을 부분적으로 보완하는 제도로 보았다.[58] 이러한 현종 9년의 지방제도에 대한 초기 연구 성과의 기본 틀은 이후의 연구로 이어져서 고려시기의 지방제도를 '주현속현제도'로 이해하게 되었다. 즉 현종 9년의 '주현속현제도'는 일부 단위군현에 지방관을 파견하여 주현으로 삼고, 그 주현에 복수의 속현을 묶어서 '주현속현단위'를 편성하여 지방통치의 중심 단위로 삼았고, 동시에 몇 개의 '주현속현단위'를 광역의 '계수관단위'로 묶어서 이를 보완한 것으로 보았다. 현종 9년 이후 몇 차례 부분적인 개편이 있었지만 고려말기까지 '주현속현제도'의 기본

---

56 박종진, 2015a, 「고려말·조선초 개성부의 위상」, 『東方學志』 170.

57 『高麗史節要』 卷3, 顯宗 9年 2月.

58 邊太燮, 1968a, 앞 논문(1971, 앞 책).

틀이 바뀌지 않았다는 점에서 현종 9년 '주현속현제도'의 성립은 고려의 지방제도가 완성되었다는 것을 의미한다.

현종 9년에 고려시기 지방제도의 기본 틀인 '주현속현제도'가 완성되었다는 것에 대해서는 대부분의 연구자들이 동의한다. 그렇지만 그 주현속현 관계의 형성 배경과 시기에 대해서는 의견이 일치하지 않는다. 고려 군현제의 기원을 호족 혹은 '족단(族團)'의 지배복속관계에서 찾은 초기 연구에서는 속현의 존재 역시 고려초기 호족의 지배질서를 반영한 것으로 보았지만,[59] 이 연구는 이후 지방제도 연구가 진행되면서 많은 비판을 받았다. 이 외에도 군현의 주속관계는 외관 파견 여부와 관계없이 태조대부터 맺어졌다는 연구도 나왔지만,[60] 앞에서도 지적하였듯이 '주현'과 '속현'이라는 용어는 사료상의 용례에서 온 것이라기보다 외관의 파견 여부를 토대로 도출한 개념이라는 점에서, '주현속현제도' 성립의 기원을 태조대까지로 소급하는 것은 지나친 확대 해석이라는 반론이 주목된다.[61] 이 연구의 논지는 건국 이후 몇 차례의 개편 결과 현종 9년 '주현속현제도'가 성립한 것이지 처음부터 현종 9년의 주현속현제도를 지향한 것이 아니라는 것을 강조한 것이다. 한편 현종 9년에 성립한 고려의 지방제도와 성종 14년의 '주현제도'는 지방단위의 구성 원칙과 운영 형태의 측면에서 서로 근본적으로 다른 것이라는 연구 성과가 있지만,[62] 오히려 성종 14년의 '주현제도'의 한계를 보완한 것이 '주현속현제도'라고 할 수 있을 정도로 두 제도 사이에는 서로 통하는 점이 있다. 우선

---

59 旗田巍, 1960, 「高麗王朝成立期の府と豪族」, 『法制史硏究』 10(1972, 『朝鮮中世社會史の硏究』, 法政大學出版部).

60 金日宇, 1998, 「高麗初期 郡縣의 主屬關係 形成과 地方支配」, 『高麗初期 國家의 地方支配體制 硏究』, 一志社.

61 尹京鎭, 2000, 앞 박사학위논문, 5쪽.

62 具山祐, 2003, 앞 책, 178-179쪽.

두 제도는 신라후기부터 운영하여 온 지방제도의 역사적 경험을 상당부분 이어받았고, 성종 14년의 지방제도와 현종 9년의 지방제도는 신라후기 이래 유지되어 온 군현 사이의 영속관계를 개편하고 그 중심 군현에 지방관을 파견하여 중앙집권적인 지방제도를 추구하였다는 점에서 동질성을 가졌다.[63] 현종 9년 성립한 '주현속현제도'의 운영에서 중요한 비중을 차지한 것이 '주현속현단위'의 편성이라고 보고, '주현속현단위'의 성립과정과 그 지리적 특징을 탐구하여 현종 9년 '주현속현단위'의 규모는 신라후기의 '주영현단위'나 '군영현단위'보다 커졌고, '주현속현단위'를 편성할 때 지리적인 요소가 매우 중요하게 고려되었다는 것을 확인한 것도 중요한 성과이다.[64] 다만 '주현속현제도'의 성립과정에는 '주현속현단위'의 중심이 되는 주현의 정치적 위상이나 지방제도 운영의 역사적 경험 등 다양한 요소가 고려되었을 것이기 때문에 몇 개의 사례 연구를 통하여 고려 현종 9년의 지방제도 성립과정을 충분히 설명했다고 보기 어렵다.

한편 『고려사』 지리지에서는 고려의 지방제도를 왕경개성부(경기), 양광도·경상도·전라도·교주도·서해도(5도), 동계·북계(양계)로 나누어 정리하였다. 이를 토대로 고려시기의 지방편제를 경기·5도·양계로 보는 것이 일반적이지만 그 성립시기에 대해서는 논란이 있다. 고려의 5도가 고려전기인 예종·인종대에 성립한 것으로 본 연구에서는 이때 경기·5도·양계의 틀이 만들어진 것으로 보지만,[65] 고려말기까지 행정구획으

63 이 책 제1장 참고.

64 박종진, 2008, 「고려시기 「주현속현단위」 설정 배경에 대한 시론 -「청주목지역」의 지리적 특징의 분석 -」, 『한국중세사연구』 25; 2010, 「고려시기 '상주목지역'의 구조와 지리적 특징」, 『한국중세사연구』 29; 2012, 「고려전기 개성부의 변천과 지리적 변화」, 『東方學志』 157; 2014, 「고려시기 '밀성군지역'의 성립과 지리적 범위」, 『한국중세사연구』 38(모두 이 책 제3장에 수록).

로서의 도제가 확정되지 않았다고 보는 연구[66]에서는 『고려사』 지리지의 편제는 고려시기에 실제로 존재하였던 것이 아니라 조선초기 『고려사』 편찬자들의 의견으로 본다.

3. 고려시기 지방제도의 구조와 운영

1) '주현속현제도'의 운영과 외관·향리

1018년(현종 9)에 성립한 고려시기의 지방제도는 '주현속현제도(主縣屬縣制度)'라고 할 수 있다. 지방관이 파견된 주현과 지방관이 파견되지 않은 몇 개의 속현을 묶어서 '주현속현단위'를 편성하여 운영하였기 때문이다. 고려시기의 지방 지배가 주현과 속현에 의해서 이루어졌다는 것은 일찍부터 언급되었지만 그 운영체계가 구체적으로 밝혀지기 시작한 것은 비교적 최근의 일이다. 그 연구는 속현의 독자성을 밝히는 데서 시작되었다. 초기 연구에서부터 속현은 자신의 독자적인 영역이 있고 현사(縣司)와 향리(鄕吏)를 가지고 있었다는 사실이 지적되었다.[67] 또 이후의 연구에서 고려의 모든 군현들은 향리들로 구성된 읍사(邑司)를 구성하여 군현의 공무를 담당하였으며,[68] 국가는 주현·속현을 구분하지 않고 군현의 규모

---

65 邊太燮, 1971, 앞 책.
66 河炫綱, 1962, 앞 논문.
67 邊太燮, 1968a, 앞 논문(1971, 앞 책).
68 李樹健, 1989, 「高麗時代 「邑司」研究」, 『國史館論叢』 3.

에 따라 공해전(公廨田)을 지급하였다는 사실까지 밝혀졌다.[69] 이러한 연구를 토대로 '주현속현제도'의 운영체계의 양상을 종합한 연구가 제출되었다.[70] 그 내용의 핵심은 주현·속현의 구분과는 관계없이 모든 단위 군현의 운영을 향리 조직인 읍사가 담당하면서 일부 군현에는 지방관을 파견하여 주현이 상급체계로서 기능하였다는 것이다. '주현속현제도'의 운영에서 '주현속현단위'의 중심인 주현에는 향리들의 행정공간인 읍사와 지방관의 행정공간인 외관청(外官廳)이 존재하게 되는데, 이러한 지방제도의 운영을 담당하는 주인공은 향리와 외관(外官)[守令]이다. 따라서 향리와 외관에 대한 연구는 고려 지방제도 운영을 이해하는 데 필수적이다. 향리는 모든 단위군현에 설치된 읍사에 소속되어 군현의 실무행정을 맡는 존재이다. 특히 지방제도 운영에서 가장 중요한 조세 징수의 실무는 향리가 맡았다. 983년(성종 2) 전국의 향리직이 호장을 수반으로 하는 하나의 조직으로 통일되면서 향리제도가 실질적으로 성립하였다. 이어서 현종 9년에는 향리의 정원과 복색이 정해졌고, 1051년(문종 5) 10월에는 향리의 승진규정이 정해졌다.[71] 현종 9년에 정해진 향리의 정원은 단위군현의 규모에 따라 최대 84명에서 최소 29명이었다. 향리제도의 성립시기와 제도적인 정리에서 시작된 향리연구는 이후 경제기반,[72] 향역,[73] 신분,[74] 향리제도의 변화[75] 등으로 확대되었고, 근래에는 호장층에

69 安秉佑, 2002, 『高麗前期의 財政構造』, 서울대학교출판부.

70 尹京鎭, 2000, 앞 박사학위논문; 2001a, 앞 논문.

71 『高麗史』 卷75, 選擧3, 鄕職; 卷72, 輿服1, 冠服.

72 朴敬子, 1992, 「高麗 鄕吏의 經濟的 基盤」, 『國史館論叢』 39.

73 李惠玉, 1988, 「高麗時代의 鄕役」, 『梨花史學硏究』 17·18.

74 羅恪淳, 1990, 「高麗鄕吏의 身分變化」, 『國史館論叢』 13; 1992, 「高麗鄕吏의 身分的 特性과 그 變化」, 『史學硏究』 45.

75 박경자, 2001, 「高麗 鄕吏身分의 變動」, 『高麗-朝鮮前期 中人硏究』, 新書苑; 李勛相, 1985, 「高麗中期 鄕吏制度의 變化에 대한 一考察」, 『東亞硏究』 6.

대한 집중 연구가 이루어졌다.[76] 특히 최근에 호장층과 외관과의 상관성, 상호장(上戶長)의 위상을 검토한 연구[77]는 고려시기 지방제도 운영을 구조적으로 이해하려는 시도로 볼 수 있다.

향리가 모든 단위군현에 소속하여 군현의 실무행정을 맡았다면 외관은 주현에만 파견된 존재였다. 주현에는 향리들의 조직인 읍사 외에 외관들의 근무지인 외관청이 따로 설치되었고, 외관청에는 외관의 일을 보조하는 아전도 배치되어 있었다.[78] 고려시기 외관의 종류는 현종 9년 수령(守令)의 아종(衙從)을 정한 기록[79]에서 처음 확인되는데, 주현에 파견된 외관에는 사(使), 부사(副使), 판관(判官), 사록(司錄), 법조(法曹), 의사(醫師), 문사(文師), 방어진사(防禦鎭使), 현령(縣令), 진장(鎭將) 등이 있었고 이들을 모두 수령으로 통칭했다. 주현의 읍격에 따라 파견된 외관의 구성은 『고려사』 백관지[80]에서 구체적인 내용을 확인할 수 있다. 이에 따르면 주현의 읍격에 따라서 외관의 구성과 각 외관의 품질(品秩)에 차이가 있었다. 즉 계수관에 해당하는 경·목·대도호부에 소속된 관원으로는 사(3품 이상), 부사(4품 이상), 판관(6품 이상), 사록참군사(7품 이상), 장서기(7품 이상; 대도호부와 목에서는 사록이 겸함), 법조(8품 이상), 의사(9품 이상), 문사(9품 이상) 등이 확인되지만, 현이나 진에는 7품 이상의 사(현령, 진장)와 8품 이상의 부사만 규정되었다. 위에서 열거한 『고려사』 백관지의 외관은 성종 14년에 설치되었던 절도사, 도단련사, 단련사, 자사 등이 혁파된 후 현종 9년 '주현속현제도'가 성립하면서 새로 설치된 관원이다.

---

76 강은경, 2002, 『高麗時代 戶長層 硏究』, 혜안.

77 尹京鎭, 1998, 「高麗前期 鄕吏制의 구조와 戶長의 직제」, 『韓國文化』 20; 1999b, 「고려전기 戶長의 기능과 外官의 성격 -지방행정체계상의 상관성을 중심으로-」, 『國史館論叢』 87.

78 尹京鎭, 2000, 앞 박사학위논문.

79 『高麗史』 卷72, 輿服1, 外官衙從.

80 『高麗史』 卷77, 百官2, 外職.

현종 9년 2월 외관이 지켜야 할 여섯 가지 일을 새로 규정한 것으로 보아[81] 이때 외관제도 전반에 대한 개편이 있었다는 것을 알 수 있다. 주현에 복수의 외관이 파견된 것이 조선시기와는 다른 고려시기의 특징이라고 할 수 있는데, 그것은 대체로 속현의 지배와 연관하여 이해하고 있다.[82] 또 외관 중 판관(통판)은 지방통치에서 장관 못지않은 존재로 주목되었다.[83] 고려 지방제도에 대한 초기 연구를 보완하는 수령제도 전반에 대한 연구[84]에 이어서 겸직과 녹봉,[85] 수령의 천거 및 수령의 자격 등 외관의 임명과 관련된 연구,[86] 고려후기 이후의 변화[87] 등이 폭넓게 연구되었다. 그중에서도 고려시기 외관청의 구조를 읍사와의 관계 속에서 살펴본 연구는 매우 의미가 있었다.[88] 한편 고려시기에는 몇 개의 '주현속현단위'를 묶어서 '계수관영역'을 구성하고, 다시 몇 개의 '계수관영역'을 광역의 5도로 묶어서 운영함으로써 '주현속현제도'가 가진 한계를 보완하였다.

---

81 『高麗史』 卷75, 選擧3, 銓注, 選用守令.

82 朴宗基, 1992, 「高麗時代 外官 屬官制 研究」, 『震檀學報』 74.

83 박종기, 1997b, 「고려시대의 지방관원들 – 속관(屬官)을 중심으로 –」, 『역사와 현실』 20; 尹京鎭, 2000, 앞 박사학위논문.

84 李惠玉, 1985, 「高麗時代 守令制度」, 『梨大史苑』 21.

85 이진한, 1997, 「고려시대 初仕外官職의 운영과 녹봉」, 『韓國史學報』 2; 2002, 「고려시대 守令職의 제수 자격」, 『史叢』 55; 2003, 「高麗時代 守令의 京職 兼帶」, 『震檀學報』 95.

86 張東翼, 1983, 「高麗後期 守令 任命 實態 – 14세기 慶州·永州·安東·羅州 先生案을 중심으로 –」, 『경북대학교 논문집』 36; 鄭求先, 1998, 「高麗時代의 守令薦擧制」, 『關東史學』 8.

87 임용한, 1991, 「麗末鮮初의 守令制 整備와 運營」, 경희대학교 석사학위논문; 1996, 「麗末鮮初의 守令制 改革論」, 『人文學研究』 1; 2002, 「고려후기 守令의 사법권 및 行刑範圍의 확대와 그 성격」, 『韓國史論』 33.

88 尹京鎭, 2000, 앞 박사학위논문.

2) 속현의 위상

앞에서 살펴본 대로 일찍부터 고려시기 단위군현의 독자성을 강조하는 연구가 있었다. 주현과 속현의 위상에 대한 논의는 조세 수취단위에 대한 논쟁 속에서 구체화되었다. 즉 고려시기에는 주현·속현을 구분하지 않고 군현의 규모에 따라 군현단위로 조세액수를 정하고, 조세 수취 장부를 작성하였으며, 조세의 징수와 감면이 이루어졌다. 이를 토대로 고려시기에는 주현·속현의 구분과는 관계없이 단위군현이 조세 수취단위였다고 보는 연구가 있는 반면,[89] 중앙과 직결된 수취의 기본 단위는 주현이었고, 주현을 단위로 부과된 조세 총액은 다시 속현이나 부곡 단위로 배분되었다는 견해가 있다.[90] 이 중에는 주현과 그 아래의 속현이 묶여 하나의 수취단위를 이루었으며, 속현은 그 한 부분인 '재정운영의 기본단위'에 불과하였다는 주장도 포함되어 있지만,[91] 이 주장들은 속현도 하나의 수취단위로 기능하였다는 견해와 커다란 차이가 있다. 그렇지만 단위군현은 독자적인 영역과 읍사라는 행정조직을 가지고 있었고, 양전과 호구조사, 조세 징수와 감면, 구휼 등 경제시책의 실시 단위가 되었다는 점에서 볼 때 속현을 포함한 단위군현이 하나의 수취단위로 기능하였다는 것을 부정하기는 어렵다.

---

89 박종진, 1999, 「고려시기 '수취단위'의 의미와 속현의 지위」, 『역사와 현실』 32.

90 金載名, 1994, 「高麗 稅役制度史 硏究」, 韓國精神文化硏究院 박사학위논문; 박종기, 1999a, 「고려시대 부세수취(賦稅收取)와 속현(屬縣)」, 『역사와 현실』 31.

91 박종기, 1999a, 위 논문.

3) 계수관

계수관이란 지방통치의 중심이 되는 대읍(大邑) 혹은 그곳에 파견된 수령을 의미한다. 고려시기의 경우 초기 연구부터 경(京)·목(牧)·도호부(都護府)를 주목(主牧) 혹은 계수관으로 이해하여 왔다.[92] 근래에 독자적인 행정기능을 수행하는 현령관급 이상의 관부를 계수관으로 보아야 한다는 의견이 제시되면서[93] 이후 경·목·도호부와 관련된 자료해석을 둘러싸고 계수관 범위에 대한 논쟁이 이어졌고,[94] 이어서 고려전기 계수관의 설정 원리를 검토하여 계수관은 경·목·도호부에 설정되었다는 구체적인 연구가 이루어졌다.[95] 최근에는 계수관의 범위를 경·목·도호부 등 대읍이라는 전제 아래 계수관의 기능과 위상 등을 검토하는 연구 성과가 나오고 있다. 초기 연구에서 상표 진하(上表進賀), 향공 선상(鄕貢選上), 외옥수(外獄囚) 추검(推檢) 등을 계수관의 기능으로 본 이래,[96] 최근에서야 계수관의 기능을 구체적으로 검토한 연구가 나왔다. 이 연구에서는 부세수취와 진휼, 기념일의 상표진하와 사원(寺院) 행정, 외국 사신 접대와 항쟁 진압, 지방죄수 추검과 향공 선발 등을 계수관의 지방행정기능으로 파악하였다.[97] 이 연구는 계수관의 구체적인 기능을 살폈다는 점에서

92 尹武炳, 1962, 「高麗時代 州府郡縣의 領屬關係와 界首官」, 『歷史學報』 17·18; 邊太燮, 1968, 앞 논문(1971, 앞 책).

93 朴宗基, 1986a, 「高麗의 郡縣體系와 界首官制」, 『韓國學論叢』 8.

94 金東洙, 1994, 「고려시대의 界首官制 小論 - 界首官의 범위문제 검토 -」, 『李基白先生古稀紀念韓國史學論叢』, 一潮閣; 朴宗基, 1999b, 「高麗時代 界首官의 범위와 성격」, 『韓國學論叢』 21; 김동수, 2002, 「고려시대 界首官의 범위에 대한 재론」, 『全南史學』 19.

95 尹京鎭, 2003a, 「고려전기 界首官의 설정원리와 구성 변화」, 『震檀學報』 96. 필자는 계수관의 범위에 대한 양론 중 경·목·도호부가 계수관이었다는 입장을 따른다.

96 邊太燮, 1968, 앞 논문(1971, 앞 책).

97 具山祐, 2002a, 「고려시기 界首官의 지방행정 기능과 위상」, 『역사와 현실』 43.

이전의 연구보다 진전된 것이지만 계수관의 다양한 위상을 구분하지 않은 채 계수관의 기능을 살폈기 때문에 고려시기 지방지배에서 계수관이 차지한 위상을 잘 드러내지 못했다.[98] 이어서 계수관의 기능을 외관의 상급체계 기능과 영역대표 기능으로 구분하여 파악한 연구[99]와 영역을 대표하는 기능과 영역 안의 군현을 지휘·감독하는 기능을 수행하였다는 연구[100]가 이어져서 계수관의 기능을 한층 더 분명하게 이해할 수 있게 되었다. 후자에서는 영역대표라는 계수관의 위상은 고려말기까지 크게 변하지 않았지만, 안찰사 등의 기능이 정비되면서 계수관은 향공을 뽑아서 중앙에 올리는 일을 제외하고는 영역 안의 군현을 지휘·감독하는 일은 거의 하지 않았다고 보았다. 그리고 고려시기 계수관의 위상을 많은 인구와 넓은 토지, 관원과 시설을 가진 대읍으로 파악하고, 계수관은 지방통치·교통·경제활동·교육문화의 중심지였을 뿐 아니라 그 자체로는 속현을 거느린 주현의 하나로서, 속현을 포함한 지역의 중심지로서 매우 중요한 위상을 가졌다는 점을 강조하였다.[101]

98 경·목·도호부 등 계수관은 지방지배에서 중간기구의 위상을 가졌던 것은 사실이지만, 이들은 동시에 독자적인 영역을 가진 단위군현이었다. 또한 지방관이 파견된 주현이기도 하였다. 따라서 이들이 지방지배에서 '주현속현제도'를 보완하는 중간기구로서의 역할도 하였지만, 동시에 단위군현이나 주현으로서의 역할도 하였다. 그런데 具山祐의 연구에서는 이 점을 분명하게 고려하지 않았다고 생각한다.

99 윤경진, 2004, 「고려전기 界首官의 운영체계와 기능」, 『東方學志』 126.

100 박종진, 2005, 「고려시기 계수관의 기능과 위상」, 『역사와 현실』 56.

101 박종진, 2005, 위 논문.

4) 5도와 안찰사

5도(道)와 안찰사(按察使)의 성립은 서로 밀접하게 연결된 연구주제이다. 『고려사』에는 성종 14년의 10도와 고려중기 이후 안찰사가 정기적으로 파견된 5도 외에도 다양한 성격의 도(道)의 용례가 확인된다. 그중에서도 연구자들의 주목을 받은 것은 안찰사가 정기적으로 파견된 5도였다. 광역 행정구역으로서의 5도의 성립과 실체에 대해서는 앞에서도 간단히 정리한 대로 서로 다른 의견이 존재한다. 고려의 5도가 고려전기인 예종·인종대에 성립한 것으로 보기도 하지만, 행정구획으로서의 도제가 확정된 것은 고려말기라고 보는 견해도 있다.[102] 최근에는 5도의 성립과정을 도의 다원적 편성과 운영이라는 측면에서 검토하여 5도가 제도적으로 자리를 잡은 것은 고종대로 본 연구도 있다.[103] 이 연구에서는 임시 사행이 파견된 도의 다양한 형태와 성격에 대해서도 언급하였다.

안찰사는 5도에 정기적으로 파견된 관리로서 임기는 6개월이었다. 따라서 안찰사에 대한 연구는 5도의 연구와 연관되어 이루어졌다. 고려의 5도가 고려전기인 예종대까지 성립한 것으로 본 초기 연구에서는 고려의 안찰사는 정종대(靖宗代)부터 나타나서 예종대에 성립되었고, 그 후 점차 행정적 기능이 강화되어 중기 이후에는 안찰사영(按察使營)을 가진 도의 행정기관으로 변했으며, 더 나아가 안찰사제도가 확립되면서 계수관의 기능이 점차 축소되었다고 보았다.[104] 반면에 5도의 성립을 고려말기로 보는 연구에서는 안찰사를 지방행정의 감찰임무를 띤 감찰

---

102 河炫綱, 1962, 앞 논문.

103 尹京鎭, 2006c, 「고려전기 道의 다원적 편성과 5道의 성립」, 『東方學志』 135.

104 邊太燮, 1968a, 앞 논문(1971, 앞 책).

기구에 불과하다고 주장하였다.[105] 그 후 안찰사에 대한 연구가 활발하게 이루어지지는 않았지만 안찰사의 중간기구로서의 기능을 인정하면서 그 구체적인 측면을 검토한 연구[106]와 고려말기의 안렴사를 사전(私田) 개혁과 연관시켜 검토한 연구가 발표되었다.[107] 근래에 고려시기 지방제도에 대한 연구가 활발해지면서 안찰사에 대한 연구도 진전되었다. 그 결과 5도 안찰사가 완성되는 시기는 대체로 예종·의종대로 보는 경우가 대부분이다. 최근에 안찰사에 대한 자료를 구체적으로 검토하여 안찰사는 단순히 수령을 감찰하는 일에 그치지 않고 사법 행정, 조세 징수, 군사 행정 등에 관여하게 되면서 중간행정기구로서의 기능이 확대되었다고 정리한 것[108]도 이전 연구 성과에서 크게 벗어나지 않은 결과이다. 최근에 안찰사와 계수관의 기능을 비교하면서 안찰사의 군사기능과 사법기능을 적극적으로 해석하는 것을 비판하는 연구가 나오기도 하였다.[109]

4. 지방제도의 변화

현종 9년에 '주현속현제도'에 기반하여 성립한 고려의 지방제도는 고려말기까지 그 기본 틀은 바뀌지 않았지만 고려사회의 변화에 따라 부분적으로

---

105 河炫綱, 1988, 앞 책.

106 金潤坤, 1985, 앞 논문.

107 이인재, 1993, 「高麗末 按廉使와 都觀察黜陟使」, 『역사연구』 2.

108 박종진, 2003, 「고려시기 안찰사의 기능과 위상」, 『東方學志』 122.

109 윤경진, 2014, 「고려시대 按察使의 기능에 대한 재검토-군사 및 사법 기능을 중심으로-」, 『韓國文化』 65.

변화하였다. 그 변화의 양상 중 하나는 속현에 지방관을 파견하는 방식으로 이루어졌고, 대표적인 것이 감무(監務)의 파견이다. 감무는 1106년(고려 예종 元)부터 1413년(조선 태종 13) 명칭이 현감(縣監)으로 바뀔 때까지 속현에 파견된 일종의 임시 지방관이다. 고려시기에는 예종·인종·명종·공양왕대에 집중적으로 파견되었다. 감무가 파견될 때는 속현에 현령관 이상이 파견되어 주현(主縣)이 신설될 때와 달리 속현 이속이 나타나지 않기 때문에 감무의 파견이 '주현속현제도'의 기본 틀을 완전히 흔드는 것은 아니라고 보는 것이 일반적이지만, 감무의 파견이 '주현속현제도'의 변화 속에서 이루어진 것은 분명하다. 고려후기 지방제도의 변화에 대한 연구 성과가 적은 것에 비하면 감무 파견은 비교적 많은 관심을 받았다. 중앙집권적 체제 확립과정의 관점에서 감무에 대한 연구가 시작되었고,[110] 이에 따라 유민을 정착시키고[流民安集] 조세를 비롯한 국가 재정운영에 필요한 물자를 조달하기 위해서 감무가 파견되었다고 보았다.[111] 더 나아가 고려시기 감무의 기원을 중국 송나라의 제도로 보는 의견이 제시되었고,[112] 고려중기 이후 사회경제적 변화에 따른 속현의 성장을 감무 파견의 배경으로 이해하기도 하였다.[113] 또 명종대의 감무 파견에 대해서는 무인집권자의 세력 확장과 연관시켜서 이해한 연구가 많았다.[114] 한편 공양왕대에는 감무가 파견될 때 속현이나 부곡을 이양받거나

---

110 元昌愛, 1984, 「高麗 中·後期 監務增置와 地方制度의 變遷」, 『清溪史學』 1; 羅恪淳, 1988, 「高麗時代의 監務에 대한 硏究」, 『溪村閔丙河教授停年紀念史學論叢』, 溪村閔丙河教授停年紀念史學論叢刊行委員會.

111 金東洙, 1989, 「고려중·후기의 監務 파견」, 『全南史學』 3; 金秉仁, 1994, 「高麗 睿宗代 監務의 設置背景」, 『全南史學』 8.

112 金秉仁, 1994, 앞 논문; 尹京鎭, 2000, 앞 박사학위논문.

113 金東洙, 1989, 앞 논문.

114 金秉仁, 1994, 앞 논문; 이인재, 1990, 「고려 중후기 지방제 개혁과 감무」, 『外大史學』 3; 尹京鎭, 2000, 앞 박사학위논문; 김병인·이바른, 2010, 「고려 명종대 監務 파견의 정치적

겸관의 형태로 이루어지는 것을 주목하여 공양왕대의 감무를 이전의 감무와 다른 '신정감무(新定監務)'로 본 연구도 있다.[115]

고려중기 이후 '주현속현제도'가 변화하는 양상은 감무의 파견 외에도 속현이 주현이 된 사례들에서도 찾을 수 있다. 그중에서 태후 출신 지역과 공신 출신 지역의 읍격 승격 사례를 검토한 연구[116]와 1143년(인종 21) 현령 증치와 영속관계의 개편을 검토한 연구[117]가 주목된다. 또한 강화천도시기 교통로와 지방관 파견 문제를 중심으로 고려국가의 지방지배를 살핀 연구[118]도 이 시기 지방제도 운영의 실태를 이해하는 데 도움이 되었다.

충선왕 복위년에 주목할 만한 지방제도 개편이 있었다. 즉 1308년(충선왕 복위)에는 이전부터 목(牧)이었던 곳 외에 15개 군현이 새로 목으로 개편되었다가 2년 후인 1310년에는 새로 목이 되었던 15곳은 모두 부(府)로 편성되었다. 충선왕 복위년의 중앙정치제도와 재정관서의 개편에 대해서 여러 연구자들이 주목한 것과 달리 지방제도 개편에 대해서 연구자들이 관심을 가진 것은 오래되지 않았다. 그중에는 14세기 군현제 변동을 검토하면서 충선왕 복위년 군현제 개편에 대해서도 언급한 연구가 있는데,[119] 이 연구에서는 이때 원나라와 고려 관제 사이의 제도적인 불합리성을 극복하기 위해서 지방제도를 개편한 것으로 보았다. 또 충선

성격」, 『한국중세사연구』 29.

115 尹京鎭, 2000, 앞 박사학위논문.

116 윤경진, 2008c, 「고려 숙종-의종대 태후 관향 승격의 의미 -『高麗史』 지리지 연혁의 보정을 겸하여-」, 『국학연구』 13; 2009a, 「고려전기 功臣 貫鄕의 승격과 그 향방」, 『사회적 네트워크와 공간』, 태학사.

117 윤경진, 2012g, 「고려 인종 21년 縣令 增置와 영속관계 개편 -『高麗史』 지리지 관련 기사의 분석과 재구성-」, 『사림』 43.

118 박종진, 2002, 「강화천도 시기 고려국가의 지방지배」, 『한국중세사연구』 13.

119 박종기, 1994, 「14세기 군현구조의 변동과 향촌사회」, 『14세기 고려의 정치와 사회』, 민음사.

왕 복위년에는 중국 원나라의 강남지역을 모델로 하여 도를 관리할 제찰사를 파견하면서 동시에 제찰 업무를 보좌할 중간단위로 목을 설치하였다고 본 연구도 있다.[120] 이 연구에서는 2년 후 신규 목을 부로 개편한 것은 이전부터 있었던 목과 위계체제(계수관제)를 만들기 위한 것으로 보았다. 고려말기인 공양왕대에도 광범위한 지방제도 개편이 있었지만, 이 시기에 대한 연구는 주로 조선초기 연구자들이 조선의 8도체제가 형성되는 과정을 연구하면서 언급하는 정도였다.[121] 최근에는 다양한 측면에서 고려말기와 조선초기를 적극적으로 연관시켜 연구하는 경향이 등장하고 있다. 그중에서도 고려말기에서 조선초기에 이르는 교군(僑郡),[122] 섬지역의 군현 편제,[123] 군현 간 합병·통합과 신읍치(新邑治)의 입지,[124] 월경지(越境地)[125]에 대한 연구가 주목된다.

120 이강한, 2012, 「1308~1310년 고려내 "牧·府 신설"의 내용과 의미 -충선왕대 지방제도 「계수관제」 개편방향에 대한 검토-」, 『韓國史研究』 158.

121 李樹健, 1984, 『韓國中世社會史研究』, 一潮閣.

122 윤경진, 2007c, 「고려말 조선초 僑郡의 설치와 재편 -경상도 지역을 중심으로-」, 『韓國文化』 40; 2008a, 「고려말 조선초 서해·남해안 僑郡 사례의 분석 -전라도·충청도·서해도 지역의 사례-」, 『韓國史學報』 31; 김광철, 2010, 「고려후기 거제 지역사회의 변동과 巨濟縣의 이동」, 『석당논총』 6.

123 정요근, 2012, 「고려~조선전기 전라도 서남해상 島嶼지역의 郡縣 편제와 그 변화」, 『도서문화』 39.

124 정요근, 2011a, 「여말선초 군현 간 합병통합과 新邑治의 입지 경향」, 『역사와 현실』 80.

125 정요근, 2015, 「고려~조선시대 낙동강 상류 지역의 越境地 분석」, 『韓國文化』 71.

제1장

고려초기 지방제도의 개편과 '주현속현제도'의 성립

1. 태조대 지방제도의 개편

고려 태조대 지방제도 개편과 관련하여 940년(태조 23) 주부군현(州府郡縣)의 이름을 고친 것이 주목된다.[1] 태조 23년의 이 조치는 단순히 주부군현의 명칭을 고친 것이 아니라 고려가 후삼국을 통일한 후 고려 영토 안의 단위군현을 확정한 일이다.[2] 동시에 이 조치에는 고려 건국 이후 이루어진 지방제도 개편의 내용이 반영되어 있다. 건국 후 고려는 군현제에 토대를 둔 신라후기의 '주군현제도'를 지방제도로 채택하여 운용하면서,[3] 정치적·군사적 목적에 따라서 부분적으로 지방제도를 개편하였다.[4] 신라는 삼국통일 후인 685년(신문왕 5) '주군현제도'로 불리는 지방제도를 정비하였고, 70여 년 후인 757년(경덕왕 16) 군현의 명칭을 한자식 이름으로

---

1 『高麗史』 卷2, 太祖 23年 3月 "改州府郡縣號".

2 이와 관련하여 윤경진은 "태조 23년의 읍호개정은 城邑으로 분립된 지방사회를 다시 郡縣이라는 제도적 형식으로 구획하는 작업에 해당한다."라고 하였다(2000, 「高麗 郡縣制의 構造와 運營」, 서울대학교 박사학위논문). 그렇지만 신라후기의 단위군현이 나말여초에 성읍의 형태로 존재하였다고 단정할 수는 없다.

3 윤경진, 1996, 「고려 태조대 군현제 개편의 성격」, 『역사와 현실』 22.

4 이것은 고려 건국 후 중앙관제가 태봉의 것을 바탕으로 한 것과 차이가 있다.

〈표 1-1〉 신라후기 '주군현제도'의 단위군현(『삼국사기』 本紀 기준)[5]

9주(옛 이름)	주군현 수			
	州	小京	郡	縣
尙州(沙伐州)	1		10	30
良州(歃良州)	1	1	12	34
康州(菁州)	1		11	27
漢州(漢山州)	1	1	27	46
朔州(首若州)	1	1	11	26
溟州(河西州)	1		9	25
熊州(熊川州)	1	1	13	29
全州(完山州)	1	1	10	31
武州(武珍州)	1		14	44
합	9	5	117	292
전체 단위군현 수	423			

개편하였다.

신라후기의 지방제도인 '주군현제도'는 경덕왕 16년 12월 기록(『삼국사기』 권9)에 수록된 것을 기준으로 정리한 〈표 1-1〉에서 보는 것과 같이 9주, 5소경, 117군, 292현 등 모두 423개의 단위군현[6]으로 구성되어 있었다. 또 '주군현제도'에서는 주와 군 아래에 몇 개의 현[領縣]이 속하여 '주영현단위' 혹은 '군영현단위'라는 지방 통치단위를 편성하였는데, 이

5 신라후기 '주군현제'에 편제된 단위군현의 수는 『삼국사기』 본기의 기록과 지리지의 기록에 약간의 차이가 있는데(金泰植, 1997, 「『三國史記』 地理志 新羅條의 史料的 檢討」, 『三國史記의 原典 檢討』, 한국정신문화연구원), 이 글에서는 『삼국사기』 본기 경덕왕 16년 12월 기록을 기준으로 표를 정리하였다.

6 단위군현은 지방제도를 편성하는 기초 지방단위로서 각각 독자적인 영역을 가졌다. 즉 군에 몇 개의 현[領縣]이 딸려 있었지만 군과 현은 모두 독자적인 영역을 가진 단위군현이었다. 따라서 군의 영역과 현의 영역은 구분되었다.

중간단위가 지방통치에서 중요하였다.[7] 또한 수도인 경주를 제외하고 전국을 9개의 광역 주(州)로 편성하였는데, 각각의 광역 주는 1개의 '주영현단위'와 9~28개의 '군영현단위'로 구성되었다. 아울러 전국에는 지방의 중심도시로 5개의 소경이 설치되었는데, 소경에는 주·군과 달리 영현이 소속되지 않았다. 이러한 신라후기 지방제도에서는 주·군·소경이 지방통치의 중심지로 기능하였다. 신라후기 지방제도의 특징 중 하나는 주·군·현·소경에 모두 지방관을 파견한 것이다. 즉 주에는 도독(都督)·주조(州助)·장사(長史)가, 군에는 태수가, 현에는 현령이, 소경에는 사신(仕臣, 혹은 仕大等)과 사대사(仕大舍, 혹은 少尹)가 파견되었다.[8]

고려는 건국 후 신라의 지방제도인 '주군현제'를 바탕으로 지방제도를 운영하면서 정치적·군사적 목적에 따라서 부분적으로 개편을 단행하였다. 태조대의 지방제도 개편에서 가장 눈에 띄는 것은 많은 단위군현의 이름이 바뀐 것이다.[9] 그중에서도 주(州)와 부(府)로 개편된 것이 많은데, 이러한 명칭의 개편 역시 정치적·군사적 목적으로 이루어진 매우 중요한 것이었다. 다만 태조대 단위군현의 명칭이 바뀔 때 후술하는 일부 군현을 제외하고는 이전의 영속관계의 개편이 확인되지 않는다. 따라서 여기에서는 태조대 신설된 군현과 영속관계를 수반한 군현 개편을 정리하여 태조대 군현 개편의 의미에 대해서 검토하고자 한다.

---

7 126개의 주와 군에 딸린 영현은 모두 292개로 평균 약 2.3개였지만, 영현이 한 개도 소속되지 않은 군도 있었고 5개나 6개의 영현을 거느린 군도 있었다.

8 『三國史記』 卷40, 職官下, 外官.

9 태조대 지방제도 개편에 대해서는 다음 논문이 참고된다. 金甲童, 1986a, 「'高麗初' 州에 대한 考察」, 『高麗史의 諸問題』, 삼영사(1990, 『羅末麗初의 豪族과 社會變動硏究』, 고려대학교 민족문화연구소 출판부); 朴宗基, 1988a, 「高麗 太祖 23년 郡縣改編에 관한 硏究」, 『韓國史論』 19; 尹京鎭, 2000, 앞 박사학위논문; 具山祐, 2003, 앞 책; 정요근, 2009b, 「후삼국 시기 고려의 주(州)·부(府) 분포와 그 설치 의미」, 『역사와 현실』 73.

〈표 1-2〉 고려 태조대 신설되거나 개편된 군현[10]

군현 이름	신설되거나 개편된 내용	근거
開州	태조 2년 수도를 옮기면서 松嶽郡을 개주로 승격하였다. 이때 개주는 신라후기 '송악군영현단위'였던 송악군·江陰縣·松林縣과 '개성군영현단위'였던 開城郡·德水縣·臨津縣으로 구성되었다. 이때 송악군은 개주가 되고, 다른 5개 현은 개주의 영현이 되었다.	박종진*
慶州	태조 18년 신라가 고려에 귀부하면서 신라 수도는 경주로 개편되었다. 23년 大都督府로 승격하고, 6部의 명칭을 고쳤다.	『고려사』 지리지
蔚州 (興禮府)	태조대 河曲縣·東津縣·虞風縣을 병합하여 興禮府를 두었다.	『고려사』 지리지
天安府	태조 13년에 東兜率과 西兜率을 합하여 天安府를 두었다.	『고려사』 지리지
洪州 (運州)	태조 10년에 태조가 運州에 행차한 기록이 있다.	『고려사』 지리지
永州 (高鬱府)	고려초기에 臨皐郡에 道同縣과 臨川縣을 합하여 설치하였다. 태조 8년과 10년에 고울부의 용례가 있는 것으로 보아 고울부가 설치된 것은 태조 8년 이전으로 보인다.	『고려사』 지리지·세가
淸道郡	태조대 烏岳縣(烏丘山縣)·荊山縣·蘇山縣을 합쳐서 설치하였다.	박종진**
甫城府 (載岩城)	고려초기에 眞寶縣과 眞安縣을 합쳐서 설치하였다. 태조 13년 1월에 재암성 장군 善弼이 來投하였다는 기록이 있다.	『고려사』 지리지·세가

* 박종진, 2012, 「고려전기 개성부의 변천과 지리적 범위」, 『東方學志』 157(이 책 제3장 4절).

** 박종진, 2014, 「고려시기 '밀성군지역'의 성립과 지리적 범위」, 『한국중세사연구』 38(이 책 제3장 3절).

〈표 1-2〉의 내용을 가지고 고려 태조대 개편되거나 신설된 군현에 대해서 정리하여 보자. 먼저 개주에 대해서는 『고려사』와 『고려사절요』에 919년(태조 2) 송악산 남쪽에 도읍을 정하고, 송악군을 올려 개주로

10 고려 태조대 신설되거나 영속관계의 변동이 확인된 군현개편만 정리하였다. 『고려사』 지리지에 수록된 고려시기 군현 중 신라 때 명칭이 확인되지 않는 것은 고려 건국 후 신설된 군현일 가능성이 높지만 그 시기를 태조대로 유추할 수 있는 근거가 없는 군현은 이 표에 수록하지 않았다.

삼았다는 기록이 있다.[11] 이것은 태조 2년 수도를 철원에서 송악군으로 옮기면서 개주(開州)를 설치한 것을 의미한다. 필자는 이때 개주는 송악산 주변에 있던 2개의 군영현단위, 즉 '송악군영현단위'와 '개성군영현단위'로 구성되었다고 보았다.[12] 즉 태조 2년 개주는 6개의 단위군현인 송악군·강음현·송림현·개성군·덕수현·임진현으로 구성되었고, 그 구조는 송악군이 개주의 중심, 곧 개경이 되고 나머지 5개 군현이 개주의 영현이 되는 구조였다. 개주의 설치는 수도를 옮기면서 이루어진 것으로 이때에 신라후기부터 있었던 군현영속관계의 개편이 이루어졌다.

다음으로 태조대 이루어진 군현 개편 중 주목할 것이 경주(慶州)이다. 신라의 수도 경주는 935년(태조 18) 신라가 고려에 귀부하면서 경주로 개편되었고, 태조 23년에는 대도독부로 승격되고 6부의 명칭도 고쳐졌다.[13] 태조대 신라 수도가 경주로 개편될 때에도 군현 영속관계의 개편이 있었을 것으로 생각한다. 개주와 경주의 경우는 새 왕조의 수도와 고려에 귀부(歸附)한 신라의 수도와 관련된 군현 개편이라는 점에서 주목된다. 즉 고려 건국 후 신라의 지방제도를 거의 그대로 적용하면서도 새 수도와 옛 수도를 중심으로 군현 개편이 이루어졌다는 것을 확인할 수 있다.

다음으로 태조대 신설된 군현으로 주목되는 것이 운주(運州, 洪州)와 천안부(天安府)이다. 『고려사』 지리지 세주에는 927년(태조 10)에 태조가 운주에 행차하였다는 기록과 930년(태조 13)에 동도솔(東兜率)과 서도솔(西兜率)을 합하여 천안부를 설치하였다는 기록이 있다.[14] 이 두 곳은

---

11 『高麗史』 卷56, 地理1, 王京開城府; 『高麗史節要』 卷1, 太祖 2年 春正月.

12 이 책 제1장 〈표 1-4〉와 제3장 4절 참고.

13 『高麗史』 卷57, 地理2, 東京留守官 慶州.

14 『高麗史』 卷56, 地理1, 洪州·天安府.

신라 때에는 보이지 않던 군현이라는 점에서 태조대 신설된 군현으로 보인다. 특히 이 두 지역은 개경에서 후백제 지역으로 내려가는 길목이라는 점에서 정치적·군사적 목적에서 신설된 것으로 볼 수 있다.[15] 이때에도 부분적인 군현 영속관계의 개편이 있었을 가능성이 높다.

한편 흥례부(興禮府, 蔚州), 고울부(高鬱府, 永州), 청도군(淸道郡), 보성부(甫城府, 載岩城) 등도 태조대에 개편되거나 신설된 군현의 범주에 넣을 수 있다. 흥례부는 태조대 하곡현(河曲縣)·동진현(東津縣)·우풍현(虞風縣)을 병합하여 만들었다는 『고려사』 지리지 세주의 기록이 있다.[16] 고울부는 임고군(臨皐郡)에 도동현(道同縣)과 임천현(臨川縣)을 합하여 설치한 것으로 『고려사』 지리지에 기록되어 있는데,[17] 태조 10년 9월에 고울부의 용례가 있는 것으로 보아[18] 고울부가 설치된 것은 태조 10년 이전으로 보인다.[19] 또 청도군은 태조대 오악현(烏岳縣, 烏丘山縣)·형산현(荊山縣)·소산현(蘇山縣)을 합쳐서 설치되었고,[20] 보성부(甫城府, 載岩城)도 고려초기에 진보현(眞寶縣)과 진안현(眞安縣)을 합쳐서 설치되었다.[21] 이 네 지역은 모두 경주와 가까운 것이 특징인데, 이 네 지역 역시 후삼국 통합과정과 관련된 정치적·군사적 목적에서 개편이 이루어진 것으로, 이때에도 위에서 정리하였듯이 군현 영속관계의 개편이 확인된다. 이 외에도 태조대에는 많은 단위군현의 명칭이 주(州)와 부(府)로 개편되었지만,[22] 이때에

---

15 金甲童, 2002, 「나말여초 天安府의 성립과 그 동향」, 『韓國史研究』 117; 정요근, 2008, 「後三國時期 高麗의 남방진출로 분석」, 『韓國文化』 44.

16 『高麗史』 卷57, 地理2, 蔚州.

17 『高麗史』 卷57, 地理2, 永州.

18 『高麗史』 卷1, 太祖 10年 9月.

19 정요근은 고울부는 신라에서 설치한 것으로 보았다(정요근, 2009b, 앞 논문).

20 고려 태조대 청도군 설치에 대해서는 이 책 제3장 3절 참고.

21 『고려사』에 태조 13년 1월에 재암성 장군 善弼이 와서 항복하였다[來投]는 기록이 있다(『高麗史』 卷1).

는 군현 영속관계의 개편이 광범위하게 이루어졌다고 보기 어렵다.

위에서 정리한 대로 태조대에는 많은 단위군현의 명칭이 개편되었을 뿐 아니라, 수도 개경과 경주를 비롯하여 운주·천안부·흥례부·고울부·보성부·청도군 등에서 군현 영속관계를 포함한 군현 개편 혹은 신설이 있었다. 이것은 적잖은 변화이고, 이러한 개편 결과는 태조 23년의 지방제도 개편에 반영되었다. 고려는 후삼국 통일 이후인 태조 23년에 주부군현의 명칭을 바꾸는데, 이것은 이미 많은 선행연구에서 지적하였듯이 단순한 군현의 명칭을 바꾼 것이 아니라 고려 영토 안의 단위군현을 확정한 것이다. 이렇게 태조 23년에 적잖은 지방제도 개편이 이루어졌지만 모든 군현 사이의 영속관계 개편을 포함한 전면적인 지방제도 개편까지에는 이르지 못하였다.

태조 23년 주부군현의 명칭을 고친 것은 후삼국 통일 후 고려의 단위군현을 정한 일이다. 이로써 고려의 영토가 일단 정해졌고 동시에 고려정부의 조세 징수 대상도 정해졌다. 고려 건국 후 국가운영을 위해서는 지방에서 조세 징수가 필수적이었기 때문이다. 중앙정부에서 각 군현으로부터 체계적으로 조세를 징수하기 위해서 먼저 신라후기의 자료를 토대로 각 군현의 호구와 토지를 조사 정리하여 조세 징수의 바탕을 마련하였다. 이 작업은 태조 23년 단위군현을 확정할 때 상당부분 진행하였으며, 부족한 것은 필요한 군현에 한하여 이후에 보완하였을 것이다. 943년(태조 26) 청도군계(淸道郡界) 이심사(里審使)의 파견[23]은 청도군의 신설에 따라 청도군의 영역을 재조정하기 위한 조치였으며, 이후에 다른

22 정요근, 2009b, 앞 논문.

23 『三國遺事』 卷4, 寶壤梨木.

지역에서 이루어진 양전과 호구조사의 사례도 이와 유사했을 것이다.[24] 또 949년(광종 즉위)에 주현의 세공액을 정한 것[25] 역시 각 단위군현의 양전이나 호구조사 등이 진전되면서 이루어진 것으로 볼 수 있겠다. 또한 원활한 조세 징수를 위해서는 이러한 일을 수행할 관원이 필요한데, 전국적인 지방관 파견이 어려운 상황에서 등장한 것이 금유(今有)·조장(租藏)·전운사(轉運使) 등 임시 지방관이었다. 이들의 성격을 정확하게 알 수는 없지만 전주(全州) 지방의 유력자였던 류윤겸(柳潤謙)[26]이 금유·조장과 같은 것으로 보이는 검무조장(檢務租藏)을 맡았던 것으로 보아 이들 임시 지방관에는 고려 중앙정부에 우호적인 지방세력이 임명되었을 것이다. 즉 고려초기에 중앙정부는 당면한 지방에서의 조세 징수를 위해서 지방세력과 타협하지 않을 수 없었다. 결과적으로 건국 초기 고려정부는 전국적으로 지방관을 파견하지는 못했지만 국가운영을 위해서 조세 징수는 필수적이었기 때문에 호구와 토지에 대한 파악을 계속하면서 임시 지방관을 파견하여 문제를 해결하였다. 그렇지만 이것으로 고려초기 지방제도 운영의 문제가 해결된 것은 아니었다. 이후 고려정부의 지방제도 개편 방향은 군현의 영속관계를 개편하고 지방관을 파견하는 것이었다.

---

24 고려초기 양전과 호구조사의 추이에 대해서는 다음 글에서 정리하였다(박종진, 2000, 『고려시기 재정운영과 조세제도』, 서울대학교출판부, 34-39쪽).

25 『高麗史』 卷78, 食貨1, 田制, 貢賦, 光宗 卽位年.

26 「柳邦憲墓誌銘」(金龍善 編, 1993, 『高麗墓誌銘集成』).

2. 성종 2년 지방관 파견과 향리제 개편

고려 건국 후 고려의 지방제도는 신라의 제도를 바탕으로 하면서 정치적·군사적으로 필요한 지역을 중심으로 부분적으로 개편하여 운영하였다. 건국 초기에는 군현에 지방관을 파견하지는 못하였지만 각 군현의 호구와 토지를 파악하여 조세 징수의 기반을 확보하는 동시에 임시 지방관을 파악하여 조세 징수에 힘썼다. 그렇지만 이런 정도만으로는 지방을 효과적으로 통치하기 어려웠다. 고려 광종 이후 왕권이 안정되면서 고려의 국가운영에 필요한 중요한 제도가 하나둘씩 갖추어졌다. 그중에서도 949년(광종 즉위)에 주현(州縣)의 세공(歲貢)을 정한 것[27]과 976년(경종 元) 11월에 처음으로 전시과(田柴科)를 설치한 것[28]은 국가의 재정운영과 관련하여 주목된다. 그런 가운데 성종 즉위 이후 본격적으로 고려의 제도가 정비되기 시작하였다. 먼저 983년(성종 2) 5월 중국 당나라 제도인 3성 6부제를 토대로 중앙정치제도를 정하였다.[29] 성종 2년의 3성 6부제를 토대로 한 중앙의 정치제도는 이전 왕조인 태봉과 신라의 제도를 기반으로 한 건국 직후의 중앙정치제도와는 크게 다른 것이었다. 이때 고려의 중앙정치제도가 완성된 것은 아니지만 기본 틀이 갖추어진 것은 분명하다. 성종 즉위 초기에는 최승로가 지적한 대로 지방의 향호(鄕豪)가 공무를 핑계로 백성을 침탈하는 등 지방제도 운영에서 문제점이 드러나고 있었기 때문에 지방제도 역시 본격적으로 정비할 필요가 있었다. 그렇지만 성종

---

27 『高麗史』 卷78, 食貨1, 田制, 貢賦, 光宗 即位年.

28 『高麗史』 卷78, 食貨1, 田制.

29 邊太燮, 1970, 「高麗時代 中央政治機構의 行政體系 -尙書省 機構를 중심으로-」, 『歷史學報』 47(1971, 『高麗政治制度史硏究』, 一潮閣).

초기에는 '주영현단위(州領縣單位)', '군영현단위(郡領縣單位)'의 영속관계를 포함한 전면적인 지방제도 개편은 이루어지지 못하였다. 983년(성종 2)부터 의미 있는 지방제도 개편이 시작되었다. 그 하나가 성종 2년 2월에 양주(楊州)·황주(黃州)·해주(海州)·충주(忠州)·청주(淸州)·공주(公州)·전주(全州)·나주(羅州)·승주(昇州)·상주(尙州)·진주(晉州)·광주(廣州) 등 12목에 지방관을 파견한 것이다.[30] 이때 목이 된 12지역은 신라후기부터 지방통치의 중심지였다.[31] 성종 2년에 12목을 설치하고 지방관을 파견한 것은 즉위 후 받아들인 최승로의 시무책에 따른 것인데, 이것은 선행연구들이 지적한 대로 남도 지방에 처음으로 정식 지방관을 파견하였다는 점에서 매우 의미 있는 일이었다.[32] 성종 2년 12목 설치에 이어서 986년 8월에는 12목에 부임하는 관원이 가족을 데리고 갈 수 있게 하였고,[33] 987년 8월에는 12목에 경학박사와 의학박사 1명씩을 파견하였다.[34] 그렇지만 수많은 군현 중 12지역에 지방관을 파견한 것으로는 고려초기 지방제도 운영에서 나타났던 문제점들을 효과적으로 해결할 수 없었다. 즉 12목은 중앙에서 지방을 직접 통치하는 데 큰 역할을 했다고 보기보다는 지방통치의 중심도시로서[35] 지방군현에 대한 감찰 기능을 했을 것이다.[36] 결국 성종 2년에

30 邊太燮, 1968a, 「高麗前期의 外官制 -地方機構의 行政體系-」, 『韓國史硏究』 2(1971, 앞 책). 邊太燮은 『고려사』 지리지에서 확인되는 8목(廣州·淸州·忠州·公州·晉州·尙州·海州·黃州)과 성종 14년 절도사가 설치된 4곳(楊州·全州·羅州·昇州)을 12목으로 보았는데, 대부분의 연구자들은 이 견해를 그대로 받아들이고 있다. 다만 윤경진은 양주와 승주 대신 경주와 金州를 12목에 포함시켜야 한다고 보고 있다(윤경진, 2005, 「고려 界首官의 제도적 연원과 성립과정 -9州·12牧과의 연결성을 중심으로-」, 『韓國文化』 36).

31 12목 중 公州·全州·羅州·尙州·晉州·廣州는 신라후기 9주였고, 忠州·淸州는 소경이었으며, 楊州·黃州·海州·昇州는 郡이었다.

32 邊太燮, 1968a, 앞 논문.

33 『高麗史節要』 卷2, 成宗 5年 8月.

34 『高麗史』 卷3, 成宗 6年 8月.

35 具山祐, 2003, 『고려전기 향촌지배체제 연구』, 혜안, 151쪽.

12목을 설치하고 처음으로 '남도'에 지방관을 파견한 것은 의미가 크지만 파견지역이 12곳에 불과하였다는 사실은 그 기능이 제한적이었음을 말한다. 그렇지만 성종 2년 지방제도에 대한 국가의 조치는 12목의 설치로 끝나지 않았다. 성종 2년에는 지방세력의 관반(官班)을 개편하여 향리제도를 시행하였다.[37] 이전까지 고려초기 중앙정부의 지방통치는 신라후기 이래의 '주영현단위'·'군영현단위'를 토대로 이루어졌고, 조세 징수 등 중요한 일은 반독립적인 관반을 가진 각 군현의 지방세력에게 의지하였기 때문에 그에 따른 부작용이 컸다. 그런 점에서 성종 2년의 향리제도 시행은 고려 지방제도의 성립과정에서 매우 중요한 조치였다. 각 군현에서 반독자적으로 운영하던 관반을 전국적으로 통일된 향리직제로 개편하였기 때문이다. 이것은 당대등(堂大等)을 수반으로 하던 지방세력의 관반을 향리제라는 국가의 일원적인 제도로 개편한 것이다.[38] 이를 계기로 각 군현의 지방세력들이 가졌던 상징적이고 실질적인 기반은 점차 군현에서 실무를 담당하는 향리기구로 약화되어 갔다. 이와 함께 주목되는 것이 같은 해 6월에 있었던 지방군현에 공해전(公廨田)을 지급한 일이다.[39] 당시 공해전이 향리조직인 읍사의 경비로 지급한 것이라는 사실에서 볼 때[40] 이때 공해전 분급은 같은 해 있었던 향리조직 개편과 밀접하게 관련이 있었을 것이다. 즉 지방세력들의 독자적인 행정조직이었다고 볼 수 있는 관반을 성종

36 尹京鎭, 2000, 앞 박사학위논문. 따라서 이 글에서는 성종 2년 12목에 파견된 관원을 외관[수령]으로 표기하지 않고 그보다 더 포괄적인 지방관으로 표기하였다.

37 『高麗史』 卷75, 選擧1, 銓注, 鄕職, 成宗 2年.

38 지금까지 향리제 개편 기록에 대한 연구에서는 대체로 堂大等과 大等을 각각 호장과 부호장에 대응시키고 있는 반면, 윤경진은 당대등은 上戶長, 대등은 호장, 시랑은 부호장으로 연결시켜야 한다는 주장을 폈다(尹京鎭, 2000, 앞 박사학위논문).

39 『高麗史』 卷78, 食貨1, 田制, 公廨田柴, 成宗 2年 6月.

40 安秉佑, 2002, 『高麗前期의 財政構造』, 서울대학교출판부.

2년 국가 차원에서 지방군현의 실무조직인 향리제로 개편하면서 그 대가로 향리들에게 각 군현의 규모에 따라 공해전을 지급하였다. 따라서 향리직 개편은 공해전이 지급된 성종 2년 6월 이전에 있었을 것이다. 즉 성종 2년 12목의 설치와 지방관의 파견, 향리제 시행은 이후 고려 지방제도 개편의 시작이자 토대였다.

3. 성종 14년 '주현제도'의 실시와 그 의미

전면적인 고려 지방제도 개편은 995년(성종 14)에 이루어졌다. '10도제'와 '주현제도(州縣制度)'로 대표되는 성종 14년의 지방제도는 건국 이후 고려가 추구해 왔던 중앙집권적인 지방제도로 개편하는 과정이었는데, 이때는 군현 사이의 영속관계가 전면적으로 개편되었고 많은 단위군현에 지방관이 파견되었다. 성종 14년의 지방제도 개편은 성종 2년의 제도 개혁을 토대로 이루어졌다. 특히 향리제도의 안정적인 정착은 매우 중요한 전제 조건이었다. 성종 14년의 지방제도는 존속기간이 짧았을 뿐 아니라 그 제도를 정확하게 설명할 수 있는 자료가 부족하기 때문에 연구자들에게 제대로 조명받지 못했지만,[41] 고려 건국 후 최초의 전면적인 지방제도

---

41 성종 14년 지방제도 개혁에 대한 대표적인 연구는 다음과 같다. 邊太燮, 1968a, 앞 논문(1971, 앞 책); 河炫綱, 1988, 『韓國中世史研究』, 일조각; 具山祐, 2003, 「成宗代의 地方制度 改編」, 『高麗前期 鄕村支配體制 研究』, 혜안; 濱中昇, 1977, 「十世紀末における高麗州縣制の施行」, 『朝鮮學報』 84; 尹京鎭, 2001b, 「高麗 성종 14년의 郡縣制 改編에 대한 연구」, 『韓國文化』 27.

〈표 1-3〉 고려 성종 14년 '주현제도(州縣制度)'의 단위군현

도	주	현	진	참고
開城府		13		赤縣6, 畿縣7
關內道	29	82		
中原道	13	42		
河南道	11	34		
江南道	9	43		
嶺南道	12	48		
嶺東道	9	35		
山南道	10	37		
海陽道	14	62		
朔方道	7	62		
浿西道	14	4	7	
합	128	462	7	

개편이라는 점에서 주목해야 한다. 이 제도에 대한 평가나 의미에 대한 검토는 조금 뒤로 미루고 먼저 자료를 바탕으로 하여 성종 14년 지방제도 개편 내용에 대해서 정리하여 보자.

〈표 1-3〉은 『고려사절요』 성종 14년 7월 기록을 정리한 것이다.[42] 이에 따르면 개주(開州)를 개성부(開城府)로 고쳐서 적현(赤縣) 6개와 기현(畿縣) 7개를 관할하게 하였고, 관내도(關內道)·중원도(中原道)·하남도(河南道)·강남도(江南道)·영남도(嶺南道)·영동도(嶺東道)·산남도(山南道)·해양도(海陽道)·삭방도(朔方道)·패서도(浿西道) 등 10도를 두었다. 〈표 1-3〉에 기록된 전체 주(州)는 128개, 현(縣)은 462개인데, 여기서 개성부에 속한 적현·기현 13개를 제외하면 10도에는 128개의 주와 449개의 현이 있었다. 이 중 14주·4현·7진이 속한 패서도를 제외한 9도에는 주와 현만

42 『高麗史節要』 卷2, 成宗 14年 7月.

이 속하였다. 이에 따라 보통 성종 14년의 지방제도를 '10도제' 혹은 '주현제도(州縣制度)'라고 한다.

지금까지 성종 14년 지방제도 개편과 관련해서는 개성부와 적현·기현, 10도의 성격, '주현제도'의 구조 등 여러 관점에서 연구되었지만 그중에서도 고려초기 지방제도 개편과정에서 주목되는 것은 '주현제도'의 구조와 관련된 논의이다.[43] 그 논의의 핵심은 『고려사절요』에 기록된 10도 중 패서도를 제외한 9도에 속한 주(州)와 현(縣)의 수를 전후시기의 단위군현의 수와 비교해 볼 때 주와 현의 수가 너무 많아서 이를 모두 단위군현으로 볼 수 없다는 견해이다. 따라서 패서도를 제외한 9도에 속한 주는 독립된 단위군현이 아니라 몇 개의 현을 관할하는 상위영역으로만 존재하였다고 보는 것이다.[44] 또 당시 주가 현의 상위영역으로만 존재했다고 주장하는 근거로는 당시 고려가 참고했을 것으로 여겨지는 중국 당나라의 주현제도에서도 주는 현의 상위영역으로 존재하였다는 것이다. 아울러 '모주모현인(某州某縣人)'으로 되어 있는 당시 인물들의 출신지 표시에서 모현(某縣)이 모주(某州)의 별호인 것도 중요한 논거로 제시되었다. 그렇지만 『고려사절요』의 10도제와 관련된 기록에 표시된 10도의 주와 현 중에서 패서도를 제외하고 주와 현의 수를 대략 추산하여 주가 현의 상위영역으로 존재했다는 추론은 허점이 많다.[45] 성종 14년의 '주현제도'에서 주는 여러 현들로 구성된 '주현단위'에서 상위영역으로만 존재하였을 가능성이 있고, 실제 자료를 통하여 당시 '주현제도'에서 주가

43 濱中昇, 1977, 앞 논문; 尹京鎭, 2001b, 앞 논문.

44 '주현제도'에서 주가 상위영역으로 존재하였다는 의미에 대해서는 이 책 서장 각주 44 참고.

45 『고려사』 지리지 자료의 오류 가능성에 대해서는 다양한 연구가 이루어진 반면, 『고려사절요』 성종 14년 7월의 기록에 대해서는 일찍부터 의문이 제시되었지만(河炫綱, 1988, 앞 책), 그 기록의 오류 가능성에 대해서는 아직 구체적인 연구는 없다.

상위영역으로만 존재했다는 사실을 유추할 수 있는 자료가 없지는 않다.[46] 그렇지만 『고려사』 지리지에서는 성종 14년의 주(州) 역시 단순한 상위영역이 아니라 독립된 영역을 가진 단위 영역이었던 것처럼 기록하고 있다. 또한 1014년(현종 5)에 '포주(抱州) 등 19현의 그해 조조(租調)를 감면하라는 기록'[47]은 주와 현이 동일하게 하나의 수취단위로 운영되고 있는 예로 볼 수 있다. 이런 점에서 처음 주현제도를 도입할 단계에서는 주가 현의 상위영역으로 설정되었을 수도 있지만 실제 운영에서는 주(州)와 주의 행정 중심지인 주치(州治)가 위치한 중심 현이 분명하게 구분되지 않았을 가능성도 크다. 즉 성종 14년의 주와 현에 대한 자료를 종합해 볼 때 '주현단위'에서 주가 현의 상위영역으로 존재하였다고 단정할 수는 없다. 더 나아가 '주현단위'에서 주가 현의 상위영역으로 존재하였다고 해도 주는 '주현단위'의 중심 현에 위치하였을 것이기 때문에 실제 중심 현이 주의 위상을 가지게 되었을 수 있다. 또 '주현제도'가 오래 지속되지 못하였기 때문에 '주현제도'가 해체될 때 중심 현은 자연스럽게 그 지역의 중심 군현으로 그 지위를 되찾게 되면서 『고려사』 지리지 기록처럼 정리되었을 수도 있다. 이로 볼 때 성종 14년의 '주현제도'에서 주가 '주현단위'의 상위영역으로만 존재하였을 가능성도 있지만 실제 지방제도를 운영할 때에는 주와 중심 현이 동일시되었을 가능성이 높다.[48]

---

46 대표적인 사례가 『고려사』 식화지의 다음 기록에서 곡주의 별호인 상산이 곡주의 관내로 기록된 것이다. 『高麗史』 卷79, 食貨2, 農桑, 顯宗 10年 4月 "以洞州管內遂安谷州管內象山峽溪岑州管內新恩等諸縣 民困於丹兵 官給糧種". 이 기록 중 곡주의 관내로 기록된 상산이 곡주의 별호라는 점에 대한 분석은 尹京鎭, 2001b, 앞 논문 참고.

47 『高麗史』 卷80, 食貨3, 恩免之制, 顯宗 7年 正月 "蠲抱州等十九縣今年租調". 또한 성종 14년부터 현종 9년 사이의 진휼기록 중에는 진휼대상 군현을 '州縣'으로 표기한 예가 많다(『高麗史』 卷80, 食貨3, 恩免之制). 여기서 '州縣'은 '州府郡縣'과 마찬가지로 일반 단위군현을 포괄적으로 나타낸 용어라고 생각한다.

48 필자는 성종 14년 '州縣制度'에서 州가 縣의 상위영역으로만 존재했을 가능성을 모두

이제 성종 14년 지방제도 개편의 의미를 살펴볼 차례이다. 성종 14년 지방제도 개편의 의미를 제대로 이해하기 위해서는 주현제와 연관된 영속관계의 개편 문제와 지방관 파견 문제를 검토해야 한다.

먼저 '주현제도' 실시와 관련된 영속관계의 개편에 대해서 간단히 살펴보자. 성종 14년 주현제도를 시행하면서 전면적인 군현 사이의 영속관계를 재편하였을 것이 예상되지만 그 전체 내용은 확인할 수 없다. 그렇지만 몇몇 사례를 통하여 그 정황을 파악할 수 있다. 먼저 〈표 1-4〉를 토대로 적현과 기현의 구성에 대해서 살펴보자.[49]

태조 2년 수도를 옮기면서 설치한 개주는 송악군·강음현·송림현으로 구성된 '송악군영현단위'와 개성군·덕수현·임진현으로 구성된 '개성군영현단위'로 이루어졌다. 즉 개주는 송악군이 개주의 중심, 곧 개경이 되고 나머지 5개 군현이 개주의 영현이 되는 구조였다. 그런데 성종 14년의 적현은 개주에 속했던 군현 중 수도 개경이 된 송악군을 제외한 5개의 군현에 정주가 포함된 것이다. 또 기현 7개는 적현의 바로 바깥에 위치한 장단현·임강현·마전현·적성현·파평현·토산현·우봉군이었는데, 7개의 기현은 신라후기에 '우봉군영현단위'에 속했던 우봉군·임강현·장단현·마전현(임단현), 내소군(견주)의 영현이었던 적성현(중성현)·파평현, 토산현이었다.[50] 즉 적현은 고려 태조 2년에 신라후기 '송악군영현단위'와 '개성군영현단위'가 해체되어 구성되었던 개주의 영현이 중심이 되었고, 기현은 '우봉군영현단위'가 중심이 되면서 '내소군영현단위'와 '토산

부정하지는 않지만, 이 글에서는 州 역시 독립영역을 가진 단위 영역이었다는 것을 전제로 논의를 전개하였다.

49 적현과 기현의 구성에 대해서는 이 책 제3장 4절 참고.

50 토산현은 신라후기에는 토산군영현단위의 중심인 토산군이었다(『三國史記』 卷35, 雜志4, 地理2, 兎山郡).

〈표 1-4〉 고려 성종 14년 적현·기현의 구성과 변화

신라후기	태조 2	성종 14	현종 9	문종 16
	開州	赤縣·畿縣	京畿 開城縣令·長湍縣令	開城府
松嶽郡 如羆縣 (松林縣) 江陰縣	**開州** 松林縣 江陰縣 開城縣 德水縣 臨津縣	開京	開京	開京
		(赤縣) 松林縣 江陰縣 開城縣 德水縣 臨津縣 貞州	**開城縣令** 江陰縣 德水縣 貞州	**知開城府事** 江陰縣 德水縣 貞州 長湍縣 松林縣 臨津縣 臨江縣 兎山縣 麻田縣 赤城縣 坡平縣 牛峯郡
開城郡 德水縣 臨津縣		**(畿縣)** 長湍縣 臨江縣 兎山縣 麻田縣 赤城縣 坡平縣 牛峯郡	**長湍縣令** 松林縣 臨津縣 臨江縣 兎山縣 麻田縣 赤城縣 坡平縣	

군영현단위'에 속했던 군현 일부가 포함되었다.[51] 이 사실에서 성종 14년에 적현과 기현을 편성할 때 신라후기 이래의 군현 영속관계가 상당히 많이 개편되었다는 것을 알 수 있다. 또 『고려사』 식화지의 "현종 10년에 도주(道州) 관내 장산(獐山)과 영주(永州) 관내의 해안(解顔) 등 현의 금년 조세를 면제하였다."라는 기록이 주목된다.[52] 신라후기 장산군과 해안현은 '장산군영현단위'로 묶여 있었다. 즉 해안현은 장산군 영현 중의 하나였는데,[53] 고려 현종 9년에는 모두 경주의 속현으로 편성되었다. 그런데

51 이 책 제3장 4절 참고.

52 『高麗史』 卷80, 食貨3, 恩免之制, 顯宗 10年 5月 "蠲道州管內獐山永州管內解顔等縣今年租稅".

위에 인용한 『고려사』 식화지의 현종 10년 기록에 보이는 군현 영속관계는 신라후기의 영속관계도 아니고 고려 현종 9년의 '주현속현제도'의 영속관계와도 다르다. 즉 이 기록은 신라후기 군영현관계가 해체되어 군이었던 장산군은 도주에, 영현이었던 해안현은 영주에 소속되었다는 사실을 알려주고 있다. 현종 10년은 고려 지방제도가 '주현속현제도'로 개편된 바로 다음 해라는 점에서 위 식화지 기록은 그 성종 14년에 개편된 주현제도에서의 영속관계의 내용이 남아있는 것으로 추론할 수 있다.[54]

이런 추론이 가능하다면 이 기록을 통하여서도 성종 14년의 지방제도 개편 때에 이루어진 군현 영속관계 개편 양상을 읽을 수 있다. 또 구체적인 기록은 없지만 신라후기 소경이었던 김관소경[金州], 중원경[忠州], 서원경[淸州], 북원경[原州], 남원경[南原] 주변에서도 군현 영속관계의 개편이 예상된다. 신라후기 영현이 속하지 않았던 5소경은 태조대 영속관계를 수반한 개편이 있었을 가능성도 있지만, 성종 14년 '주현제도'를 시행하면서 신라후기 소경이었던 곳은 주의 중심 현이 되든지, 종속현이 되든지 어떤 식으로든 영속관계를 맺었을 것이다. 실제 이들 5소경은 모두 주가 되거나 아니면 주가 설치된 중심 현이 되었을 것이다. 김관소경은 고려초기에 김해부가 되었다가 성종 14년에는 김주안동도호부(金州安東都護府)가 되었고, 고려초기 충주가 된 중원경과 청주가 된 서원경은 모두 성종 2년 12목의 하나가 되었으며, 성종 14년에는 창화군절도사(昌化軍節度使)와 전절군절도사(全節軍節度使)가 되었다. 또 고려초

---

53 『三國史記』 卷34, 雜志3, 地理1, 獐山郡.

54 尹京鎭, 2001b, 앞 논문. 그런데 『고려사』 식화지의 이 기록은 『고려사』보다 몇 달 후에 편찬된 『고려사절요』에는 "蠲獐山解顏等縣今年租稅"(『高麗史節要』 卷3, 顯宗 10年 5月)로 기록되어 있다. 즉 『고려사절요』에는 장산현과 해안현의 영속관계가 표시되지 않았다. 『고려사절요』를 편찬하면서 『고려사』 식화지 기록의 오류를 수정한 것인지는 확인할 수 없지만 흥미 있는 기록인 것은 분명하다.

기 원주가 된 북원경은 성종 14년의 기록은 없지만 현종 9년에 지주사가 된 것으로 보아 성종 14년에도 원주였을 것으로 생각한다. 고려초기 남원부가 된 남원소경 역시 성종 14년 기록은 없지만 이때 주로 편성되었을 것이다. 비록 성종 14년 군현제 개편에서 영속관계 개편의 전체 내용을 확인할 수 없지만 위에서 정리한 것만 가지고 유추하더라도 성종 14년 군현제 개편에서는 신라후기 이래의 군현 사이의 영속관계가 대폭 바뀌었다는 것을 알 수 있다.[55]

다음으로 성종 14년 지방제도 개편에서 늘어난 지방관의 수치를 양계 영역을 제외한 '남도'에서 살펴보자. 성종 14년 이전에 '남도'에서 지방관이 파견되었거나 파견되었을 가능성이 높은 곳으로는 양주·광주·충주·청주·공주·진주·상주·전주·나주·승주·해주·황주 등 12목을 비롯해서 987년(성종 6)에 유수가 파견된 동경(경주)이 있다. 또 확실한 기록은 없지만 고려 태조대에 주가 되었던 울주·예주·양주에도 방어사가 설치되었을 것으로 생각한다.[56] 이렇게 보면 성종 14년까지 '남도영역'에는 모두 16곳에 지방관이 파견되었다고 할 수 있다.

그러면 성종 14년 지방제도를 개편할 때 '남도'에는 이전시기보다 몇 지역에 더 지방관이 파견되었을까? 〈표 1-5〉를 보면서 정리하여 보자. 우선 이전에 지방관이 파견되었던 16곳에는 당연히 지방관이 파견되었다. 경주에는 유수사가 파견되었고, 12목에는 12절도사가 파견되었다. 또 성종 14년 이전에 방어사가 파견되었던 울주·예주·양주에도 그대로

55 윤경진 역시 성종 14년의 군현제가 영속관계의 전면적인 개편을 지향하였다고 보았다(尹京鎭, 2001b, 앞 논문).

56 이 세 지역은 『고려사』 지리지에 태조대 주가 설치된 이래 다른 기록이 누락된 채 현종 9년에 방어사가 설치된 것으로 기록되었다. 따라서 이 지역에는 태조대 방어사를 파견하였다가 성종 14년을 거쳐 현종 9년까지 이어졌을 가능성이 높다.

〈표 1-5〉 고려 성종 14년 지방관 파견 군현(兩界 제외)

지방관 명칭	군현명칭(『고려사』 지리지 표제 명칭)*	지방관 파견 수
節度使	楊州(南京留守官楊州), 廣州(廣州牧), 忠州(忠州牧), 淸州(淸州牧), 公州, 尙州(尙州牧), 晉州(晉州牧), 全州(全州牧), 羅州(羅州牧), 昇州海軍(昇平郡), 海州(安西大都護府海州), 黃州(黃州牧)	12
都護府	金州安東(金州), 郎州(靈岩郡), 瀛州安南(古阜郡), 豊州	4
都團練使	水州, 運州(洪州), 懽州(天安府), 許州(咸陽縣), 岱州(京山府), 剛州(順安縣), 潭州(潭陽)	7
團練使	抱州, 樹州, 衿州, 竹州, 交州, 春州, 東州, 漳州	8
刺史	堤州, 鎭州, 牙州, 林州(嘉林縣), 永州, 河州(河陽縣), 咸州(咸安郡), 密州(密城郡), 固州(固城縣), 龍州(龍宮縣), 稽州(永同郡), 善州(一善縣), 吉州(安東), 貝州(寶城), 光州(海陽縣)	15
防禦使	蔚州, 禮州, 梁州, 鹽州, 安州, 鳳州, 信州, 平州, 洞州, 谷州	10
留守	慶州(東京留守官慶州)	1
기타	淳州, 馬州, 靜州, 南原府, 原州, 道州(淸道郡), 沈州(江華縣)	7
합		64

방어사가 파견되었을 것이다. 위 지역 외에 『고려사』 지리지에서 성종 14년에 지방관이 더 파견된 곳으로 확인되는 곳은 도호부가 설치된 김주(金州)·영주(瀛州, 古阜)·낭주(郎州, 靈岩)·풍주(豊州) 등 4곳, 도단련사가 설치된 수주(水州)·홍주(洪州, 運州)·환주(懽州, 天安府)·허주(許州, 咸陽)·대주(岱州, 京山)·강주(剛州, 順安)·담주(潭州, 潭陽) 등 7곳, 단련사가 파견된 포주(抱州)·수주(樹州)·금주(衿州)·죽주(竹州)·교주(交州)·춘주(春州)·동주(東州)·장주(漳州) 등 8곳, 자사가 파견된 제주(堤州)·진주(鎭州)·아주(牙州, 仁州)·임주(林州)·영주(永州)·하주(河州, 河陽)·함주(咸州, 咸安)·밀주(密州, 密城)·고주(固州, 固城)·용주(龍州, 龍宮)·계주(稽州, 永同)·선주(善州, 一善)·길주(吉州, 安東)·패주(貝州, 寶城)·광주(光州, 海陽) 등 15곳이다. 또 염주(鹽州)·안주(安州)·봉주(鳳州)·신주(信州)·평주(平州)·동주(洞州)·곡주(谷州) 등 7곳에는 방어사가 설치되었다. 이 수가 41이다. 이 외에

기록이 분명하지는 않지만 성종 14년에 지방관이 파견되었을 가능성이 높은 곳이 7곳 더 있다. 우선 앞에서 살펴본 대로 신라후기 소경이 있었던 남원부와 원주에는 지방관이 파견되었을 것이다. 또 현종 9년에 주현이 된 임피현, 진례현, 영광군은 이때 지방관이 파견되었을 가능성이 높은 곳이다.[57] 아울러 현종 10년 기록에 도주로 기록된 청도군[58]과 『고려사』 위수여(偉壽餘) 열전에 심주(沁州)로 기록된 강화현[59] 역시 자사나 방어사가 파견되었을 가능성이 높다.[60] 따라서 성종 14년에는 '남도'의 단위군현 중 64곳에 지방관을 파견하였는데, 이 사실은 이때 '주현제도'를 시행하면서 이전 시기보다 48곳에 지방관을 더 파견한 것을 말한다. 이것은 10년 정도의 짧은 기간에 지방관이 파견된 곳의 수가 대폭 늘어난 것을 의미한다. 성종 14년의 '주현제도'는 전국적으로 이전의 군현 영속관계를 조정하여 '주현단위'를 편성하고 주에 지방관을 파견한 제도이다.[61] 이때 파견된 지방관의 실태와 관련하여 『고려사』 지리지에서

---

57 『고려사』 지리지에는 성종 14년에 全州·瀛州·淳州·馬州 등 州縣으로 江南道를 만들고, 羅州·光州·靜州·昇州·貝州·潭州·朗州 등 州縣으로 海陽道를 만들었다고 기록하고 있다(『高麗史』 卷57, 地理2, 全羅道). 그런데 이때 강남도를 구성했다는 주현 중 순주와 마주, 해양도를 구성했다는 주현 중 정주의 연혁은 확인되지 않는다. 따라서 성종 14년 해양도와 강남도를 구성했던 주현 중 순주·마주·정주가 현종 9년 지방관이 파견된 主縣 가운데 성종 14년의 연혁이 확인되지 않는 임피현·진례현·영광군이었을 가능성이 높다. 이 추론이 정확하지 않다고 하여도 현종 9년에 주현이 된 군현의 대부분이 성종 14년에 자사 등 지방관이 파견되었다는 점에서 위 세 군현에는 지방관이 파견되었을 가능성이 높다.

58 『高麗史』 卷80, 食貨3, 恩免之制, 顯宗 10年 5月 "蠲道州管內獐山永州管內解顔等縣今年租稅".

59 『高麗史』 卷94, 偉壽餘傳.

60 이 외에도 신라후기 군이었던 큰 섬인 거제도, 남해도, 진도 역시 성종 14년 '주현단위'로 편성되었을 가능성이 높지만, 관련 기록이 없기 때문에 표에는 넣지 않았다.

61 이때 전국적으로 군현의 영속관계를 조정하여 '주현단위'를 편성하였다고 하여서 이전의 영속관계를 모두 해체하고 새로운 '주현단위'를 편성하였다고 생각하지는 않는다. 신라후기의 '군영현단위'가 그대로 '주현단위'로 편성된 곳도 많았다고 생각한다. 신라후기의 '군영현단위'와 현종 9년 이후의 '주현속현단위'의 구성이 같은 지역의 경우, 성종 14년의

확인되는 군현에만 지방관을 파견하였을 것으로 보는 의견[62]과 『고려사절요』 성종 14년 7월 기록에 보이는 주에 모두 지방관을 파견하였지만 『고려사』 지리지 기록에서 누락되었다고 보는 의견[63]이 있다. 필자는 기본적으로 전자의 의견에 동의한다. 더 나아가 성종 14년에 설치된 주의 수 역시 『고려사절요』의 기록과 달리 『고려사』 지리지에서 확인된 것에서 크게 벗어나지 않았을 것으로 생각한다.[64] 일반적으로 성종 14년의 지방제도 개편을 군사적인 지방제도 개편으로 보고 있다. 이때의 지방제도 개편이 성종 12년 거란과의 전쟁 이후에 이루어졌고, 이때 절도사 등 군사적인 성격을 가진 지방관을 도입한 것 때문이다. 성종 14년 지방제도 개편에 거란과의 전쟁이 영향을 끼쳤을 것은 분명하지만 성종 14년 지방제도 개편에서 군사적인 면을 지나치게 강조할 경우에는 이 개편이 가지는 의미를 제대로 이해하기 어렵다. 즉 성종 14년 지방제도 개편의 핵심내용이라 할 수 있는 단위군현 사이의 영속관계를 전면적으로 개편한 것과 많은 지역에 지방관을 파견한 것은 고려 건국 이후 계속 지향해 왔던 것이기 때문이다. 성종 즉위 이후 추진되던 지방제도 개편이 거란과의 전쟁으로 지연되면서 군사적인 성격의 지방관을 파견하게 된 것이지[65] 이때 지방제도 개편 방향이 완전히 달라진 것으로 보기

'주현단위'의 구성 역시 위 두 단위와 같았을 것이다. 대표적인 예로 '강화현지역', '거제현지역', '남해현지역'이 있다.

62 金甲童, 1990, 『羅末麗初의 豪族과 社會變動 硏究』, 고려대학교출판부.

63 濱中昇, 1977, 앞 논문.

64 이러한 필자의 견해에는 『高麗史節要』 卷2, 成宗 14年 7月의 기록이 정확하지 않을 수도 있다는 전제가 포함되어 있다.

65 성종대 지방제도 개편과 관련된 것으로 성종 10년의 別號 제정과 11년의 邑號 개정이 있다. 이 사실들을 성종 14년 지방제도 개편과 연관시켜 검토한 연구로는 다음 글들이 있다. 尹京鎭, 2002b, 「고려 성종 11년 읍호개정에 대한 연구－고려초기 군현제의 구성과 관련하여－」, 『역사와 현실』 45; 具山祐, 2003, 앞 책, 154-158쪽.

어렵다.

성종 14년의 지방제도 개편은 고려 지방제도 성립과정에서 어떤 의미를 가질까? 가장 먼저 주목해야 할 것은 앞에서도 여러 번 강조하였듯이 이때의 지방제도 개편은 군현 사이의 영속관계 개편과 지방관 파견을 전제로 한 전면적인 개편이라는 점이다.[66] 즉 이것은 건국 이후 고려가 추구해 왔던 고려적인 중앙집권적 지방제도로 개편하는 과정이기도 하였다. 비록 성종 14년의 지방제도는 오래 지속되지 못하고 1018년(현종 9) 새로운 지방제도인 '주현속현제도'가 성립하면서 사라졌지만 성종 14년의 지방제도 개편과 운영의 역사적 경험은 이후 지방제도 개편에 영향을 주었다. 그중에서도 수도 개경을 보위하는 특별구역으로 개성부를 설치하고 개성부에 적현과 기현을 소속시킨 사실은 주목된다.[67] 적현과 기현은 현종 9년 지방제도가 개편될 때 '개성현지역'과 '장단현지역'으로 개편되어 '경기'를 구성하게 되면서 성종 14년의 지방제도는 혁파되었지만, 이때 설치된 적현과 기현은 수도를 보위하는 특별구역인 '경기'가 되어 고려말기까지 거의 그대로 유지되었다. 즉 성종 14년에 설치된 적현과 기현은 고려시기 '경기(京畿)'의 기원이 되었다. 또한 성종 14년의 지방제도 개편은 군현제에 토대를 둔 신라후기 이래의 지방제도 곧 '9주5소경제(주군현제도)' 운영의 역사적 경험을 바탕으로 한다는 것도 주목해야 한다. 즉 성종 14년에 편성한 10도는 신라후기 이래의 9주와 연결되고 있을 뿐 아니라 '주현단위'의 규모와 구성에서도 신라후기의 '주영현단위' 혹은 '군영현단위'와 유사성을 찾을 수 있다. 또한 성종 14년에 주요한

---

66 윤경진 역시 성종 14년의 지방제도 개편을 "기존 군-영현체계의 영속관계를 재편하고 상급단위로서 주를 설정하는 한편, 주 단위로 외관을 파견함으로써 체계적이고 강력한 지방지배를 구현하려는 것"으로 보았다(尹京鎭, 2000, 앞 박사학위논문, 141쪽).

67 이 책 제3장 4절 참고.

지방관이 파견된 군현은 대체로 신라후기 이래 지방통치의 중심지였다. 이러한 점들은 성종 14년에 지방제도를 개편할 때 중국 당나라의 '주현제도'를 참고하면서도 신라후기 이래의 군현제 운영의 역사적 경험을 바탕으로 하고 있음을 말한다.

그러나 성종 14년의 지방제도 개편은 성공하지 못하였다. 즉 성종 14년의 '주현제도'는 고려의 지방제도로 정착하지 못한 채 1005년(목종 8) 3월 절도사와 도호부사·방어사·현령만 남기고 도단련사·단련사·자사 등 성종 14년에 새로 설치되었던 지방관이 모두 폐지되었고,[68] 이어서 1012년(현종 3)에는 12주 절도사마저 혁파되어 절도사 대신 도호와 안무사를 두게 되면서[69] 성종 14년의 지방제도의 핵심인 '주현제도'는 사실상 혁파되었다. 이때 절도사 대신 도호와 안무사를 둔 것은 일종의 과도기적인 조치로 여겨진다. 이어서 1018년(현종 9) 2월 안무사마저 폐지하고, 전국에 4도호·8목·56지군사·28진장·20현령을 설치함으로써 새로운 지방제도인 '주현속현제도'가 성립하였다.[70]

그러면 성종 14년의 지방제도가 실패한 원인은 무엇일까? 선행연구들의 견해를 검토해 보자. 먼저 홍연진(洪淵津)은 거란과의 전쟁 이후 화풍(華風)을 중시하던 세력이 쇠퇴하고 토풍(土風)을 중시하는 정치세력이 득세하면서 화풍의 외연을 갖춘 10도제의 구현은 좌절될 수밖에 없었다고 하였다.[71] 그러나 성종 14년 지방제도와 함께 개편되었던 중앙정치제도는 그대로 유지되었다는 점에서 이 견해는 그대로 받아들이기 어렵

68 『高麗史節要』 卷2, 穆宗 8年 3月.

69 『高麗史節要』 卷3, 顯宗 3年 正月. 이때 75안무사를 설치한 것으로 기록되어 있지만, 선행연구에서 지적하였듯이(邊太燮, 1968a, 앞 논문), 75안무사는 7안무사로 보는 것이 자연스럽다.

70 성종 14년의 10도 역시 현종 9년 '주현속현제도'가 성립할 때 일부 도가 계수관영역으로 재편성되면서 사실상 해체되었고, 그 이후에는 시간 차이를 두고 5도로 재편성되었다.

71 洪淵津, 1993, 「高麗前期 道制의 成立과 그 性格」, 『釜大史學』 17.

다. 한편 구산우와 윤경진은 집권력의 한계로 지방세력들을 제대로 통제하지 못하였기 때문이라고 보았다.[72] 이런 견해들은 경청할 만하지만 이것만으로는 성종 14년의 제도가 실패한 후 얼마 되지 않은 현종 9년에 '주현속현제도'가 정착해 가는 과정을 제대로 설명하기는 어렵다. 그 기간에 고려의 집권력이 월등하게 나아졌다고 보기 어려움에도 현종 9년에 '주현속현제도'가 성립되었기 때문이다. 즉 현종 9년에는 이전보다 더 다양한 규모로 군현 영속관계의 개편이 이루어졌기 때문에 이에 대한 지방세력들의 반발은 성종 14년 때보다 더 컸을 가능성이 높았지만, 그럼에도 현종 9년의 '주현속현제도'는 이후 고려의 지방제도로 자리 잡았다. 이것은 고려정부가 성종 14년의 '주현제도'를 포기한 것은 집권력이 약해서가 아니라 다른 요인 때문이었을 수 있다.[73]

필자는 고려정부가 성종 14년에 개편한 지방제도를 일찍 포기한 것은 이때 지방관 파견 지역이 대폭 늘어난 것과 관련이 있을 수도 있다고 생각한다. 앞에서 정리하였듯이 성종 14년에는 '남도'만 보아도 이전보다 48곳에 지방관을 더 파견하여서 모두 64곳에 지방관을 파견하였다. 이때 갑자기 많은 수의 지방관을 파견하면서 고려정부는 인재 선발 문제와 국가재정 문제가 생겼고, 이 문제를 효과적으로 해결하지 못했기 때문에 1005년(목종 8) 3월 도단련사·단련사·자사를 혁파하였다.[74] 이어서 거란의 2차 침입으로 피난 중이던 현종이 1011년(현종 2) 전주에서 절도사

72 구산우는 이때 파견된 지방관의 수가 부족하였고, 도의 장관이 12목의 장관보다 낮아서 지방제도 개혁에 저항하는 향촌지배층의 반발을 제압하기 어려웠다고 하였고(具山祐, 2003, 앞 책), 윤경진은 현종의 몽진과정에서 확인되듯이 중앙 집권력의 '재지세력'들에 대한 통제력 한계 때문에 실패하였다고 하였다(尹京鎭, 2001b, 앞 논문).

73 사실 지방제도를 정비하는 것은 집권력이 강해서라기보다는 집권력을 강화시키기 위해서이기도 하다.

74 『高麗史節要』 卷2, 穆宗 8年 3月.

조용겸(趙容謙)의 무례한 행동을 본[75] 이후인 1012년(현종 3)에 12주 절도사 마저 혁파하면서 성종 14년의 '주현제도'는 역사의 무대에서 사라졌다.[76]

4. 현종 9년 '주현속현제도'의 성립과 특징

10도제와 주현제도로 대표되는 성종 14년의 지방제도 개편은 고려의 지방제도로 정착하지 못한 채 1018년(현종 9) 2월 4도호·8목·56지군사·28진장·20현령을 설치하면서[77] 새로운 지방제도인 '주현속현제도'가 성립하였다. 이후 몇 차례 부분적인 개편이 있었지만 고려말기까지 '주현속현제도'의 기본 틀이 바뀌지 않았다는 점에서 현종 9년 '주현속현제도'의 성립은 고려의 지방제도가 완성되었다는 것을 의미한다.

비록 성종 14년의 '주현제도'가 사라지고 현종 9년에 '주현속현제도'가 등장하였지만 '주현속현제도'와 성종 14년의 '주현제도'는 연관성이 전혀 없는 다른 제도로 보기는 어렵다.[78] 오히려 '주현제도'의 한계를

---

75 『高麗史』 卷94, 智蔡文傳.

76 직접적인 자료는 아니지만 목종 원년 정월과 3월에 잇달아 과거를 시행하여 급제자를 낸 것과 목종 원년 3월 과거에서 이전보다 훨씬 많은 수의 합격자를 낸 것은(『高麗史』 卷73, 選擧1, 科目, 選場) 성종 14년 이후 인재 선발에 고심한 흔적으로 볼 수 있다. 이보다 앞선 성종 16년 8월 동경에 행차한 왕이 초야의 인재를 추천하라고 한 것(『高麗史節要』 卷6)도 같은 고민에서 나온 것으로 해석할 수도 있다. 아울러 목종 원년 12월에 있었던 전시과의 개정 역시 지방관의 수가 갑자기 늘어난 것과 관련이 있을 수도 있다고 생각한다(『高麗史』 卷78, 食貨1, 田制). 한편 하현강은 10도제는 당나라 태종의 치적을 본받은 것인데, 고려와 당나라는 사회적 여건이 달랐기 때문에 10도제는 실패하였다고 보았다(河炫綱, 1988, 『韓國中世史硏究』, 일조각, 225쪽).

77 『高麗史節要』 卷3, 顯宗 9年 2月.

보완한 것이 '주현속현제도'라고 할 수 있을 정도로 두 제도 사이에는 서로 통하는 점이 있다. 우선 두 제도는 신라후기부터 운영하여 온 지방제도의 역사적 경험을 상당부분 이어받았다고 할 수 있다. 즉 신라후기의 9주는 성종 14년 10도와 현종 9년 계수관 영역을 정할 때 중요한 기준이 되었다. 또 신라후기 지방의 중심지였던 9주와 5소경의 상당수는 성종 2년 12목, 성종 14년의 절도사 파견지역이 되었고, 이들 대부분이 현종 9년에는 계수관으로 편성되어 지방통치의 중심지가 되었다. 또한 성종 14년의 지방제도와 현종 9년의 지방제도는 신라후기 이래 유지되어 온 군현 사이의 영속관계를 개편하고 그 중심 군현에 지방관을 파견하여 중앙집권적인 지방제도를 추구하였다는 점에서 동질성을 가졌다. 따라서 고려 건국 이후 전면적인 지방제도 개편을 시도하였던 성종 14년의 '주현제도'를 포기한 후 그것을 수정 보완한 것이 현종 9년의 지방제도라 할 수 있다.

이제 현종 9년에 성립한 '주현속현제도'의 특징을 성종 14년의 '주현제도'와 비교하면서 정리하여 보자. 첫째, 현종 9년에 정착된 고려의 지방제도에서는 모든 단위군현에 지방관을 파견하지 않고, 지방관이 파견된 하나의 주현(主縣)과 지방관이 파견되지 않은 복수의 속현(屬縣)이 묶인 '주현속현단위'를 지방통치의 핵심단위로 운영하였다. 따라서 현종 9년의 지방제도를 '주현속현제도'라고 할 수 있다. 즉 현종 9년의 지방제도에서는 모든 단위군현들을 독자적인 영역과 운영주체인 읍사(邑司)를 가진 하나의 독자적인 지방통치단위로 인정하면서도,[79] 모든 단위군현에

78 구산우는 성종대의 지방제도와 현종대의 지방제도는 상하 지방단위의 구성 원칙과 운영형태의 측면에서 서로 근본적으로 다르다고 보았다(具山祐, 2003, 앞 책, 178-179쪽).

79 박종진, 1999, 「고려시기 '수취단위'의 의미와 속현의 지위」, 『역사와 현실』 32.

지방관을 파견하지 않고 지방관을 파견한 군현인 주현과 몇 개의 속현으로 구성된 '주현속현단위'를 편성하여 지방을 통치하였다.[80]

〈표 1-6〉의 내용을 중심으로 현종 9년에 성립한 '주현속현단위'의 특징을 살펴보자. 전체적으로 지방관이 파견된 단위군현의 수가 줄었기 때문에 '주현속현단위'의 규모가 이전의 '주현단위'보다 전체적으로 커진 것은 물론이거니와,[81] 이것을 제외하고도 우선 '주현속현단위'의 규모가 다양해진 것이 눈에 띈다. 즉 속현이 하나도 없는 '주현속현단위'도 있지만 24개의 속현을 거느린 상주목을 비롯하여 10개 이상의 속현을 거느린 '주현속현단위'도 많았다. 특히 지방통치의 중심지라 할 수 있는 계수관에는 평균 11.1개의 속현이 소속되어서 47개의 주현에 딸린 평균 속현 수 7.68개보다 많다. 이렇게 '주현속현단위'의 규모를 다양하게 편성한 것은 신라후기의 '주영현단위'와 '군영현단위'가 비교적 비슷한 소규모로 편성된 것과 다른 점이다. 이것은 각 '주현속현단위'의 주현이 가지는 지방통치에서의 중요도를 고려하였기 때문이라고 생각한다. 즉 현종 9년 '주현속현단위'를 편성할 때 많은 수의 속현을 거느린 주현은 이전부터 지방통치의 중심지였거나 고려 건국 이후 정치적으로 중요한 곳이었다. 반면에 섬이나 해안지역의 '주현속현단위'는 그 규모가 작아서 딸린 속현이 없는 곳도 있을 뿐 아니라 속현이 있는 경우에도 딸린 속현이 2개에서 4개에 불과했다. 또 나중에 서해도가 되는 '해주영역'과 '황주영

80 이것은 성종 14년의 '州縣制度'에서 '주현단위'에만 지방관을 파견한 것과 같은 형식으로 모든 주군현에 지방관을 파견하였던 신라후기의 '주군현제도'와는 다른 점이다.

81 성종 14년 도단련사, 단련사, 자사가 파견되었던 곳 중 현종 9년 속현이 된 곳이 18곳인데, 이 18곳이 속현에 포함된 '주현속현단위'의 규모는 클 가능성이 높았다. 성종 14년 '주현단위'에 포함되었던 단위군현들이 그 '주현속현단위'에 포함될 가능성이 높았기 때문이다. 현종 9년 24개의 속현이 소속되었던 '상주목지역단위'에는 성종 14년 주였던 용궁현(용주), 영동군(계주), 일선현(선주)이 속현으로 포함되었다.

〈표 1-6〉 현종 9년 '주현속현제도'의 주현과 속현(兩界 제외)[82]

道	主縣		전체 主郡縣 수	전체 屬郡縣 수
	京牧都護府[*] (속군현 수)	領郡縣(속군현 수)		
(京畿)	0	2 : 開城縣(3), 長湍縣(7)	2	10
楊廣道	廣州牧(7)	4 : 楊州(9),[**] 樹州(7), 水州(10), 江華縣(3)	5	36
	忠州牧(6)	1 : 原州(7)	2	13
	清州牧(9)	4 : 公州(12), 洪州(16), 天安府(8), 嘉林縣(5)	5	50
慶尙道	東京 慶州(14)	5 : 蔚州(3), 禮州(6), 金州(5), 梁州(1), 密城郡(6)	6	35
	晋州牧(9)	3 : 陜州(12), 南海縣(2), 巨濟縣(4)	4	27
	尙州牧(24)	2 : 京山府(15), 安東府(14)	3	53
全羅道	全州牧(16)[***]	4 : 南原府(9), 古阜郡(7), 臨陂縣(4), 進禮縣(5)	5	41
	羅州牧(21)[****]	4 : 靈光郡(10), 靈岩郡(8), 寶城郡(9), 昇平郡(4)	5	52
交州道	0	3 : 交州(6), 春州(11), 東州(8)	3	25
西海道	海州(2)	3 : 豐州(6), 僉津縣(2), 白翎鎭(0)	4	10
	黃州牧(3)	2 : 平州(3),[*****] 谷州(3)	3	9
총합	10(111)	37(250)	47	361

* 현종 9년을 기준으로 계수관에 해당하는 도호부로는 안동대도호부 경주(현종 5년), 안서대도호부 海州, 안변도호부 登州, 안북대도호부 寧州(이상 모두 현종 9년)가 있었다. 이 중 경주는 현종 21년 동경유수관이 되었기 때문에 이 표에 동경으로 표기하였고, 등주와 영주는 북계와 동계에 속하였기 때문에 이 표에서 빠졌다. 대도호부와 도호부는 구분되는 존재이지만 이 책에서는 특별한 경우가 아니면 모두 도호부로 표기하였다.

** 양주는 현종 9년 당시 지군사가 파견되었다가, 문종 21년 남경유수관이 되면서 계수관이 되었다. 현종 9년에 양주의 계수관은 광주로 보고 표를 작성하였다. 양주는 문종 21년 남경유수관으로 계수관이 되면서 樹州·水州·江華縣을 領郡으로 거느리게 되었고, 반면에 광주는 영군현이 없는 계수관이 되었다.

*** 『高麗史』 지리지에 김제현과 그 속현으로 기록된 평고현, 금구현과 그 속현으로 기록된 거야현은 현종대 전주의 속현이었다.

**** 해양현을 현종 당시 나주 속현으로 넣어 계산하였다. 고려초기 진도현과 능성현은 현종대 나주목의 속현이었다. 『高麗史』 지리지에 진도현의 속현으로 기록된 2개 현(가흥현·임회현)의 소속은 확인되지 않지만 나주목 속현으로 추정하였다. 『高麗史』에 주현으로 기록된 장흥부와 장흥부의 속현으로 편성된 탐진현은 현종대 영암군의 속현이었고, 『高麗史』에 장흥부 속현으로 기록된 수령현·회령현·장택현은 현종대 보성군의 속현이었다. 탐라현은 현종 9년 당시 고려 군현으로 편성되지 않았다.

***** 현종 9년 평주의 속현이었던 우봉군은 문종 16년 개성부로 이속되었다.

82 〈표 1-6〉은 고려 현종 9년 기준으로 고려시기 주현과 속현을 『고려사』 지리지 기록을 토대로

역'에 속한 '주현속현단위'의 규모도 작았다. 그것은 그 영역에 속한 전체 단위군현의 수가 적었기 때문이었다. 이 경우 계수관인 해주와 황주의 속현도 3개에 불과했다. 또 경상도 '경주영역'의 '주현속현단위'의 규모도 각각에 딸린 속현의 수가 2개에서 6개로 작은 편이다.

현종 9년에 '주현속현단위'를 정할 때 이전의 지방통치에서의 역사적 경험이나 정치적인 중요성만 고려한 것은 아니었다. 즉 '주현속현단위'를 편성할 때 산줄기와 물줄기 등 지리적인 요소를 고려한 것이 흥미롭다. 우리 국토는 산이 많기 때문에 오래전부터 크고 작은 지방통치단위를 정할 때에는 산줄기 등이 자연스럽게 지방단위의 경계가 되었다. 현종 9년 '주현속현단위'를 정할 때 이전 시기보다도 산줄기 등의 지리적 요소가 중요한 기준이 된 경우가 많은데, 이것이 현종 9년 '주현속현단위' 편성의 중요한 특징 중의 하나이다.[83]

둘째, 현종 9년에 편성된 '주현속현단위'에는 이전과 다른 새로운 명칭의 지방관이 파견되었다. 현종 9년 2월에 4도호·8목·56지군사·28진장·20현령을 설치하였다고 한 것에서 알 수 있듯이 성종 14년에 파견되었던 절도사·도단련사·단련사·자사가 혁파된 대신, 도호부사·목사·지군사(지주사, 지부사)·방어사·진장·현령이 파견되었다. 도호부사가 파견된 곳에 지군사나 방어사가 파견되기도 하였고 방어사 대신 지주사가 파견되기도 하였다. 이렇게 지방관의 칭호를 바꾼 것은 군사적인 성격이 짙은 지방관을 민사적인 성격의 지방관으로 바꾼 것을 의미한다.[84] 앞의

정리한 것이다. 현종 9년 시점에는 '고려', '고려초'로 기록된 것도 포함하였다. 고려시기 5도가 완성된 것은 예종·인종대이지만(이 책 제2장 3절 참고), 5도 편성은 현종 9년의 '주현속현제도'의 틀을 바탕으로 하였기에, 이 표는 『고려사』 지리지의 5도를 기준으로 작성하였다.

83 이 책 제3장 참고.

84 그렇다고 해서 성종 14년에 파견되었던 절도사 등의 지방관이 군사적인 임무만 수행한 것은 아니었다.

〈표 1-6〉을 참고하면서 성종 14년과 현종 9년의 지방관 파견 실태를 구체적으로 살펴보자.

먼저 성종 14년에 절도사가 파견되었던 12곳은 모두 주현(主縣)이 되었다. 그중에서도 광주·충주·청주·상주·진주·전주·나주·황주 등 8곳은 목(牧)이 되었고, 양주는 현종 9년에는 지주사가 되었지만 문종대에 남경으로 승격되었으며, 해주에는 도호부가 설치되었다. 이 10곳은 모두 계수관이 되었다. 또 도호부가 설치되었던 4곳 모두 주현이 되었는데, 그중 풍주에는 방어사가 파견되었고, 나머지 3곳(김주·영암군·고부군)에는 지주사가 파견되었다. 또 성종 14년에 동경유수관이었던 경주는 현종 5년 안동대도호부를 거쳐 현종 21년 다시 동경으로 승격하였다. 이렇게 성종 14년에 절도사·도호부사·유수가 파견되었던 17곳은 모두 주현이 되었고, 이들 중 상당수는 계수관으로 편성되었다.

반면에 도단련사가 파견되었던 7곳 중 허주(許州, 咸陽)·강주(剛州, 順安)·담주(潭州, 潭陽) 등 3곳은 속현이 되었고, 단련사가 파견되었던 8곳 중 포주(抱州)·금주(衿州)·죽주(竹州)·장주(漳州) 등 4곳도 속현이 되었으며, 자사(刺史)가 파견되었던 15곳 중 임주(林州, 嘉林縣)·밀주(密州, 密城郡)·길주(吉州, 安東)·패주(貝州, 寶城) 등 4곳을 제외한 11곳이 속현이 되었다. 또 현종 9년 이전에 방어사가 파견되었던 10곳 중 울주(蔚州)·예주(禮州)·양주(梁州)·평주(平州)·곡주(谷州) 등 5곳을 제외한 5곳은 모두 속현이 되었다. 또한 성종 14년 도주였던 청도군도 속현이 되었다. 따라서 전체적으로 보면 성종 14년 '남도'에 지방관이 파견되었을 것으로 여겨지는 64곳 중 현종 9년에 지방관이 파견되어 주현이 된 곳은 모두 40곳이다. 이것은 성종 14년에 지방관이 파견되었던 64곳의 37%가 넘는 24곳이 속현으로 편성되었음을 의미한다. 한편 현종 9년에는 성종 14년에 주(州)가 아니었던 7곳에 지방관을 파견하여 주현으로 삼았다. 이 7곳은 3범주로 나누어 볼 수 있다. 먼저 7곳 중 2곳은 성종 14년의 적현·기현이 '주현속현제도'

로 개편되면서 현령이 파견된 개성현과 장단현이다. 또 신라후기 강양군이었던 합주도 주현이 되었는데, 이것은 현종이 대량원군으로 왕위에 오른 것과 관계가 있다고 본다.[85] 나머지 4곳은 남해현, 거제현, 옹진현, 백령진인데, 이곳들은 모두 섬이거나 해안지역이었다.[86] 이렇게 현종 9년을 기준으로 양계를 제외한 '남도'의 단위군현 408개 중 47곳에 지방관을 파견하였는데, 이는 성종 14년 64곳에 지방관을 파견했던 것보다 많이 줄어든 수치이다. 특히 정치적인 목적으로 새로이 주현이 된 곳이 적지 않았음에도 전체 지방관이 파견된 곳이 17곳이나 줄어든 것은 의미가 있다. 이것은 성종 14년 '주현제도'를 시행하면서 갑자기 많은 곳에 지방관을 파견하면서 나타났던 문제점을 보완하면서 나타난 결과로 볼 수 있다.

또한 주현(主縣)의 읍격에 따라 파견된 지방관의 품계와 지방관의 수가 다른 것도 현종 9년 제도의 특징이다. 즉 경·목·대도호 등 계수관에는 3품 이상의 사(使)를 비롯하여 부사·판관·사록참군사·장서기·법조·의사·문사 등 7, 8명의 지방관이 파견된 반면, 현과 진에는 7, 8품의 관원 1, 2명만 파견되었다.[87]

셋째, '주현속현단위'를 지방통치의 핵심 단위로 삼으면서도 그 상위에 '계수관(界首官)영역'을 설정하여 '주현속현단위'를 중심으로 운영되는

85 『高麗史』 卷57, 地理2, 陜州. 합주의 본래 이름이 대량주군이었다.

86 이 중 남해현과 거제현은 신라후기 군이었던 곳으로 이 지역에서는 신라후기의 '군영현단위'가 성종 14년 '주현단위'를 거쳐 그대로 현종 9년의 '주현속현단위'로 편성되었을 가능성이 높은 곳이다.

87 고려시기 지방관의 구성에 대해서는 다음 글이 참고된다. 朴宗基, 1997b, 「高麗時代의 지방관원들-屬官 중심으로-」, 『역사와 현실』 24(2002, 『고려의 지방사회』, 푸른역사). 성종 14년 '주현제도'에서도 유수나 절도사가 파견된 큰 고을에는 복수의 지방관이 파견되었을 가능성이 높다.

'주현속현제도'의 지방통치를 보완하였다. 이때 계수관은 하나의 단위군현이면서 동시에 '주현속현단위'의 중심 군현인 주현이었을 뿐 아니라 몇 개의 '주현속현단위'를 아우르는 '계수관영역'의 중심 군현이 되었다. 이러한 군현 구조는 신라후기 '주군현제도'와 유사한 구조이다. 즉 신라후기 9주의 하나인 주(州)는 단위군현이면서 동시에 '주영현단위'의 중심 군현이었을 뿐 아니라 다수의 '군영현단위'를 아우르는 '주영역' 통치의 중심지였다. 이와 같이 고려 현종대 광주·충주·청주·진주·상주·전주·나주·황주 등 8목과 안동대도호부 경주·안서대도호부 해주 등 2도호부를 합한 10곳은 독립된 '주현속현단위'였을 뿐 아니라 몇 개의 '주현속현단위'가 합쳐진 '계수관영역'의 중심도시였다.[88]

위와 같이 현종 9년의 '주현속현제도'에서는 군현 간의 영속관계를 개편하고 그 중심 군현에 지방관을 파견하여 중앙집권적인 지방제도를 추구하였다는 점에서 이전 제도와 연관성이 있다. 비록 모든 단위군현에 지방관을 파견하지는 않았지만 '남도'의 모든 단위군현을 '주현속현단위'로 편성한 것도 지방을 일관성 있게 통치하고자 한 것이다. 또 '주현속현단위' 상위에 계수관영역을 설정하여 지방관이 파견되지 않은 속현에까지 2중, 3중으로 중앙 권력이 침투할 수 있게 하였다.

88 고려시기 계수관은 영역을 대표하는 기능과 영역 안의 군현을 지휘·감독하는 기능을 수행하였다. 계수관은 영역을 대표하여 팔관회 등 국가기념일에 중앙에 축하사절을 보냈으며, 제사 등 국가의 주요 행사를 개최하였고, 영역에 들어온 왕의 행차나 외국 사신을 접대하였다. 영역대표라는 계수관의 위상은 고려말기까지 크게 변하지 않았다. 그렇지만 영역 안의 군현을 지휘·감독하는 기능은 고려중기 이후 안찰사 등의 기능이 정비되면서 계수관은 향공을 뽑아서 중앙에 올리는 일을 제외하고는 거의 하지 않았다(이 책 제2장 2절 참고).

5. '주현속현단위'의 편성과 주현의 위상

현종 9년 '주현속현제도'는 '주현속현단위'를 편성하고 그 중심 군현인 주현(主縣)에 지방관을 파견하는 제도이다. 즉 주현속현제도의 성립과정은 주현을 정하고, 주현에 주변의 단위군현을 속현으로 삼아 '주현속현단위'를 편성하는 과정이기도 한데, 이 과정은 이전의 군현 영속 관계를 개편하는 과정이기도 하였다. '주현속현단위'의 편성 과정에서 제일 중요한 것은 '주현속현단위'의 중심 군현이 되는 주현을 정하는 일이었다. 그렇지만 현종 9년 어떤 배경에서 어떤 군현을 주현으로 정했는지 확인할 수 있는 직접적인 자료는 없다. 여기에서는 현종 9년 '주현속현제도'가 성립할 때 주현을 정한 배경을 유추하기 위해서 주현이 된 군현이 이전 지방제도에서 어떤 위상에 있었는지를 살펴보고자 한다. 이 작업은 현종 9년 지방제도 개편의 역사적 위상을 찾는 데 도움이 될 것이다.

고려는 건국 후 신라의 지방제도인 '주군현제도'를 바탕으로 지방제도를 운영하면서 정치적·군사적 목적에 따라서 부분적으로 지방제도를 개편하였고, 그것이 태조 23년 지방제도 개편 때 반영되었다. 따라서 여기에서는 현종 9년 주현이 된 47개의 단위군현이 신라 '주군현제도' 때 어떤 위상에 있었는지를 먼저 살펴본 후 이어서 고려 건국 이후 현종 9년까지의 변화를 간단히 살펴보겠다. 〈표 1-7〉에서 보듯이 고려 현종대 47개의 주현 중 37개는 신라후기 '주군현제도'에서 주·군·소경의 위상을 가지고 있었다.

특히 신라후기 9주와 5소경은 거의 모두 현종 9년에 주현이 되었다.[89]

---

89 신라후기 9주와 5소경 중 현종 9년 속현이 된 곳은 무주(해양현)가 유일하다. 『고려사』 지리지에는 해양현이 주현으로 정리되어 있지만 해양현이 주현이 된 것은 현종 9년 이후이다.

〈표 1-7〉 고려 현종 9년 주현(主縣)의 신라후기 읍호(邑號)

신라후기 읍격(수)	신라후기 읍호(고려 현종대 읍호)
州(7)	漢州(廣州), 良州(梁州), 熊州(公州), 康州(晋州牧), 尙州(尙州牧), 全州(全州牧), 朔州(春州)
小京(5)	西原京(淸州牧), 中原京(忠州牧), 北原京(原州), 金海小京(金州), 南原京(南原府)
郡(25)	開城郡(開城縣), 漢陽郡(楊州), 長堤郡(樹州), 水城郡(水州), 海口郡(江華縣), 嘉林郡(嘉林縣), 有隣郡(禮州), 密城郡(密城郡), 江陽郡(陜州), 南海郡(南海縣), 巨濟郡(巨濟縣), 高昌郡(安東府), 古阜郡(古阜郡), 臨陂郡(臨陂縣), 進禮郡(進禮縣), 錦山郡(羅州牧), 武靈郡(靈光郡), 靈岩郡(靈岩郡), 寶城郡(寶城郡), 昇平郡(昇平郡), 鐵城郡(東州), 連城郡(交州), 瀑池郡(安西大都護府海州), 取城郡(黃州牧), 永豊郡(平州)
縣(5)	長湍縣(長湍縣), 河曲縣(蔚州), 新安縣(京山府), 고구려 仇乙縣(豊州), 鎭瑞縣(谷州)
王京(1)	王京(慶州; 東京)
기타(2)	고구려 鵠島(白翎鎭), 고구려 甕遷(甕津縣)
신설(2)	(天安府), (洪州)
(47)	

47개의 주현 중 신라 '주군현제도'에서 주·군·소경이 아니었던 곳은 10곳이다. 그중에서 신라의 수도였던 경주와 고려 태조대 신설되었던 운주(홍주)와 천안부를 제외하면 신안현(태조 경산부)·하곡현(태조 울주)·진서현(태조 곡주)·장단현·구을현(태조 풍주)·고구려의 옹천(태조 옹진현)·고구려의 곡도(백령진) 등 7곳만이 신라후기 지방제도에서 주·군·소경이 아니었다. 이것은 고려 현종대 주현이 된 곳은 대부분 신라후기 지방제도에서 군(郡) 이상의 위상을 가지고 있었다는 것을 말한다. 이어서 이들 군현의 읍격이 고려 태조대에는 어떻게 변했는지 간단히 살펴보자. 앞에서 정리한 대로 태조대에는 수도 개경과 경주를 비롯하여 운주, 천안부, 흥례부, 고울부, 청도군, 보성부(甫城府) 등에서 군현 영속관계를 수반한 군현 개편 혹은 신설이 있었다. 그런데 태조대에는 이 외에도 군현들의 읍격 변화가 많았다. 특히 주와 부로 승격된 군현들이 많이 있었다. 47개 주현의 태조대의 읍격을 정리한 〈표 1-8〉을 살펴보자.

〈표 1-8〉 고려 현종 9년 주현(主縣)의 고려 태조대 읍호(邑號)

읍격(수)	태조대의 읍호(신라후기 읍호)	참고
府(5)	金海府(金海小京), 南原府(南原京), 安東府(高昌郡), 京山府(新安縣), 天安府(신설)	
州(25)	慶州(신라 王京), 廣州(漢州), 公州(熊州), 康州(康州), 梁州(良州), 尙州(尙州), 全州(全州), 春州(朔州), 忠州(中原京), 原州(北原京), 淸州(西原京), 楊州(漢陽郡), 樹州(長堤郡), 水州(水城郡), 禮州(有隣郡), 瀛州觀察使(古阜郡), 羅州(錦山郡), 東州(鐵城郡), 海州(瀑池郡), 黃州(取城郡), 平州(永豐郡), 蔚州(河曲縣), 豐州(고구려 仇乙縣), 谷州(鎭西縣), 運州(신설)	
郡(9)	密城郡(密城郡), 靈光郡(武靈郡), (嘉林郡), (江陽郡), (南海郡), (巨濟郡), (靈岩郡), (寶城郡), (昇平郡)	아랫줄 괄호 안의 군들은『高麗史』 지리지에서 태조대의 읍호가 확인되지 않는다.
縣(6)	開城縣(開城郡), 長湍縣(長湍縣), 江華縣(海口郡), 臨陂縣(臨陂郡), 進禮縣(進禮郡), 金津縣(고구려 金遷)	
鎭(1)	白翎鎭(고구려 鵠島)	
城(1)	伊勿城(連城郡)	
(47)		

47개 주현 중 태조대 부였던 곳은 김해부(金海府, 金海小京)·남원부(南原府, 南原京)·안동부(安東府, 高昌郡)·경산부(京山府, 新安縣)·천안부(天安府) 등 5곳인데, 이 중 천안부는 태조대 새로 생긴 부이고, 김해부와 남원부는 신라 때 소경이었던 곳이다. 또 경산부는 신안현에서, 안동부는 고창군에서 읍격이 부로 바뀌었다. 47개 주현 중 태조대 주였던 곳은 모두 25곳인데 그중에 하나는 신라의 왕경이었던 경주이다. 또 광주(廣州, 漢州)·공주(公州, 熊州)·강주(康州)·양주(梁州, 良州)·상주(尙州)·전주(全州)·춘주(春州, 朔州) 등 7곳과 충주(忠州, 中原京)·원주(原州, 北原京)·청주(淸州, 西原京) 등 3곳은 신라후기 9주와 소경이었던 곳이다. 또 울주(蔚州, 河曲縣)·풍주(豐州, 고구려 仇乙縣)·곡주(谷州, 鎭西縣) 등 3곳은 신라후기 이래 현이었던 곳이고, 양주(楊州, 漢陽郡)·수주(樹州, 長堤郡)·수주(水州,

水城郡)·예주(禮州, 有隣郡)·영주관찰사(瀛州觀察使, 古阜郡)·나주(羅州, 錦山郡)·동주(東州, 鐵城郡)·해주(海州, 瀑池郡)·황주(黃州, 取城郡)·평주(平州, 永豐郡) 등 10곳은 신라후기 군이었던 곳이다. 나머지 한 곳은 태조대 새로 생긴 운주(運州)이다. 또 밀성군(密城郡)과 영광군(靈光郡, 武靈郡)은 신라후기 이래의 군 읍격을 유지하였으며, 『고려사』 지리지에서 태조대의 읍호가 확인되지 않는 가림군(嘉林郡), 강양군(江陽郡), 남해군(南海郡), 거제군(巨濟郡), 영암군(靈岩郡), 보성군(寶城郡), 승평군(昇平郡) 등도 그대로 군의 읍격을 유지하였을 것으로 보인다. 따라서 47개 주현 중 9곳이 태조대 군이었다. 따라서 47개의 주현 중 39곳이 태조대에 주·부·군이었는데, 대부분은 신라후기에 주·군·소경이었다. 신라후기에 현이었다가 태조대 주(州)가 된 울주(하곡현), 풍주(고구려 구을현), 곡주(진서현)와 태조대 신설된 운주와 천안부는 당시 정치적·군사적 중요성이 인정된 곳이었다고 볼 수 있다.

한편 47개 주현 중 태조대 현이었던 곳으로 강화현(해구군)·임피현(임피군)·진례현(진례군)·옹진현(고구려 옹천) 등 4곳이 『고려사』 지리지에서 확인된다. 『고려사』 지리지에서는 확인되지 않지만 장단현은 신라후기의 읍호를 그대로 유지하였을 것으로 보인다. 또 개성군은 태조 2년 개주로 편성되면서 개성현으로 읍호가 바뀌었다. 따라서 현종 9년 주현이 된 47개 단위군현 중 6곳이 태조대 현이었다. 그 밖에 태조대 진이 된 백령진(고구려 곡도)과 성이 된 이물성(연성군)이 있었다. 따라서 현종대에 47개의 주현 중 태조대 부·주·군이 아니라 현·진·성이었던 곳이 8곳인데, 이들 군현들의 태조대의 정치적 위상은 높지 않았을 것이다. 그럼에도 이 8곳이 현종 9년 주현이 된 것은 성종 이후의 지방제도 개편에서 지방통치에서의 중요성을 인정받았기 때문이라고 생각한다. 먼저 신라후기 군에서 태조대 현으로 떨어진 임피현(임피군)·진례현(진례군)·강화현은 성종 14년 주(州)로 편성되면서 지방통치의 중심지로 부각되었다.

또 장단현과 개성현은 성종 14년 적현과 기현에 포함되었다가 적현과 기현이 '주현속현제도'로 개편되면서 주현이 된 곳이다. 또 신라후기 연성군은 태조대 이물성이 되었는데, 성종 14년 교주단련사가 설치되면서 현종 9년 주현이 될 발판을 마련하였다. 또 태조대에 현이었던 옹진현과 진이었던 백령진은 현종 9년 주현속현제도를 정할 때 섬과 해안지방이어서 현령(縣令), 진장(鎭將)이 파견된 곳이다. 현종대에 주현이 된 47곳은 앞에서 살펴본 대로 대부분 성종 14년에는 절도사, 유수사, 도호부사, 도단련사, 단련사, 자사 등이 파견된 곳이다. 47개의 주현 중 성종 14년에 주가 아니었던 곳은 개성현·장단현·합주·남해현·거제현·옹진현·백령진 7곳인데, 이들은 앞에서도 지적하였듯이 현종 9년 '주현속현제도'가 성립될 때 주현이 된 곳이다. 개성현과 장단현은 적현·기현의 재편성 과정에서, 합주는 현종 즉위와 관련되어, 나머지 지역은 섬과 해안 지방에 대한 중요성이 인정되어서 현종 9년 '주현속현제도'가 성립할 때 주현이 되었다.

현종 9년 '주현속현제도'의 성립과정에서 지방통치의 중심 군현인 주현을 정하고, 주현을 중심으로 '주현속현단위'를 편성하는 것은 매우 중요하다. 현종 9년 주현이 된 47개의 단위군현이 이전 시기 지방제도에서 어떤 위상을 가졌는지를 살펴본 결과, 신라후기 '주군현제도'에서는 47곳 중 37곳이 주·군·소경의 읍호를 가지고 있었고, 고려 태조대에는 39곳이 주·부·군의 읍호를 가지고 있었으며, 성종 14년에는 대부분 절도사·유수사·도호부사·도단련사·단련사·자사 등이 파견된 곳이다. 현종 9년 '남도'에서 주현이 된 47개의 단위군현 대부분은 신라후기부터 지방통치의 중심지 역할을 하던 곳으로 그 역사적 경험을 가진 곳이었다. 물론 47개 주현 중에는 소수이기는 하지만 고려 건국 이후에 정치적·군사적으로 중요성이 커진 곳도 포함되어 있다.

제2장

'주현속현제도'의 구조와 운영

1.『고려사』 지리지의 군현 편성과 '주현속현제도'의 구조

『고려사』 지리지에는 고려시기의 군현이 왕경개성부(경기), 양광도·경상도·전라도·교주도·서해도(5도), 동계·북계(양계)로 나뉘어 정리되어 있다.『고려사』 지리지는 조선초기의 편찬자들이 정리한 것이기 때문에 정리 기준시점이나 내용에서 보완할 내용이 있지만,[1] 여기에는 고려시기 지방제도의 큰 틀은 반영되어 있다고 보아야 한다. 따라서 이를 토대로 고려시기의 지방편제를 경기와 5도, 양계로 보는 것이 일반적이다.[2] 여기에서는『고려사』 지리지의 내용을 현종 9년 시점에서 정리한 〈표 2-1〉을 토대로 고려시기 지방편제의 큰 틀을 정리하고, 더 나아가 '주현속현제도'의 기본 구조에 대해서도 정리하고자 한다.

1 윤경진, 2012,『高麗史 地理志의 分析과 補正』, 여유당.

2 '주현속현제도'의 성립시기와 5도·양계 성립시기에 대해서는 이 책 서장과 제2장 3절 참고.

〈표 2-1〉『고려사』 지리지의 군현 편성(현종 9년 기준)[3]

道	主縣		전체 주군현 수	전체 속군현 수
	京·牧·都護府* (속군현 수)	領郡縣(속군현 수)		
(京畿)	0	2 : 開城縣(3), 長湍縣(7)	2	10
楊廣道	廣州牧(7) 忠州牧(6) 淸州牧(9)	4 : 楊州(9), 樹州(7), 水州(10), 江華縣(3) 1 : 原州(7) 4 : 公州(12), 洪州(16), 天安府(8), 嘉林縣(5)	5 2 5	36 13 50
慶尙道	東京 慶州(14) 晋州牧(9) 尙州牧(24)	5 : 蔚州(3), 禮州(6), 金州(5), 梁州(1), 密城郡(6) 3 : 陜州(12), 南海縣(2), 巨濟縣(4) 2 : 京山府(15), 安東府(14)	6 4 3	35 27 53
全羅道	全州牧(16) 羅州牧(21)	4 : 南原府(9), 古阜郡(7), 臨陂縣(4), 進禮縣(5) 4 : 靈光郡(10), 靈岩郡(8), 寶城郡(9), 昇平郡(4)	5 5	41 52
交州道	0	3 : 交州(6), 春州(11), 東州(8)	3	25
西海道	海州(2) 黃州牧(3)	3 : 豐州(6), 瓮津縣(2), 白翎鎭(0) 2 : 平州(3), 谷州(3)	4 3	10 9
남도 합	10(111)	37(250)	47	361
東界	登州(7)	6州(3),** 8鎭, 7縣(8)***	22	18
北界	西京 寧州	0 25州,**** 10鎭,***** 4縣	1 40	0 0
양계 합	3(7)	60(11)	63	18
총합	13(118)	97(261)	110	379

* 이 책 제1장 4절 〈표 1-6〉 별표(*) 설명 참고.

** 속현 3은 명주의 속현이다.

*** 속현 8은 금양현(4), 고성현(2), 간성현(1), 익양현(1)의 속현 수이다.

**** 25주 가운데 靜州·義州·昌州·孟州는 고려초기 松山縣·龍灣縣·長靜縣·鐵瓮縣이었고, 靈州는 興化鎭이었다. 그러나 주(州)로 개칭된 정확한 시기를 알기 어려운 지역이 있지만 모두 표에 포함하였다.

***** 10진 가운데 朝陽鎭은 현종 9년에 連州防禦使가 되었으나 다시 진으로 복구된 시기가 불확실하여 편의상 『高麗史』 지리지의 표제어를 따라 진으로 계산하였다. 또한 威遠鎭과 定戎鎭은 현종 20년에 설치되었으나 현종대에 이루어진 변화이므로 표에 포함하였다.

---

3 이 표는 〈표 1-6〉에 양계를 포함한 것이다. 따라서 표 작성과 관련된 중복된 서술은 생략하였다.

〈표 2-1〉에서 보듯이『고려사』지리지는 고려의 전체 영역을 왕경개성부(경기), 양광도·경상도·전라도·교주도·서해도(5도), 동계·북계(양계)로 나누어 각 영역에 속한 단위군현들을 군현 편제의 원칙에 따라 정리하고 있다. 광역의 행정구역인 5도와 양계에 속한 단위군현들은 다시 경·목·도호부 등 계수관을 중심으로 하는 몇 개의 '계수관영역'으로 나뉘어 정리되어 있고, '계수관영역'은 다시 몇 개의 '주현속현단위'로 나뉘어 있다. 기록 형식에서 가장 눈에 띄는 것은 5도와 양계, 계수관, 주현, 속현을 분명하게 구분하여 기록한 것이다. 또 같은 주현이라도 경·목·도호부 등 계수관은 일반 주현보다 한 칸 올려서 정리하여 일반 주현과 구분하였을 뿐 아니라 각 '계수관영역'에 대한 기록 끝에 계수관에 딸린 속현과 계수관영역에 속한 영군현(주현)의 수도 아울러 기록하고 있다. 양광도를 예로 들어서『고려사』지리지의 기록내용을 확인하여 보자. 양광도에는 현종 9년을 기준으로 '광주목영역', '충주목영역', '청주목영역'이라는 3개의 계수관영역이 있었는데,[4] 광주목 등 계수관은 몇 개의 '주현속현단위'를 포함한 계수관영역의 대표이기도 하였지만 동시에 자체가 속현을 거느린 주현이기도 하였고, 더 나아가 향리들의 조직인 읍사(邑司)를 가진 단위군현이기도 하였다. 현종 9년 '광주목영역'은 '광주목지역'·'양주지역'·'수주(水州)지역'·'수주(樹州)지역'·'강화현지역' 등 5개의 '주현속현단위'로 구성되어 있었고, '광주목지역'은 〈표 2-1〉에서 보는 것처럼 계수관이자 주현인 광주목과 7개의 속현으로 구성되어 있었다. 한편『고려사』지리지 맨 앞에 정리된 '왕경개성부'에는 수도 개경과 개경을 보위하는 특수지역인 개성부가 함께 기록되어 있는데, 현종 9년에는 '개성현지역'과 '장단

4 양광도가 광역의 행정구역이 된 것은 현종 9년 이후의 일이다.『高麗史』지리지에 계수관으로 기록된 남경유수관 양주는 현종 9년 당시 지주사였다.『高麗史』卷5, 地理1 참고.

현지역'으로 편성되어 '경기'를 구성하였기 때문에 계수관이 없지만 1062년(문종 16) '개성현지역'과 '장단현지역'이 개성부로 통합되어 지개성부사가 파견되면서 개성부가 계수관 역할을 하였다.[5]

『고려사』 지리지 서문에는 고려전기 군현 수가 경(京) 4, 목(牧) 8, 부(府) 15, 군(郡) 129, 현(縣) 335, 진(鎭) 29개로 모두 520개로 정리되어 있는데,[6] 그것에서 개경을 제외하면 『고려사』 지리지에 기록된 단위군현의 수는 모두 519개이다.[7] 이 단위군현들은 읍호도 다르고 읍격에도 차이가 있었지만 모두 독립된 영역을 가진 고려시기 지방지배의 토대가 되는 독립 단위였다. 각 단위군현들은 토착적인 기반을 가진 향리들이 운영하는 읍사를 가지고 있었다. 국가에서는 이들의 존재를 인정하였으며, 이들의 경제기반으로 공해전 등을 지급하였다. 이를 토대로 국가에서는 양전과 호구조사, 조세 징수와 감면, 구휼 등 경제시책을 실시하였다.

---

5 동계와 북계의 경우 몇 지역을 제외하고는 속현을 포함하고 있지 않기 때문에 『고려사』 지리지의 기록 형식에서도 5도와 차이가 있다.

6 『高麗史』 卷56, 地理1.

7 현종대까지의 단위군현 수 489개(〈표 2-1〉 참고)와 현종대 이후에 설치된 30개를 합한 수이다. 현종 이후 설치된 단위군현은 다음 표와 같다.

5도양계	고려 현종대 이후 설치된 군현(설치 시기)	군현 수
전라도	耽羅縣(숙종 10년)	1
동계	州7: 定州(정종 7년), 豫州(예종 11년), 德州(문종 9년), 英州(예종 3년), 雄州(예종 3년), 吉州(예종 3년), 福州(예종 3년) 鎭8: 元興鎭(정종 10년), 永興鎭(문종 15년), 公嶮鎭(예종 3년), 通泰鎭(예종 3년), 平戎鎭(예종 3년), 崇寧鎭(미상), 眞陽鎭(미상), 宣化鎭(미상) 府3: 咸州大都督府(예종 3년), 北青州府(공민왕 5년), 甲州府(공양왕 3년)	18
북계	縣6: 順和縣·江東縣·三和縣·江西縣·三登縣·中和縣(이상 모두 인종 14년, 西京 속현) 州1: 隨州(고종 18년) 鎭2: 平虜鎭(정종 7년), 寧遠鎭(정종 7년) 府2: 江界府(공민왕 10년), 泥城府(공민왕 18년)	11
총합		30

이런 점에서 고려시기 단위군현은 본질적으로 대등한 위상을 가졌다. 고려 중앙정부에서는 이들 모든 단위군현을 독립된 지방통치단위로 인정하면서도 모든 단위군현에 지방관을 파견하지 않고, 지방관이 파견된 하나의 주현과 지방관이 파견되지 않은 복수의 속현이 묶인 '주현속현단위'를 지방통치의 핵심단위로 운영하였다. 따라서 현종 9년의 지방제도를 '주현속현제도'라고 할 수 있다. 현종 9년에 편성된 '주현속현단위'의 특징에 대해서는 1장에서 살펴본 대로 평균적으로 보아서 '주현속현단위'의 규모가 이전의 '주현단위'보다 커졌을 뿐 아니라 다양해졌다. 즉 속현이 하나도 없는 '주현속현단위'도 있지만 10개 이상의 속현을 거느린 '주현속현단위'도 많았다. 특히 지방통치의 중심지라 할 수 있는 계수관에는 딸린 속현의 수가 많았다. 5도의 계수관 10개에는 모두 111개의 속현이 소속되어서 평균 11.1개의 속현이 있었다. 이것은 경기와 5도의 주현 47개에 딸린 평균 속현 수 7.7개보다 많았다. 반면에 딸린 속현이 없거나 속현이 2개에서 4개에 불과한 '주현속현단위'도 있었다. 따라서 전체적으로 '주현속현단위'의 규모는 이전의 '주현단위'보다 크고 다양해졌다. 고려시기에는 소수의 주현에 지방관을 파견하고 이를 통하여 지방관을 파견하지 않은 속현까지 통치하였다. 각 군현에서 조세 징수를 비롯한 군현의 공적인 실무를 담당한 것은 각 군현의 향리였으며, 주현에 파견된 수령은 속현의 조세 납부를 비롯한 행정 책임을 졌다. 따라서 '주현속현제도'를 통한 지방지배의 중심축은 주현과 속현에 있었고, 그 운영의 주인공은 향리와 외관[수령]이었다. 문제는 주현과 속현의 실질적인 관계이다. 여기에서 고려의 중앙정부가 주현을 통하여 속현을 어느 정도 장악하고 통제할 수 있었으며, 그 한계를 어떻게 해결하였는지를 살펴보자. 이를 통하여 고려시기 속현의 지위를 고려시기 지방지배의 특성 속에서 이해할 수 있을 것으로 생각한다.

500개에 가까운 고려 지방제도 성립시기의 단위군현은 주현·속현의 구분과는 관계없이 모두 독립된 영역과 경제기반을 가졌다. 이런 점에서 주현과 속현은 본질적인 차이는 없었다. 단위군현 중 중앙에서 지방관이 파견된 곳이 바로 주현이다. 이들 주현에는 읍격에 따라서 사, 판관, 사록, 법조, 의사, 문사, 방어진사, 현령, 진장 등 복수의 지방관이 파견되었는데,[8] 이들은 해당 주현과 속현의 지배에 관여하였다. 군현제의 본질이 중앙에서 파견한 지방관을 통하여 지방을 중앙의 뜻대로 지배하는 것이기 때문에 고려에서도 주현을 중심으로 '주현속현단위'를 편성하고 주현에 지방관을 파견하여 주현뿐 아니라 속현까지도 효과적으로 지배하려 하였다. 각 군현에서 향리는 조세 징수를 비롯한 군현의 공적인 실무를 담당하였다. 군현의 실무 중 조세 징수와 관련된 일은 호정(戶正)-부호정(副戶正)-사(史)로 이어지는 계통의 향리가 전담하였다고 알려져 있다.[9] 이 일은 향리들이 담당한 일 중 가장 중요하고 어려운 일이었다. 그리하여 1318년(충숙왕 5) 5월에는 각 군현에 할당된 조세를 충당하기 위하여 향리들이 빚을 얻기도 하였고,[10] 1343년(충혜왕 후4) 7월에는 향리가 조세 충당의 부담을 이기지 못하고 스스로 목숨을 끊은 경우도 있었다.[11] 또한 1195년(고려 명종 25) 9월에 왕은 조(詔)를 내려서 "너희 군현리(郡縣吏)들은 나의 말을 잘 들어, 포흠(逋欠, 밀린 조세)된 조(租)를 5년에 한하여 관대하게 용서하라."라고[12] 당부하기도 하였는데, 이것은 향리들이 조세의 감면

8 『高麗史』 卷77, 百官2, 外職에 따르면, 京에는 8명, 牧과 大都護府에는 7명, 中都護府와 防禦鎭, 知州郡에는 4명, 縣과 鎭에는 2명의 지방관이 파견되었다. 이에 대한 자세한 설명은 朴宗基, 1992, 「高麗時代 外官 屬官制 研究」, 『震檀學報』 74 참고.

9 李惠玉, 1988, 「高麗時代의 鄕役」, 『梨花史學研究』 17·18.

10 『高麗史』 卷78, 食貨1, 田制, 貢賦, 忠肅王 5年 5月.

11 『高麗史』 卷78, 食貨1, 田制, 貢賦, 忠惠王 後4年 7月 "追徵各道往年貢賦 餘美縣吏 不堪其苦 遂自刎".

12 『高麗史』 卷80, 食貨3, 賑恤, 災免之制, 明宗 25年 9月 "詔曰 其爾郡縣吏 敬聽朕言 其逋租限五年寬假".

업무를 주관하였기 때문이다. 향리는 조세의 징수와 감면뿐 아니라 납부에도 관여하였다.[13] 군현에서 향리를 통제하고 감독하는 것은 지방관이었으며, 그중에서 조세 징수와 전곡 관리 등을 감독하는 것은 매우 중요한 일이었다.[14] 그렇지만 중앙에서 파견된 소수의 지방관이 토착적인 기반을 가지고 읍사를 중심으로 움직이는 많은 수의 향리들을 효과적으로 장악하는 일은 쉽지 않았다.[15] 우선 읍사의 수반인 호장의 임명권이 중앙의 상서성(尙書省)에 있었던 사실[16]은 지방관이 향리들을 제압하는 데 커다란 장애가 되었다. 또한 향리들이 토착적인 기반을 가지고 있다는 점도 지방관에게는 부담이 되었을 것이다. 이러한 상황에서 속현의 향리까지 효과적으로 장악한다는 것은 어려운 일이었다. 특히 소속 속현의 수가 많아서 관할하는 영역이 넓을 경우 속현과 속현의 향리들을 효과적으로 지배하는 것은 거의 불가능하였다.[17] 이규보가 전주목의 사록 겸 장서기(司錄兼掌書記)로 활동하면서 1년에 한 번 속군현을 순행하는 데 그쳤던 것은 이러한 사정 때문이었다.[18] 이같이 주현에 파견된 지방관이 1년에

---

13 박종진, 2000, 『고려시기 재정운영과 조세제도』, 서울대학교출판부, 103-106쪽 참고. 한편 촌락의 村典은 조세의 징수와 감면, 노동력 징발 등 기초적인 경제운영에 관여하였다(같은 책, 101-103쪽).

14 그것은 현종 9년 2월에 정해진 수령의 임무 6가지(諸州府員奉行六條) 안에 흑수장리의 능력을 살피는 것(察黑綬長吏能否)과 아전의 전곡 관리를 살피는 것(察吏錢穀散失)이 포함되었던 것에서 확인할 수 있다(『高麗史』 卷75, 選擧3, 銓注, 凡選用守令).

15 현종 9년에 정해진 향리의 정원은 단위군현의 규모에 따라 최대 84명에서 최소 29명이었다(『高麗史』 卷73, 選擧3, 鄕職).

16 蔡雄錫, 2000, 『高麗時代의 國家와 地方社會 -'本貫制'의 施行과 地方支配秩序-』, 서울대학교출판부; 尹京鎭, 1997, 「高麗前期 鄕吏制의 構造와 戶長의 職制」, 『韓國文化』 20.

17 앞에서 서술하였듯이 경기와 5도 지역의 주현과 속현의 비율은 7.7로 이전시기 '주현단위'보다 높다. 특히 상주목에는 24개, 나주목에는 16개, 경주에는 14개의 속현이 소속되었다. 이렇게 많은 속현이 소속된 '주현속현단위'에 속한 향리의 수는 수백 명에 이른다. 그럴 경우 그에 대한 직접적인 지배는 거의 어려웠다고 생각한다.

18 『東國李相國集』 卷23, 「南行月日記」.

한 번 정도의 순행으로 속현의 향리들을 효과적으로 장악하기는 어려웠다. 따라서 지방관이 향리들의 경제 운영을 감찰하고 통제한다고 할 때, 그 주된 대상은 주현의 향리들이었을 것이다. 이규보가 그의 시 「고을살이 즐겁다 마오」에서 본관 고을 아전은 성낸 얼굴로 꾸짖는다[怒顔訶郡吏]고 표현하면서도 속현의 경우는 단순히 봄마다 순찰하였다[屬郡春行慣]고 한 것에서 주현과 속현의 향리들을 대하는 이규보의 차별적 태도를 엿볼 수 있다.[19] 이런 점에서 한두 명의 호장이 다스려서 백성을 어지럽히고 폐단을 만드는 것이 말로 다할 수 없었다고 한 조선 태종대 대사헌 류관(柳觀) 등의 상소[20]는 고려시기 속현지배의 실상을 잘 알려준다.

지금까지 살펴본 대로 고려시기 지방지배의 중심축은 주현·속현 관계였지만, 주현을 통한 속현의 지배에는 어려움이 많았다. 고려시기에는 이 어려움을 보완할 여러 장치를 가지고 있었는데, 그중 하나가 복수의 지방관[屬官]을 파견한 것이다. 고려시기에는 조선시기와 달리 복수의 지방관을 파견하여 주현을 중심으로 주현에 소속된 다양한 군현 단위인 속현과 부곡 등의 여러 영역을 지배하고 통제할 수 있었다.[21] 물론 주현에 복수로 파견된 속관이 관할 속현의 지배에 참여하였을 것은 당연하다.[22] 그렇지만 읍격에 따라 다른 수의 지방관을 파견한 이유가 주현을 중심으

19 『東國李相國集』 卷9, 「莫嗇爲州樂四數」.

20 『太宗實錄』 卷28, 太宗 14年 7月 乙亥 "司憲府大司憲 柳觀等 上疏 一 前朝設州府郡縣 又置任內鄕所部曲 一州任內 多至十餘縣 大者或過於本官戶數 一二戶長主之 其擾民作弊 何可勝言 近年以來 州縣可幷者幷之 可置員吏者 置之 然未盡革 往者 全羅監司 尹向 啓聞 凡其道內任內之吏 皆合於仰官 奸猾之弊息矣 其時因此 下令各道 皆依此例施行 他道監司 不能體此 卒莫之行 使任內之吏 作弊如舊 乞下攸司復申此令 其中任內人吏奴婢多者 合於附近縣官之人物少處".

21 朴宗基, 1992, 앞 논문; 1997b, 「고려시대의 지방관원들 – 속관(屬官)을 중심으로 –」, 『역사와 현실』 20; 박종진, 1999, 「고려시기 '수취단위'의 의미와 속현의 지위」, 『역사와 현실』 32.

22 구체적으로 知州郡·防禦郡 이상에 파견된 判官이 속현의 지배와 밀접히 연관되어 있다는 연구 성과도 있다(尹京鎭, 1991, 앞 논문).

로 하여 그 아래에 속한 속현까지를 하나의 수취단위로 효과적으로 지배하기 위한 것만은 아니다. 한 예로 안북대도호부 영주는 서북면의 병마사영(兵馬使營)이 설치된 곳으로 영주를 계수관으로 하는 '영주영역'에는 현종 9년을 기준으로 모두 40개의 주현(대도호부 1, 주 25, 진 10, 현 4)이 소속되어 있었지만, 이들 주현에 속한 속현은 하나도 없다. 영주를 비롯한 40개의 소속 주현에는 규정대로 복수의 지방관이 파견되었을 것인데, 이들이 속현지배와 관련이 없었음은 말할 필요가 없다. 또한 경·목·도호부 등에는 사(使)를 비롯하여 7~8명의 지방관을 파견하게 되어 있는데, 이들 대읍에 소속된 속현의 수는 커다란 차이가 있다. 속현이 하나도 없는 영주를 제외하고도, 속현이 24개나 있는 상주목이 있는 반면 2개의 속현만이 소속된 해주가 있다. 이러한 사실로 미루어볼 때 대읍인 계수관에 파견된 복수의 지방관들은 해당 읍과 그에 소속된 속현뿐 아니라 계수관영역에 소속된 다른 '주현속현단위'의 통치에도 관여하였을 것이다.

한편 그 지역 출신으로 임명된 군현의 사심관(事審官)은 지방통치에서 중앙정부의 입장을 대변하는 지방관과 지방세력을 대표하는 향리 사이의 조정 역할을 하였다.[23] 996년(성종 15)에 정해진 사심관의 정원은 500정(丁) 이상의 주(州)는 4명, 300정 이상의 주는 3명, 그리고 그 이하의 주는 2명이었다.[24] 사심관은 주현·속현을 구분하지 않고, 군현 규모에 따라 복수로 임명되었는데, 이는 향리의 수가 군현 규모에 따라 정해진 것과 같다. 사심관은 부호장 이하의 관직 등 일[官職等事]을 관장하여[25] 향리층에 대한 일정한 영향력을 가졌다. 또한 사심관의 본래 기능은

23 李純根, 1986, 「高麗時代 事審官의 機能과 性格」, 『高麗史의 諸問題』, 三英社.

24 『高麗史』 卷75, 選擧3, 事審官. 여기서의 州는 대읍으로서의 州가 아니라 일반 군현을 총칭한 것이다(蔡雄錫, 1994, 앞 논문, 121쪽).

25 『高麗史』 卷75, 選擧3, 銓注, 事審官, 太祖 18年.

부역을 균등하고 공평하게 하는 것이었는데,[26] 이것은 사심관이 군현에서의 조세 징수에 관여하였다는 것을 의미한다. 1278년(충렬왕 4) 3월 각 도에 원나라에 보낼 국신마(國贐馬)의 징발을 독촉하면서 사심관으로 하여금 먼저 내게 한 것[27]은 그 구체적인 사례이다. 고려후기에 이르러 사심관이 수탈자로 변모할 수 있었던 것도 위와 같이 사심관이 군현에서의 조세 징수에 관여하였기 때문이다. 이와 같이 사심관은 지역의 연고권에 기초한 경제적 영향력을 통해 지방관과 향리를 조정하는 역할을 하였다.

지금까지 정리한 대로 고려시기 지방통치의 중심은 '주현속현단위'였고, 그 운영의 주인공은 향리와 외관[수령]이었다. 사심관이 일부 분야에서 지방관과 향리를 조정하는 역할을 하였지만 그것만으로는 효과적으로 지방을 통치할 수 없었기 때문에 지방을 효과적으로 통치하기 위한 보완장치가 필요하였는데, 그 대표적인 것이 계수관과 안찰사이다. 고려는 현종 9년 '주현속현제도'를 중심으로 지방제도를 정비하면서 몇 개의 '주현속현단위'를 묶어서 '계수관영역'을 편성하고, 경·목·도호부 등 대읍을 계수관으로 삼아 지방지배의 중심으로 활용하였다. 이어서 5도를 설치하고 도에 정기적으로 안찰사를 파견하여 수령을 감찰하는 등 지방지배의 한 축을 맡겼다. 이와 동시에 때에 따라 다양한 임시 사행을 파견하여 지방지배를 관철하였다.[28]

---

26 『高麗史』 卷75, 選擧3, 銓注, 事審官, 忠肅王 五年 五月 下教曰 "事審官之設 本爲宗主人民 甄別流品 均平賦役 表正風俗 今則不然 廣占公田 多匿民戶 若小有差役 例收祿轉則吏之上京者 敢於私門 決杖徵銅 還取祿轉 擅作威福 有害於鄕 無補於國 已盡革罷 其所匿田戶 推刷復舊".

27 『高麗史』 卷28, 忠烈王 4年 3月 己亥.

28 고려시기 계수관과 안찰사의 기능과 위상에 대해서는 이 책 제2장 2절 및 3절 참고.

(보론) 조세 '수취단위'의 의미[29]

고려시기 일반 백성이 국가에 내는 조세는 조(租)·포(布, 調)·역(役) 3세였다. 국가에서는 이 3세를 군현 단위로 전부(田賦)·공물(貢物)·요역(徭役)의 형태로 징수하였다.[30] 즉 고려시기 대표적인 현물 조세인 전부와 공물은 군현 단위로 조세액수가 정해졌을 뿐 아니라 국가 차원의 요역 역시 군현을 단위로 징발하였다. 또한 조세의 수취 장부인 세적(稅籍)과 공적(貢籍, 貢案)도 군현을 단위로 작성하였고, 조세의 징수와 감면 등 전반적인 조세제도의 운영은 이를 토대로 하였다.[31]

그런데 문제는 조세 수취단위였던 군현의 범주를 어떻게 보느냐이다. 고려시기 조세 수취단위에 대해서 필자는 주현·속현의 구분과는 관계없이 단위군현이 조세 수취단위였다고 보고 있지만,[32] 필자의 견해와 달리 중앙과 직결된 수취의 기본 단위는 주현이었고, 주현을 단위로 부과된 조세 총액은 다시 속현이나 부곡 단위로 배분되었다는 견해가 있다.[33] 후자의 견해를 대표하는 박종기의 고려시기 조세 수취단위에

---

29 이 글은 고려시기 조세의 '수취단위'에 대한 필자의 견해에 반론을 제기한 박종기의 견해를 비판적으로 검토한 다음 글의 일부이다. 박종진, 1999, 「고려시기 '수취단위'의 의미와 속현의 지위」, 『역사와 현실』 32.

30 박종진, 2000, 『고려시기 재정운영과 조세제도』, 서울대학교출판부. 특히 공물은 일반 백성이 調로 낸 平布를 비롯한 직물류, 所의 생산물, 民戶의 貢役을 징발하여 조달한 물품으로 구성되었다. 따라서 고려시기 군현 단위의 공물은 포와 역을 포괄하는 복합적인 세목이었다. 한편 고려시기 조세체계에 대해서는 필자와 다른 의견을 가진 연구 성과도 있다. 이에 대해서는 필자가 정리한 다음 글을 참고하기 바란다. 박종진, 2004, 「고려시기 조세제도 연구의 쟁점과 과제」, 『蔚山史學』 11.

31 여기에 대해서는 박종진, 2000, 앞 책 참고.

32 박종진, 1999, 앞 논문.

33 金載名, 1994, 「高麗 稅役制度史 硏究」, 한국정신문화연구원 박사학위논문; 박종기, 1999a,

대한 주장의 핵심은 주현과 그 아래의 속현이 묶여 하나의 수취단위를 이루었으며, 속현은 그 한 부분인 '재정운영의 기본단위'에 불과하였다는 것으로서, 속현도 하나의 수취단위로 기능하였다는 필자의 입장과 커다란 차이가 있다. 이와 함께 박종기는 속현에 대한 조세 수취의 최종 책임은 주현의 수령에 있었고, '수취의 기본단위'는 중앙이 수취를 위해 행정적인 책임과 권한을 부여한 단위군현을 뜻한다고 하였다.[34]

박종기의 견해 중 속현에 대한 조세의 수취 책임이 주현의 수령에 있었다는 것은 필자도 동의하는 부분이다. 주현과 속현으로 구성되어 있는 고려시기 군현제의 특성상 이것은 당연한 일이다. 박종기가 필자의 견해를 비판하면서 주현이 관할 속현의 조세 수취에도 책임을 졌다는 것을 강조하여,[35] 필자가 마치 속현에 대한 조세 수취의 책임이 주현에 있었던 것을 부정하는 듯이 서술하고 있지만 필자는 주현과 주현에 파견된 지방관이 속현의 조세 징수에 행정적 책임을 졌다는 사실을 분명히 언급하였다.[36]

또한 주현이 속현의 조세 수취에 대한 책임을 졌다는 사실과 주현이 속현을 포괄한 하나의 수취단위로 운영된 것과는 구분해야 한다. 구체적인 예로 1359년(공민왕 8) 남원부사 이보림(李寶林)이 남원부에 설치한 제용재(濟用財)의 운영을 살펴보자. 당시 이보림이 제용재를 설치한 주요 요인의 하나는 속현의 급박한 조세를 충당하기 위해서였으며, 실제로 속현의 조세 충당이 어렵게 되면 제용재의 곡식을 이자[利息] 없이 빌려주

「고려시대 부세수취(賦稅收取)와 속현(屬縣)」, 『역사와 현실』 31.

34 박종기, 1999a, 앞 논문.

35 박종기, 1999a, 위 논문, 60-62쪽.

36 박종진, 1997, 「고려시기 경제운영단위와 지방제도」, 『韓國學硏究』 7. 따라서 필자는 속현이 조세 수취과정에서 주현에 비하여 여러 측면에서 불이익을 당했을 것이라는 점도 인정한다.

었다.[37] 이 사례에서 남원부의 속현은 남원부와 별도로 조세액이 정해져 있었으며, 그 액수를 확보하는 것은 원칙적으로 속현에게 있었다는 것을 알 수 있다. 제용재가 설치되기 전 속현에서는 급박한 조세를 충당하기 위해서 (다른 곳에서 이자를 내고) 빌려서 충당하였던 것은 이 때문이었다. 물론 남원부사가 속현의 조세 납부의 폐단을 문제 삼아 제용재를 설치한 것은 속현의 조세 납부에 대한 책임이 있었기 때문이다. 그렇지만 수령이 속현의 조세 납부에 책임을 진 것과 속현이 독자적인 조세 수취단위였다는 것은 전혀 다른 문제이다.[38]

수취단위의 의미에 대한 논의는 잠시 뒤로 미루고 우선 수취단위의 내용에 대하여 검토하여 보자. 용어의 문제보다 더 중요한 것이 내용이기 때문이다.

앞에서 정리하였듯이 박종기는 고려시기 수취의 기본 단위는 주현이었으며, 주현을 단위로 부과된 조세 총액은 다시 속현이나 부곡 단위로 배분되었다고 하였다. 이것이 필자와 박종기의 수취단위에 대한 의견 차이의 핵심이다. 이것은 속현에 할당된 세액이 중앙정부에서 정한 것인지, 아니면 주현의 지방관에 의해서 정해진 것인지로 귀결된다. 필자가 앞의 입장을 취하여 속현도 하나의 수취단위로 인정한 반면, 박종기는 뒤의 입장에서 속현은 독립된 수취단위로 인정하지 않고 있다.

---

37 고려말기 남원부에 설치된 濟用財의 운영에 대해서는 朴鍾進, 1988, 「高麗末의 濟用財와 그 性格」, 『蔚山史學』 2 참고.

38 이에 대하여 박종기는 "속현이 부담해야 할 부세를 조달하기 위해 주현인 남원부사가 제용재를 설치한 사실은 속현이 독자적인 재정 운영의 단위였지만, 속현에 대한 부세수취의 행정적 책임은 주현에 있음을 반증하는 사례로 해석된다"(박종기, 1999a, 앞 논문, 64쪽)고 하여, 속현 단위로 조세액이 정해진 것의 의미를 '독자적인 재정운영의 단위'로 이해했다. 그렇지만 필자는 '수취단위'란 "중앙정부가 세액을 책정하고, 징수 감면하는 단위"라고 보고 있다. 따라서 남원부의 속현 역시 조세액이 따로 정해졌다는 점에서 수취단위로 보아야 한다.

필자는 이미 다른 연구 성과에서 속현이 하나의 조세 수취단위로 기능한 사례를 살펴보았다.[39] 아울러 이에 대한 비판에 대해서도 필자 나름의 입장을 정리하였다.[40] 그렇지만 박종기 견해의 문제점을 확인하기 위해서는 박종기가 제시한 자료에 대하여 다시 한 번 검토하지 않을 수 없다.

주현이 수취의 기본단위였다고 주장하면서 제시한 대표적인 자료를 검토하여 보자.

> 정종(靖宗) 7년(1041) 정월 삼사(三司)에서 아뢰기를 "여러 도(道)의 지방관[外官員僚]이 관할하는 주부의 세공은 한 해에 미 300석, 조 400곡, 황금 10량, 백은 2근, 포 50필, 백적동 50근, 철 300근, 소금 300석, 사면 40근, 유밀 1석으로 하되, 미납자는 현임에서 파면하십시오."라고 하니, 이를 따랐다.[41]

위 기록을 토대로 지방관이 파견된 주현을 단위로 세공액이 정해졌

39 첫째, 문종 12년 2월 도병마사에서 興王寺의 창건과 관련하여 安西都護府 界內의 鐵貢 감면을 논하면서, 海州 속현의 일부인 鹽州·安州를 주현인 해주와 같이 조세를 감면한 것은(『高麗史』 卷8) 해주의 속현인 염주·안주도 독자적인 수취단위로 기능하였기 때문이다. 둘째, 충렬왕 16년 9월 雙城鎭戍別抄의 말먹이 1,250석을 雙城(和州) 부근인 盈德·長鬐·德原·興海·淸河·延日·安康·杞溪·神光 등 지역의 그해 잡공을 皮穀으로 折納 수송하였는데(『高麗史』 卷82, 兵2, 屯田), 이 중 德原(禮州)은 주현이었고, 영덕은 덕원의 속현이고, 나머지 군현은 모두 경주 속현의 일부였다. 이것은 주현인 덕원과 덕원의 속현인 영덕, 또 경주의 여러 속현들이 모두 독립된 잡공의 수취단위로 운영되었기 때문이다. 이에 대한 자세한 내용은 박종진, 1997, 앞 논문, 113쪽에 있다.

40 박종진, 1997, 위 논문, 114-115쪽.

41 『高麗史』 卷78, 食貨1, 田制, 租稅, 靖宗 7年 正月 "三司奏 諸道外官員僚所管州府稅貢一歲 米三百石 租四百斛 黃金一十兩 白赤銅五十斤 鐵三百斤 鹽三百石 絲綿四十斤 油蜜一石 未納者 請破見任 從之".

다고 주장하는 근거는 정종 7년 정월 주부(州府)의 한 해 세공액이 지방관이 관할하는 일반 군현의 보편적인 세액이라는 전제 아래에서이다.[42] 그렇지만 위 기록의 세공액이 주현의 규모와 관계없이 똑같다는 점에서 이것을 보편적인 세공액으로 보기는 어렵다. 고려시기 주현에 속한 속현의 수는 군현에 따라 커다란 차이가 있기 때문이다. 즉 속현이 하나도 없는 주현도 있는 반면에, 상주목(24개), 나주목(16개), 경주(14개) 등 대읍(大邑)은 많은 수의 속현을 거느렸다. 따라서 주현이 그 아래 속한 속현들을 포함하여 하나의 수취단위로 설정되어, 모든 주현에 똑같은 액수의 조세가 부과되었다고 볼 수 없다.[43] 따라서 위 기록에 보이는 세공의 품목과 수량은 모든 주현에 부과된 일반적인 조세가 아니라 대읍인 주부에 한하여 추가된 것이라고 생각한다.[44] 이와 함께 박종기는 1217년(고종 4) 10월 안동·경주·진주·합주·상주·영암·나주·전주·양주·광주·청주·충주 등 10도에 사신을 보내어 공물을 독촉한 사실[45]도 수취의 일차적인 책임이 주현에 있음을 알려주는 것이라고 하였지만,[46] 여기서 안동·경주

42 金載名, 1994, 앞 논문, 155쪽; 박종기, 1999a, 앞 논문, 61쪽.

43 더욱이 金載名이 정종 7년 정월의 세공액을 주현이 한 해 동안 내야 할 총액이 아니라 어디까지나 미납액이라고 파악한 것은 이해가 되지 않는다(金載名, 1994, 앞 논문, 155쪽 각주 33).

44 박종진, 2000, 앞 책. 이때 대읍인 주부의 세공액을 정한 것은 정종대의 증세 의지와 관련된 것으로 생각한다. 정종 5년 오랑캐와 인접하여 그동안 징세하지 않았던 동북 지역 세액을 정하였다가 백성들의 반발 때문에 정종 7년 4월 稅籍을 없앤 일은(『高麗史』 卷78, 食貨1, 田制, 租稅) 당시의 상황을 이해할 수 있게 한다. 또한 동북로 세적을 없애기로 한 시점이 정종 7년 4월이라는 점에서 정종 7년 정월에 정해졌던 대읍의 세공액도 제대로 시행되었는지는 불확실하다. 정종대 경제제도 정비에 대해서는 박종진, 2000, 앞 책, 44-46쪽 참고.

45 『高麗史』 卷21, 高宗 4年 10月 "遣使於安東慶州晋陜州尙州靈岩羅州全州楊廣州淸州忠州等十道 督諸州土貢".

46 박종기, 1999a, 앞 논문, 61-62쪽.

등 10도는 단순한 주현이라기보다는 그보다 규모가 큰 대읍을 의미한다. 위 10지역 중 안동과 영암을 제외하고는 모두 '계수관'[47]에 해당하기 때문이다. 이 기록 역시 주현만 수취단위로 운영되었다는 것을 설명해 주지는 않는다.

또한 고려말기 밀성군의 속현이었던 현풍현과 상주목의 속현이었던 비안현의 사례도 주목되었다. 이들 사례는 고려말기 속현이었던 현풍현과 비안현이 주현이었던 밀성군과 상주목에 예속되어 주현의 수령과 향리에게 경제적으로 수탈당했던 모습을 전한다.[48] 이러한 사례는 고려말기의 사정을 전하는 조선초기의 기록이라는 한계는 있지만 고려시기 주현과 속현의 관계를 구체적으로 유추할 수 있게 해준다는 점에서 중요한 자료이다. 이 사례를 통하여 고려말기 속현이 주현에 경제적으로 예속되어 침탈당하였다는 것은 유추할 수 있지만 속현의 세액이 주현에 포함되어 하나의 수취단위를 이루었다는 것은 확인할 수 없다.[49]

---

47 고려시기의 계수관에 대해서는 그 범주와 기능을 둘러싸고 논쟁이 있다(이에 대한 연구사는 이 책 서장 참고). 최근 박종기는 앞 논문에서 지금까지의 입장을 일부 고쳐서 "고려시대 계수관은 대읍으로서의 계수관과 주현으로서의 계수관이라는 두 가지 뜻을 동시에 지니고 있다."라고 하였다. 필자가 이 글에서 사용하는 '계수관'은 대읍으로서의 계수관, 구체적으로는 『고려사』 지리지에 일반 주현보다 한 단계 상위 등급으로 표기되어 있는 京·牧·都護府를 의미한다.

48 『新增東國輿地勝覽』 卷27, 玄風縣, 樓亭, 仰風樓, 李詹記 "玄風之爲監務尙矣 中隷于密城 吏承約束 詣縣 理者 必淩土官 而罔百姓 侮慢之 侵漁之 且因徵發 往還百里 人民罷 田野荒 僅不失縣名耳"; 卷25, 比安縣, 樓亭, 衢謠樓, 河崙記 "吳鄕比屋 舊爲尙州屬縣 去州六十餘里 縣吏五日一詣州廳命奔走 猶恐不及 往往有緩急 州吏到縣則施辱縣吏 流毒縣民 有不可勝言者矣 前朝之季 事多倉卒 縣之勢日蹙矣 至我國朝具知其故 諸屬縣與州相阻者 皆置監縣官一人 使自爲治 吳鄕例得官然後 吏民稍至蘇息".

49 박종기는 현풍현 앙풍루에 대한 기록 중 "且因徵發 往還百里"를 "밀성으로 오가는 데 백 리나 걸리는 길을 조세나 공물 등의 징발로 인해"로 번역하여 현풍의 조세와 공물이 주현인 밀성에 수납되었다고 하였지만(박종기, 1999a, 앞 논문, 62쪽), 무리가 있는 해석이라 생각한다.

주현 단위의 조세 수취를 주장하면서 제시한 사례 중 속현의 세액이 주현에 포함되어 있었다고 볼 수 있는 것은 조선시기 것뿐이다. 즉 1434년(세종 16) 12월 속현이었던 홍원현에 수령이 파견되면서 주현인 함흥에 속해 있던 공물을 나눈 사례[50]와 1441년(세종 23) 2월 속현의 이속(移屬)에 따라 고흥과 보성의 공물을 적절하게 옮겨 정한 사례[51]가 확인된다. 그렇지만 이 기록은 조선 세종대의 기록이기 때문에 이것을 그대로 고려시기에 적용할 수는 없다. 고려시기의 지방제도는 고려말기에서 조선초기를 거치면서 커다란 변화를 겪었다. 특히 속현은 수적으로 현저히 줄어들었으며, 독립성도 거의 훼손된 상태였다.[52] 따라서 조선초기의 사례를 가지고 고려시기 속현의 성격을 이해하는 것은 적절하지 않다. 이에 대하여 지방지배력이 조선시기보다 약했던 고려시기에 속현의 수취까지 중앙이 직접 장악하기는 어려웠을 것이라고 하지만,[53] 중앙의 지배력 정도와 속현을 하나의 수취단위로 파악하는 것은 다른 문제라고 생각한다.

한편 박종기는 변태섭의 글을 인용하면서,[54] '관내(管內)'·'임내(任內)'·'관할하(官轄下)'·'경내(境內)'·'계내(界內)'라는 군현 표기방식은 지방 파악의 단위가 외관이 있는 주현임을 표시한 것으로, 이러한 표현은 주현을 중심으로 그 아래의 속현을 묶어 하나의 수취단위를 이루었음을 뜻한다고 했다.[55] 그렇지만 '정두사오층석탑조성형지기'의 표기는 "尙州界 知京

---

50 『世宗實錄』 卷66, 世宗 16年 12月 庚戌.

51 『世宗實錄』 卷92, 世宗 23年 2月 甲戌.

52 尹京鎭, 1991, 「朝鮮初期 郡縣體制의 개편과 運營體系의 변화」, 『韓國史論』 25.

53 金載名, 1994, 앞 논문, 157-158쪽; 박종기, 1999a, 앞 논문, 63-64쪽.

54 邊太燮, 1968a, 「高麗前期의 外官制」, 『韓國史研究』 2(1971, 『高麗政治制度史研究』, 一潮閣).

55 박종기, 1999a, 앞 논문, 57-58쪽. 또한 박종기는 61쪽에서 정종 2년(1036) 金州管內州縣이 홍수로 조세가 면제된 사례를 통하여 김주관내 주현이 중앙에 납부해야 할 조세 수취의

山府事 任若木郡"으로 되어 있어[56] '계내'·'임내'의 표현이 꼭 주현·속현 관계를 표시하는 것만이 아니라 '계수관'과 그 소속 주현인 영군의 관계를 표기하기도 한다는 것을 알 수 있다.[57]

지금까지 살펴본 것처럼 고려시기의 주현이 수취단위였다고 주장하면서 제시한 논거에는 문제점이 많다는 것을 확인할 수 있었다. 더욱이 중앙정부가 주현에 할당한 세액이 다시 속현에 할당되었다고 볼 수 있는 근거는 없다. 반면에 속현이 주현과 마찬가지로 하나의 수취단위로 기능한 사례는 확인할 수 있다.[58]

이제 앞에서 미루어 놓았던 '수취단위의 의미'에 대해서 생각할 때가 되었다. 앞에서 지적하였듯이 박종기는 '수취의 기본단위'는 중앙으로부터 수취행정의 책임과 권한을 부여받은 군현 단위, 다름 아닌 주현으로 보아야 한다고 하였다. 그런데 고려시기의 속현은 주현과 마찬가지로 독립된 영역을 확보하고 있었으며, 여기에는 토착세력인 향리가 독자적인 읍사를 구성하여 군현의 공무를 담당하였다.[59] 아울러 국가에서는 각 군현의 규모에 따라 공해전을 지급하여 속현에도 경제기반을 보장하였다.[60] 이와 같이 고려시기의 군현은 모두 독립적인 단위로 기능하였다. 이러한 점은 주현·속현을 막론하고 공통된 것이었다. 이를 바탕으로

최종 책임은 수령에 있었다고 했지만, 이것 역시 김주관내 주현이 한 개의 수취단위로 운영되었다는 사실을 말하는 것은 아니다.

56 「淨兜寺五層石塔造成形止記」(李基白, 1987, 『韓國上代古文書資料集成』, 一志社).

57 이 외에도 박종기는 몇몇 자료를 인용하여 조세 수취의 최종 책임이 주현의 수령에 있다는 것을 주장하였지만(박종기, 1999a, 앞 논문), 앞에서도 지적하였듯이 속현의 조세 수취의 책임이 주현의 수령에 있다는 것은 필자도 인정하는 것이기에 더 이상의 구체적인 검토는 생략하겠다.

58 앞의 각주 39 참고.

59 李樹健, 1989, 「高麗時代 '邑司'研究」, 『國史館論叢』 3.

60 安秉佑, 2002, 『高麗前期 財政構造』, 서울대학교출판부.

국가에서는 양전, 호구조사, 조세 감면, 구휼 등 경제시책을 단위군현을 단위로 실시할 수 있었다. 이에 대해서는 박종기도 인정하고 있으며, 더 나아가 속현의 조세나 역역의 배정과 감면 등에 대한 최종 책임은 중앙에 있었다고 하였다.[61] 그러면서도 그 조치는 속현이나 부곡이 독자의 수취단위였기 때문이 아니라, '재정 운영의 단위'로 기능하였기 때문이라고 그 의미를 축소 해석하였다.

이와 같이 박종기는 속현의 경제적 독립성은 인정하면서도 그것을 수취단위로 보지 않는다. 그는 '수취단위의 의미'를 '중앙으로부터 수취행정의 책임과 권한을 부여받은 군현 단위'로 보기 때문이다. 이것 또한 필자와 의견을 달리하는 부분이다. 필자가 생각하는 '수취단위'란 "중앙정부가 세액을 책정하고, 징수·감면하는 단위"이다. 그러므로 속현은 당연히 하나의 수취단위가 된다. 국가는 속현을 단위로 토지결수나 호구수를 파악하였고, 이를 토대로 속현의 세액도 정했다고 본다. 다만 당시의 지방제도의 구조로 보아 징수의 행정적 책임은 당연히 주현의 수령에 있었을 것이다.

박종기는 중앙정부는 주현을 단위로 세액을 정했고, 주현을 단위로 부과된 세액은 다시 속현이나 부곡 등을 단위로 배분되었다고 하였다. 그런데 이 논리에 따르면 국가에서는 가장 기본적인 양전이나 호구조사, 더 나아가 조세액수의 조정이나 감면은 속현을 단위로 하면서 유독 '수취단위'만은 주현으로 정한 것이 된다. 이는 일관성 있는 국가경제 운영이라고 보기 어렵다. 이에 관해서 박종기는 주현의 하부 조직인 속현 등은 독립적인 경제 운영의 단위 곧 재정 운영의 단위라고 하였다. 그렇다면

61 박종기, 1999a, 앞 논문, 66-68쪽. 이것은 속현의 조세액은 주현에 의해서 정해졌다는 본인의 입장과도 모순되는 사실이다.

재정 운영의 단위가 구체적으로 무엇을 의미하는지, 그리고 수취단위가 왜 경제 운영의 단위보다 상위 개념으로 규정되어야 하는지에 대한 합리적인 설명이 필요하다.

고려시기 조세는 군현을 단위로 수취되었다. 중앙정부에서는 군현의 규모, 즉 토지와 호구수를 고려하여 군현을 단위로 조세액을 정하였다. 그에 따라 수취 장부도 군현 단위로 작성하였으며, 조세의 징수와 감면 등 전반적인 조세제도 운영은 이를 토대로 하였다. 이때 조세 수취단위가 되는 군현은 주현·속현의 구분과는 관계없는 단위군현이었다. 고려시기에는 지방관이 파견된 주현을 통하여 속현까지 통치하였기 때문에, 당연히 속현에 대한 조세 수취의 책임은 주현의 수령에 있었다. 그렇지만 이 사실이 주현과 속현으로 편성된 '주현속현단위'가 하나의 수취단위로 운영된 것과는 다르다. 이런 의미에서 '수취단위'란 '중앙정부가 세액을 정하고, 징수·감면하는 단위'이다. 따라서 속현은 당연히 독립적인 수취단위가 된다. 다시 말하면 속현에 할당된 세액은 중앙정부에서 정한 것이었고, 주현에 파견된 지방관에 의해서 정해진 것이 아니었다.

2. 계수관의 기능과 위상

1) 계수관의 지방통치 기능과 그 한계

경·목·도호부 등 계수관(界首官)은 '계수관영역' 대표의 위상을 가졌을 뿐 아니라 속현을 거느린 주현이었으며, 동시에 독자적인 영역을 가진 단위군현이기도 하였다.[62] 계수관의 기능에 대해서는 최근에 2편의 구체적인 연구 성과가 있기 때문에[63] 이 글에서는 그 연구 성과의 내용을 비교 검토하는 것으로 이 글의 실마리를 삼고자 한다. 다음 〈표 2-2〉는 이 글의 논의전개를 편하게 하기 위하여 2편의 연구 성과 내용을 정리한 것이다.

우선 윤경진의 논문에서 계수관의 영역대표기능으로 제시한 상표 진하(上表陳賀), 향공 선상(鄕貢選上), 행사 개최(제사봉행), 사신 접대 등은

〈표 2-2〉 계수관의 기능에 대한 선행연구의 견해[64]

윤경진		구산우
영역의 대표 기능	상표 진하	기념일 상표 진하
	향공 선상	향공 선상
	행사 개최	제사 봉행
	사신 접대	외국사신 접대
영역 안의 군현을 지휘·감독하는 기능	군사운영	항쟁 진압, 군사훈련
	사법감독	지방죄수 推檢
	외관감찰	(언급하지 않음)
	수취감독, 도량형	부세수취, 진휼, 도량형기 감리, 권농
	(언급하지 않음)	사원행정

62 계수관에 대한 연구 성과 정리는 이 책 서장 참고.

63 具山祐, 2002a, 「고려시기 界首官의 지방행정 기능과 위상」, 『역사와 현실』 43; 윤경진, 2004, 「고려전기 界首官의 운영체계와 기능」, 『東方學志』 126.

64 필자는 계수관의 기능을 외관의 상급체계기능과 영역대표기능으로 나누어 검토한 윤경진의 견해가 계수관의 기능을 이해하는 데 도움이 된다고 생각하기 때문에 여기에서는 윤경진의 분류방식에 따라 표를 작성하였다. 그렇지만 필자는 윤경진의 구분이 개념상 혼란을 줄 수 있다고 보기 때문에 상급체계기능을 '영역 안의 군현을 지휘·감독하는 기능'으로 바꾸어 정리하였다.

구산우의 논문에서도 계수관의 기능으로 정리되어 있다.[65] 필자 역시 당시 계수관이 이런 일을 수행하였다고 본다. 다만 향공 선상의 경우 윤경진은 계수관의 영역대표기능으로 분류했지만 계수관이 계내(界內)에서 향공을 선발하여 중앙에 추천하였다는 점에서 이 일은 영역 안의 군현을 지휘·감독하는 기능으로 분류하는 것이 좋다. 계수관이 그 영역의 대표로서 국가의 주요 행사에 표(表)를 올려 축하하거나 왕을 대신하여 제사 등의 행사를 개최한 것은 계수관이 영역의 대표임을 상징하는 매우 중요한 일이었다. 이 외에도 계수관은 왕이 그 영역에 행차하면 그 영역의 대표로서 영역에 들어온 왕을 알현하거나 왕의 행차를 대접하였으며,[66] 영역에 들어온 외국 사행에 대해서도 관리를 파견하여 마중을 하거나 적절한 지원을 하였다.[67] 계수관의 이런 활동은 그 영역의 수관(首官)으로서 당연한 일이었을 것인데, 이러한 계수관의 영역대표로서의 위상과 기능은 고려말기까지 이어진다. 물론 도에 안찰사가 정기적으로 파견되면서 형식상 안찰사가 수령의 하나인 계수관보다 높은 서열이 되고,[68] 이런 흐름에서 고려말기 왕의 행차에 안찰사가 계수관과 함께 알현하게 되지만,[69] 계수관이 계수관영역의 대표라는 위상은 변하지 않는다.

---

65 이 중 상표 진하, 향공 선상 등은 초기의 연구에서도 계수관의 기능으로 지적된 것이다. 邊太燮, 1968a, 앞 논문(1971, 앞 책).

66 『高麗史』 卷18, 毅宗 21年 8月 甲子; 卷30, 忠烈王 19年 10月; 卷39, 恭愍王 10年 11月; 卷40, 恭愍王 11年 2月 辛巳·癸巳.

67 『高麗史』 卷19, 明宗 7年 8月 乙酉; 『高麗圖經』 卷36, 海道3; 卷37, 海道4; 卷39, 海島6. 인종 초기 송나라 사신 서긍 일행이 고려 국경에 들어왔을 때 전주목사, 청주목사 등의 사신 지원 활동에 대해서는 具山祐, 2002a, 앞 논문 참고.

68 고려시기 안찰사의 위상과 그 변화에 대해서는 이 책 제2장 3절 참고.

69 대표적인 예가 공민왕 10년 11월 왕이 焚修院에 이르렀을 때 按廉使 安宗源과 忠州牧使 朴曦가 와서 알현한 일이다(『高麗史』 卷39).

그런데 윤경진이 외관의 상급체계 기능('영역 안의 군현을 지휘·감독하는 기능')으로 분류한 내용에 대해서는 두 연구자 사이에 의견 차이가 있을 뿐 아니라 필자 역시 부분적으로 다른 의견이 있기 때문에 좀 더 자세히 살펴볼 필요가 있다. 사법행정 감독, 광역단위의 군사운영(항쟁진압과 군사 훈련), 수취감독과 도량형(부세수취와 진휼, 도량형기 감리 등)의 순서로 살펴보겠다.

첫째, 계수관의 지방 사법행정 기능에 대해서 살펴보자. 모든 연구에서 계수관이 지방의 사법행정에 관여하였다고 주장하는 것은 이와 관련된 구체적인 기록이 있기 때문이다. 먼저 지방제도가 정비되던 현종대를 전후한 자료에 의하면 인명(人命)과 관련된 중형을 결정할 때에는 목과 도호부에서는 목사 이하 모든 관리가 참여하고 지주(知州)와 현에서는 계수관의 관리 1명이 직접 나가서 그 지역의 수령과 함께 조사한 후 직함을 연명하여 중앙에 보고하도록 하였는데,[70] 여기서 계수관이 관할 영군현에서 중형을 결정할 때 참여하였음을 확인할 수 있다.[71] 그런데 문종대를 전후한 기록에 의하면 서경은 분대(分臺), 동서주진은 병마사, 관내서도는 안찰사, 동남해는 도부서(都部署), 그 나머지는 계수관의 판관 이상이 수시로 지방의 사법행정을 감독하고 추검하도록 하였다.[72] 여기

---

70 『高麗史』 卷84, 刑法1, 職制 "判 死不再生 人命至重 今外方重刑界員例不親問 使外吏於多事中 雜治之 甚爲不可 自今牧都護所推獄 使以下員齊坐 知州縣令所推獄 界首一員親進覆驗 無有差謬 然後連銜署名臨問員 每七月 初一日內 親齎上來".

71 고려초기 지방제도가 정비되면서 지방에서는 수령과 향리가 사법권을 행사하였다. 이에 대해서는 다음 글이 참고된다. 林容漢, 2002, 「고려후기 守令의 사법권 및 行刑範圍의 확대와 그 성격」, 『韓國史論』 33. 이 글에서는 고려초기 사법제도가 체계화되어 지방에서는 외관과 장리가 1차심을 담당하고, 1차심을 거치고 외관을 경유하여 경관에 상고하는 체계가 만들어졌다고 하였다.

72 『高麗史』 卷84, 刑法1, 職制 "判 外獄囚 西京則分臺 東西州鎭則各界兵馬使 關內西道則按察使 東南海則都部署 其餘各界首官判官以上 無時監行推檢 輕罪量決 重囚則所四年

서 주목되는 것은 지방의 사법행정을 감독하는 관리로 계수관 외에도 병마사, 안찰사, 도부서 등이 등장한다는 것이다. 물론 이 기록에 의하면 이때까지도 대부분의 지역에서 계수관이 지방 사법행정을 감독하는 위치에 있었던 것으로 보인다. 하지만 1133년(인종 11) 4월에는 양경 유수, 양계병마사, 여러 도(道)의 안찰사로 하여금 지방의 감옥을 감찰하게 하였는데,[73] 이 기록에는 양경 유수를 제외하고는 계수관이 보이지 않는다. 전국에 병마사와 안찰사가 파견되고 점차 그 기능이 정비되면서 지방의 사법행정에 대한 감찰권이 계수관에서 안찰사와 병마사 등으로 옮겨졌기 때문이다. 1188년(명종 18) 3월 안찰사의 임무 중의 하나로 '심치원체(審治寃滯)'가 들어간 것[74]은 바로 이와 관련이 있다고 본다.[75]

지금까지 정리한 대로 계수관은 고려초기부터 관할 영현의 사법행정을 감찰하였지만, 중기 이후 지방제도가 변하면서 계수관의 지방 군현에 대한 사법행정 감찰 권한은 점차 안찰사·병마사로 넘어가게 되었다.[76]

月具錄申奏 如有滯獄官吏 科罪論奏".

73 『高麗史』 卷16, 仁宗 11年 4月 甲辰.

74 『高麗史節要』 卷13, 明宗 18年 3月.

75 무인정변 이후 안찰사가 지방의 사법 행정에 관여한 사례는 계속 나타나지만(이 책 제2장 3절), 계수관이 관할 영역의 사법행정에 관여하였던 구체적인 사례로는 전주목의 사록참군사 겸 장서기였던 이규보가 1199년(신종 2) 윤12월 조칙을 받아 전주목의 영군인 진례와 남원의 억울한 옥사[冤獄]를 감찰한 것이 유일하다(『東國李相國集』 卷9, 「奉宣旨省屬郡冤獄」; 卷23, 「南行月日記」). 당시 이규보는 전주목과 그 속현에서는 거의 매일 죄수를 다루고 있다고 읊으면서도(『東國李相國集』 卷9, 「自貽雜言八首」), 진례와 남원의 억울한 옥사를 감찰한 사실에 대해서는 조칙을 받았다는 것을 강조하였다. 이것은 이 일이 계수관의 일반적인 일이 아니었기 때문일 것이다.

76 한편 구산우는 앞 논문, 2002a에서 충렬왕대 祈恩別監으로 하여금 계수관에 명하여 죄수를 방면한 사실을(『高麗史』 卷105, 洪子藩傳) 계수관이 관내 군현의 죄수를 추검한 사례로 보았지만, 오히려 이 기록은 중앙에서 파견된 기은별감에 죄수방면의 권한이 있음을 알려주는 기록이라고 생각한다. 물론 계수관이 이 일을 담당한 것은 계수관이 지방통치의 중심지로서의 위상을 가졌기 때문이다.

둘째, 계수관의 지방군사 지휘에 대해서 살펴보자. 이에 대하여 윤경진은 계수관은 '주현속현단위'로 편성된 군사도에 대해 상급체계로 기능하면서 실질적인 군사 운영단위가 되었으며, 이 단위의 운영 실무 담당자가 계수관의 사록이었다고 하였다. 필자 역시 군현[主縣] 단위로 편성된 군사도가 계수관 단위로 운영되기도 하였으며 이것은 계수관의 상급행정 기능과 관련이 있다는 것을 인정한다. 전주목의 사록 겸 장서기 이규보가 46주의 군사를 거느리고 별목을 지휘하였던 사례가 그 대표적인 예이다.[77] 하지만 지방군의 지휘가 항상 계수관을 단위로 이루어지지는 않았다.[78] 이규보의 사례 외에도 1182년(명종 12) 3월 전주에서 정용군·보승군을 동원하여 관선을 만든 사례[79]는 계수관을 단위로 지방군을 동원한 사례로 볼 수 있지만, 무인집권기 이후 안찰사가 대부분의 지방군을 도(道) 단위로 동원하였다. 특히 무인집권기 안찰사가 군사를 지휘하여 반란세력을 진압하고 주모자를 잡아 중앙에 압송하는 사례는 많이 보이지만 계수관이 주도한 사례는 보이지 않는다.[80] 또한 1231년(고종 18) 몽골군이 침입하자 중앙정부는 각 도의 안찰사로 하여금 관내 군대를 이끌고 중앙군과 합세하게 하였으며,[81] 1253년(고종 40) 7월 5도 안찰사와 3도 순문사에게 입보(入保)를 지휘하게 하였다.[82] 실제로 같은 해 9월 안찰사 박천기(朴天器)가

77 『東國李相國集』 卷23, 「南行月日記」.

78 지방군의 운영에서 가장 중요한 것이 州縣軍의 편제인데, 주현군 편제가 主縣 중심으로 된 것은 당시 지방군의 운영이 주현 중심으로 이루어졌다는 것을 의미한다.

79 『高麗史』 卷20, 明宗 12年 3月. 그런데 이 두 사례는 모두 지방군을 군사적인 일에 동원한 것이 아니라 지방군의 노동력을 징발한 특징을 갖는다.

80 박종진, 2003, 「고려시기 안찰사의 기능과 위상」, 『東方學志』 122.

81 「薛愼墓誌銘」; 「李世華墓誌銘」(이상 2001, 『高麗墓誌銘集成』). 또 같은 책에 실린 「李績墓誌銘」에 따르면 고종 4년 거란족이 국경을 넘었을 때에도 안찰사는 관내의 군대를 거느리고 삼군을 돕도록 하였다.

82 『高麗史』 卷24, 高宗 40年 7月 甲申.

춘주성에서 전투를 지휘한 사실[83]이 확인된다. 이렇듯 고려시기에는 계수관 단위로 지방군이 동원되기도 하였지만, 각 군현의 사정에 따라서는 향리의 지휘 아래 속현 단위로 1품군이 동원된 예도 있으며,[84] 반란을 진압하거나 전쟁을 수행할 때는 대부분 안찰사가 지휘하여 도(道) 단위로 지방군이 동원되었다.[85] 따라서 이런 사례들을 고려하지 않고 주현군의 지휘권이 계수관에 있었다고 주장하는 것은 정확한 지적이라고 할 수 없다. 주현군(州縣軍)이 주현(主縣) 중심으로 편제된 것으로 보아 평상시 지방군은 주현 중심으로 운영되었을 가능성이 높다.

셋째, 조세 징수를 비롯한 경제운영 문제와 관련하여 윤경진은 계수관이 수취감독과 도량형을 관리하였다고 한 반면, 구산우는 계수관이 조세 수취에 관여하였고 진휼을 시행하는 단위였으며 도량형을 감리하였다고 하였다. 우선 두 사람 모두 계수관의 도량형 관리를 중시하였는데, 이 점은 필자 역시 계수관의 기능과 관련하여 매우 중요하다고 생각한다. 이는 계수관이 상업이 발달한 대읍으로서 그 지역의 경제 중심지였던 것과 관련이 있으며, 동시에 고려시기 물가조절을 담당했던 상평창이 계수관에 설치된 것과도 통한다. 조세 수취와 관련하여 윤경진은 계수관은 단순히 조세 수취를 감독하였다고 한 반면, 구산우는 계수관이 직접 조세 수취에 관여하였다고 하여서 차이가 크다. 특히 구산우는 단위군현

83 『高麗史節要』 卷17, 高宗 40年 9月.

84 「淨兜寺五層石塔造成形止記」(李基白, 1987, 『韓國上代古文書資料集成』, 一志社).

85 한편 계수관의 군사기능과 관련하여 구산우는 계수관은 관내 주현에서 농민항쟁 같은 사태가 발생하였을 때에도 이를 수습할 의무와 권한이 있었다고 하였는데(具山祐, 2002a, 앞 논문), 구산우가 인용한 원종 11년·12년 경주판관 엄수안이 김주 밀성에서 한 역할에는 안찰사가 개입되어 있었고(『高麗史』 卷106, 金晅傳·嚴守安傳), 특히 『고려사』 세가와 『고려사절요』의 기록은 그 일이 안찰사의 주도로 이루어진 것으로 서술되어 있다(『高麗史』 卷27, 元宗 12年 正月; 『高麗史節要』 卷19).

을 단위로 조세 수취가 이루어졌다는 것을 인정하면서도 이규보의 사례를 바탕으로 계수관이 관내의 주현, 주현에 딸린 속현의 조세의 부과와 징수에 관여하였다고 하였지만, 필자는 국가의 조세징수업무가 계수관 중심으로 이루어졌다고 생각지 않는다. 국가가 조세를 부과하는 단위는 단위군현이었기 때문이다.[86] 이와 관련된 것으로 구산우는 계수관이 진휼을 시행하는 지방단위였으며, 더 나아가 계수관은 관내 주현에 대해서 진휼을 시행하는 주체라고까지 강조하였지만 이것은 윤경진이 지적하였듯이 진휼은 개별 군현을 단위로 시행되었다고 보아야 할 것이다.[87] 다만 이와 관련하여 윤경진이 지방군현에서 진휼의 책임자는 외관과 장리(향리)였다고 한 점은 잘못이다. 고려시기 진휼은 수령이 임의로 처리할 수 없었으며, 왕명에 의하거나 왕명에 의해서 파견된 관리만 창고를 열어 진휼을 시행할 수 있었기 때문이다.[88]

조세 수취를 비롯한 경제운영에 대한 계수관의 기능은 한마디로 정리하기는 어렵지만, 계수관이 조세 수취에서 적극적이고 실질적인 기능을 수행하였다고 보기는 어렵다. 상평창을 통한 물가조절이나 도량형 관리 등은 국가의 지방통치를 매개하는 기능이기도 하지만, 이것은 계수관이 인구가 많고 상업이 발달한 지역경제의 중심지였던 것과도 관련이 있다고 생각한다.

이 외에 윤경진은 외관 감찰을, 구산우는 사원행정을 계수관의 기능으로 제시하였는데, 이에 대해서도 간단히 언급하겠다. 먼저 윤경진이

---

86 박종진, 2000, 앞 책, 제2장 1절 참고.

87 1109년(예종 4) 12월 구휼을 위해서 사신이 파견된 홍화·운중·서해·남경·광주·충청주는 진휼의 단위가 아니라 사신이 파견된 단위일 뿐이다(『高麗史』 卷80, 食貨3, 賑恤, 水旱疫癘賑貸之制).

88 朴鍾進, 1986, 「高麗前期 義倉制度의 構造와 性格」, 『高麗史의 諸問題』, 삼영사.

계수관의 외관 병가 처리 기록을 계수관이 외관에 대한 감찰권을 가진 것으로 해석한 것은 받아들이기 어렵다. 지방 수령에 대한 감찰은 기본적으로 안찰사가 담당하였으며, 안찰사가 정기적으로 파견되기 이전에도 임시관리가 파견되어 외관의 감찰을 담당하였기 때문이다.[89] 이것은 계수관 자체도 감찰대상에 포함되기 때문일 것이다. 계수관이 외관의 병가를 처리한 것은 계수관이 계내의 수관으로서 그에게 맡겨진 외관의 인사행정 일부를 처리한 것으로 보는 것이 자연스럽다. 또한 계수관이 사원(寺院) 행정의 단위였다는 구산우의 주장도 의문이다. 국가의 주요 지방행사와 제사를 계수관이 대표로 치렀기 때문에 그런 행사를 주관하는 중심 사원 등이 계수관별로 정해졌을 가능성은 높지만,[90] 사원의 편제가 계수관을 단위로 이루어졌다고 볼 근거는 찾기 어렵다. 일반 군현편제와 마찬가지로 사원 역시 군현 단위로 편제되었을 가능성이 높으며,[91] 1230년(고종 17) 최이가 5도 안찰사에게 선교사원(禪教寺院)의 현황을 조사하도록 한 것처럼 필요에 따라 사원이 도 단위로 파악되었을 가능성도 높다.

89 이 책 제2장 3절 참고.

90 韓基汶, 1998, 『高麗 寺院의 構造와 機能』, 민족사, 124쪽.

91 여기서 이와 관련된 具山祐의 자료처리의 문제를 간단히 언급해 둔다. 우선 동경의 天龍寺와 청주의 應天寺·化林寺·龜山寺와 관련된 행정처리를 각각 동경유수관과 청주목에서 처리한 것은 동경유수관과 청주목이 계수관의 자격으로서가 아니라 동경과 청주 지역에 위치한 사원에 대한 행정처리로 보아도 무방하다. 또한 『삼국유사』에는 1230년 崔怡가 5도 안찰사에게 禪教寺院의 현황을 조사하게 하였을 때, 동경장서기 李僐이 차사원으로 파견되어 실무를 담당한 일이 기록되어 있다(『三國遺事』 卷4, 義解5, 寶讓梨木). 이에 대하여 구산우는 동경장서기는 동경관내의 사원현황만 파악하여 보고하였고 진주목의 경우 진주목 장서기가 이 일을 처리하였을 것으로 보아서, 이 기록 역시 사원행정이 계수관을 단위로 이루어진 사례로 해석하였다. 그렇지만 이 기록은 안찰사의 주도로 도 단위로 사원의 현황을 파악하면서, 경상도의 경우 경상도 안찰사가 이 일을 동경장서기에게 맡긴 것으로 보는 것이 자연스럽다. 물론 이때 경상도 안찰사가 이 일을 동경장서기에게 맡긴 것은 동경이 계수관이었기 때문일 것이다.

지금까지 계수관의 지휘·감독 기능에 대해서 선행연구의 주장을 비판적으로 검토하였다. 논의의 초점은 계수관이 관할 영군현 및 그 속현 통치에 실제 어느 정도 관여하였는지를 살피는 일이다. 이와 관련된 가장 대표적인 사례가 전주목 사록 겸 장서기 이규보의 활동이다. 이규보는 전주목의 사록 겸 장서기로 임명되어 본읍인 전주의 행정을 돌보면서 전주목의 속현인 마령·진안 등을 순행 안찰하였다. 이 외에도 그는 조칙을 받아 1199년(신종 2) 12월부터 다음해 1월경까지 전주목에 속한 46주의 군사를 지휘하여 고부군의 속현인 부령군에 있는 변산에서 벌목을 주도하였고,[92] 또 그해 윤12월 조지(朝旨)를 받들어 주현인 진례현과 남원부의 억울한 옥사[冤獄]를 감찰하였다.[93] 이 사실은 계수관에 파견된 지방관 이규보의 활동 범위가 전주목의 영현에까지 미쳤던 사실을 알려주는 중요한 사례이다. 그런데 여기서 주목되는 것은 벌목과 원옥 감찰이 계수관의 독자적인 판단에 따라 이루어진 것이 아니라 모두 조칙·조지 등 왕명을 받들어 행해졌다는 사실이다. 또한 이규보는 1200년(신종 3) 3월 해안지역인 만경(萬頃)·임피(臨陂)·옥구(沃溝)·장사(長沙) 등에서 수촌(水村)·사호(沙戶)·어등(漁燈)·염시(鹽市) 등을 유열(遊閱)하면서 선박을 조사하였는데,[94] 이 사례 역시 계수관에 파견된 외관이 해당 '주현속현 단위'에 속한 군현만이 아니라 계수관영역 안의 경제운영에 관여하였던 좋은 예라고 생각한다. 그런데 이 일 역시 전주목의 독자적인 활동으로 보기 어렵다. 이때 이규보가 선박을 조사한 지역 중의 하나인 장사현은

92 『東國李相國集』 卷23, 「南行月日記」.

93 다음 해인 1200년 여름에도 감옥을 감찰했음은 해당 군현의 관리들에게 보낸 서신을 통해서 확인할 수 있다(『東國李相國集』 卷32, 「六月巡屬部監獄答諸官遠狀」).

94 『東國李相國集』 卷23, 「南行月日記」. 이때 이규보가 선박 조사를 위해 순행한 지역 중 임피현은 전주목의 영군, 만경현과 옥구현은 임피현의 속현, 장사현은 나주목의 영군인 영광군의 속현이었다(『高麗史』 卷56, 地理2).

전주목의 영역을 벗어난 곳이기 때문이다. 따라서 이규보의 활동 중 전주목 본읍 행정에 관여한 것과 전주의 속현을 순행 안찰한 것은 그의 기본 업무로 볼 수 있지만, 그 범위를 넘어서는 곳에서의 활동은 왕명을 받은 특별한 임무라 할 수 있다. 이규보가 왕명을 받고 과외의 임무를 부여받은 것은 그가 계수관에 파견된 관리였기 때문에 가능하였음은 물론이다.[95] 이와 비슷한 사례로 1054년(문종 8) 5월 여러 주의 통판(通判) 이상의 관리가 군현을 순행하여 구휼하도록 한 사례가 보이는데,[96] 이 역시 왕명에 의한 것이었다.

이렇듯 계수관이 본읍과 속현의 범위를 넘어서 활동한 사례는 적을 뿐 아니라 그 경우 모두 왕명을 받은 경우에 한한다. 반면에 안찰사·병마사 등 정기사행을 비롯하여 각종 임시 사행들이 지방에 파견되어 지방관의 활동 평가를 비롯하여 조세 징수, 진휼 등 중앙과 지방 군현과의 실무를 처리한 사례들이 많이 있다. 우선 양계지역의 경우 병마사·감창사(監倉使) 등이 관할 군현의 현안을 중앙에 보고하여 일을 처리하였다. 예를 들면 1059년(문종 13) 3월에는 서북면병마사가 안북도호부(安北都護府) 및 귀주(龜州)·태주(泰州)·영주(靈州)·위주(渭州) 등의 양전을 요청하였고,[97] 1047년(문종 元) 2월에는 서북로병마사 양대춘(楊帶春)이 연주방어부사 소현(蘇顯)의 정적(政績)이 현저하게 뛰어남을 보고하였다.[98] 또 1049년(문종 3) 3월 동북로감창사는 교주방어판관 이유백(李惟伯)의 유임을 건의하였으며,[99] 1051년(문종 5) 11월 운중도감창사는 숙주(肅州)·통해현(通海

95 이것은 각주 91에서 지적한 것처럼 1230년 사원의 현황을 조사할 때 경상도 안찰사가 동경장서기 李僐을 차사원으로 차출한 것과 같은 이치이다.

96 『高麗史』 卷80, 食貨3, 賑恤, 水旱疫癘賑貸之制.

97 『高麗史節要』 卷5, 文宗 13年 3月.

98 『高麗史』 卷7, 文宗 元年 2月 丙午.

99 『高麗史』 卷7, 文宗 3年 3月 癸巳.

縣)·영청현(永淸縣)·안융진(安戎鎭)의 조세감면을 청했다.[100] 또한 고려중기 이후 도에 정기적으로 파견되었던 안찰사는 수령을 감찰하고 사법행정을 감독하는 등 실질적인 지방지배의 한 축을 담당했는데,[101] 1061년(문종 15) 2월 서해안찰사가 황주·봉주의 구휼을 청한 일[102]과 1051년(문종 5) 2월 서해안찰부사 유숙(劉肅)이 백령진장(白翎鎭將) 최성도(崔成道)와 부장(副將) 최숭망(崔崇望)을 죄주자고 아뢴 것[103]이 그 예이다. 이렇듯 고려시기에 영역 안의 군현을 지휘·감독하는 기능은 계수관보다는 병마사·안찰사 등이 주로 수행하였음을 확인할 수 있다. 고려시기에는 안찰사·병마사 등 정기사행 외에도 찰방사·안무사 등의 임시 사행을 파견하여 지방관리를 감찰하거나 구휼을 시행하였다.

지금까지 살펴본 대로 계수관은 고려중기 이후 지방통치구조에서 영역 안의 군현을 지휘·감독하는 기능은 거의 하지 않았다. 그렇다고 하여 고려시기 지방통치구조에서 계수관이 차지하는 비중이 작았다고는 생각지 않는다. 계수관은 계내의 수관으로서 곧 그 영역의 대표로서 지방통치와 관련된 여러 가지 일을 수행하였고, 다른 주현과 마찬가지로 본읍과 그 속현에 대한 일을 처리하였기 때문이다. 아울러 계수관은 '계수관영역'의 대읍, 곧 지역중심지로서의 역할을 충분히 수행하였으니, 이 점에 대해서는 다음 절에서 살펴보겠다.

---

100 『高麗史』 卷80, 食貨3, 賑恤, 災免之制.
101 이 책 제2장 3절 참고.
102 『高麗史』 卷80, 食貨3, 賑恤, 水旱疫癘賑貸之制.
103 『高麗史』 卷7, 文宗 5年 2月 庚子.

2) 계수관의 위상

(1) 지방통치의 중심지

고려시기 계수관은 지방통치에서 영역 안의 군현을 지휘·감독하는 기능에는 한계가 있었지만 영역의 대읍으로서 그에 걸맞은 관원과 시설을 갖추고 여러 측면에서 '계수관영역'의 중심지 역할을 했다. 고려시기 계수관을 묘사한 다음 글을 보면 당시 계수관의 면모를 어느 정도 살펴볼 수 있다.

> 전주는 완산이라고도 하는데 옛날 백제국이다. 인물이 번창하고 가옥이 즐비하며 옛 나라의 풍모가 있어 백성들이 질박하지 않고 아전들은 모두 점잖은 사인과 같아 행동의 신중함이 볼만하였다.[104]

> 청주라는 고을은 실로 동남의 중심지로서 그 땅이 넓고 그 백성이 많아서 일이 복잡하다.[105]

> 양주는 곧 고려의 한양부로 북쪽으로는 화산(華山)에 기대고 있고 남으로는 한강에 임해 있으며 토지가 평탄하고 생산이 풍부하고 시가가 번화한 것이 다른 주에 비길 것이 아니다.[106]

> 근년 이래 가혹한 정치로 백성들이 유리하여 흩어지고 거리가 쓸쓸해져서 옛날의 관청·학교·신사·불사는 모두 기울어 무너졌지만, 객관만은

104 『東國李相國集』 卷23, 「南行月日記」.
105 『東文選』 卷88, 「送李慕之赴淸州牧詩序」.
106 『高麗史』 卷71, 樂, 俗樂, 楊州.

완전히 갖추어 높고 빛나는 것이 남쪽에서 으뜸이었다. (중략) 이 고을은 팔방으로 통한 거리에 있어서 역마를 타고 사명을 받든 자가 오지 않는 날이 없었다.[107]

위의 글에 묘사된 고려시기의 계수관은 대체로 넓은 땅과 많은 인구를 가졌으며, 교통의 중심지에 위치하여 중앙에서 내려오는 사행이 자주 드나들었고, 관청·객사·학교·신사·불사 등 기본 시설을 갖추고 있었으며, 다른 지역보다 시가(市街)가 번화하였고, 백성과 향리의 수준이 높았다. 이 외에도 계수관에는 읍성과 산성을 비롯하여 읍사·감옥·시장·창고 등도 있었다. 물론 이러한 시설들의 대부분은 일반 군현에도 있었지만, 상평창 등 일부 시설은 계수관에만 설치되었으며,[108] 같은 시설이라도 일반 군현과는 그 위상과 기능에 차이가 있는 경우가 있었다. 대표적인 것이 지방 군현의 감옥이다. 고려시기에는 외관이 파견된 주현 이상의 군현에 감옥이 설치되었지만,[109] 계내에서 체포된 중죄인은 계수관의 감옥에 가두었다. 명종대 공주에서 체포된 망이·망소이를 청주옥에 가둔 것이[110] 그 대표적인 예이다. 또한 중앙의 중죄인을 지방의 계수관에 이송하여 수감한 예도 보인다.[111] 물론 전자는 계내에서 체포한 죄인을 잡아 가둔 것이고, 후자는 중앙에서 형이 확정된 죄수를 이감 수용한 것이기 때문에 그 수감내용은 구분되어야 한다. 하지만 계수관의 감옥에 중죄인을 수감한 것은 시설과 관리체계가 일반 군현의 감옥보다 정비되

---

107 『謹齋集』 卷2, 「尙州客官重營記」.

108 『高麗史』 卷80, 食貨3, 賑恤, 常平義倉, 成宗 12年 2月.

109 박진훈, 2003, 「고려시대 감옥(監獄)의 설치와 운영체계」, 『역사와 현실』 47.

110 『高麗史』 卷19, 明宗 7年 7月 丁巳.

111 『高麗史』 卷45, 恭讓王 2年 5月 戊戌.

었기 때문일 것이다. 반면 목사나 안찰사 등이 죄를 지었을 경우 개경으로 압송하였는데[112] 이는 이들이 이 지역의 수관이어서 자체에서 죄를 다스릴 수 없었기 때문일 것이다. 이렇듯 주현 이상에는 감옥이 설치되었지만 계수관과 일반 주현의 감옥 운영에 차이가 있었다. 아울러 일부 계수관에는 안찰사가 머무르던 안찰사영이 있었다는 점[113]도 계수관이 영역 내의 다른 주현과 다른 점이었다.

이런 점에서 계수관은 고려시기 지방통치의 중심지였다고 할 수 있다.[114] 또한 계수관은 많은 인구와 넓은 토지, 많은 관원과 시설을 가진 대읍으로서 그 영역의 교통·경제활동·교육문화의 중심지 역할을 하였다.

(2) 교통의 중심지

고려시기 육상교통의 근간인 22역도는 중앙과 지방 군현을 연결하는 교통로이지만, 동시에 지방 군현 사이를 연결하는 교통로이기도 하였다.[115] 22역도는 각 역도가 위치한 지형이나 지역의 특징에 따라 그 편성원칙이 달랐기 때문에 편성원칙을 일반화하여 정리하기는 어렵다. 다만 개경 남쪽의 역로 편성을 보면 대체로 계수관을 비롯한 대읍 중심으로 편성되어 있었다.[116] 예를 들어 충청주도는 계수관인 청주목, 산남도는 진주목, 평구

112 『高麗史』 卷37, 忠定王 元年 3月 庚申; 卷38, 恭愍王 4年 2月 辛巳.

113 이 책 제2장 3절 참고.

114 공민왕 11년 백문보가 水車의 제작 보급을 주장하면서 그 일을 계수관에게 맡기자고 한 것도(『高麗史』 卷79, 食貨2, 農桑) 계수관이 지방통치 중심지의 위상을 가졌기 때문이다.

115 『高麗史』 卷82, 兵2, 站驛. 22역도에 대한 최근의 연구 성과로는 다음이 있다. 鄭枖根, 2001, 「高麗前期 驛制의 整備와 22驛道」, 『韓國史論』 45; 2008, 「高麗朝鮮初의 驛路網과 驛制 研究」, 서울대학교 박사학위논문; 한정훈, 2002, 「고려전기 驛道의 형성과 기능」, 『한국중세사연구』 12; 2013, 『고려시대 교통운수사 연구』, 혜안.

116 역로 편성은 임시 사행 파견지역, 혹은 감창사 파견도와 일치하는 경우도 많다. 鄭枖根, 2001, 위 논문 참고.

도는 충주목영역의 군현을 중심으로 편성되었고, 전주목영역의 군현들은 대체로 전공주도(全公州道)와 남원도, 상주목영역의 군현들은 상주도와 경산부도, 동경유수관(경주목) 영역의 군현들은 경주도와 김주도(金州道)로 편성되었다. 즉 개성 남쪽의 역로는 계수관과 계수관에 속한 주요 영군현(領郡縣, 主縣)을 중심으로 편성되었다. 이러한 편성에 따라 계수관은 자연스럽게 교통의 중심지가 되었다. 당시 역로 편성의 구체적인 특징을 충청주도에 속한 역을 중심으로 살펴보자. 충청주도는 지금의 충청남도와 충청북도 청주권의 교통로인데, 충청주도에는 모두 34개의 역이 소속되어 있었다.[117] 여기에 속한 역은 당시 남경의 영군현이었던 수주(水州, 3개)와 그 속현이었던 양성의 역을 제외하면 모두 '청주목영역' 안의 군현에 위치하였다. 즉 청주목에 4개, 청주목의 속현인 진주(鎭州)에 2개, 연산군·연기현·전의현에 각각 1개씩 있었으며, 청주목의 영현인 천안부와 천안부의 속현에 7개, 역시 청주목의 영현인 공주와 공주의 속현에 6개, 홍주와 홍주의 속현에 6개, 가림현과 그 속현에 2개의 역이 있었다. 기록 순서도 수주, 양성에 이어 청주목과 청주목 속현의 역을 기록한 후 천안부, 공주, 홍주, 가림현 순으로 기록되어 있다. 이것은 충청주도의 중심이 청주목이었지만 동시에 몇 개의 영군현들이 충청주도의 중간 중심지 역할을 하였다는 사실, 또 역로를 편성할 때 '주현속현제도'가 기본이 되었다는 사실을 알려주고 있다. 이러한 점은 상주도가 상주목과 안동부, 경산부도가 상주목과 경산부, 경주도가 경주와 예주, 김주도가 김주와 밀성군 중심으로 편성된 것에서 더 분명하게 드러난다. 즉 경상도의 역로는 모두 계수관과 그 주변의 주현을 중심으로 편성되었다.

중앙에서 지방에 관리가 파견될 경우 파견대상지역에 따라 다르겠지

117 『高麗史』 卷82, 兵2, 站驛.

만 대체로 이들은 일단 파견지역의 중심지인 계수관이나 주현에 도착한 후 이곳으로부터 최종 목적지인 소속 군현으로 이동하거나 아니면 그 수령에게 왕명을 전달하였을 것이다. 이 때문에 이들 계수관을 비롯한 대읍에는 앞의 인용문에서 확인할 수 있듯이 중앙의 관리가 자주 왕래하였다. 또 이런 역로는 중앙의 관리가 지방에 내려와서 맡은 일을 처리할 때도 이용되었지만, 계수관이나 영현(주현)의 관리가 주변의 군현에 왕래할 때에도 교통로로 이용되었을 것이다. 따라서 계수관과 주변의 대읍은 자연스럽게 교통 중심지가 되었다. 청주목에 설치된 역의 위치를 볼 때 역은 '청주목지역'과 다른 지역을 연결하는 기능보다는 청주목과 청주목을 둘러싼 주변 속현을 연결하는 기능이 더 컸다.

(3) 경제의 중심지

앞에서 계수관의 경제기능과 관련하여 비록 계내의 영현(領縣, 주현)과 주현에 딸린 속현의 조세 부과와 징수에 직접 관여하지는 않았지만 상평창을 통한 물가조절이나 도량형 관리에 관여하는 등 경제운영과 관련된 중요한 기능을 하였다고 정리하였다. 계수관은 인구가 많은 대읍이었을 뿐 아니라 교통의 중심지였기 때문에 상대적으로 유동인구도 많았다. 따라서 계수관이 '계수관영역'의 경제 중심지가 되었던 것은 자연스러운 일이다. 이와 관련하여 고려시기 계수관에 상평창이 설치되어 물가조절을 담당한 것과 계수관에서 도량형 관리를 맡은 것이 주목된다. 모든 군현에 설치된 의창과 달리 상평창은 993년(성종 12) 2월 양경(개경과 서경)과 12목에만 설치되었으며, 개경 상평창의 곡식은 경시서(京市署)·대부시(大府寺)·사헌대(司憲臺)가 공동으로 관리한 반면, 서경은 분사사헌대(分司司憲臺), 일반 주군은 계수관원(계관원)이 관리하도록 하였다.[118] 또 1046년(정종 12)에는 매년 봄가을에 저울[秤]을 비롯하여 곡(斛)·두(斗)·승(升)·평목(平木)·장목(長木) 등 도량형을 공평하게 교정하게 하였는데, 그 일을 지방에서는 동경·서경·4도호부·8목에서 맡도록 하였다.[119] 특히 최근 청주에서 발견된 사뇌사 청동유두(思惱寺青銅油斗)의 명문을 통하여 당시 사뇌사에서 쓰는 기름 말을 계수관인 청주목관이 검인하였다는 사실을 확인할 수 있다.[120] 여기에서 고려시기 계수관에서 실제 도량형 관리를 맡았던 사실을 알 수 있다.[121] 이런 사실을 통하여 고려시기에 경·목·도호부 등 대읍을 중심으로 상업이 상당히 발달하였을 가능성을 짐작할 수 있다.

현재 고려시기 지방도시의 상업발달에 대해서는 구체적인 자료가 없는 실정이지만,[122] 몇몇 지역의 경우 대체적인 추세는 살필 수 있다. 지방도시 중 상업이 가장 발달한 곳은 서경이었다. 서경은 초기부터 분사제도(分司制度)가 설치된 개경에 버금가는 지방도시였다. 특히 993년(성종 12) 2월 상평창을 설치한 것과 1102년(숙종 7) 9월 서경에 화천별감(貨泉別監) 2명을 파견하여 시장을 감독하게 한 것[123]은 고려전기에 이미 서경에는 상당한 정도의 시장이 설치되어 유통이 활발하게 이루어졌기 때문일 것이다. 또 1178년(명종 8) 서경 관제를 고치면서 호조에 화천무(貨泉務)를 둔 것[124]도 이와 관련된 조치로 보인다.[125] 또 고려시기 동경유수관 경주 역시 상업이 발달하였다고 유추할 수 있는 자료가 있다. 고려말

---

118 『高麗史』 卷80, 食貨3, 賑恤, 常平義倉, 成宗 12年 2月.

119 『高麗史』 卷83, 刑法1, 職制, 靖宗 12年 "判 每年春秋 平校公私秤斛斗升平木長木 外官則令東西京四都護八牧 掌之".

120 국립청주박물관, 1999, 『고려공예전』.

121 조선초기에도 계수관에서 지방의 도량형 관리를 맡았다(『太宗實錄』 卷15, 太宗 8年 3月 庚午).

122 고려전기 지방시장에 대한 연구로는 다음이 참고된다. 김창석, 2004, 「고려전기 '허시(虛市)'의 성립과 그 성격」, 『역사와 현실』 53.

123 『高麗史』 卷79, 食貨2, 貨幣, 市估, 肅宗 7年 9月.

124 『高麗史』 卷77, 百官2, 外職, 西京留守官.

125 고려시기 서경의 재정기구에 대해서는 다음 글이 참고된다. 安秉佑, 2002, 「西京의 財政構造」, 『高麗前期의 財政構造』, 서울대학교출판부.

기의 일이지만 1391년(공양왕 3) 3월 중랑장 방사량(方士良)이 주전법(鑄錢法) 시행을 주장하면서 추포(麤布)의 법이 동경 등 몇몇 주군[東京等處若干州郡]에서 나온 것이라고 하였는데,[126] 여기에서 경주와 주변의 군현은 추포의 법이 나올 정도로 상업이 발달하였음을 짐작할 수 있다.[127] 이렇듯 서경·동경을 비롯한 대읍이 지역의 경제 중심지 역할을 하였음을 알 수 있는데, 그 배경은 주변의 다른 지역보다 인구가 많고 영역이 넓어서 재화의 축적이 더 쉬웠기 때문일 것이다. 그런 사실은 고려후기 경주의 갑방(甲坊)이나 고려말기 청주목의 제용재에서 어느 정도 유추할 수 있다. 갑방은 고려후기 경주에서 백성으로부터 능라(綾羅)를 거두어 보관하였다가 공물[貢獻]에 충당한다는 명목 아래 만든 창고인데, 공물을 내고도 남는 것이 매우 많아 유수가 개인적으로 쓰는 일이 많았다고 한다. 권단(權㫜)이 동경유수가 되어 갑방을 철폐하자 1년 거둔 것으로 3년의 공물을 충당할 수 있었다고 한다.[128] 제용재는 고려말기 지방관아에서 가장 대표적인 재정용도인 조세충당과 빈객접대를 위한 재원을 효과적으로 확보하기 위해서 만든 재단인데, 현재 남원부와 청주목의 사례가 남아 있다.[129] 이렇듯 지방관아에서 독자적인 재원을 확보하여 재원을 관리 운용할 수 있었던 것은 그만큼 이 지역이 다른 지역보다 경제적으로 여유가 있었기 때문일 것이다. 또한 1101년(숙종 6) 11월 경주에서 관내 군현이 재해를 입었을 때 공사(公私) 장생고(長生庫)와 여러 창고에 축적되어 있는 곡식을 빌려준 사실[130]도 이와 관련된 자료이다.

---

126 『高麗史』 卷79, 食貨2, 貨幣, 恭讓王 2年 6月.

127 경주 등지에서 麤布의 법이 발달한 것은 이 지역의 조세를 포로 대신 내었던 사실과 관련이 있었을 가능성도 있다.

128 『高麗史』 卷107, 權㫜傳.

129 朴鍾進, 1988, 「高麗末의 濟用財와 그 性格」, 『蔚山史學』 2.

130 『高麗史』 卷80, 食貨3, 賑恤, 災免之制.

이렇듯 계수관은 많은 인구와 편리한 교통, 물자의 축적 등을 배경으로 상업이 발달하여 추포의 법이 발생할 정도로 지방경제의 중심지로 발전하였다. 이것이 국가에서 상평창을 설치하여 물가를 조절하고 도량형 관리를 계수관에 맡긴 배경이라고 생각한다. 아울러 길거리에 버려진 시신을 지방에서는 계수관에서 처리하도록 한 조치[131] 역시 인구 집중과 관련된 도시 문제의 하나였다.

(4) 교육·문화의 중심지

계수관은 교육·문화의 중심지이기도 하였다. '계수관영역'은 신라 이래로 지방 정치의 중심지로서 고급 문화가 발달하였다. 이런 배경에서 청주목에는 지방관이 파견되기 이전에 이미 학교의 존재가 확인된다.[132] 지방관이 파견되고 나서 얼마 후인 987년(성종 6) 8월에는 12주목에 경학박사와 의학박사를 파견하였으며,[133] 989년 4월에는 직무에 충실한 나주목 경학박사 전보인을 표창하였다.[134] 또 1003년(목종 6) 정월에는 교를 내려 3경과 10도의 박사(博士)·사장(師長) 중 생도를 열심히 가르친 자는 중앙에 보고하게 하였다.[135] 이렇게 고려초기부터 계수관을 중심으로 유교 교육을 진흥시키는 정책을 폈는데, 이러한 배경에서 계수관은 '향공선상(鄕貢選上)', 곧 지방의 인재를 뽑아서 중앙에 추천하는 일을 주관하였다고 생각한다.[136]

이와 관련된 것으로 계수관에서는 책을 간행하여 보급하기도 하였

---

131 『高麗史』 卷83, 刑法1, 職制, 文宗 11年 11月.
132 金光洙, 1972, 「羅末麗初期의 地方學校 問題」, 『韓國史硏究』 7.
133 『高麗史』 卷74, 選擧2, 學校.
134 위와 같음.
135 위와 같음.
136 『高麗史』 卷73, 選擧1, 科目, 科擧, 顯宗 15年 12月; 睿宗 5年 9月.

다. 즉 1042년(정종 8) 2월 동경부유수 최호(崔顥) 등이 왕명을 받들어 『전한서(前漢書)』, 『후한서(後漢書)』 및 『당서(唐書)』를 새로 간행하여 바쳤고,[137] 1058년(문종 12) 9월에는 충주목이 새로 만든 『황제팔십일난경(黃帝八十一難經)』과 『천옥집(川玉集)』 등 의학서 99판(板)을 진상하였다.[138] 또 이규보는 전주부에서 12국사(國史)를 출판하였으며[139] 1354년(공민왕 3) 진주목에서는 『졸고천백(拙藁千百)』을 간행하였다.[140] 이렇듯 경주·충주·전주·진주 등 계수관에서 의학서·역사서·유학서 등의 책을 간행하였으며, 개인문집을 간행하기도 하였다. 또한 계수관 지역의 절에서 책을 출판하거나 책을 보관한 사례[141]도 있는데 이러한 것은 계수관이 교육·문화의 중심지로 성장한 것과 관련이 있다.

한편 계수관은 관할 사원에서 국가의 제사 등 주요 행사를 치르기도 하였다. 물론 이것은 계수관이 지역의 수관으로서 왕명을 대행한 것이지만 이러한 행사가 가능한 것은 지역문화의 중심지라는 계수관의 지역적 특성과 관련이 있다고 생각한다. 이렇듯 계수관은 많은 인구와 넓은 토지, 많은 관원과 시설을 가진 대읍으로서 교통, 경제활동, 교육·문화 등에서 지방통치의 중심지 역할을 하였다. 즉 계수관은 고려시기 지방통치의 중심지였을 뿐 아니라 주변 군현의 생활과 문화의 중심지로서 지역사회에서 나름의 큰 위상을 가졌다고 할 수 있다. 아울러 영역대표로서의 고려시기 계수관은 중앙정부를 대신하여 영역 안의 군현을 지휘·감독하는 일은 거의 하지 않았지만, 상징적으로 그 영역을 대표하면서 그와

137 『高麗史』 卷6, 靖宗 8年 2月 己亥.
138 『高麗史』 卷8, 文宗 12年 9月 己巳.
139 『新增東國輿地勝覽』 卷33, 全州府, 祠廟, 城隍祠, 李奎報夢驗記.
140 『拙藁千百』 刊行記.
141 『高麗史』 卷134, 禑王 7年 7月.

관계된 기능을 수행하였다. 따라서 고려시기 계수관은 속현을 거느린 하나의 주현이자 속현을 포함한 지역의 중심지로서 매우 중요한 위상을 가졌다.[142]

3. 안찰사의 기능과 위상

1) 5도의 성립과 안찰사의 파견

(1) 도의 용례와 5도

안찰사(按察使)[143]를 도(道)의 장관으로 보는 선행연구가 있는 반면,[144] 고려말기까지는 행정구획으로서의 도 제도가 확정되지 않았기 때문에 그 장관을 말하는 것 자체가 의미가 없다고[145] 보기도 한다. 따라서 안찰

142 그렇다고 하여 계수관이 다른 주현과 동일한 위상을 가졌던 것은 아니었다. 우선 계내의 주현 중 대읍인 경·목·도호부만이 계수관이 되었으며, 계수관은 일반 주현과 달리 지방통치기능도 수행하였기 때문이다.

143 고려 현종 이후 설치된 안찰사는 창왕대 도관찰출척사로 바뀔 때까지 안찰사(성립 초기부터 충렬왕 2년) → 안렴사(충렬왕 2년부터 충선왕 복위년) → 제찰사(충선왕 복위년부터 충숙왕 12년 직후) → 안렴사(그 이후)로 이름이 바뀌었다. 명칭의 변동은 그 시기 정치변동의 결과이기 때문에 그에 따라 이들의 임무나 위상에 차이가 있는 것은 사실이지만, 이 글에서는 이들이 5도에 정기적으로 파견된 지방관이라는 동질성을 바탕으로 고려말기를 제외한 고려시기 전체에 걸쳐서 안찰사의 기능과 위상에 대해서 살펴볼 예정이다. 따라서 이 글에서는 안찰사, 안렴사, 제찰사의 명칭을 같은 의미로 사용하였다.

144 邊太燮, 1968b, 「高麗 按察使考」, 『歷史學報』 40(1971, 앞 책).

145 河炫綱, 1962, 「高麗 地方制度의 一研究(上)-道制를 中心으로-」, 『史學研究』 13; 「高麗 地方制度의 一研究(下)-道制를 中心으로-」, 『史學研究』 14.

사에 대한 구체적인 검토에 앞서서 안찰사가 파견된 도에 대하여 살펴볼 필요가 있다.[146]

고려시기의 도 중 분명한 실체를 가진 것으로는 성종 14년의 10도, 『고려사』 지리지의 편제 기준인 양광도·경상도·전라도·교주도·서해도 등 5도, 교통로인 22역도,[147] 군사도(軍事道)[148] 등이 있다. 이 외에도 안무사·찰방사 등 다양한 임시 사행이 파견되는 지역도 도로 표현되었는데, 이 경우는 대체로 그 방면의 교통로와 관련되거나 계수관이나 주요 군현 단위를 나타낸다.

이러한 고려시기 도의 용례 중 안찰사와 관련하여 문제되는 것은 바로 『고려사』 지리지의 편제기준인 5도이다. 『고려사』 열전과 고려시기 묘지명에서 확인되듯이 안찰사가 파견된 도는 『고려사』 지리지의 편제 기준인 5도와 일치하기 때문이다. 이와 관련하여 변태섭은 5도가 예종 초기에 성립되었다고 본 반면, 하현강은 5도의 이름은 『고려사』 지리지가 작성될 당시 편자가 편의상 설정한 것으로 보았다. 이 논란에 대해 필자의 견해를 밝히기 전에 먼저 『고려사』 지리지의 내용을 정리한 〈표 2-3〉을 토대로 5도의 내용을 정리하여 보자.

995년(성종 14) 고려국가는 전국을 개성부(開城府)와 관내도(關內道)·

---

146 고려시기 도에 대해서는 앞의 邊太燮, 河炫綱의 논문 외에 다음 연구 성과가 있다. 洪淵津, 1993, 「高麗前期 道制의 成立과 그 性格」, 『釜大史學』 17; 崔貞煥, 1998a, 「高麗後期 5道 兩界의 變遷」, 『한국중세사연구』 5; 윤경진, 2006c, 「고려전기 道의 다원적 편성과 5道의 성립」, 『東方學志』 135.

147 교통로인 22역도는 산예도, 금교도, 절령도, 흥교도, 흥화도, 운중도, 도원도, 삭방도, 청교도, 춘주도, 평구도, 명주도, 광주도, 충청주도, 전공주도, 승라주도, 산남도, 남원도, 경주도, 김주도, 상주도, 경산부도이다. 22역도에 대한 최근의 연구 성과는 이 책 제2장 2절 각주 115 참고.

148 주현군과 주진군의 편제인 군사도는 북계·동계·교주도·양광도·경상도·전라도·서해도·경기로 편성되어 대체로 5도 체제와 같다(『高麗史』 卷83, 兵3, 州縣軍).

〈표 2-3〉 고려시기 도의 변천

<table>
<tr><th>『高麗史』
지리지</th><th>성종
14년</th><th>현종
9년</th><th>예종
원년</th><th>명종
원년</th><th>명종
16년</th><th>충숙왕
원년</th><th>우왕
14년</th></tr>
<tr><td rowspan="2">楊廣道</td><td rowspan="2">關內道(일부),
中原道,
河南道</td><td rowspan="2"></td><td rowspan="2">楊廣忠
清州道</td><td>楊廣道</td><td rowspan="2">楊廣道
(忠淸道)</td><td rowspan="2">楊廣道
↓
忠淸道
(공민왕 5)</td><td rowspan="2">→</td></tr>
<tr><td>忠清道</td></tr>
<tr><td rowspan="2">慶尙道</td><td rowspan="2">嶺南道,
嶺東道,
山南道</td><td rowspan="2"></td><td rowspan="2">慶尙晉
州道</td><td>慶尙州道</td><td rowspan="2">慶尙州道
↓
尙晉安東道
(신종 7)
↓
慶尙晉安道</td><td rowspan="2">慶尙道</td><td rowspan="2">→</td></tr>
<tr><td>晉陜州道</td></tr>
<tr><td>全羅道</td><td>江南道,
海陽道</td><td colspan="6">全羅道</td></tr>
<tr><td>交州道</td><td>朔方道(일부)</td><td></td><td>春州道
(인종)</td><td colspan="2">春州道(명종 8)
↓
東州道
↓
交州道(원종 4)</td><td>淮陽道</td><td>交州
江陵道</td></tr>
<tr><td>西海道</td><td>關內道(일부)</td><td>(西海道)</td><td colspan="5">西海道</td></tr>
<tr><td></td><td>10道</td><td></td><td>5道</td><td>7道</td><td colspan="3">5道</td></tr>
</table>

중원도(中原道)·하남도(河南道)·강남도(江南道)·영남도(嶺南道)·영동도(嶺東道)·산남도(山南道)·해양도(海陽道)·삭방도(朔方道)·패서도(浿西道) 등 10도로 편제하고, 개성부에는 부윤, 12주에는 절도사를 두었는데, 이 중 패서도를 제외한 9도는 지역에 따라 시차를 두고 5도로 재편되었다. 5도 중 가장 먼저 등장한 것은 서해도와 전라도이다. 성종 14년 10도를 편제할 때 황주, 해주 등은 관내도에 속했는데 이들 군현은 후에 서해도로 편성되었다. 또 10도에 포함되었던 강남도와 해양도는 1018년(현종 9)에 전라도로 합쳐졌다.[149] 서해도의 설치 연대는 분명하지 않지만 고려

시기 군현의 영속관계 틀이 현종 9년에 형성되었다는 점에서 전라도와 마찬가지로 현종 9년에 설치되었을 가능성이 높다. 이후 서해도와 전라도는 큰 변화 없이 고려말기까지 그대로 존속하였다.

한편 1106년(예종 元)에 관내도에 속했던 양주·광주와 중원도·하남도는 양광충청도(양광도)로, 영남도·영동도·산남도는 경상진주도(경상도)로 합쳐지면서 주요 도의 편제가 이루어졌다. 교주도는 10도의 하나였던 삭방도가 기틀이 되었는데, 1178년(명종 8)에 춘주도라는 이름으로 불렸다고 한다.[150] 그렇지만 이보다 앞선 인종대에 춘주도 안찰사(春州道按察使)라는 기록이 있는 것으로 보아[151] 교주도 역시 예종대, 늦어도 인종대까지 편제가 이루어졌다고 볼 수 있다. 이렇게 볼 때 『고려사』 지리지에 반영된 5도의 편제는 선행연구에서 언급한 대로 5도 안찰사의 용례가 보이는 예종대를 전후하여 완성되었다고 본다.[152] 따라서 서해도와 전라도가 형성되는 현종대 이후 5도가 완성되는 예종·인종대까지는 10도가 잔존하였을 것이다.[153] 한편 1181년(명종 元) 양광충청도와 경상진주도는

---

149 『高麗史』 卷57, 地理2, 全羅道; 卷58, 地理3, 西海道 참고.

150 『高麗史』 卷58, 地理3, 交州道. 교주도는 우왕 14년 영동과 영서를 합하여 교주강릉도로 이름이 바뀌었다.

151 문종대 춘주도 감창사의 용례가 있지만(『東文選』 卷64, 「淸平山文殊院記」), 여기서의 춘주도는 5도의 춘주도가 아니라 22역도 중의 하나인 춘주도를 말한다.

152 邊太燮, 1968b, 앞 논문(1971, 앞 책)과 최정환, 1998a, 앞 논문 참고.

153 실제로 영남도(『高麗史節要』 卷3, 顯宗 16年 4月 辛未), 해양도(『高麗史節要』 卷3, 顯宗 16年 5月) 등이 이 시기 기록에서 확인된다. 현종 9년 강남도와 함께 전라도로 편성된 해양도가 현종 16년 기록에 보이는 것은 해양도가 전라도로 통합된 지 오래되지 않았기 때문일 것이다. 이 외에도 1087년(선종 4) 12월에는 慶尙州道, 廣忠淸州道와 함께 全晉羅州道에 出推使가 파견된 예가 있다(『高麗史』 卷10). 이때 출추사가 파견된 도는 몇 개의 계수관 지역을 묶은 것으로 보이는데, 여기서 주목되는 것은 진주 지역이 경주·상주가 아니라 전주·나주 지역과 묶여 있는 점이다. 이것은 5도가 완성되기 전에는 임시 사행이 교통로를 중심으로 파견되었음을 말한다. 정요근, 2001, 앞 논문 참고.

양광도와 충청도, 경상도와 진합주도로 분리되어 일시적으로 7도체제를 형성하였다.[154] 『고려사』 지리지에 의하면 경상도와 진합주도로 분리되었던 경상도는 1186년(명종 16) 경상주도로 합쳐졌지만,[155] 양광도의 경우 충숙왕 원년 양광도로 이름이 바뀔 때까지 다른 기록이 없다.[156] 그렇지만 양광도의 경우도 경상도와 마찬가지로 명종 16년 이후 다시 하나의 도로 통합되었을 가능성이 높다. 1188년(명종 18) 3월의 기록에 5도 안찰사가 보이는 것은 이 사실을 반영한다.[157] 따라서 7도체제는 명종 전반기의 일시적인 편제였다고 보는 것이 자연스럽다. 다만 양광도는 양광충청도와 구분 없이 혼용하였다.

지금까지 살펴본 대로 예종·인종대에 완성된 5도는 한때 7도로 편성되었던 것을 제외하고는 고려말기까지 기본 틀을 유지하였으며, 5도에는 예외 없이 정기적으로 안찰사가 파견되었다. 한편 하현강은 5도의 명칭 외에 6도·7도·8도·9도·10도 등의 명칭이 있는 것을 들어 일정한 영역으로서의 5도의 형성에 대해서 회의적이다.[158] 그런데 하현강이 제시한 도 용례 중 1173년(명종 3) 안찰사가 파견된 7도를 제외한 6도·8도·9도·10도는 순찰사·도찰사·도통사·찰방사 등 임시 사행이 파견되었던 도였

---

154 명종 3년에 7도 안찰사의 기록이 보이는 것은 우연이 아니다(『高麗史』 卷77, 百官2, 勸農使).

155 『高麗史』 卷57, 地理2, 慶尙道. 경상주도는 이후 신종 7년에 상진안동도, 후에 경상진안도, 충숙왕 원년 경상도로 이름이 바뀌었다. 신종 7년 경상도가 상진안동도로 바뀐 것은 경주반란으로 동경이 지경주사로 강등되었기 때문이다.

156 『高麗史』 卷56, 地理1, 楊廣道. 양광도는 공민왕 5년 충청도로 이름이 바뀌었다.

157 邊太燮, 1968b, 앞 논문(1971, 앞 책). 충렬왕대 이승휴가 양광충청 2도 안찰사를 하였다는 기록은(『高麗史』 卷106, 李承休傳) 『고려사』 지리지의 기록대로 이때까지 양광도가 양광도와 충청도로 나뉘어 있었을 가능성을 말해 주는 것으로 볼 수도 있다. 그렇지만 『고려사』 열전과 고려시기 묘지명에서 찾을 수 있는 많은 이 시기의 다른 기록에서는 양광도와 충청도를 2도로 인식한 것이 하나도 없기 때문에 『고려사』 이승휴전의 기록을 잘못으로 볼 수밖에 없다.

158 河炫綱, 1988, 『韓國中世史硏究』, 일조각, 247-248쪽.

다. 이런 점에서 안찰사가 정기적으로 파견된 5도는 다른 임시 사행이 파견된 도와는 구분된다. 물론 임시 사행이 파견되었던 도가 안찰사가 파견된 5도와 일치하는 경우도 있지만 대개는 정기 지방관인 안찰사가 파견되는 5도는 영역이 고정되었던 반면, 부정기적인 임시 사행이 파견된 도의 영역은 고정되지 않았고 그 영역도 대부분 5도 안에 포함되었다. 『고려사』 지리지의 5도는 현종 9년에 개편된 군현의 영속관계를 바탕으로 편성되었는데, 그 기본은 수령이 파견된 주현과 주현에 속한 속현과의 관계, 곧 '주현속현관계'였다. 주현 중 대읍에 해당하는 경·목·도호부 등 계수관(界首官)은 자체의 속현을 거느리는 한편, 동시에 다른 속현을 거느린 주현(영군현)을 관할하였다. 이러한 구조를 통하여 계수관은 부분적으로나마 중앙국가와 지방 군현을 잇는 중간기능을 하였다는 사실은 잘 알려져 있다.[159] 그런데 국가에서는 몇 개의 계수관 지역을 묶어서 5도를 편제하였다. 즉 양광도는 남경(양주)·광주목·충주목·청주목, 경상도는 동경(경주)·상주·진주, 전라도는 전주·나주, 서해도는 해주·황주, 교주도는 교주·동주·춘주와 그 소속 군현으로 구성되었다.[160] 이렇게 고려국가에서 10여 개의 계수관을 축으로 전국의 군현을 묶으면서 동시에 그보다 더 넓은 영역인 도를 설정하여 정기적으로 안찰사를 파견한 것은 '주현속현제도'를 중심으로 하는 지방지배의 한계를 계수관만으로는 효과적으로 해결하지 못하였기 때문이다.[161]

---

159 계수관에 대해서는 이 책 제2장 2절 참고.

160 그런데 이 중 교주·동주·춘주는 영군현이 소속되지 않았기 때문에 계수관으로 보기 어려운 점도 있다.

161 고려시기의 5도체제의 큰 틀이 조선시기의 8도제를 거치면서 지금까지 이어져 왔다는 점에서 고려시기 5도의 형성은 지방제도사뿐 아니라 우리 민족의 생활권 형성에서도 매우 중요한 의미를 갖는다.

(2) 안찰사의 파견시기와 목적

안찰사는 5도(안찰사도)에 파견된 지방관리이기 때문에 안찰사의 설치 시기는 5도의 편제시기와 밀접하게 연결되어 있었다. 『고려사』 백관지에는 1012년(현종 3) 절도사를 파하고, 그 후에 안찰사를 두었다고 기록하고 있으며,[162] 안찰사에 대한 기록은 『고려사』 등에서 1037년(정종 3) 이후 계속 확인된다. 이를 토대로 선행연구에서는 현종대에서 멀지 않은 때에 안찰사가 설치되었다고 보았다.[163] 필자 역시 현종 9년에 군현의 영속관계가 정리되고, 5도의 일부인 서해도와 전라도가 편제되었기 때문에 안찰사의 처음 설치 시기에 대한 선행연구의 추론에 동의한다.

그러면 초기에 안찰사가 파견된 지역은 어디일까? 선행연구에서는 예종 이전의 사례에서는 서해도 안찰사만 확인된다는 것을 토대로 고려 전기인 예종 초기까지는 서해도에만 안찰사가 파견되었으며, 비록 다른 지역에도 안찰사가 파견되었더라도 제 기능을 다하지 못하였을 것으로 보았다.[164] 그렇지만 외관이 권농(勸農)을 제대로 하는지를 규찰하고,[165] 답험손실(踏驗損實)에 관여하며,[166] 귀향하여 폐단을 일으키는 사심관(事審官)의 죄를 묻기 위해서[167] 여러 도에 파견된 안찰사는 서해도 안찰사만은 아니었다. 따라서 필자는 초기에도 안찰사는 서해도뿐 아니라 서해도와 함께 일찍 도로 편성된 전라도에도 파견되었을 것으로 본다. 아울러 5도가 확립되기 이전에도 서해도와 전라도 이외의 지역에 안찰사가 파견

---

162 『高麗史』 卷77, 百官2, 外職, 按廉使.

163 邊太燮, 1968b, 앞 논문(1971, 앞 책). 邊太燮은 전운사가 혁파된 현종 20년 이후에 안찰사가 설치되었다고 보았다.

164 위와 같음.

165 『高麗史』 卷79, 食貨2, 農桑, 靖宗 3年 正月.

166 『高麗史』 卷78, 食貨1, 田制, 踏驗損實, 文宗 4年 11月 判.

167 『高麗史』 卷75, 選擧, 銓注, 文宗 11年 判.

되었을 가능성이 있다고 본다. 물론 초기에 파견된 안찰사는 제도화된 정기 사행보다는 감찰을 위한 임시 사행의 성격이 더 컸을 것이다. 그렇다면 안찰사를 파견한 이유는 무엇이었을까? 그것은 기본적으로 현종 9년 지방제도 개편과 관련이 있다고 생각한다. 이때의 지방제도는 하나의 주현과 몇 개의 속현이 하나의 지방통치단위인 '주현속현단위'로 묶여서 지방통치의 중심이 되는 제도라는 점에서 '주현속현제도'라고 할 수 있는데, 이 제도는 모든 단위군현에 지방관을 파견하지 않았다는 점에서 중앙집권적인 지방지배를 관철하기에는 한계가 있었다. 따라서 국가에서는 일이 있을 때마다 다양한 성격의 임시 지방관을 파견하여 일을 처리하는 한편, 느슨한 중간기구인 계수관 등을 통해서 그 한계를 보완하였다. 더 나아가 다시 몇 개의 '계수관단위'를 묶어서 광역의 도를 편제하고 도에 안찰사를 파견한 것은 잦은 임시 사행의 파견을 줄이고 현종 9년 '주현속현제도' 편성 이후 파견된 수령을 규찰하여 수령들의 자의적인 통치를 견제함으로써 '주현속현제도'의 한계를 보완하여 지방사회의 안정을 도모하기 위한 것이었다. 그런데 다른 지역보다 서해도와 전라도에 안찰사가 먼저 파견된 이유는 무엇일까? 그것은 서해도와 전라도가 다른 도보다 먼저 편성된 이유와 관련되었을 것이다. 서해도 안찰사가 다른 지역보다 일찍 파견된 것은 개경과 서경을 잇는 군현을 서해도로 묶고 그 지역을 국가운영의 핵심지역으로 삼기 위해서였다.[168] 또 전라도 안찰사는 1011년(현종 2) 거란의 침입으로 현종이 남쪽으로 피하는 과정에서 나타난 전주절도사(全州節度使) 조용겸(趙容謙)의 위협적인 행동[169]에

---

168 숙종 7년 숙종이 서경에 행차할 때 서해도 안찰사는 서경 유수 등과 함께 그 지원을 위해서 활동하였다(『高麗史』 卷11, 肅宗 7年 7月).

169 『高麗史』 卷94, 智蔡文傳.

대한 불안에서 이 지역의 절도사를 혁파하면서 설치한 것으로 보인다.[170] 또 「경상도영주제명기(慶尙道營主題名記)」에 문종 후반부터 도부서사(都部署使)의 명단이 실려 있는 것[171]도 절도사 체제의 변화와 관련이 있다.

사례가 풍부하지 않아서 초기 안찰사가 한 일을 정확하게 판단하기는 어렵지만 초기 안찰사가 한 일 중 가장 중요한 것은 지방관을 감찰하고 백성들의 어려움을 살펴서 구휼을 건의하는 일이었으며, 이것은 대체로 이후 안찰사의 파견 목적과 일치한다. 그렇지만 그때까지 안찰사는 전국에 파견되지 않았으며 지방 감찰관으로서의 확고한 위상을 갖지 못하였다. 따라서 안찰사가 지방관을 규찰하는 일도 수령의 현부(賢否)를 판단하여 출척하는 단계에 이르지 못하고 수령의 불법행위를 감시하는 수준이었다. 한편 이 시기에는 무문사(撫問使),[172] 출추사(出推使)[173] 등을 비롯하여 다양한 임시 사행이 파견되어서 수령을 감찰하기도 하였고, 지방의 사정을 살피고 구휼을 행하기도 하였는데, 초기의 안찰사는 이들 임시 사행과 그 기능에서 커다란 차이가 없었다고 생각한다.[174] 아울러 숙종이 서경에 행차하면서 통과한 군현의 사정을 살필 때에도 서해도 안찰사

---

170 현종 3년에 12절도사를 혁파하고, 양주·광주·충주·청주·진주·황주·안동부 등 7지역에 按撫使를 두었는데, 이때 절도사가 파견되었던 12지역 중 공주·전주·나주·승주·해주 등 5곳에는 안무사가 파견되지 않았다(『高麗史』 卷56, 地理1; 卷57, 地理2; 卷58, 地理3 참고). 이 중 전주·나주·승주는 전라도 지역이고, 해주는 서해도 지역이라는 점이 주목된다. 이것은 현종대 전라도와 서해도가 다른 지역보다 먼저 형성되어 안찰사가 파견된 것과 관련이 있었을 것이라고 생각한다.

171 「慶尙道營主題名記」(1982, 『慶州先生案 五種』, 아세아문화사).

172 『高麗史』 卷7, 文宗 10年 9月 甲申.

173 『高麗史』 卷10, 宣宗 4年 12月 己卯.

174 그런데 이 시기 임시 사행의 파견은 주현이나 계수관의 관할 영역 몇 개를 묶어서 '州'라는 하나의 단위로 삼아 이루어지고 있었다(鄭枖根, 2001, 앞 논문). 이런 점에서 이들 임시 사행이 파견된 지역은 안찰사가 파견되는 5도와는 차이가 있었다.

외에 선배사(先排使)를 파견하여 함께 살피도록 하였는데,[175] 이것은 숙종의 다음 왕인 예종이 행차할 때에는 같은 일을 서해도 안찰사 단독으로 처리한 것과 비교된다.[176] 이것은 숙종대까지만 하더라도 안찰사의 기능이 제한적이라는 것을 의미한다. 결국 이 시기에는 안찰사가 전국적으로 파견되지도 않았으며 지역에 따라 다른 일을 맡기도 하였는데, 이러한 사실은 이때까지는 아직 안찰사의 일이 확고하게 규정되지 않았기 때문일 것이다.

5도에 안찰사가 파견된 것은 예종 초기 이후이다. 국가에서 전국의 주요 지역을 5도로 편성하고 그곳에 안찰사를 파견한 것은 '주현속현제도'를 기본 틀로 하여 운영되었던 고려시기 지방제도에 대한 체계적인 보완 장치가 필요하였기 때문이다. 즉 그 이전에도 계수관을 통하여 부분적으로 단위군현을 통제하였고, 다양한 임시 사행들을 파견하였으며, 지역에 따라서는 안찰사를 파견하기도 하였지만 그것만으로는 고려 지방제도의 한계를 해결할 수 없었기 때문일 것이다. 특히 1105년(예종 즉위)의 전국적인 유망(流亡)은 국가를 위기에 몰아넣었는데, 이에 대한 대응으로 국가에서는 중앙관리를 파견하여 군현을 순행하여 수령의 근무성적을 살펴서 보고하라고 하였다.[177] 이어서 1106년(예종 元)에는 서해도·전라도에 이어 경상도·양광도가 설치되었으며, 20여 개의 속군현에 감무(監務)를 파견하였는데,[178] 이는 모두 당시 유망에 대한 대응책과 관련이 있다. 그것은 결과적으로는 고려초기 지방제도를 보완하려는

175 『高麗史』 卷11, 肅宗 7年 7月; 卷68, 禮10, 嘉禮, 肅宗 7年 10月. 단 『高麗史』 禮志의 기록에는 1102년(숙종 7) 10월 당시 왕이 서경에 있었다고 하였지만, 世家에 따르면 숙종은 9월 갑술일에 이미 서경을 출발하였기 때문에 그 연월은 잘못된 것이다.

176 『高麗史』 卷14, 睿宗 11年 4月 辛卯.

177 『高麗史節要』 卷7, 睿宗 卽位年 12月.

178 『高麗史節要』 卷7, 睿宗 元年 4月.

의도였다. 또한 1107년 2월에는 양광충청도·전라주도·경상진주도에 안무사를 파견하여 백성의 어려움을 살피고 수령의 근무성적을 살펴 보고하도록 하였는데,[179] 안무사를 파견한 도는 바로 이때 설치된 5도의 일부였다. 또 당시 안무사에 맡긴 일의 내용으로 보아 이때의 안무사는 안찰사와 거의 같은 임무를 띠고 파견된 관리였다. 따라서 이때 5도에 임시 사행의 성격을 가지고 파견되었던 안무사가 이후 정기 사행인 안찰사로 정착되었다고 생각한다. 아울러 안찰사의 파견은 지방에 파견하는 다양한 성격의 각종 사행을 안찰사로 통합하여 백성의 부담을 줄이려는 의도도 있었다. 1109년(예종 4) 12월에는 홍화·운중·서해·남경·광주·충청주도에 사신을 파견하여 구휼한 일이 있는데,[180] 이런 과정에서 1113년(예종 8)쯤에는 5도에 정기적으로 안찰사가 파견되기 시작하였다.[181]

2) 안찰사의 기능

5도에 파견된 안찰사는 어떤 일을 하였을까? 앞에서 정리한 대로 안찰사의 기능에 대해서는 서로 다른 견해가 있다. 안찰사를 5도의 행정장관으

---

179 『高麗史』 卷12, 睿宗 2年 2月.

180 『高麗史節要』 卷7, 睿宗 4年 12月.

181 『고려사』 지리지에는 현종 3년 이후 설치되었던 안찰사가 문종 18년 도부서로 바뀌었다가 예종 8년 안찰사로 다시 바뀌었다고 하였는데 이것은 전 지역 안찰사의 변천에 대한 설명이 아니라 문종 18년 경상도 지역에 동남해도부서가 설치되었다가 예종 8년 경상도 안찰사로 바뀐 것을 의미한다. 邊太燮, 1968b, 앞 논문(1971, 앞 책). 아울러 그 이후의 기록에서(『高麗史』 卷15, 仁宗 元年 6月 乙酉; 『高麗墓誌銘集成』, 「李文鐸墓誌銘」; 『世宗實錄地理志』 慶尙道, 明宗 16年) 동남해도부서의 존재가 확인되므로 안찰사가 파견된 후에도 한동안 경상도 해안지대에는 도부서가 설치되었음을 알 수 있다(金南奎, 1989, 「都部署의 性格」, 『高麗兩界地方史硏究』, 새문사).

로 보는 입장이 있는 반면,[182] 안찰사는 지방 수령에 대한 감찰임무만 수행하였다고 보는 의견이 있다.[183] 지방 수령을 감찰하여 근무성적을 평가하는 것이 고려시기 안찰사의 가장 본질적인 임무이기는 하였지만 안찰사가 감찰임무만 한 것은 아니었으며, 안찰사가 고려시기 전체에 걸쳐 동일한 일을 한 것도 아니었다.

안찰사의 기능을 몇 가지로 나누어 살펴보겠다.

(1) 수령을 감찰하고 근무성적을 평가하여 보고하였다

안찰사의 가장 중요한 임무는 관할지역을 순행하면서 수령을 감찰하고 근무성적을 평가하여 중앙에 보고하는 일이었다. 이것은 중앙정부에서 안찰사를 파견한 가장 큰 목적이 커다란 권한을 가진 군현의 수령을 견제하기 위한 것이었다는 점에서 당연한 일이다. 동시에 중앙국가에서는 안찰사를 파견하여 수령의 권한을 견제하고 백성의 수탈을 막음으로써 지방사회의 안정을 추구하였다. 안찰사와 관련된 주요 기록에서 모두 지방관에 대한 평가가 강조되었던 것은 안찰사의 가장 중요한 임무가 여기에 있었기 때문이다. 특히 안찰사의 기능을 가장 종합적으로 보여주는 1188년(명종 18) 3월의 조서에서 안찰사가 해야 할 일 중에서 수령의 능력과 근무성적을 평가하는 일[黜陟守令賢否]을 백성들의 어려움을 물어 살피는 일[咨訪民間利病]과 함께 가장 먼저 기록한 것[184]은 우연한 일이 아니다.

따라서 안찰사는 파견 초기부터 수령을 감찰하였다.[185] 그렇지만 초

---

182 邊太燮, 1968b, 앞 논문(1971, 앞 책).

183 河炫綱, 1962, 「高麗 地方制度의 一硏究(上)-道制를 中心으로-」, 『史學硏究』 13; 「高麗 地方制度의 一硏究(下)-道制를 中心으로-」, 『史學硏究』 14.

184 『高麗史節要』 卷13, 明宗 18年 3月.

기에는 안찰사가 전국에 모두 파견되지 못하였고 또 그 위상이 확고하지 못하였기 때문에 중앙정부에서는 수령을 감찰하고 근무성적을 평가하기 위해서 임시 관리를 파견하기도 하였다. 1056년(문종 10) 8월에 수령을 평가하기 위해서 보낸 사신[186]은 안찰사는 아니었다. 또 안찰사가 5도에 파견되기 시작할 때인 1107년(예종 2)에는 3도에 안무사를 파견하였는데, 당시 안무사에 맡겨진 일 역시 백성의 어려움을 살피고 수령의 근무성적을 평가하여 보고하는 일이었다. 이렇게 고려전기에는 정기적으로 안찰사를 파견하여 백성의 어려움을 살피고 수령의 근무성적을 평가하는 한편, 필요에 따라 안무사·찰방사 등을 파견하여 이를 보완하기도 하였다. 그러다가 1142년(인종 20) 이후부터 한동안은 안찰사가 수령 평가를 전담하였다.[187]

1178년(명종 8)에는 안찰사가 수령에 대한 감찰을 제대로 하지 못하여 지방사회가 흔들린다고 판단하고 10도에 찰방사를 보내어 수령 등을 감찰했는데, 이때 뇌물죄에 걸려 파면된 자가 800여 명에 이르렀다. 물론 이때의 일은 당시 정치적 상황에서 이루어진 특단의 조치였기 때문에 3년 후인 1181년(명종 11) 7월에 당시 폄출되었던 관리는 옛 관직에 다시 임용되었다.[188] 이렇게 수령의 평가는 안찰사가 파견된 이래 줄곧 안찰사의 임무였다. 다만 중앙정부의 필요에 따라 특별히 찰방사 등 임시 사행을 파견하여 수령의 고과를 평가하기도 하였다. 특히 안찰사에 의한 수령의 평가가 강조되었던 때는 무인정변 후인 명종대와 고려말기인 우왕대였는

---

185 『高麗史』 卷7, 文宗 5年 2月; 卷79, 食貨2, 農桑, 靖宗 3年 正月.

186 『高麗史』 卷75, 選擧3, 銓注, 選用監司.

187 『高麗史』 卷20, 明宗 11年 9月.

188 『高麗史節要』 卷12, 明宗 8年 正月; 明宗 11年 7月. 그런데 명종 8년 당시 탄핵되었던 지방 관리의 수가 명종 8년 정월에는 800여 명으로 기록된 반면, 11년 7월에는 990여 명으로 기록되어 있다.

데, 이 시기는 지방사회의 동요가 매우 심각하던 때였다.

안찰사의 수령평가 기준은 결국 수령의 임무와 연관되었는데, 안찰사에 탄핵되거나 파직된 수령의 대부분은 백성을 무리하게 침탈한 경우였다. 이것은 그만큼 수령에 의한 백성 침탈이 쉬웠으며, 그에 따른 민심의 이반이 중앙국가의 가장 큰 걱정이었음을 알려준다. 한편 무인집권기에 안찰사가 관할구역의 군사지휘권도 가지게 되면서 안찰사는 수로방호별감 등 군사적 임무를 가진 관리를 탄핵하기도 하였고,[189] 고려말기인 1387년(우왕 13) 11월에는 국가에서 안찰사에게 수령뿐 아니라 무장의 능력도 평가하도록 하였다.[190]

(2) 백성의 어려움을 살펴서 보고하고 그 대책을 건의하였다

수령의 평가와 함께 안찰사의 임무로 강조되었던 것이 백성의 어려움을 살피는 일이었다.[191] 따라서 안찰사는 관할지역을 돌면서 그 지역민들의 어려움을 살펴서 중앙정부에 구휼과 조세 감면 등을 건의하였다. 이 일은 백성의 어버이를 자처하던 왕이 백성들의 어려움을 살펴서 그 어려움을 덜어준다는 점에서 명분으로나 실질적으로 매우 중요하였으며, 수령의 평가와 연관된 일이기도 하였다. 한편 창고를 열어 진휼을 베풀거나 조세를 감면하는 일은 지방 수령이 마음대로 처리할 수 없는 일이었기에 중앙에서는 임시 관리를 파견하여 일을 처리하였다.[192] 그렇지만 임시

189 고종 45년 정월 경상주도 안찰사 송언상이 수로방호별감 송길유를 탄핵한 일이 있다(『高麗史節要』 卷17).

190 『高麗史』 卷75, 選擧3, 銓注.

191 물론 이 일은 안찰사만의 일은 아니었다. 무문사·안무사 등을 비롯한 임시 사행이 때때로 지방에 파견된 것은 6개월 임기의 안찰사만으로는 백성들의 어려움을 제대로 살필 수 없었기 때문일 것이다.

192 朴鍾進, 1986, 「高麗前期 義倉制度의 構造와 性格」, 『高麗史의 諸問題』, 삼영사.

사행을 파견한다는 것 자체가 백성에게 큰 부담이 되었기 때문에 임시 관리를 파견하여 처리하던 일을 도에 정기적으로 파견된 안찰사가 하는 것은 명분상으로도 의미가 있는 일이었다. 시기에 따라 안찰사가 권농사를 겸하여 권농에 힘쓰지 않는 수령을 감찰한 것은 그 대표적인 예이다. 흉년이나 기근이 들었을 때 안찰사가 구휼과 조세 감면을 건의한 사례는 초기 자료에서부터 확인된다.[193] 또 이와 관련된 것으로 왕이 지방에 행차할 때 그 지역의 안찰사가 왕의 행차가 통과한 지역의 어려움과 부담을 살핀 일들이 있다.[194] 이 경우는 왕이 그 지역을 통과할 때 안찰사가 그 고을 수령과 함께 지역에서 징발한 현물과 노동력에 대한 보상 차원에서 이루어졌을 것이다. 이처럼 안찰사의 임무로 백성들의 어려움을 살피는 일이 강조되었던 것은 민심의 동향을 파악하는 것이 지방통치에 매우 중요하였기 때문이다.

(3) 지방의 사법행정을 감찰하였다

지방의 사법행정을 감찰하는 일 역시 안찰사의 주요 임무였다. 고려초기 지방제도가 정비되면서 지방에서는 수령과 향리가 사법권을 행사하였다.[195] 특히 인명과 관련된 중형을 결정할 때에는 목과 도호부에서는 목사 이하 모든 관리가 참여하고 지주(知州)와 현에서는 계수관의 관리 1명이 직접 나가서 그 지역의 수령과 함께 조사한 후 직함을 연명하여 중앙에 보고하도록 하였다.[196] 이 결정이 내려진 시기는 지방제도가 정비

---

193 『高麗史』 卷80, 食貨3, 賑恤, 水旱疫癘賑貸之制, 文宗 15年 2月; 恩免之制, 睿宗 元年 3月.

194 『高麗史』 卷6, 肅宗 7年 7月; 卷14, 睿宗 11年 4月.

195 林容漢, 2002, 「고려후기 守令의 사법권 및 行刑範圍의 확대와 그 성격」, 『韓國史論』 33. 이 글에서는 고려초기 사법제도가 체계화되어 지방에서는 외관과 장리가 1차심을 담당하고, 1차심을 거치고 외관을 경유하여 경관에 상고하는 체계가 만들어졌다고 하였다.

196 『高麗史』 卷84, 刑法1, 職制 "判 死不再生 人命至重 今外方重刑界員例不親問 使外吏於

되던 현종대를 전후한 때로 추측되는데, 위와 같이 지주와 현에서 중형을 결정할 때 계수관의 관리가 참여하도록 한 것은 일반 송사의 경우는 군현의 수령과 향리가 1차적인 사법권을 행사하였기 때문일 것이다.

이렇게 고려시기 지방에서의 사법권이 수령에게 있었기 때문에 수령의 근무상태를 감찰하기 위해 파견한 안찰사가 지방의 사법행정을 감찰하는 것은 당연한 일이었다. 그렇지만 안찰사가 처음부터 지방의 사법행정을 감독하고 감옥을 직접 살피지는 않았다. 앞에서 보았듯이 초기에는 지주와 현령이 중죄인을 다룰 때는 계수관의 관리 1명이 함께 참여하도록 하는 데 그쳤다. 그런데 문종대를 전후하면서 전국적으로 상급관리가 지방의 사법행정을 감독하도록 하였다. 지방 죄수를 다스릴 때에는 서경에서는 분대(分臺), 동서주진에서는 병마사, 관내서도에서는 안찰사, 동남해에서는 도부서(都部署), 그 나머지 지역에서는 계수관의 판관 이상이 수시로 감독하고 추검하도록 하였다. 그리하여 가벼운 죄는 재량으로 판결하고 중죄인은 구속한 연월일을 기록하여 아뢰도록 하되 만일 옥사를 미루는 관리가 있으면 죄 줄 것을 논하여 아뢰도록 하였다.[197] 이때에는 지역에 따라 지방의 사법행정을 감독하는 관리가 달리 정해졌는데, 주목되는 점은 관내서도에서는 안찰사가 지방의 사법행정을 감독하도록 한 반면, 대부분 지역에서는 계수관의 판관 이상이 이를 담당하도록 한 사실이다. 그런데 안찰사가 전국 5도에 파견된 후인 1133년(인종 11) 4월의 기록에 의하면 여러 도의 안찰사가 양경유수·양계병마사와 함께

多事中 雜治之 甚爲不可 自今牧都護所推獄 使以下員齊坐 知州縣令所推獄 界首一員親進覆驗 無有差謬 然後連銜署名臨問員 每七月 初一日內 親齎上來".

197 『高麗史』 卷84, 刑法1, 職制 "判 外獄囚 西京則分臺 東西州鎭則各界兵馬使 關內西道則按察使 東南海則都部署 其餘各界首官判官以上 無時監行推檢 輕罪量決 重囚則所囚年月具錄申奏 如有滯獄官吏 科罪論奏".

지방의 감옥을 감찰하게 되었는데,[198] 이 조치에는 양경유수를 빼고는 계수관이 보이지 않는다. 여기에서 고려시기 지방에서의 사법행정에 대한 감찰권이 계수관에서 안찰사로 옮겨지는 추세를 읽을 수 있다.[199] 명종 18년 3월 기록에 보이는 안찰사의 임무 중 하나인 '심치원체(審治冤滯)'[200]는 바로 안찰사가 지방의 사법행정을 감독하는 것이다. 그렇지만 그 이후에도 계수관이 관할 지역의 사법행정에 관여하였던 사실은 전주목의 사록 겸 장서기였던 이규보가 1199년(신종 2) 윤12월에 조칙을 받아 전주목의 영군현인 진례와 남원의 억울한 옥사[冤獄]를 감찰한 일에서 확인된다.[201] 이때 이규보가 조칙을 받고 원옥을 감찰하였다고 한 것은 이 일이 당시에는 계수관의 일반적인 일이 아니었기 때문일 것이다.[202] 이같이 고려전기 안찰사는 지방의 사법행정을 감찰하는 일을 하였는데, 경우에 따라서는 직접 법을 어긴 자들을 압송하거나 감옥에서 죄수를 처결하기도 하였다.[203] 이런 점에서 사법행정을 감찰하는 일과 직접 법을 집행하는 일이 분명하게 구분되지 않을 때도 있지만, 원칙적으로 안찰사는 지방의 사법행정을 감찰하는 일을 담당하였으며, 이것은 고려말기까지 계속되었다. 그런데 고려후기에 들어서면서 안찰사는 직접 지방의 사법행정도

---

198 『高麗史』 卷16, 仁宗 11年 4月 甲辰.

199 邊太燮, 1968b, 앞 논문(1971, 앞 책). 그렇지만 이 사실이 고려시기 지방행정의 중간기구가 계수관에서 안찰사로 바뀐 것을 의미하지는 않는다. 다만 이때부터 지방의 사법행정에 대한 감찰을 안찰사가 맡았다.

200 『高麗史節要』 卷13, 明宗 18年 3月.

201 『東國李相國集』 卷23, 「南行月日記」.

202 한편 당시 이규보는 자신이 거의 매일 죄수를 다루고 있다고 읊었는데(『東國李相國集』 卷9, 「自貽雜言八首」), 이 일은 감찰 업무라기보다 계수관에 파견된 관리로서 수행한 기본 임무였다고 생각한다. 계수관의 지방 사법행정에 대한 기능은 이 책 제2장 2절 참고.

203 『高麗史』 卷75, 選擧3, 銓注, 文宗 11年 判; 卷84, 刑法2, 禁令, 毅宗 元年; 『高麗史節要』 卷12, 明宗 3年 8月.

담당한 것으로 보인다. 고종대 경상도 안찰사였던 손변(孫抃)이 그 전까지 해결하지 못했던 남매의 재산상속 송사를 현명하게 처리한 유명한 일화[204]는 안찰사가 송사를 직접 처리한 예인데, 이는 안찰사가 재판과정상의 재심을 담당한 사례로 보인다. 또 원간섭기에 들어서면서 중앙정부에서 안렴사가 가혹한 형벌을 내리지 못하게 한 것[205]이나, 지방의 노비송사를 관례대로 수령과 안렴이 처리하도록 한 것[206]에서 안찰사가 수령과 함께 직접 사법행정을 담당하였던 사실을 확인할 수 있다. 또 공민왕 이후에도 안찰사는 중앙의 감찰사·전법사·지방의 수령과 함께 직접 다양한 송사를 처리하였다.[207] 고려말기에 안찰사의 주요 임무로 '민생질고(民生疾苦)', '수령득실(守令得失)'과 함께 '형옥쟁송(刑獄爭訟)'이 강조된 것은 이 일이 이미 안찰사의 주요 임무가 되었기 때문이다.[208]

(4) 군사를 지휘하였다

안찰사는 설치 초기부터 부분적으로 군사적 임무가 있었다. 그것은 경상도에 군사적 성격의 동남해도부서사가 설치되었다가 그것이 경상도 안찰사로 바뀌는 것에서도 어느 정도 짐작할 수 있다. 그렇지만 안찰사가 본격적으로 군사적 임무를 가지게 되는 것은 무인집권기 이후이다.[209] 무인집권기 이래 농민항쟁이 광범위하게 일어나자 중앙정부에서는 그에 대응하여

---

204 『高麗史節要』 卷17, 高宗 38年 5月.

205 『高麗史節要』 卷20, 忠烈王 6年 10月.

206 『高麗史』 卷84, 刑法1, 職制, 忠烈王 12年 3月.

207 『高麗史』 卷85, 刑法2, 恤刑, 禑王 元年 2月; 卷78, 食貨1, 田制, 租稅, 禑王 9年 2月 左司議權近上書; 『高麗史節要』 卷33, 禑王 14年 7月 趙浚上書 참고.

208 『高麗史』 卷75, 選擧3, 銓注, 凡選用監司, 禑王 4年 12月 憲司上言.

209 이 부분의 서술은 필자의 다음 글을 토대로 정리하였다. 박종진, 2002, 「강화천도시기 고려국가의 지방지배」, 『한국중세사연구』 13.

수령과 향리의 백성침탈을 견제할 수 있는 존재로 안찰사를 주목하였으며, 이에 따라 이후 계속하여 안찰사의 수령 감찰은 강조되었다. 이와 함께 무인집권기 농민항쟁을 진압하는 가운데 안찰사는 수령과 함께 자연스럽게 군사적인 일에 관여하게 되었다. 1188년(명종 18) 3월의 교서에 안찰사의 임무로 군사적인 일이 언급된 것은 우연한 일이 아니다.[210]

안찰사가 군사를 지휘하여 반란세력을 진압하고 주모자들을 잡아서 중앙에 압송하는 사례들은 무인집권기 전체 시기에서 확인할 수 있다.[211] 이렇게 안찰사가 군사적인 권한을 가지게 되지만 그 권한에는 한계가 있었다. 즉 안찰사는 중앙정부로부터 허용된 범위에서만 군사를 징발하거나 지휘할 수 있었고,[212] 반란 주모자를 체포하였을 때에는 중앙에 압송하여 중앙의 처결을 기다려야 했으며, 안찰사가 멋대로 처벌하는 것은 금지되었다.[213]

안찰사의 군사적 기능은 몽골과 전쟁을 치르면서 더욱 강화되었다. 1231년(고종 18) 몽골군이 침입하자 고려정부는 중앙군을 파견하여 몽골군을 막는 한편, 각 도의 안찰사로 하여금 각기 관내의 병사를 이끌고 관군과 합세하게 한 후로[214] 안찰사는 본격적으로 군사활동에 참여하게 되었다. 특히 이 시기 안찰사의 군사적 활동으로 몽골군의 침입에 대응하여 군현의 백성이 섬이나 산성에 입보(入保)할 때 그것을 지휘한 것이

---

210 안찰사의 임무로 '撫恤軍士'가 포함되어 있다(『高麗史節要』 卷13, 明宗 18年 3月 制).

211 『高麗史』 卷19, 明宗 7年 2月; 卷20, 明宗 12年 3月; 明宗 12年 4月; 明宗 12年 6月; 卷21, 神宗 3年 8月; 卷22, 高宗 4年 正月; 『高麗史節要』 卷14, 神宗 5年 12月; 神宗 7年 3月; 神宗 7年 5月; 卷15, 高宗 4年 正月; 卷16, 高宗 17年 正月.

212 『高麗史』 卷20, 明宗 12年 6月.

213 『高麗史節要』 卷14, 神宗 5年 11月; 卷15, 高宗 4年 正月; 卷16, 高宗 17年 正月.

214 「薛愼墓誌銘」, 「李世華墓誌銘」, 「李績墓誌銘」(이상 2001, 『高麗墓誌銘集成』)에 따르면 고종 4년 거란족이 국경을 넘었을 때에도 안찰사는 관내의 군대를 거느리고 삼군을 돕도록 하였다.

눈에 띈다. 1253년(고종 40) 7월 5도 안찰사와 3도 순문사(巡問使)에게 입보를 지휘하게 하였는데,[215] 실제로 같은 해 9월 안찰사 박천기(朴天器)가 춘주성(春州城)에서 전투를 지휘한 사실[216]이 확인된다. 또 1235년(고종 22) 9월에는 충청주도 안찰사 유석(庾碩)이 동남도지휘부사(東南道指揮副使)로 임명되기도 하였다.[217] 한편 1248년(고종 35) 10월부터 계속해서 안찰사가 적의 정세를 보고한 사례들이 이어지는데,[218] 이것은 전쟁 중에도 안찰사가 정상적으로 파견되었음을 의미하며, 이러한 보고는 전쟁이 일어났을 때 안찰사가 했던 통상임무로 보인다.[219]

그렇지만 안찰사의 군사적 기능은 고려말기까지 계속 이어진 것은 아니었다. 고려시기의 군사조직은 몽골과의 전쟁으로 붕괴된 후 제대로 복구되지 못하였다. 중앙의 2군 6위는 이름뿐이었고 지방의 진수군으로 조직된 진변만호부의 장병권(掌兵權)은 실질적으로 원나라에서 장악하였다.[220] 원간섭기의 경우 고려의 군권 자체가 없었다고 할 수 있기 때문에 안찰사의 군사 기능을 언급할 필요조차 없다고 하겠다.[221] 고려말기인 공민왕 이후에도 안찰사는 부분적으로 군사적인 일에 참여하기도 하였지만[222] 무인집권기를 제외하고는 안찰사의 군사 활동은 크지 않았다.

---

215 『高麗史』 卷24, 高宗 40年 7月 甲申.

216 『高麗史節要』 卷17, 高宗 40年 9月.

217 『高麗史節要』 卷16, 高宗 22年 9月.

218 『高麗史』 卷23, 高宗 35年 10月; 卷24, 高宗 44年 9月; 卷25, 元宗 卽位年 8月; 卷27, 元宗 13年 5月; 元宗 13年 9月; 『高麗史節要』 卷18, 元宗 10年 5月.

219 한편 양계 지역에 파견되었던 병마사의 이 시기의 주요 임무 역시 적의 정세에 대한 보고였다. 『고려사』 세가의 고종 18년부터 원종에 이르는 병마사 용례의 대부분은 적의 동태를 보고한 것이다. 적의 움직임에 따라 대응전략을 짜야 하는 전쟁 중에 적의 동태를 파악하여 보고하는 일은 매우 중요한 일이었을 것이다.

220 權寧國, 1995, 「高麗後期 軍事制度 研究」, 서울대학교 박사학위논문.

221 1281년(충렬왕 7) 11월 각 도 안렴사가 살아 돌아온 동정군의 수를 보고한 일이 이 시기에 안찰사가 군사적인 일에 관여한 거의 유일한 예이다.

(5) 조세 징수에 관여하였다

안찰사가 군현의 조세 징수에 관여한 것은 당연하다. 수령의 제일 중요한 일 중의 하나가 조세 징수이기 때문에 안찰사가 수령을 평가할 때 가장 중요한 기준이 조세 납부 실적일 것이다. 따라서 안찰사는 초기부터 직간접으로 조세 징수에 관여하였으며, 답험손실(踏驗損實)·조세 감면·권농에 관여한 것도 이와 밀접하게 연결된 일이었다. 그런데 안찰사는 수령이 조세를 제때에 내도록 감찰하는 것 외에도 공헌(貢獻, 일종의 進上)이라는 명목으로 그 지역의 특산물을 거두어 중앙에 바쳤는데,[223] 점차 양이 커지면서 그 자체가 하나의 의무가 되고 또 민폐가 되기도 하였다. 그렇지만 이것은 안찰사 본래의 기능이 아니었다. 안찰사의 공헌이나 진상을 금지하라는 논의가 계속되었기 때문이다. 그런데 무인집권기에 들어서면서 안찰사의 기능이 점차 커지면서 안찰사가 조세 징수를 비롯하여 경제문제에 개입하는 일도 많아졌다. 이와 관련된 것으로 최이 집권기에 안찰사가 사원경제에 개입한 사례가 눈에 띈다.[224] 물론 이것은 최이정권의 사원경제 통제와 관련된 일이지만 그 일을 안찰사에 맡긴 것은 그만큼 이 시기에 와서 안찰사의 위상이 높아졌기 때문이다. 또한 1240년(고종 27) 경상도 안찰사 왕해(王諧)가 조세를 차질 없이 거두기 위해서 최이의 서자인 만전·만종의 고리대 독촉을 규제한 사례[225]와 1250년(고종 37) 정월 최항이

---

222 1358년(공민왕 7) 4월 왜적을 막지 못한 안렴사 등을 군법으로 논한 사례가 있으며(『高麗史』 卷39), 1388년 조준 상서에는 안렴과 수령이 군사조발을 담당하였다는 사실이 기록되어 있다(『高麗史節要』 卷33, 禑王 14年 7月).

223 『高麗史節要』 卷11, 毅宗 17年 8月; 卷13, 明宗 18年 3月; 明宗 26年 5月; 卷18, 元宗 2年 3月.

224 1223년(고종 10) 전라도 안찰사 田甫龜가 수선사의 常主寶 설치를 도운 사실과(『無依者詩集』 卷下, 「常主寶記」; 金光植, 1995, 『高麗武人政權과 佛敎界』, 민족사에서 재인용) 1230년 최이가 5도 안찰사에게 禪敎寺院의 창건시기와 사원현황의 내역을 조사한 것은(『三國遺事』 卷4, 寶壤梨木) 안찰사가 사원경제에 개입한 중요한 사례이다.

225 『高麗史節要』 卷16, 高宗 27年 12月.

여러 도(道)에 특정 공물 징수를 위해서 파견하였던 교정수획원(敎定收獲員)을 불러들이고 그 직무를 안찰사에 맡긴 사례[226]도 안찰사가 조세 징수에 관여하고 있었기 때문이었다. 그렇지만 이 시기에도 역시 조세를 징수하고 중앙에 납부하는 책임은 수령에 있었다.

그런데 원간섭기에 들어서면서 조세 납부의 책임을 수령과 함께 안찰사에게도 묻기 시작한다.[227] 물론 이 경우도 군현 단위의 조세 납부 책임은 당연히 수령에 있었다. 그런데도 중앙정부에서 충렬왕 초기부터 조세 납부의 책임이 수령뿐 아니라 안찰사에게도 있음을 강조한 것은 당시의 국가재정상황이 그만큼 심각하였기 때문이다.[228] 이런 상황에서 국가에서는 과렴(科斂) 등 무리한 재정확보책으로 국가운영에 필요한 재정을 충당하였으며, 새로운 권력자로 등장한 왕과 왕의 측근세력들도 자신들의 재정확보를 위해서 무리한 정책을 시행하였다. 특히 충렬왕 초기에는 특정 목적을 가진 임시 사행을 파견하여 필요한 물자를 획득하기 위해서 노력하는 상황이었기 때문에 이미 지방에 파견된 안찰사가 조세 징수를 비롯한 각종 물자 징수에 관여하게 된 것은 당연한 일이었다.[229] 이러한 상황은 원간섭기 초기라 할 수 있는 충렬왕대에 심했는데, 이때 안찰사는 공납 등 조세 징수에 직접 관여하게 되면서 수령과 함께 조세 납부의 책임자로 거론되기 시작하였다.[230] 충렬왕대 안찰사로 파견된 사람들 중에는 왕의 측근들이 많았으며[231] 심지어 원나라에서 안찰사

---

226 『高麗史節要』 卷16, 高宗 37年 正月.

227 박종진, 2000, 『고려시기 재정운영과 조세제도』, 서울대학교출판부, 224-225쪽.

228 당시의 재정상황에 대해서는 박종진, 위 책 참고.

229 충렬왕 원년 11월 안찰사 노경륜이 임금께 올리는 음식[內膳]을 역마를 이용하여 서울로 보냈는데, 私膳이 거의 반이 되었다는 사실(『高麗史節要』 卷19)에서 당시 안찰사가 한 일을 짐작할 수 있다.

230 이것은 무인집권기 안찰사가 군사적 기능을 많이 했던 것과 비교된다.

의 인사에 관여한 일도 있었다.[232] 이렇게 파견된 안찰사들은 공납을 빙자하고 백성으로부터 많은 물자를 거두어 자기 배를 채우거나 권귀(權貴)에게 뇌물로 바쳐 자신의 지위를 보장받았다.[233] 반면에 왕이나 왕 측근의 무리한 침탈을 거부하거나 태만한 수령이나 안찰사는 파면되거나 곤욕을 당하기 일쑤였다.[234] 따라서 이 시기 안찰사에게 수령을 감찰하여 지방의 민심을 안정시키는 본래의 기능을 기대하기는 어려웠다. 충선왕이 즉위하여 안찰사와 임시 사행의 폐해를 지적하는 동시에 안렴부사를 설치하여 안찰사의 본래 임무를 강조한 것[235]은 충렬왕대에 커진 안찰사의 부정적인 기능을 바로잡으려는 의도였다. 충선왕은 복위 후에도 안찰사를 제찰사(提察使)로 바꾸면서 그 본래 기능을 강조하였다.[236] 아울러 쇄권별감(刷卷別監)·5도순방사 등을 파견하여 안렴과 수령의 활동을 감찰하게 하였는데, 특히 1311년(충선왕 3) 7월에는 경상도·전라도·양광도 제찰사가 강릉도 안집사와 수십 명의 수령과 함께 쇄권별감에 의해서 탄핵되었다.[237] 안찰사의 임무를 강조하고 또 안찰사를 감찰하려는

231 이 점은 최씨 집권기에 최충헌이나 최의 등 집정자들의 측근이 안찰사로 많이 파견된 것과 서로 통한다.

232 『高麗史節要』 卷26, 忠定王 2年 2月.

233 『高麗史節要』 卷20, 忠烈王 6年 3月; 忠烈王 8年 1月; 忠烈王 8年 10月; 卷22, 忠烈王 27年 8月.

234 『高麗史節要』 卷19, 忠烈王 元年 5月; 卷20, 忠烈王 5年 3月; 卷21, 忠烈王 15年 9月; 卷21, 忠烈王 19年 10月.

235 『高麗史』 卷77, 百官2, 外職; 卷33, 忠宣王 卽位年.

236 『高麗史』 卷84, 刑法1, 職制, 忠烈王 34年 忠宣王 復位 下敎.

237 『高麗史』 卷34, 忠宣王 3年 7月; 『高麗史節要』 卷24, 忠肅王 元年 1月. 안찰사가 감찰사에게 탄핵된 사례는 충렬왕 11년 2월에서도 확인된다(『高麗史節要』 卷20). 안찰사를 수령과 함께 중요한 감찰대상으로 강조하는 것은 충선왕 이후 계속되며(『高麗史節要』 卷24, 忠肅王 5年 5月; 忠肅王 17年 6月), 공민왕 5년 6월에는 도평의사사와 감찰이 존무사와 안렴사를 규찰하도록 정하였다(『高麗史』 卷75, 選擧3, 銓注).

움직임은 이후 계속되는데, 이것은 안찰사가 감찰관의 지위에서 감찰대상으로 바뀔 만큼 조세 징수 등 경제문제에 직접 관여하였기 때문이다. 동시에 이것은 안찰사가 지방행정에서 차지하는 위상이 점차 바뀌고 있음을 말한다. 이렇게 안찰사가 조세 징수에 직간접으로 관여하면서 관리 운용하는 재정이 점점 커졌다. 그렇지만 이 경우에도 조세 징수의 직접적인 책임이 수령에 있었음은 말할 필요가 없다.

(6) 기타

이 외에도 안찰사는 여러 가지 일을 하였다. 기록을 통하여 간단하게 살펴보자. 우선 안찰사는 도내의 동태를 파악하여 중앙에 보고하였다. 이와 관련된 사례로 안찰사는 표류해 온 외국인,[238] 전쟁 중 적의 움직임,[239] 천문현상[240] 등을 정리하여 중앙에 보고한 일이 있다. 구체적인 사례로 1225년(고종 12) 8월 경상도 안찰사 권응경은 왜인의 용모를 그려 보고하기도 하였다.[241] 이 외에도 안찰사는 지역 내에서 금주령을 단속하기도 하였으며,[242] 왕이나 사행이 행차하면 그 경비를 조달하기도 하였다.[243]

한편 안찰사는 제고사(祭告使)·권농사·구휼사·안무사(按撫使)·점군사(點軍使) 등 임시 사행을 겸하기도 하였다. 이 일은 본래 안찰사의

238 『高麗史』 卷10, 宣宗 10年 7月 癸未. 안찰사가 표류인에게 양곡을 주어서 본국으로 호송한 예도 있다(『高麗史』 卷25, 元宗 4年 6月 庚戌).

239 『高麗史』 卷23, 高宗 35年 10月; 卷24, 高宗 44年 9月; 卷25, 元宗 卽位年 8月; 卷27, 元宗 13年 5月; 元宗 13年 9月; 『高麗史節要』 卷18, 元宗 10年 5月.

240 『高麗史』 卷19, 毅宗 24年 2月 甲申.

241 『高麗史節要』 卷15, 高宗 12年 8月.

242 『高麗史』 卷84, 刑法2, 禁令, 忠烈王 4年 3月.

243 『高麗史節要』 卷26, 恭愍王 4年 2月; 卷39, 恭愍王 10年 11月 丁卯; 恭愍王 10年 12月 乙未; 『高麗史』 卷61, 禮3, 恭愍王 8年 6月.

일이 아니었기에 이들은 대체로 따로 파견되었지만, 시기에 따라서 안찰사는 이 일을 겸하였다. 1064년(문종 18) 2월 외산제고사(外山祭告使)를 파견하면서 패서도는 안찰사가 겸하도록 한 반면 산남의 각 도에는 제고사를 따로 파견하게 하였는데,[244] 이후에도 제고사는 따로 파견된 듯하다.[245] 또 1173년(명종 3)에 7도 안찰사가 권농사를 겸한 일이 있다.[246] 그렇지만 항상 안찰사가 권농사를 겸한 것은 아니었다.[247]

또한 고종대 대장경을 조판할 때 경상도 안찰사는 분사대장도감의 책임을 맡기도 하였으며,[248] 도내에서 책을 간행할 때 그 책임자로 이름을 올리기도 하였다.[249]

지금까지 살펴본 것처럼 5도에 정기적으로 파견된 안찰사는 임기 동안 수령을 감찰하였으며, 백성들의 어려움을 살폈고, 지방의 사법행정을 감독하였다. 또 안찰사는 군사를 지휘하기도 하였으며, 조세 징수에 관여하는 등 다양한 일들에 직간접으로 관여하였다. 그중에서도 수령을 감찰하는 일이 안찰사의 가장 중요한 임무였다. 그렇지만 지금까지 본 것처럼 안찰사의 일은 수령 감찰에 국한하지는 않았고, 또 안찰사에게 요구되었던 일들도 시기에 따라 조금씩 달랐다.

---

244 『高麗史』 卷8, 文宗 18年 2月 癸酉.

245 제고사의 파견 사례로는 문종 31년 8월 大府少卿 李唐鑑이 羅州道 祭告使로 파견된 것을(『高麗史』 卷9, 文宗 31年 8月) 비롯하여, 충렬왕대 김방경의 아들 김순이 태백산 제고사로 임명된 것과(『高麗史』 卷104, 金方慶傳) 명종대 박광승이 제고사가 된 것이 있다(『高麗史』 卷101, 金光中傳).

246 『高麗史節要』 卷12, 明宗 3年 潤正月.

247 명종대 최당은 전라도 염안사(안렴사)로 탐라안무사를 겸하였으며(「崔讜墓誌銘」), 최효사는 경상주도 안찰사로 울주·김주·양주의 점군사를 겸하였다(「崔孝思墓誌銘」).

248 김윤곤, 2002, 「강화경판 『고려대장경』의 조성기구」, 『고려대장경의 새로운 이해』, 불교시대사, 142-143쪽 참고.

249 공민왕 3년 진주에서 간행한 『拙藁千百』 간행기 참고.

3) 안찰사의 위상과 변화

안찰사의 위상에 대해서 살펴보기 전에 지금까지의 연구 성과들을 토대로 고려시기 안찰사의 실체에 대해서 정리하면 다음과 같다.[250] 고려시기 안찰사의 임기는 6개월로 3년인 수령의 임기보다는 짧았다. 그렇지만 안찰사는 일이 있을 때마다 부정기적으로 파견된 임시 사행과는 달리 정기적으로 파견된 지방관리였다. 즉 안찰사는 6개월의 임기를 가지고 5도에 정기적으로 파견되었으며, 봄가을에 교대하는 것이 일반적이었다. 각 도에는 안찰사 혹은 안찰부사 1명이 파견되다가 충선왕 즉위년에는 큰 도인 경상도·전라도·충청도에 안렴부사 1명을 더 두도록 하였다.[251] 대체로 안찰사는 4품, 안찰부사는 5·6품의 품관이 임명되었다. 안찰사의 품계는 5품에서 7품 정도였던 방어진·지주군·현·진에 파견된 수령보다는 높았지만 3품관인 유수·목사·도호부사보다는 낮았다. 1274년(원종 15) 안찰사가 파견될 때 지급되는 포마(鋪馬)의 수가 7필로 정해졌는데,[252] 이것은 3품과 같은 대우였다. 안찰사는 임기 동안 도내의 군현을 돌면서 맡은 일을 하였지만, 임기 동안 항상 도내를 순행한 것은 아니었으며, 순행하지 않을 때에는 안찰사영에서 근무하였다. 안찰사영은 안찰사가 파견된 도에서 가장 큰 주목(州牧)인 경상도의 경주(혹은 金州), 전라도의 전주, 서해도의 해주, 교주도의 춘주 등에 있었을 것으로 생각한다. 안찰사가 파견된 초기부터 안찰사영이 있었는지는 확신할 수 없지만 영(營)[253]·막부(幕府)[254]·정헌(征軒)[255]·행영(行營)[256] 등으로 표현된 안찰

---

250 다음 문단에 서술된 내용 중 선행연구에서 확인된 내용에 대해서는 주를 달지 않았다.

251 『高麗史』 卷77, 百官2, 按廉使.

252 『高麗史』 卷82, 兵2, 站驛.

253 『高麗史』 卷30, 忠烈王 19年 正月 癸未.

사영에 대한 기록은 무인집권기에 활동한 이규보의 글에서부터 찾을 수 있다.[257] 안찰사영에는 안찰사와 안찰사에 딸린 서리가 있었다.[258] 즉 안찰사영에는 영리(營吏)·정리(丁吏)[259]·배리(陪吏)[260] 등의 이름이 확인되는데, 이들은 안찰사영의 창고관리를 비롯하여 안찰사영의 실무를 담당하였다. 1362년(공민왕 11) 10월 양광도 안찰사가 왕의 행재소에 호종하게 되자, 임시로 찰방별감을 두어 안찰사의 사무를 대신하게 한 것[261]은 고려말기에 와서 안찰사의 행정기능이 매우 커졌다는 사실을 알려준다. 한편 안찰사는 스스로 도내의 군현을 순행하기도 하였고 서리를 군현에 보내어 일을 처리하기도 하였지만,[262] 도내 계수관에 파견된 관리 일부를 차사원(差使員)으로 차출하여 공무를 수행하기도 하였다.[263] 또한 안찰사는 다음 사례에서 확인할 수 있듯이 자기 책임 아래 관리 처분할 수 있는 재정을 가지고 있었다. 1293년(충렬왕 19) 1월 경상도 안렴사 유호는 안찰사영의 창고[營庫]를 검열하려다가 영리들의 반발을 사서 이들에게 죽임을 당한 일이

254 『東國李相國集』 卷32, 「賀正廉察使」.

255 『東國李相國集』 卷32, 「初到官上按察使狀」.

256 『高麗史節要』 卷16, 高宗 27年 12月.

257 단 邊太燮이 충선왕 3년 3월의 提察司를 提察使의 營으로 본 것은 의문이다[邊太燮, 1968b, 앞 논문(1971, 앞 책)].

258 김호동은 이규보가 자신을 연회에 참여하게 해준 按部 少卿 李儆을 안찰사 소속의 관리로 보았지만(金晧東, 1987, 「高麗 武臣政權時代 地方統治의 一斷面」, 『嶠南史學』 3), 여기서 이경은 곧 안찰사를 말한다(『東國李相國集』 卷9, 「謝按部李少卿儆許赴華筵明日以鹿髓見惠」).

259 『高麗史』 卷30, 忠烈王 19年 正月.

260 『高麗史節要』 卷12, 神宗 7年 12月.

261 『高麗史』 卷40, 恭愍王 11年 10月 戊寅.

262 권단은 문서만 보내고 吏를 보내지 않고도 일을 잘 처리하였다고 한다(『高麗史』 卷107, 權呾傳).

263 답험손실을 할 때 안찰사는 별원을 차출하여 점검하였으며(『高麗史』 卷78, 食貨1, 田制, 踏驗損實), 고종 17년 안찰사가 선교사원에 대해서 조사할 때 경상도 안찰사가 동경장서기 이선을 차출한 예가 있다(『三國遺事』 卷4, 寶壤梨木).

있었다.[264] 또 1359년(공민왕 8) 남원부사 이보림이 주도하여 설치한 남원부 제용재에 당시 안찰사가 재원을 보태준 사실도 확인된다.[265]

이제 위의 내용을 토대로 안찰사의 위상에 대해서 주부군현에 파견된 수령과의 관계를 통해서 살펴보자.[266] 안찰사가 수령을 감찰하기 위해서 파견된 관리이기 때문에 안찰사와 수령은 감찰관과 감찰대상이라는 명백한 기본 관계를 가졌다. 안찰사는 왕명을 받들고 지방수령을 감찰하기 위해 파견된 관리이기 때문에 수령에게 안찰사는 항상 두렵고 대하기 어려운 존재였다. 이것은 안찰사보다 관품이 낮은 지군사나 현령뿐 아니라 관품이 더 높은 계수관도 마찬가지였다. 더욱이 안찰사가 지방의 사법행정에 관여하고 중앙에 공헌(貢獻, 일종의 진상)을 마련하는 가운데 안찰사의 위상은 더욱 높아졌다. 그렇지만 안찰사와 수령의 기본 관계는 공무집행이라는 행정상의 상하관계는 아니었다.[267]

그런데 무인집권기에 들어서면서 안찰사는 단순히 수령의 활동을 감찰하는 지위가 아니라 수령의 상급지휘자로서도 활동하였다. 앞에서 살펴본 대로 무인집권기에 들어서면서 안찰사는 지방의 반란을 진압하고 몽골과 전쟁을 치르는 과정에서 관할지역의 군대를 징발하여 반란세력을 진압하고 입보를 지휘하였다. 1202년(신종 5) 11월 경주에서 반역이 일어났을 때 고부군수(古阜郡守) 유정(惟貞)이 주모자 배원우(裵元祐)를 잡아 안찰사에게 보내자 안찰사가 중앙에 보고하여 처단한 사례[268]는

264 『高麗史』 卷30, 忠烈王 19年 正月 癸未.

265 『東文選』 卷72, 「南原府新置濟用財記」.

266 수령의 범주에는 원칙적으로 경·목·도호부에 파견된 계수관도 포함된다.

267 무인집권기 이전에는 안찰사와 수령의 관계를 보여주는 구체적인 사례가 없다.

268 『高麗史節要』 卷16, 高宗 17年 7月. 안찰사 全懿가 崔珦의 일당인 金壽延·朴文梓 등을 잡고, 또 상주에 공문을 보내어 柳松節 등을 잡아서 죽인 예에서도 당시 안찰사의 지위를 짐작할 수 있다(『高麗史節要』 卷16, 高宗 17年 8月).

안찰사가 수령의 상급지휘자로 활동하고 있었음을 구체적으로 보여준다. 1229년(고종 16) 10월 임피현령(臨陂縣令) 전승우(田承雨)는 상장군 김현보(金鉉甫)가 전장(田莊)을 넓히는 것을 미워하여 그 토지에서 전조를 거두어 관아에 납입하고 토지는 농민들에게 주었는데, 김현보가 안찰사 최종유(崔宗裕)에 부탁하여 전조를 다시 징수하려 하자 전승우는 은그릇으로 보상하고 이 사실을 법사에 보고한 일이 있다.[269] 이 사례 역시 안찰사와 수령과의 관계를 보여준다. 한편 고종 후반 무인집정자인 최항에게 아부하여 장흥부사가 되었던 나득황(羅得璜)은 최항의 농장이 임피현에 있었기 때문에 안찰사가 되었는데, 이를 장흥부사에서 안찰사로 승진시켰다고 표현한 것[270]은 안찰사가 수령보다 높은 지위에 있었기 때문이다. 또한 1270년(원종 11) 11월 안찰사 권단(權㫜)이 영암부사(靈巖副使) 김수(金須)를 제주에 보내어 지키게 한 것[271]도 안찰사와 수령과의 관계를 유추하는 데 도움이 된다. 즉 이 시기의 안찰사는 단순히 군현을 안찰하여 수령의 고과(考課)를 살피는 단계에서 벗어나 실질적으로 수령 혹은 방호별감을 지휘하였다.[272]

원간섭기에 들어오면서 안찰사는 군사지휘권은 없어지는 한편 수령과 함께 조세 징수의 책임자로 떠올랐다. 또한 국왕 측근의 다양한 목적의 사행이 지방에 파견되면서 안찰사의 지위는 부분적으로 약화된다.[273] 그렇지만 이 시기 안찰사는 수령·임시 사행 등과 함께 조세 등 현물 징수에 직접 개입하게 됨으로써 수령을 견제하는 기능보다 오히려 수령

269 『高麗史節要』 卷15, 高宗 16年 10月.

270 『高麗史』 卷104, 羅得璜傳.

271 『高麗史節要』 卷18, 元宗 11年 11月.

272 그렇지만 이때에도 안찰사가 행정체계상 수령의 상위조직이 된 것은 아니었다고 생각한다.

273 안찰사와 임시 사행 사이에 수취를 둘러싸고 충돌이 일어나고 그 사이에 왕이나 왕 측근이 개입하는 사례들은 원간섭기의 안찰사의 지위를 이해하는 데 도움이 된다.

과 함께 백성을 침탈하는 역할을 하기도 하였다. 충선왕 즉위를 전후하여 지방사회의 안정을 위해 임시 사행의 파견을 줄여서 백성의 부담을 줄이는 한편 안찰사의 수령에 대한 감찰기능을 강조한 사실은 앞에서 살펴본 대로이다. 아울러 권한이 커진 안찰사를 견제하기 위해서 안찰사도 감찰대상에 포함시키는 조치가 취해진다. 특히 충선왕이 복위하여 안렴사를 제찰사로 바꾸고 제찰사를 수령과 함께 감찰대상으로 삼은 것은 안찰사의 위상과 관련하여 주목되는 일이다. 이때 안찰사의 지방 행정기능이 강화되었을 것으로 생각한다. 비록 충선왕의 죽음을 전후하여 제찰사는 다시 안렴사로 바뀌면서 그 기능은 이전대로 돌아갔을 것이지만, 이런 흐름 속에서 안찰사는 단순한 수령 감찰관에서 지방 행정기구로 성장하였다.[274]

그런데 안찰사의 수령 지휘권은 군현에 파견된 현령이나 주군사뿐 아니라 목이나 도호부에 파견된 계수관에게도 적용되었다. 1271년(원종 12) 1월 밀성군에서 반란이 일어나자 안찰사는 김주방어사 김훤과 경주판관 엄수안과 함께 군사를 거느리고 출정하였는데,[275] 여기서 안찰사는 지휘하는 입장이었다. 앞에서 본 대로 1230년(고종 17) 5도 안찰사가 각도 선교사원의 시창년월(始創年月)과 형지(形止)를 조사하여 문서를 만들 때, 경상도 안찰사는 동경장서기 이선을 차사원으로 뽑아 썼는데, 이 역시 안찰사와 계수관에 파견된 관원과의 관계를 보여주는 사례이다. 또 신종

274 공민왕 12년의 교서에 의하면 당시 백료의 서무는 도당-각사-안렴·존무-주현으로 이어지는 계통을 따라 이루어졌음을 알 수 있다(『高麗史』 卷84, 刑法1, 職制). 또 안렴사가 주군의 호적 작성에 관여하였다는 조준의 언급과(『高麗史』 卷118, 趙浚傳, 禑王 14年 8月) 공양왕대 전라도 안찰사가 장흥부의 축성을 위해서 주위 군현에 첩을 내려 장사 350명을 징발하도록 한 예(『東文選』 卷76, 「中寧山皇甫城記」) 등은 고려말기에 이르러 안찰사는 실제적으로 지방행정에서의 중간기구로 기능했음을 알려준다.

275 『三國遺事』 卷4, 寶壤梨木.

대 전주목의 사록 겸 장서기였던 이규보는 속군현이나 전주목의 영군현에 대해서 중간기구의 역할을 하면서도 안찰사에 대해서는 저자세로 일관하고 있었던 것도 당시 안찰사와 수령과의 관계 때문이라고 생각한다.[276]

276 이 시기의 안찰사와 수령과의 관계는 고려후기 지방에서 책을 간행할 때 관여하였던 관리들의 기록 순서에서도 확인된다. 공민왕 3년 진주에서 『拙藁千百』을 간행할 때 관여한 관리들을 기록하면서 목사·판관·사록·참군사 겸 장서기 위에 안렴사를 기록하였다(『拙藁千百』 刊行記). 그렇지만 이 사례를 통하여 그 지역에서의 지방관의 서열은 알 수 있지만 그 자체가 안찰사가 도의 행정장관이라는 것을 확인시켜 주는 것은 아니다.

제3장

'주현속현단위'의 지리적 범위와 특징

1. '청주목지역'의 구조와 지리적 특징

1) '청주목지역'의 구조와 군현의 영속관계

신라후기 5소경의 하나였던 서원경은 940년(고려 태조 23)에 청주(淸州)가 되었고, 청주는 983년(성종 2)에 12목의 하나가 되었다. 성종 14년 '주현제도(州縣制度)'가 시행될 때 청주에는 절도사가 설치되었고, 현종 3년 절도사가 혁파될 때 청주 역시 절도사 대신 안무사가 파견되었다. 1018년(현종 9) 고려의 지방제도가 '주현속현제도'로 재편성될 때 청주는 계수관인 청주목이 되어서 지방통치의 중심지로서의 위상을 확고히 하였다.[1]

먼저 계수관영역인 '청주목영역'의 구조를 살펴보자. 『고려사』 지리지를 토대로 현종 9년을 기준으로 작성한 〈표 3-1〉을 보면 고려 현종

1 고려시기 청주에 대한 대표적인 연구 성과로는 다음 글들이 있다. 金光洙, 1972, 「羅末麗初의 地方學校 問題」, 『韓國史硏究』 7; 金甲童, 1985, 「高麗建國期의 淸州勢力과 王建」, 『韓國史硏究』 48(1990, 『羅末麗初의 豪族과 社會變動 硏究』, 고려대학교 민족문화연구소); 金周成, 1988, 「高麗初 淸州地方의 豪族」, 『韓國史硏究』 61-62; 신호철, 1999, 「弓裔와 王建과 淸州豪族: 高麗 建國期 淸州豪族의 政治的 性格」, 『中原文化論叢』 2-3.

〈표 3-1〉 '청주목영역'의 구조(현종 9년 기준)

계수관	주현	속현	속현 수	평균 속현 수
淸州牧	淸州牧	燕山郡, 木州, 鎭州, 全義縣, 淸川縣, 道安縣, 靑塘縣, 燕岐縣, 懷仁縣	9	
	公州	德恩郡, 懷德郡, 扶餘郡, 連山郡, 市津縣, 德津縣, 鎭岑縣, 儒城縣, 石城縣, 定山縣, 尼山縣, 新豐縣	12	
	洪州	槥城郡, 大興郡, 結城郡, 高丘縣, 保寧縣, 興陽縣, 新平縣, 德豐縣, 伊山縣, 唐津縣, 餘美縣, 驪陽縣, 貞海縣, 富城縣, 地谷縣, 蘇泰縣	16	
	天安府	溫水郡, 牙州, 新昌縣, 豐歲縣, 平澤縣, 禮山縣, 稷山縣, 安城縣	8	
	嘉林縣	西林郡, 庇仁縣, 鴻山縣, 藍浦縣, 韓山縣	5	
합	5		50	10

9년 '청주목영역'에는 '청주목지역'·'공주지역'·'홍주지역'·'천안부지역'·'가림현지역' 등 5개의 '주현속현단위'가 속해 있었다.[2]

고려시기 '청주목영역'은 크게 보아서 속리산 천왕봉에서 안성 칠장산으로 이어진 '한남금북정맥'에 의해서 '충주목영역'과 구분되었는데(〈그림 3-1〉 참고), 현재의 행정구역으로 보면 충청남도 전체와 충청북도의 서쪽에 해당하는 매우 넓은 영역이었다. 계수관인 청주목은 '청주목영역'의 중심이면서 동시에 9개의 속현을 거느린 '청주목지역'의 중심지였으며,[3] 공주·홍주·천안부·가림현 역시 각각 속현을 거느린 '주현속현단위'

2 『고려사』 지리지에 주현으로 기록된 부성현은 인종 21년에 처음 현령이 파견되었다(『高麗史』 卷56, 地理1, 富城縣). 『고려사』 지리지에는 부성현에 현령이 파견된 시기를 인종 22년으로 기록하고 있지만, 인종 22년은 인종 21년의 오기로 보인다(윤경진, 2012g, 「고려 인종 21년 縣令 增置와 영속관계 개편 -『高麗史』 지리지 관련 기사의 분석과 재구성-」, 『사림』 43).

3 이 책에서는 '영역'과 '지역'의 범위를 구분하여 사용하였다. 이 글에서 '영역'은 고려시기 계수관이 관할하는 영군현과 그 속현을 포함하는 범위 곧 '계수관영역'을 의미하고, '지역'은 主縣(계수관과 영현 포함)과 그 속현을 포함하는 '주현속현단위'의 범위를 말한다.

의 중심지 곧 주현(主縣)이었다. 즉 '청주목영역'은 계수관인 청주목이 포함된 '청주목지역'을 비롯하여 '공주지역'·'홍주지역'·'천안부지역'·'가림현지역'으로 구분되어 있었는데, 각 지역은 대체로 산줄기 등 자연환경을 바탕으로 구분되어 각각 하나의 지역권을 형성하였다. '청주목영역' 안의 지역구분에 영향을 준 산줄기는 안성 칠장산에서 태안반도까지 이어진 '금북정맥'이다. '한남정맥'의 칠장산에서 '한남금북정맥'과 갈라진 '금북정맥'은 천안과 목천의 사이를 지나 서남쪽으로 내려가다가 청양 근처에서 서쪽으로 꺾여 올라가고 다시 서북쪽으로 태안반도까지 이어진다.[4] '금북정맥' 중에는 천안시 광덕면과 공주시 정안면 경계에 차령[車峴]이 있는데, '금북정맥'과 차령이 고려시기 '청주목영역'에 속한 각 '주현속현단위'를 구분하는 기준이 되었다. 즉 '금북정맥'과 차령의 동쪽이 '청주목지역', 차령 남쪽이 '공주지역', '금북정맥' 서쪽과 차령 북쪽이 '천안부지역', '천안부지역'의 서쪽이 '홍주지역'이 되었다(〈그림 3-1〉 참고).

주현과 속현으로 묶인 하나의 '주현속현단위'는 고려시기 지방통치에서 매우 중요한 단위였으며, 이후의 생활권에도 영향을 미쳤다. 따라서 고려시기 '주현속현단위'가 언제 어떤 과정을 통하여 이루어졌는지 살피는 것은 고려시기의 지방통치의 실상을 밝히는 것 이상의 중요한 작업이다. '청주목지역'의 설정 배경을 검토하기에 앞서 이 절에서는 현종 9년 '주현속현단위'가 정해지기까지 '청주목지역' 군현의 영속관계가 언제 어떻게 변하였는지 살펴보자.

---

4 백두대간과 13정맥이 처음 정리된 것은 18세기말 편찬된 것으로 보이는 『山經表』이다. 따라서 백두대간과 정맥의 용어는 조선후기에 정립되었을 가능성이 높다. 그렇지만 백두대간을 비롯한 산줄기에 대한 인식은 이미 고려시기부터 형성되었을 것이다(양보경, 1997, 「조선시대 '백두대간' 개념의 형성」, 『震檀學報』 83).

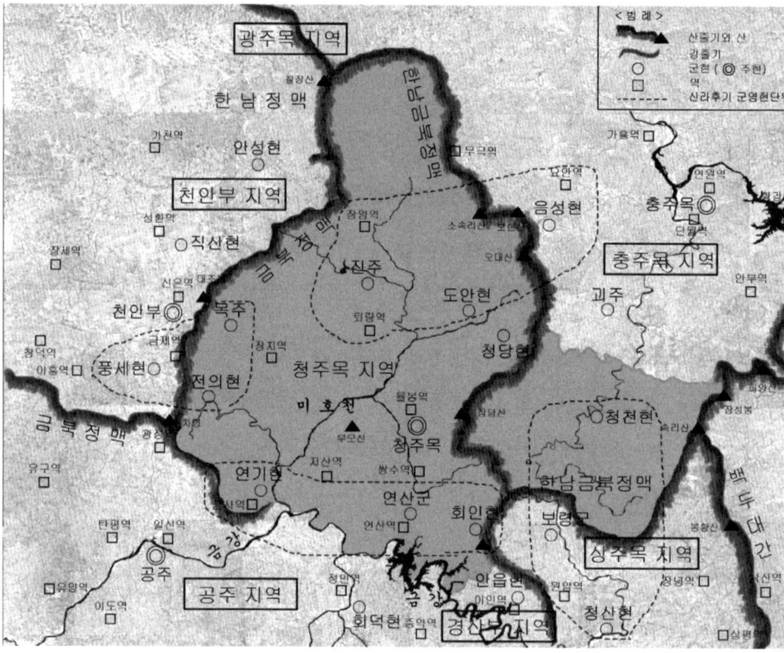

〈그림 3-1〉 '청주목지역'의 지리적 범위[5]

신라후기인 신문왕대에 '주군현제도'가 시행되면서 우리 역사에서 군현의 영속관계가 처음 정비되었다. 이때 전국을 광역의 9주로 편성하고, 주 밑에 중간 영역인 군을 두었으며, 주치(州治)인 주와 군 아래에는 대개 2개에서 3개의 영현을 두었다.[6] 따라서 이때 주와 군은 대체로 2, 3개의 현과 영속관계를 맺었는데, 이렇게 결합된 '주영현단위'와 '군영현단위'는 신라후기 이후 지방통치의 주요 단위로 기능하였다.[7] 한편 이때는 전국을

5 그림: 변성아. 원도: 『朝鮮總督府朝鮮臨時土地照査局編 近世韓國五萬分之一地形圖』(정요근 제공). 이 책의 다른 그림도 마찬가지다.

6 州나 郡에 따라 領縣이 없거나 1개만 있는 곳도 있으며, 6개의 영현을 가진 곳도 있었다.

7 姜鳳龍, 1994, 「新羅 地方統治體制 研究」, 서울대학교 박사학위논문; 윤경진, 1996, 「고려

'주군현'으로 편제하는 것과 함께 김관경·남원경·서원경·중원경·북원경 등 5소경을 두었는데, 소경은 영현이 소속되지 않은 단위 행정구역이었다. 신라후기 '주군현제도'의 군현 영속관계는 신라말기에서 고려초기에 이르는 사회변동을 거쳐 현종 9년 고려의 '주현속현제도'로 재편성되었다.[8] 그 과정을 '청주목지역' 군현을 사례로 검토해 보자.

〈표 3-2〉와 같이 1018년(현종 9) '청주목지역'은 계수관이자 주현인 청주목과 연산군(燕山郡)·목주(木州)·진주(鎭州)·전의현(全義縣)·청천현(淸川縣)·도안현(道安縣)·청당현(靑塘縣)·연기현(燕岐縣)·회인현(懷仁縣) 등 9개의 속현으로 구성되었다.[9] 주현인 청주목은 신라후기 5소경의 하나인 서원경(西原京)이 설치되었던 곳이다.[10] 신라후기 5소경이 설치되었던 곳은 9주가 설치된 곳과 함께 고려 현종 9년 고려의 '주현속현제도'가 성립할 때 대부분 주현이 되었다.[11] 이 지역들은 신라후기 이래 지역 중심도시로서 토지·인구·교통·시설 등 여러 조건에서 주변 군현보다 유리하였다. 따라서 고려초기에 신라 제도를 재편성하는 과정에서 이들 고을이 지역의 중심도시로 정해지는 것은 자연스러운 일이었으며, 이런

태조대 군현제 개편의 성격: 신라 군현제와의 상관성을 중심으로」, 『역사와 현실』 22.

8 이 책 제1장 참고.

9 『高麗史』 卷56, 地理1.

10 신라후기 서원경에 대한 종합 연구서로는 다음이 있다. 양기석 외, 2001, 『서원소경연구』, 서경문화사.

11 신라후기 9주 5소경 중 현종 9년 속현이 된 곳은 나주의 속현으로 편성된 해양현(무주)뿐이다. 아울러 신라후기 9주 5소경이 있던 지역들은 대부분 계수관이 되었다. 윤경진은 고려시기의 계수관을 소경을 제외한 9주와 연결시켜 검토하였다(2005, 「고려 界首官의 제도적 연원과 성립과정: 9州·12牧과의 연결성을 중심으로」, 『韓國文化』 36). 한편 이 외에도 고려 태조대 군사적 목적을 띠거나 태조에 도움을 주었던 군현도 주현이 되었는데, 청주목 인근의 천안부를 비롯하여 수주, 안동 등이 이에 해당한다. 또 현종 9년 주현이 된 지역 가운데는 이전에는 크게 두각을 드러내지 않다가 성종 14년 절도사 혹은 자사 등 외관이 파견된 곳이 상당수 된다. 이것은 성종 14년 군현제도 개편 역시 이후 군현제도 개편에 일정한 영향을 주었다는 것을 의미한다.

〈표 3-2〉 '청주목지역'의 군현(현종 9년 기준)[12]

군현 이름	신라후기 영속관계	현종 9년 영속관계*	고려시기의 역(22역도)	기타 연혁
清州牧	西原京	청주목	栗峯驛(忠淸州道) 雙樹驛(충청주도) 猪山驛(충청주도) 長池驛(충청주도)	성종 2 청주목(12목) 성종 14 節度使 파견 현종 3 安撫使 파견 [조선] 세종 31 관찰사가 겸임, 곧 복구
木州	大麓郡	목주		명종 2 목주감무 [조선] 태종 13 木川縣監
	영현 = 馴雉縣(豊歲縣), 金地**(전의현)	청주목 속현		
全義縣	金地	전의현	蒲谷驛(충청주도)	[조선] 태조 4 전의감무 태종 13 전의현감 태종 14 연기현과 병합, 全岐縣監 태종 14 전의현감
	대록군(목주) 영현	청주목 속현		
燕山郡	연산군	연산군	燕山驛(충청주도)	명종 2 연산감무 고종 46 文義縣令 충렬왕 嘉林縣에 병합, 곧 복구
	영현 = 연기현, 昧谷縣	청주목 속현		
燕岐縣	연기현	연기현	金沙驛(충청주도)	명종 2 연기감무 후에 목천감무가 겸임 [조선] 태종 6 연기감무 태종 14 전의현과 병합, 전기현감 태종 14 연기현감
	연산군 영현	청주목 속현		
懷仁縣	매곡	회인현		후에 회덕감무가 겸임 우왕 9 회인감무 [조선] 태종 13 회인현감
	연산군 영현	청주목 속현		
鎭州	黑壤郡	진주	長楊驛(충청주도) 堆粮驛(충청주도)	고려초 降州 성종 14 刺史 파견 고종 46 彰義縣令 원종 10 知義寧郡事, 얼마 후 강등 [조선] 태종 13 鎭川縣監
	영현 = 道西縣, 陰城縣	청주목 속현		

12 이 표는 『三國史記』 지리지, 『高麗史』 지리지, 『高麗史』 병지 참역, 『세종실록지리지』, 『新增東國輿地勝覽』을 토대로 작성하였다. 이 책 제3장에 실린 다른 표도 마찬가지이다.

道安縣	都西	도안현		후에 청당감무가 겸임
	흑양군 영현	청주목 속현		[조선] 태종 5 청당현과 병합, 淸安監務 태종 13 청안현감
靑塘縣		청당현		후에 청당감무
		청주목 속현		[조선] 태종 5 도안현과 병합, 淸安監務 태종 13 청안현감
淸川縣	청천현	청천현		[조선] 청주목 속현
	삼년군(보령군) 영현***	청주목 속현		

* 『新增東國輿地勝覽』에는 진주, 연기현, 회인현이 현종대에 속현이 된 것으로 기록하고 있으며, 『大東地志』에는 9개 군현 모두 현종 9년에 속현이 된 것으로 기록하고 있다.

** 『三國史記』에는 金池縣으로 되어 있다(『三國史記』 卷36, 地理3, 大麓郡).

*** 청천현의 신라후기 영속관계는 『三國史記』 지리지에 근거하였다.

점은 청주목도 마찬가지였다. 일단 고려의 영역에 들어온 단위군현들을 고려의 지방제도로 재편할 때에는 이전시기 중앙정부와의 갈등이나 주변 군현과의 세력관계 등 정치적 문제는 크게 중요하지 않았을 것이다.[13] 즉 중앙정부의 입장에서는 이전부터 지역의 중심 역할을 하던 큰 고을을 지방지배의 중심지로 정하고 그를 중심으로 군현영속관계를 재편하여 지방지배의 효율을 높이는 것은 자연스러운 일이었다. 신라말기에 서원경이던 청주는 고려초기에 큰 호족이 존재하였을 뿐 아니라 중앙권력과 갈등을 벌이기도 한 곳이지만[14] 태조 23년 주가 된 이래 현종 9년 청주목이 되어 계속 지역 중심지로서 중요한 위상을 유지하였다.[15]

---

13 물론 지역에 따라서는 '주현속현단위'를 정할 때 중앙정부의 의지가 강하게 반영되었을 것으로 여겨지는 곳도 있다. 대표적인 곳이 신라후기 9주 주치의 하나였던 무주(고려 해양현)가 현종 9년 나주목의 속현이 된 것이다. 그렇지만 현종대 '주현속현단위'가 편성되는 과정은 고려중기 이후 정치적 문제(공신의 고향, 외적의 방어, 항복)로 邑格이 승강되는 것과는 의미가 다르다고 생각한다.

14 고려초기 청주의 동향에 대한 대표적인 연구 성과에 대해서는 이 책 제3장 각주 1 참고.

앞에서 본 대로 청주목은 신라후기 서원경으로 '주군현제도'에서 영현이 없던 고을이다. 따라서 『고려사』 지리지에 기록된 청주목 속현 9개는 고려초기 이후 청주목에 소속된 곳이다. 청주목의 속현 9개의 영속관계 변화를 4개의 소지역권으로 나누어 살펴보자(〈표 3-2〉와 〈그림 3-1〉 참고). 먼저 주현인 청주목 서북쪽의 목주(木州)와 전의현을 보자. 목주는 신라후기 대록군(大麓郡)으로 순치현(馴雉縣, 고려 풍세현)과 금지현(金地縣, 고려 전의현)을 영현으로 두었다.[16] 이 중 대록군과 금지현은 고려 때 목주와 전의현으로 이름이 바뀌어 청주목의 속현이 되었고, 영현이었던 순치현은 고려 때 풍세현(豐歲縣)으로 이름이 바뀌어 천안부의 속현이 되었다.[17] 즉 신라후기 '대록군영현단위'가 고려 현종대 '주현속현단위'로 재편될 때 목주(신라 대록군)와 전의현(신라 금지현)은 청주의 속현이 되었고, 풍세현(신라 순치현)은 천안부의 속현이 되었다.[18]

청주목 남쪽에 있던 연산군(燕山郡)·연기현(燕岐縣)·회인현(懷仁縣)을 보자. 연산군은 백제의 일모산군(一牟山郡)이었다가 신라후기에 연산군이란 이름을 가지게 되었는데, 신라후기 연산군은 연기현(燕岐縣)과 매곡현(昧谷縣, 고려 회인현)을 영현으로 두었다.[19] 신라후기 하나의 군영현단위로 묶였던 이 3개의 단위군현은 현종대에 모두 청주목의 속현이 되었다. 다음으로 청주목 북쪽의 진주(鎭州)·도안현(道安縣)·청당현(青塘

15 후백제의 수도였던 전주가 고려초기에 계수관이 되어 지방지배의 중심지가 된 것도 같은 이치이다. 여기에서 고려초기 지방제도를 재편할 때 그 고을의 정치적 성향이 크게 고려되지 않았음을 확인할 수 있다.

16 『三國史記』 卷36, 地理3, 雄州.

17 『高麗史』 卷56, 地理1, 楊廣道, 淸州牧.

18 신라후기 대록군과 순치현, 금지현으로 구성되었던 '대록군영현단위'는 현종 9년 '주현속현단위'로 재편성되기 이전인 성종 14년 '주현제도'가 실시될 때에 영속관계가 재편되었을 가능성이 크지만 그 구체적인 내용은 확인할 수 없다.

19 『三國史記』 卷36, 地理3, 雄州.

縣)을 보자. 진주는 신라후기 흑양군(黑壤郡)으로 도서현(都西縣, 고려 도안현)과 음성현(陰城縣)을 영현으로 둔 군이었는데,[20] 이 중 흑양군과 도서현은 고려 때 진주와 도안현으로 이름이 바뀌어 청주목의 속현이 되었고, 영현이었던 음성현은 고려 현종 9년 충주목의 속현이 되었다. 이곳도 신라후기 '대록군영현단위'에 속했던 군현들과 마찬가지로 고려 현종대 군현 영속관계가 개편될 때 본래의 영속관계가 해체되어 청주목과 충주목의 속현으로 분리되었다. 도안현의 동남쪽 가까이 있었던 청당현(青塘縣)은 신라후기의 명칭이 확인되지 않는다. 청당현은 고려에 들어와 새로 생긴 현일 가능성이 높다.[21] 한편 청주목 동쪽의 청천현(淸川縣)은 신라후기 삼년군(三年郡, 고려 보령군)의 영현이었다.[22] 신라후기 삼년군의 영현은 청천현과 기산현(고려 청산현)이었는데, 고려에 들어와 청천현은 청주목의 속현이 된 반면, 삼년군과 기산현은 보령군(報令郡)과 청산현이 되어 모두 상주목의 속현이 되었다.[23]

고려 현종 9년 이후 청주목의 속현이 되었던 9개 군현의 신라후기 때 영속관계를 종합해 보면, 신라후기에 군이었던 곳이 3개(목주·연산군·진주), 영현이었던 곳이 5개(전의현·연기현·회인현·도안현·청천현), 확인되지 않는 곳이 1개이다. 또 청천현의 신라후기 영군이었던 삼년군(고려 보령군)은 상주목의 속현이 된 반면, 전의현·연기현·회인현·도안현의 영군이었던 목주·연산군·진주는 청주목의 속현이 되었다. 결국 고려시기 청주목의 9개 속현은 신라후기 4개의 '군영현단위'가 해체되어 형성되었으며, 이들 군현 대부분은 신라후기 '주군현제도' 때 몇몇 군현끼리 서로 영속관

---

20 『三國史記』卷35, 地理2, 漢州.

21 『高麗史』卷56, 地理1, 楊廣道, 淸州牧.

22 『三國史記』卷34, 地理1, 尙州, 三年郡.

23 『高麗史』卷56, 地理1, 楊廣道, 淸州牧; 卷57, 地理2, 慶尙道, 尙州牧.

계를 맺고 있었음을 알 수 있다. 이것은 고려시기 '주현속현단위'의 규모가 신라후기 '군영현단위'보다 전체적으로 더 커진 것과도 연관된다.

그러면 청주목의 속현들이 청주목에 속하게 된 것은 언제일까? 〈표 3-2〉에 정리된 대로 『고려사』 지리지에는 청당현은 '고려 초', 연산군·목주·전의현·도안현은 '고려', 진주·도안현·연기현·회인현은 현종 9년에 청주목의 속현이 된 것으로 기록되어 있다.[24] 따라서 『고려사』 지리지에 기록된 '주현속현관계'는 현종 9년에 마무리되었다는 점은 분명하다. 다만 그 이전의 관계는 분명하게 확인하기 어렵다. 앞에서 살펴본 대로 청주목의 속현 9개의 대부분은 신라후기부터 몇몇 단위군현끼리 군과 영현으로 영속 관계를 가지고 있었지만, 신라후기 서원경이었던 청주와는 직접적인 영속관계가 없었다. 그런데 이러한 관계는 고려 건국 이후에도 한동안 그대로 유지된 듯하다.

먼저 고려 태조대 연산군과 회인현의 관계를 보자. 회인현은 신라후기 연산군 영현(領縣)의 하나인 매곡현(昧谷縣)이었다. 932년(고려 태조 15) 매곡(회인현) 성주(城主) 공직(龔直)이 태조에 귀부하자 태조는 공직을 후히 대접하고 고려의 번병이 되기를 당부하였다. 그러자 공직은 "백제의 일모산군(一牟山郡, 연산군)은 우리 읍(회인현)의 경계에 있는데 신이 귀화하자 항상 침략하여 백성들이 생업에 안정할 수 없습니다. 신이 가서 공격[攻取]하여 우리 읍 백성들이 약탈당하지 않고 오직 농상에 힘쓰도록 하여 더욱 귀화한 정성을 굳게 하기를 원합니다."라고 하였고, 태조가 이를 허락하였다.[25] 이 기록에 따르면 신라후기 이래 회인현(매곡)의 영군이었

24 『大東地志』에는 9개 군현 모두 현종 9년에 청주목의 속현이 된 것으로 기록되어 있으며, 『新增東國輿地勝覽』에는 진주, 연기현, 회인현이 현종대 청주목의 속현이 된 것으로 기록하고 있다.

25 『高麗史』 卷92, 龔直傳 "太祖十五年 (중략) 直 謝因言曰 百濟一牟山郡 境接弊邑 以臣歸

던 연산군은 이 당시에는 후백제 편이었는데, 영현이었던 매곡이 고려에 귀부하자 공격해 온 것을 알 수 있다. 여기서 고려와 후백제가 건국한 이후에도 이 두 군현은 이전의 관계가 어느 정도 유지되고 있었다는 것을 짐작할 수 있다.[26] 한편 이보다 앞선 918년(태조 元) 6월 청주인 순군리(徇軍吏) 임춘길(林春吉)이 반란을 도모하였다가 죽임을 당했는데,[27] 관련 기록을 보면 임춘길이 매곡 성주 공직의 처남인 매곡인(昧谷人) 경종(景琮)과 함께 모반을 시도한 것으로 되어 있다.[28] 앞에서 언급한 대로 신라후기 서원경에는 딸린 영현이 없었으므로, 서원경과 매곡현은 제도적인 영속관계로 묶여있지 않았다. 그럼에도 위 사례에서 볼 수 있는 것처럼 위 두 지역 사람들 사이에 함께 반란을 도모할 정도의 인간관계가 형성되어 있었다는 것을 알 수 있다. 즉 위 사례를 통하여 비록 신라후기에 서원경과 매곡현(고려 회인현)은 영속관계로 결합되어 있지는 않았지만 대읍인 서원경과 지리적으로 멀지 않은 매곡현 사람들 사이에는 일찍부터 일정한 교류가 이루어졌다는 것을 짐작할 수 있다.[29] 다음으

化 常加侵掠 民不安業 臣願往攻取 使弊邑之民 不被寇竊 專務農桑 益堅歸化之誠". 그런데 이때 태조는 연산군(일모산성)에 대한 공격을 매곡 성주 공직에만 맡기지 않고 직접 정벌에 나서서 이를 격파하였다(『高麗史』 卷2, 太祖 15年 7月; 太祖 15年 11月). 이에 따라 태조는 연산군에서 崔凝이 죽었다는 소식을 들었다(『高麗史』 卷92, 崔凝傳). 이처럼 태조가 연산군 정벌에 직접 나선 것은 이곳이 고려에 전략적으로 매우 중요한 곳이었기 때문일 것이다.

26 한편 윤경진은 태조 15년에 있었던 매곡과 연산군의 갈등을 신라후기의 군영현체제가 해체되는 양상을 보여주는 자료로 보았다(윤경진, 1996, 앞 논문). 그렇지만 이 자료는 군영현체제의 해체와 온존이라는 양면성을 가진 자료로 볼 수 있다.

27 『高麗史』 卷1, 太祖 元年 6月 庚申.

28 『高麗史』 卷127, 桓宣吉傳.

29 김갑동은 임춘길의 모반 사건의 원인을 904년 청주의 사람들을 태봉의 수도인 철원으로 이주[徙民]시킴에 따라 생긴 민심 이반 때문이라고 보았다(金甲童, 1985, 「高麗建國期의 清州勢力과 王建」, 『韓國史研究』 48).

로 고려 건국 직후 청주목과 그 북쪽의 진주·도안현의 관계를 보자. 918년(태조 元) 7월 병신일에 청주령군장군(青州領軍將軍) 견금(堅金)이 태조를 알현해서 청주의 모반 가능성을 말하고 그에 대비할 것을 아뢰었다.[30] 처음에 태조는 그 말을 듣지 않다가 개경에 있던 청주인 김근겸(金勤謙)과 관준(寬駿)·김언규(金言規) 등도 견금의 의견에 동조하자, 마군장군(馬軍將軍) 홍유(洪儒)와 유검필(庾黔弼) 등에게 명하여 군사 1,500명을 거느리고 진주에 주둔하여 청주의 반란에 대비하도록 하였다.[31] 고려초기에 중앙정부가 모반 가능성이 있다고 판단한 청주를 견제하기 위하여 청주 북쪽에 있는 진주에 군대를 파견한 것은 진주가 고려초기에 고려왕실과 혼인관계를 맺은 세력이 있던 곳이며[32] 지리적으로도 가까운 곳이었기 때문일 것이다. 그런데 진주에 군대를 파견한 지 얼마 안 되어 신라후기 흑양군[고려 진주]의 영현이었던 도안현(道安縣, 신라 도서현)에서 청주가 몰래 백제와 통호하고 장차 반란을 일으키려 한다고 아뢰었고, 이에 태조가 마군장군(馬軍將軍) 능식(能植)을 보내어 군사를 거느리고 가서 진무하게 한 일이 있었다.[33] 이 사례 역시 고려 건국 직후에는 신라후기 이래의 군영현 관계가 어느 정도 유지되었던 사례로 볼 수 있다. 지금까지 살펴본 대로 연산군과 회인현, 진주와 도안현은 후삼국시대라는 정치적 격동기에도 신라후기 이래의 영속관계의 끈을 완전히 놓지 않고 있음을 확인할 수 있다. 아울러 신라후기 서원경이었던 청주와 주변의 군현들은 신라후기에는 제도적인 연관성을 맺고 있지는 않았지만 지리적으로

30 『高麗史』卷1, 太祖 元年 7月 丙申; 卷92, 堅金傳.

31 『高麗史』卷92, 堅金傳; 洪儒傳.

32 태조 후비의 하나인 肅穆夫人은 鎭州人 大匡 名必의 딸이었고, 혜종의 義和王后 林氏는 鎭州人 大匡 林曦의 딸이었다(『高麗史』卷88, 后妃).

33 『高麗史』卷92, 堅金傳.

가까웠기 때문에 이들 사이에 다양한 인적·물적 교류가 있었을 가능성도 유추할 수 있었다.[34] 이렇게 후삼국 통일전쟁기에 갈등을 보이던 군현관계는 후삼국 통일 후 어느 정도 안정되었다. 태조대의 군현 영속관계는 941년(태조 24)에 예천(醴泉) 명봉사(鳴鳳寺)에 세워진 것으로 기록되어 있는 「명봉사경청선원자적선사릉운탑비(鳴鳳寺境淸禪院慈寂禪師凌雲塔碑)」(이하 자적선사비) 음기(陰記)에 보이는 보주(甫州, 고려 예천군)와 적아현(赤牙縣, 고려 은풍현)의 관계에서 유추할 수 있듯이 대체로 신라후기 군영현제도를 바탕으로 전개되었다.[35] 이후 군현의 영속관계가 재편성된 것은 995년(성종 14)이다. 성종 14년 7월 개주를 개성부로 고치어 적현 6개와 기현 7개를 관할하게 하고, 동시에 전국을 10도로 정하고 그 아래 주와 현을 두었다. 즉 이때 이른바 10도제와 '주현제도'를 바탕으로 한 군현제 개편이 이루어졌다.[36] 성종 14년 '주현제도'에서 '주현단위'의 규모는 신라의 군현제와 매우 유사하지만 군현의 영속관계는 이전의 것이 전면적으로 개편된 것으로 신라후기 군영현제도의 구성과는 매우 다르다.[37] 또한 개성부에 속한 군현을 적현 6개와 기현 7개로 개편한 것에서도 이전의 군현 영속관계가 크게 바뀌었다는 것을 알 수 있다.[38] 이런 점에서 본다면 성종 14년 군현제가 개편될 때 청주와 주변 군현의 영속관계도 상당부분 개편되었을 가능성이 크다. 즉 성종 14년 신라 이래의 '군영현제도'를

---

34 한편 청주의 서북 지역인 목주에 대해서는 『신증동국여지승람』에 고려초기 목주가 자주 반란을 일으켜 태조가 목주의 성은 모두 가축 이름으로 내렸다는 諺傳의 기록이 소개되어 있다(『新增東國輿地勝覽』 卷16, 木川, 姓氏).

35 윤경진, 1996, 앞 논문 참고.

36 이 책 제1장 참고.

37 尹京鎭, 2001b, 「高麗 성종 14년의 郡縣制 改編에 대한 연구」, 『韓國文化』 27; 이 책 제1장 참고.

38 이 책 제3장 4절 참고.

해체하고 10도제와 '주현제도'를 실시하고 절도사를 파견하면서 그 제도의 근간을 운영하는 지역 중심지를 정하는 기준이 만들어졌을 가능성이 있고, 이때 이전에는 영현이 없던 청주에도 몇 개의 현이 소속되었을 가능성이 높다.[39] 그렇지만 현재 그 내용을 확인할 수 있는 자료가 하나도 없기 때문에 더 이상 그에 대한 논의는 진행할 수 없다. 다만 성종 14년 주현으로 묶인 중간 운영 단위의 평균 규모가 『고려사』 지리지에 정리된 '주현속현단위'보다는 신라후기 '군영현단위'에 가깝다는 점에서 성종 14년 10도제에서의 주현 단위와 현종 9년 이후의 주속현 단위는 크게 달랐던 것은 분명하다. 따라서 『고려사』 지리지에 기록된 청주 속현 중 일부는 현종 9년 이전에 청주목에 소속되었을 가능성은 있지만 청주목과 9개의 속현이 하나의 '주현속현단위'로 묶인 시기는 현종 9년으로 볼 수밖에 없다.

2) '청주목지역'의 지리적 범위와 특징

앞에 수록한 〈그림 3-1〉을 보면서 '청주목지역'의 범위와 지리적 특징을 살펴보자.[40] 앞에서 정리하였듯이 고려시기 청주목과 9개의 속현으로

39 이때 이전부터 중심도시였던 9주 5소경 지역에는 대부분 절도사가 설치되었다.

40 고려시기 '청주목지역'의 지리적 범위와 특징을 살펴볼 수 있는 문헌자료는 『高麗史』 지리지 등 단편적인 지리지 종류밖에 없기 때문에 이 글에서는 『大東輿地圖』 『東輿圖』 『山經表』 등 조선후기 이후의 지도와 그 이후의 지형도 등도 적극적으로 이용하였다. 이 자료들이 고려시기 '주현속현단위' 편성의 배경을 밝히는 적극적인 자료가 될 수 없는 것은 분명하다. 그렇지만 고려시기의 지형이 조선후기의 지형과 크게 다르지 않았을 것이라는 점, 또 지형 등 지리적 요소는 지금도 생활권 형성에 영향을 미치고 있다는 점에서 이들 지도 자료는 고려시기 '주현속현단위'의 지리적 범위와 특징을 살펴보려는 이 글의 자료로는 의미가 있다. 아울러 이 글을 쓰면서 '청주목지역'의 지형과 교통로를 이해하기 위해서 3차례 답사를 실시하였다. 1차: 2007년 12월 8일, 천안·차령·전의·연기·문의·청주, 김지

이루어진 '청주목지역'은 동쪽과 북쪽은 '한남금북정맥'을 경계로 '충주목지역'과 구분되며, 서쪽은 '금북정맥'을 경계로 '천안부지역', 남쪽으로는 금강을 경계로 '공주지역', 동남쪽으로는 금강과 '한남금북정맥'에서 갈린 산줄기로 '상주목지역' 등과 구분되었다(〈그림 3-1〉 참고). 청주목의 속현 9개를 편의상 4개의 소지역권으로 나누어 이 군현들의 지리적 특징과 주현인 청주목과의 관계를 살펴보면 다음과 같다.[41]

(1) 서북쪽: 목주·전의현

목주(현재 충청남도 천안시 목천면)는 신라후기 대록군으로 순치현(고려 풍세현)과 금지현(고려 전의현)을 영현으로 거느렸던 곳이다. 그런데 이 3개의 군현 중 풍세현과 목주·전의현 사이에는 커다란 산줄기인 '금북정맥'이 지나간다. 앞에서 정리한 대로 3개의 군현 중 목주와 전의현은 고려 현종 9년 청주목의 속현이 된 반면 풍세현은 천안부의 속현이 되었다.[42] 즉 현종 9년 '주현속현단위'를 편성할 때 '금북정맥'이라는 산줄기 서쪽의 풍세현은 천안부의 속현이 되고 산줄기 동쪽의 2개 군현은 청주목의 속현

영·최용석·최유정·전보영·이지선 동행. 2차: 2008년 2월 12일, 안성·천안·목천·진천·도안·청안, 라정숙·윤성재 동행. 3차: 2008년 2월 25일, 보은·회인·청주, 이혜옥·정동훈·정요근·정학수·정보윤·최종석 동행.

41 이 글의 목적이 고려시기 읍치의 정확한 위치 파악이 아니라 군현 사이의 영속관계를 살피고자 하는 것이므로 이 글에서는 고려시기 군현의 읍치 위치에 대한 批定은 보류하고 조선시기 읍치를 중심으로 하는 비교적 광역의 고을 중심지를 설정하고 그를 토대로 작업을 진행하였다.

42 신라후기 군영현으로 묶였던 이 3개의 고을은 신라후기에도 교통이 원활하지는 못하였을 것이다. 다만 당시에는 군 1개에 현 2개가 묶인 비교적 소규모의 통치단위였기 때문에 큰 어려움 없이 지방통치단위로 기능할 수 있었을 것이다. 더욱이 전의현과 풍세현 사이로 '금북정맥'이 지나가기는 하지만 이 산줄기의 고도가 두 군현 사이에서는 다른 곳보다 낮다. 지금도 이곳으로 1번 국도와 경부선 철도가 터널 없이 지나간다. 신라후기 3군현이 묶였을 때에는 대록군(고려 목주)에서 금지현(고려 전의현)을 거쳐 순치현(고려 풍세현)으로 들어갔을 것으로 보인다.

이 되었다. 이것은 현종 9년 '주현속현단위'를 편성할 때 산줄기라는 지리적 요소가 크게 고려되었기 때문이다.

고려시기 청주목의 서북쪽에 있는 목주는 청주목의 속현 중 주현인 청주목과 가장 먼 곳이다. 목주는 청주목지역의 서북쪽 경계에 있던 곳으로 서쪽을 지나는 '금북정맥'을 경계로 '천안부지역'과 구분되었다. 목주는 청주목보다는 천안부가 훨씬 가깝지만 청주목의 속현이 된 것은 천안부와 목주 사이에 놓인 큰 산줄기 때문이었다(〈그림 3-1〉 참고). 교통이 발달하면서 현재 목천(고려 목주)의 생활권은 청주시보다 천안시에 속하게 되었지만 고려시기에 목주는 산줄기를 경계로 '천안부지역'과 구분되었다. 당시 청주목에서 목주로 갈 때에는 청주목 북쪽의 율봉역을 출발하여 북쪽의 오근진에서 미호천을 건넌 후 목주 동남쪽의 장지역(조선 장명역; 현재 천안시 동남구 수신면 장산리)[43]을 거쳐 목주에 들어갔을 것으로 보인다.[44]

목주 서남쪽의 전의현 역시 크게 보아 '청주목지역'의 서북쪽 경계에 해당한다. 전의현은 서쪽으로 지나가는 '금북정맥'을 경계로 '천안부지역'

43 이 책에서 고려시기 역의 현재 위치는 『大東輿地圖』에 표시된 역의 위치, 현재 지명, 『한국땅이름큰사전』(1991, 한글학회) 등을 참고하여 정한 것으로, 정확한 위치를 파악하기 위해서는 정밀한 조사가 필요하다.

44 고려시기 '청주목지역'의 역으로는 청주목에 4개(율봉·쌍수·저산·장지), 진주에 2개(장양·퇴량), 연산군에 1개(연산), 연기현에 1개, 전의현에 1개 등 모두 9개가 있었다(『高麗史』 卷82, 兵2, 站驛, 忠淸州道). 이 중 전의현에 있었던 포곡역은 조선초기의 역으로 이어지지 않고 없어진 듯하다. 『신증동국여지승람』에는 포곡역의 옛 터가 현 동쪽 18리에 있다고 기록되어 있다(『新增東國輿地勝覽』 卷18, 全義縣, 古蹟). 장지역은 조선시기의 장명역인데, 『대동여지도』에는 장명역의 위치를 전의현의 동쪽에 표시하였지만, 잘못으로 추정된다. 고려 때 장지역이 『대동여지도』에 표시된 것처럼 전의현 동쪽에 있었던 것으로 보면 장지역은 전의현 동쪽 18리에 있었던 포곡역과 아주 가까운 곳에 있었던 것이 되는 반면, 목주(목천)에서 청주로 내려오는 길에는 역이 없었던 것이 되어 자연스럽지 않다. 특히 목천과 청주의 거리는 청주와 다른 속현보다 멀다. 현재 장지역 터로 추정되는 천안시 수신면 장산리는 목천에서 청주로 가는 길목이다.

과 구분될 뿐 아니라 동남쪽으로는 '공주지역'과 구분된다. 전의현은 청주목에서 멀리 떨어져 있을 뿐 아니라 주변에 크고 작은 산이 많아 청주목과 교통이 원활하지는 않았을 것이다. 당시 청주목에서 전의현으로 갈 때에는 청주목 서쪽의 저산역(현재 청주시 흥덕구 강내면 저산리)을 거친 후 미호천을 건너서 거의 연기현 근처까지 갔다가 그곳에서 북쪽 길을 따라 전의현으로 들어갔을 것으로 보인다. 지금도 전의면(세종특별자치시)에서 청주시로 갈 때에는 1번 국도를 이용하여 남쪽으로 조치원읍(세종특별자치시)까지 내려와서 청주로 향하게 된다.

(2) 남쪽: 연산군·연기현·회인현

청주목 남쪽의 연산군과 연기현(서남쪽), 회인현(동남쪽)은 앞에서 정리한 대로 신라후기 군영현관계로 묶여 있던 군현들이다. 이들 군현들은 모두 금강 북쪽에 있었는데, 고려 현종 9년 모두 청주목의 속현이 되었다. 서쪽에 있던 연기현부터 살펴보자.

전의현 남쪽의 연기현(현재 세종특별자치시 연기면)은 '청주목지역'의 서남쪽 경계에 있었다. 〈그림 3-1〉에서 보듯이 연기현의 서남쪽이 '공주지역'인데, 그 서쪽 경계는 '금북정맥'의 차령에서 갈라져 남쪽으로 금강까지 뻗은 산줄기이고,[45] 남쪽 경계는 금강이다. 연기현은 청주목 서쪽 고을로 청주목에서의 거리는 목주나 전의현보다 가깝다. 당시 청주목에서 연기현으로 갈 때에는 청주목 서쪽의 저산역을 경유한 후 미호천을 건너서 연기현으로 들어갔을 것이다. 또한 연기현에서 청주목에 이르는 길은 미호천 유역의 평지에 나 있어서 연기현 동쪽의 미호천을 빼고는

45 현재 충청남도 공주시와 조치원읍의 경계가 되는 산줄기가 고려시기에도 이들 지역의 경계가 되었을 것이다.

교통상의 장애물이 될 만한 곳은 없다.

청주목 남쪽의 연산군(현재 충청북도 청주시 상당구 문의면)은 청주목의 속현 중 청주목과 가장 가까운 곳으로 '청주목지역'의 남쪽 경계였다. 연산군 남쪽에는 금강이 흐르는데, 금강 건너에는 '공주지역'의 속현인 회덕현이 있었다. 당시 금강이 '청주목지역'과 '공주지역'을 나누는 자연 경계였던 셈이다.[46] 한편 연산군은 고을 남쪽의 금강을 이용하여 '공주지역' 등과 교류하였을 것으로 보이는데, 이러한 고을의 입지 때문에 연산군은 고려 후기인 충렬왕대 금강 하류에 있는 가림현(현재 충청남도 부여군 임천면)에 병합된 듯하다.[47] 당시 청주목에서 연산군에 갈 때에는 청주목 남쪽의 쌍수역(현재 충청북도 청주시 상당군 남일면 쌍수리)을 이용하였을 것이다.

회인현(현재 충청북도 보은군 회인면)은 연산군의 동쪽에 있던 고을로 고려시기 '청주목지역'의 동남쪽 경계를 이루었던 곳이다. 회인현은 신라 후기 매곡현으로 연산군의 영현이었고, 청주목과 회인현은 비교적 가까운 거리에 있었지만 이 두 고을 사이에는 피반령이라는 높은 고개를 가진 험준한 산줄기가 가로막고 있었다. 회인현의 남쪽에는 경산부의 속현이었던 안읍현이 있었고 동쪽에는 상주목의 속현인 보령군(충청북도 보은군)이 있었는데, 안읍현과는 금강이 경계가 되었으며, 보령군과는 '한남금북정맥'에서 갈라져 나온 비교적 높은 산줄기가 경계가 되었다. 청주목과 회인현의 거리는 청주목과 연기현과의 거리와 비슷하지만 이 곳은 산세가 험준하여 청주에서 접근하기가 쉬운 곳은 아니었다. 청주목

46 물줄기는 일반적으로 하천유역권을 중심으로 지역을 가르기보다는 통합하는 기능을 한다 (김종혁, 2002, 「문화권 구분단위로서의 하천유역권에 대한 시론」, 『문화역사지리』 17). 그렇지만 '청주목지역' 남쪽을 흐르는 금강 유역의 남북에는 높은 산들이 많아 이 지역을 흐르는 금강은 지역을 통합하는 기능보다는 지역을 구분하는 기준이 되었다.

47 『高麗史』 卷56, 地理1, 楊廣道, 淸州牧.

에서 회인현으로 갈 때에는 청주목에서 연산군으로 갈 때와 마찬가지로 청주목 남쪽의 쌍수역을 이용하였을 것이다. 다만 청주목에서 회인현으로 갈 때는 연산군으로 갈 때와 달리 쌍수역을 지난 뒤 동쪽으로 길을 돌려 험준한 고개(피반령)를 넘어 회인현으로 들어갔을 것이다. 청주목에서 상주목으로 갈 때에도 이곳 회인현과 보령군을 경유하였을 것이다. 따라서 회인현은 '청주목지역'과 '상주목지역'의 경계이자 교통로였던 셈이다. '청주목지역'의 서남쪽은 '공주지역'과 경계를 이루며 동남쪽은 '상주목지역'과 경계를 이루었는데 그 경계는 높은 산줄기와 금강이라는 물줄기였다. 여기에서도 지리 조건이 '주현속현단위'의 경계가 된 것을 확인할 수 있다.[48]

(3) 북·동북쪽: 진주·도안현·청당현

진주(충청북도 진천군)는 신라후기 흑양군으로 음성현과 도서현(고려 도안현)을 영현으로 거느렸던 곳이다. 그런데 이 3개의 군현 중 음성현과 진주·도안현 사이에는 커다란 산줄기인 '한남금북정맥'이 지나간다. 앞에서 정리한 대로 3개의 군현 중 진주(신라후기 흑양군)와 도안현(신라후기 도서현)은 고려 현종 9년 청주목의 속현이 된 반면, 음성현은 충주목의 속현이 되었다. 이 지역도 3개의 고을만으로 하나의 '군영현단위'를 이루었던 신라후기에는 그 고을들 사이로 큰 산줄기가 지나가도 지방통치 단위로서의 기능을 할 수 있었겠지만 고려 현종대 '주현속현단위'를 편성할 때에는 이전의 영속관계를 유지하지 못하고 산줄기 남쪽의 진주와 도안현은

48 이 지역은 앞에서 정리한 대로 후삼국시기 후백제와 경계를 이루던 곳으로 태조 15년 태조가 직접 연산군 정벌에 나설 정도로 전략적으로 매우 중요한 곳이었다(이 책 제3장 1절 각주 25 참고).

청주목의 속현이 되었고 산줄기 너머의 음성현은 충주목의 속현이 되었다. 이것은 목주와 전의현이 청주목의 속현이 되고 풍세현이 천안부의 속현이 된 것과 같은 원칙이 적용되었기 때문일 것이다.

진주는 개경에서 청주목으로 가는 길목에 있었던 고을로 청주목과의 거리는 목주보다는 가깝고 연기현보다는 먼 곳이다. 진주는 '청주목지역'의 북쪽 경계가 되는 곳으로 그 북쪽으로 큰 산줄기 '한남금북정맥'이 지나간다. 그 산줄기를 경계로 북쪽에는 광주목의 속현이었던 죽주, 동북쪽에는 충주목의 속현이었던 음성현이 있었다. 또 서북쪽으로는 '금북정맥'이 지나는데, 그 너머에는 천안부의 속현이었던 안성현과 직산현이 있었다. 진주는 고려초기 청주의 견제지역으로 부각된 곳으로 왕실과 혼인관계를 맺어 태조와 혜종의 후비를 배출하는 등[49] 고려초기 나름의 세력을 가진 곳이지만 현종 9년 청주목의 속현으로 편성되었다. 당시 진주에서 청주목으로 갈 때에는 진주 남쪽의 퇴량역(조선 태랑역; 현재 충청북도 진천군 문백면 태락리)을 경유한 후 오근진에서 미호천을 건넌 후 청주목 북쪽의 율봉역(현재 충청북도 청주시 청원구 율량동)을 경유하였을 것이다.

진주의 동남쪽에 있던 도안현(현재 충청북도 증평군 도안면)과 그 동남쪽에 있던 청당현(현재 충청북도 괴산군 청안면)은 당시 '청주목지역'의 동북쪽 경계가 되었던 고을로, 그 동북쪽을 지나는 산줄기인 '한남금북정맥'을 경계로 충주목의 속현이었던 음성현과 괴주(현재 충청북도 괴산군)와 구분되었다. 도안현이 신라후기 때부터 있던 고을이었던 반면 청당현은 고려초기에 새로 생긴 고을로 보인다. 도안현(신라후기 도서현)은 신라후기 흑양군(진주)의 영현이었기 때문에 두 고을 사이에는 길이 있었겠지만[50]

49 이 책 제3장 1절 각주 32 참고.

두 고을 사이에는 두타산이라는 큰 산이 막고 있어서 교통로가 좋은 곳은 아니다. 따라서 고려초기 진주와 도안현이 모두 청주목의 속현이 된 후에는 이 두 고을을 잇는 교통로의 이용은 많이 줄고 대신 이 두 고을과 청주목을 잇는 교통로가 발달했을 것이다. 당시 청주목에서 도안현과 청당현으로 갈 때에는 청주목에서 진주로 갈 때와 마찬가지로 청주목 북쪽의 율봉역을 출발한 후 북쪽으로 미호천을 건너 도안현과 청당현으로 들어갔을 것이다. 이 두 고을은 서로 아주 가까이에 있을 뿐 아니라 큰 고을도 아니어서 조선초기에 이 두 고을은 청안현으로 합쳐졌다.[51]

고려시기 청주목지역의 북쪽과 동북쪽의 경계를 이루었던 진주와 도안현·청당현이 청주목의 속현이 된 것 역시 '한남금북정맥'이라는 산줄기와 연관되었음을 확인할 수 있다. 아울러 도안현과 청당현은 당시 청주목지역의 동북쪽 경계가 되었을 뿐 아니라 산줄기 너머 '충주목지역'에 속한 음성현과 괴주로 가는 교통로가 되기도 하였다. 조선시기 청안현의 위상이 높아지는 것은 충주와 청주의 교류가 늘어나는 것과 관련된다고 생각한다.

(4) 동쪽: 청천현

이제 끝으로 청주목에서 동쪽으로 멀리 떨어진 청천현의 위치를 살펴보

---

50 현재 진천에서 증평으로 가는 34번 국도는 험준한 산 두타산의 서남쪽을 돌아 이어지는데, 초평면 용정리 부처당 고갯길 옆에 지방유형문화재 91호로 지정된 「鎭川太和四年銘磨崖佛立像」이 많이 마모된 채 서있다. 태화 4년은 830년(신라 흥덕왕 5)으로 추정되므로 이 불상은 신라후기 이곳에 교통로가 있었을 가능성을 알려주는 자료가 된다.

51 고려시기 청당현은 조선시기에는 청안현의 중심이 되는데, 청안현의 위상이 높아지면서 청안역 서쪽에 새로운 역인 시화역이 생겼다. 이후 청주와 청안을 왕래하는 데 시화역이 이용되었을 것으로 생각한다. 지금은 도안현이 있던 곳은 충청북도 증평군 도안면이고, 청당현이 있던 곳은 괴산군 청안면으로 행정구역이 갈려 있다.

자. 다른 8개의 속현과 달리 청천현은 '한남금북정맥'의 동쪽 곧 바깥쪽에 있었다. 바로 예외 지역이 된다. 이것은 어떻게 설명할 수 있을까? 청천현은 신라후기 삼년군(고려 보령군; 현재 충청북도 보은군)의 영현 중 하나였다. 삼년군은 신라후기 기산현(고려 청산현)과 청천현을 영현으로 거느리고 있었는데, 고려 현종 9년 '주현속현단위'가 편성되면서 그 관계가 해체되어 보령군(신라 삼년군)과 청산현은 상주목의 속현이 되었고 청천현은 청주목의 속현이 되었다. '한남금북정맥'의 동쪽, '백두대간'의 서쪽에 위치한 오지 고을인 청천현은 큰 산줄기로 청주와 단절되어 있었지만 동북쪽의 주현인 충주목이나 동남쪽의 상주목보다는 청주목에 더 가까웠다. 청천현 북쪽에는 괴주가 있었지만 괴주는 당시 충주목의 속현이었다. 산골이기 때문에 청천현에서 괴주까지 가기도 어려웠지만 거기서 주현인 충주목까지도 먼 길이었다. 또 청천현 남쪽을 지나는 큰 산줄기 남쪽에는 신라후기 청천현의 영군이었던 보령군(신라 삼년군)이 있었지만 이곳 역시 상주목의 속현으로 편성되었다. 결국 청천현이 고려시기 청주목의 속현이 되어 '청주목지역'의 동쪽 경계가 된 것은 하나의 주현에 많은 속현을 소속시켰던 당시 '주현속현제도'에서는 지리적인 면에서 가장 합리적인 결정이었다. 고려시기 청주목에서 청천현으로 가는 길은 다른 속현보다 훨씬 어려웠을 것이다. '청주목지역'의 자연경계가 되었던 큰 산줄기를 넘어야 하기 때문이었다. 더구나 청주목과 청천현 사이에는 역도 설치되어 있지 않았다. 청주목과 청천현의 교류가 그리 많지 않았기 때문일 것이다. 이렇게 청천현은 주현인 청주목과 지리적으로 단절되어 청주목의 생활권이 되기는 어려웠지만 충주목이나 상주목보다는 청주목에서 더 접근하기가 쉬웠다. 조선시기에 들어서 청주목의 다른 속현들에는 모두 수령이 파견되지만 청천현은 여전히 청주의 속현으로 남았다. 그만큼 청천현은 산간에 고립된 특수한 곳이었다.

3) '청주목지역'의 편성 배경

청주목과 9개의 속현으로 구성된 '청주목지역'의 편성 배경을 고찰하기 위해서 앞에서 살핀 '청주목지역'의 지리적 범위와 특징을 다시 정리하여 보자. 고려시기 청주목의 아홉 속현은 주현인 청주목을 중심으로 사방으로 일정한 거리를 두고 위치하였다. '청주목지역' 서북쪽 경계가 되는 목주와 전의현 서쪽으로는 '금북정맥'이라는 산줄기가 지나가며, 그 산줄기 서쪽에는 천안부와 그 속현인 풍세현이 있었다. 신라후기 대록군(고려 목주)의 영현이었던 2개의 현 중 산줄기 동쪽의 전의현(신라후기 금지현)은 목주와 함께 청주목의 속현이 된 반면, 산줄기 서쪽의 풍세현(신라후기 순치현)은 천안부의 속현이 되었다. '청주목지역'의 남쪽 경계가 되는 연기현·연산군·회인현의 남쪽으로는 금강이 지나간다. 연산군의 남쪽에는 공주의 속현이었던 회덕현이 있었으며, 회인현의 남쪽에는 경산부의 속현인 안읍현이 있었다. 또 연산군의 서쪽에 있던 연기현은 서쪽 산줄기를 경계로 공주와 구분되었으며, 연산군의 동쪽에 있는 회인현은 동쪽 산줄기를 경계로 상주목의 속현인 보령군과 구분되었다. '청주목지역'의 북쪽과 동북쪽 경계가 되는 진주·도안현·청당현의 바깥쪽에는 역시 '한남금북정맥'이라는 산줄기가 지나가며, 그 산줄기를 경계로 진주의 북쪽에는 광주목의 속현인 죽주가 있었고 그 동북쪽에는 충주목의 속현인 음성현이 있었다. 또 도안현과 청당현의 동쪽 산줄기 너머에는 역시 충주목의 속현인 괴주가 있었다. 진주(신라후기 흑양군)와 도안현(신라후기 도서현)·음성현은 신라후기 군영현 관계로 묶여 있었는데, 고려 현종 9년 '주현속현단위'가 편성될 때 신라후기 군영현 관계에서는 군이었던 진주와 도안현은 청주목의 속현이 된 반면 산줄기 너머의 음성현은 충주목의 속현이 되었다. 한편 동쪽의 청천현은 진주·도안현·청당현과 달리 '한남금북정맥'의 바깥쪽에 위치하였지만, 산간 오지 고을로 충주목이나 상주목보다 청주목이 더 가까웠기 때문에 청주목의 속현이 되었을 것이다.

전체적으로 '청주목지역'은 동북쪽으로는 '한남금북정맥'을 경계로 '충주목지역'과 구분되었고, 서쪽은 '금북정맥'을 경계로 '천안부지역', 남쪽으로는 금강을 경계로 '공주지역', 동남쪽으로는 금강과 '한남금북정맥'에서 갈린 산줄기로 '상주목지역'과 구분되었다. 다시 말하면 '청주목지역' 범위의 서쪽 경계는 '금북정맥', 남쪽 경계는 금강, 동쪽과 북쪽 경계는 '한남금북정맥'이 되는 셈이어서 '청주목지역'에 속한 10개의 군현은 청천현을 제외하고는 모두 이 범위 안에 들어 있었다.

고려시기 '청주목지역'은 주현인 청주목을 중심으로 9개의 속현이 사방으로 일정한 거리를 두고 위치하였는데, 주현에서 속현까지의 거리는 군현에 따라 차이가 있었다. 청주목과 속현 사이의 교통로는 주로 주현인 청주목을 중심으로 발달하였는데, 그것은 '청주목지역'에 설치된 역의 분포를 통하여 유추할 수 있다. 교통시설인 역은 〈표 3-2〉에서 보듯이 청주목에 4개, 전의현에 1개, 연기현에 1개, 연산군에 1개, 진주에 2개가 있었는데, 그 역들은 속현과 속현 사이가 아닌 대체로 주현인 청주목과 속현 사이의 교통 편의를 위한 것이었으며, 일부 역은 '청주목지역'과 이웃한 지역을 연결하는 교통시설로 이용되었다. 청주목과 속현 사이를 오갈 때 가까운 곳은 1개의 역이 이용되었지만 청주목에서 멀리 떨어진 속현을 오갈 때에는 2개의 역이 이용되었을 것이다. 이것은 당시 '청주목지역'이 주현인 청주목과 그곳에서 하루나 이틀 정도의 거리에 있는 군현으로 구성되었음을 말한다. 즉 '청주목지역'은 산줄기와 물줄기로 다른 '주현속현단위'와 구분되었으며, 그 지리적 범위에는 주현을 중심으로 하루 혹은 이틀 정도 거리의 군현이 포함되었다. 따라서 고려 현종 9년 '주현속현단위'는 주현을 중심으로 한 하나의 '생활권'이 되었다. 곧 '주현속현단위'의 중심지인 주현은 지방통치의 중심지이면서 동시에 생활 문화의 중심지였다.[52]

이런 점에서 볼 때 고려 현종 9년 '주현속현단위'를 정하면서 우선 고려한 것은 고려초기 각 군현의 지방세력[호족]의 크기나 고려정부와의 관계 등 정치적인 면이 아니었음을 알 수 있다. 즉 고려 현종 9년 '주현속현단위'를 정하면서 실질적이고 효과적인 지방통치 단위가 될 수 있는 지역 단위를 설정하려 하였고 그것을 위하여 이전부터 지방통치·교통·경제생활·문화의 중심지였던 곳을 주현(主縣)으로 정한 후, 주현을 중심으로 지형·교통·거리 등을 고려하여 '주현속현단위'를 편성하였다.[53] 따라서 '주현속현단위'의 규모나 성격은 주현의 지역 특성에 따라 다를 수밖에 없었지만 어느 지역에서나 지리적 요소, 특히 산줄기는 '주현속현단위'를 편성할 때 중요시되었다.[54] 산줄기는 지금같이 교통로가 발달하기 전까지는 사람의 이동을 제약함으로써 생활권을 구분하는 경계가 되었기 때문이다.

---

52 특히 고려시기 계수관이었던 청주목은 청주목과 9개의 속현으로 구성된 '청주목지역'의 중심지였을 뿐 아니라 많은 인구와 넓은 토지, 관원과 시설을 가진 대읍으로서, '청주목영역'의 중심지이기도 하였다. 이 책 제2장 2절 참고.

53 李義權은 현종 9년의 '주속현체제'를 정치·행정·군사·교통상의 요지인 대읍을 거점도시로 외관을 파견하고 인근의 작은 군현을 속현으로 삼아 효과적인 지방통치를 기대할 수 있는 구조로 보았다(1986, 「高麗의 郡縣制度와 地方統治政策」, 『高麗史의 諸問題』, 삼영사).

54 이런 점은 개성부에서도 분명하게 드러난다. 이 책 제3장 4절 참고.

2. ‘상주목지역’의 구조와 지리적 특징

1) ‘상주목지역’의 구조와 군현의 영속관계

신라후기 9주의 하나였던 상주는 신라말기 사벌주(沙伐州), 940년(태조 23) 상주가 되었다가 후에 안동도독부가 되었고, 983년(성종 2)에는 12목, 995년(성종 14)에는 절도사, 1012년(현종 3)에는 안동대도호부, 1014년(현종 5)에는 상주안무사, 1018년(현종 9)에는 계수관인 상주목이 되어 계속 지방통치의 중심지로서 중요한 위상을 유지하였다.[55]

먼저 계수관영역인 ‘상주목영역’의 구조를 살펴보자. 『고려사』 지리지를 토대로 현종 9년을 기준으로 작성한 〈표 3-3〉을 보면 고려 현종 9년 ‘상주목영역’에는 ‘상주목지역’·‘안동부지역’·‘경산부지역’ 등 3개의 ‘주현속현단위’가 속해 있었다.

고려시기 ‘상주목영역’은 현재의 행정구역으로 보면 경상북도의 북쪽과 서남쪽 지역이 중심이고 충청남도와 충청북도의 동남쪽 일부 지역이 포함된 영역으로 신라후기 9주 중의 하나인 상주와 대체로 일치하며, 고려 성종 14년에 정해진 10도 중의 하나인 영남도(嶺南道)와도 대체로 같다.[56] 신라후기 주치(州治)인 상주와 10개의 군과 31개의 현으로 구성되

---

55 고려시기 상주에 대한 연구로는 다음 글이 있다. 韓基汶, 1999, 「高麗中期 李奎報의 南遊詩에 나타난 尙州牧」, 『歷史教育論集(水如黃海鵬教授停年退任紀念史學論叢)』 23-24; 2001, 「尙州의 歷史와 白華山」, 『尙州護國靈山 白華山』, 尙州文化院; 2003, 「尙州의 行政區域 變遷과 文化圈」, 『尙州文化研究』 13; 2007, 「尙州 治所(官衙) 性格과 立地의 變遷」, 『尙州文化研究』 17.

56 신라후기 상주에 속했던 군현 중 고려 ‘상주목영역’에서 빠진 것은 개령군의 영현이었던 무풍현(현재 전라남도 무주군 무풍면)이 ‘전주목영역’의 진례현의 속현이 된 것과 문소군의

〈표 3-3〉 '상주목영역'의 구조(현종 9년 기준)

계수관	주현	속현	속현 수	평균 속현 수
尙州牧	尙州牧	聞喜郡, 龍宮郡, 開寧郡, 報令郡, 咸寧郡, 永同郡, 海平郡, 靑山縣, 山陽縣, 化寧郡, 功城縣, 單密縣, 比屋縣, 安定縣, 中牟縣, 虎溪縣, 禦侮縣, 多仁縣, 靑理縣, 加恩縣, 善州, 軍威縣, 孝靈縣, 缶溪縣	24	
	京山府	高靈郡, 若木縣, 仁同縣, 知禮縣, 加利縣, 八莒縣, 金山縣, 黃澗縣, 管城縣, 安邑縣, 陽山縣, 利山縣, 大丘縣, 花園縣, 河濱縣	15	
	安東府	臨河郡, 禮安郡, 義興郡, 一直縣, 殷豊縣, 甘泉縣, 奉化縣, 安德縣, 豊山縣, 基州縣, 興州, 順安縣, 義城縣, 甫州	14	
합	3		53	17.66

었던 상주는 신라말기에서 고려초기에 이르는 변동 속에서 성종 14년 10도 중의 하나인 영남도로 편성되었다가 현종 9년 이후에는 계수관인 상주목과 안동부·경산부를 주현(主縣)으로 하는 3개의 '주현속현단위'로 재편되었다. 고려시기 '주현속현단위'의 특징 중의 하나는 주현과 속현의 비율이 신라후기의 군과 영현의 비율이나 성종 14년 주와 현의 비율보다 높은 것인데, '상주목영역'의 주현과 속현의 비율은 17.66으로 다른 지역

영현이었던 진보현(보성부; 현재 경상북도 청송군 진보면)이 '경주영역'의 예주 속현이 된 정도이다(『三國史記』 卷34, 地理1, 新羅). 고려 성종 14년의 10도의 영역과 계수관영역(신라 9주의 영역)의 관계를 간단히 살피면 다음과 같다. 영남도와 '상주목영역'(상주), 영동도와 '경주영역'(양주), 산남도와 '진주목영역'(강주), 해양도와 '나주목영역'(무주), 강남도와 '전주목영역'(전주) 등은 대체로 영역이 일치하는데, 이곳은 현재의 전라도와 경상도 지역이다. 반면 하남도와 중원도는 '청주목영역'과 '충주목영역'으로 재편성되는데, 하남도(공주)는 중원도에서 갈라진 '청주목영역'에 편성된다. 또 개경을 둘러쌌던 관내도의 북쪽은 '해주목영역'과 '황주목영역'으로 편성되었다가 이어서 서해도가 되었고, 관내도의 남쪽은 '양주(남경)영역'과 '광주영역'으로 편성되었다가 후에 '충주목영역'·'청주목영역'과 함께 양광도로 편성된다. 고려 성종대의 10도가 '계수관영역'으로 재편성된 것은 대체로 현종 9년 '주현속현제도'가 성립될 때이다. 이때 '10도제'도 실질적으로 해체되었을 것으로 생각한다.

보다도 훨씬 높다. '상주목영역'은 다른 계수관영역과 비교하면 소속 군현은 53개로 많은 반면 주현의 수는 상주목·안동부·경산부 등 3개뿐이기 때문이다.

고려시기 '상주목지역'이 포함된 '상주목영역'의 지리적 범위를 간략히 살펴보면 다음과 같다. '상주목영역'의 북쪽과 북서쪽은 백두대간을 경계로 교주도·동계·'충주목영역'과 구분되었고, 서쪽은 백두대간 서쪽의 금강 상류 유역을 경계로 '청주목영역'·'전주목영역'과 구분되었다. 또 남쪽은 가야산과 비슬산 줄기를 경계로 '진주목영역', 동남쪽은 팔공산 줄기를 경계로 '경주영역'과 구분되었다.

고려시기 '상주목지역'은 〈표 3-3〉에서 보듯이 계수관이자 주현인 상주목과 문희군 등 24개의 속현으로 구성되었다. 주현인 상주목은 신라후기 9주의 하나인 상주가 설치되었던 곳이다. 신라후기 9주가 설치되었

〈그림 3-2〉 '상주목지역'의 지리적 범위

던 곳은 5소경이 설치된 곳과 함께 고려 현종 9년 군현제가 정비될 때 대부분 주현이 되었다.[57] 이 지역들은 신라후기 이래 지역 중심도시로서 토지와 인구, 교통, 시설 등 여러 조건에서 주변 군현보다 우세하였다. 따라서 고려 건국 후 신라 제도를 재편성하는 과정에서 이들 고을이 지역의 중심도시로 정해지는 것은 자연스러운 일이었으며, 이런 점은 상주목도 마찬가지였다. 중앙에서는 이전부터 지역의 중심 역할을 하던 큰 고을을 지방지배의 중심지로 정하고 그를 중심으로 군현영속관계를 재편하여 지방지배의 효율을 높이려고 하였기 때문이다.[58]

앞에서 정리하였듯이 신라후기 이후 9주의 하나였던 상주는 고려시기에 들어와서도 계속 지방통치의 중심지로서 중요한 위상을 유지하였다. 이제 고려시기 '상주목지역'에 속했던 25개의 단위군현의 영속관계의 변화를 살펴보자. 신라후기 상주에는 청효현·다인현·화창현 등 3개의 영현만이 소속되어 있었다.[59] 따라서 『고려사』 지리지에 기록된 상주목 속현 24개의 대부분은 고려 건국 이후 상주목에 속하게 된 곳이다. 『삼국사기』와 『고려사』 등을 토대로 정리한 〈표 3-4〉를 참고하면서 상주목과 속현 24개의 영속관계 변화를 5개의 소지역권으로 나누어 살펴보자.

먼저 상주목 북쪽의 문희군·가은현·호계현·함녕군·산양현·용궁군을 보자. 함녕군(현재 경상북도 상주시 함창읍)은 신라후기 고령군으로 가산현

57 '계수관영역' 안에서 主縣을 정할 때에는 역사적 전통, 토지와 인구 등 생산력, 도시시설과 교통 등 도시기반, 지리적 특징 등이 고려되었겠지만, 이와 함께 정치적 요인도 있었을 것으로 생각한다. 천안도호부처럼 새로 생긴 곳이 주현이 된 곳도 있고 신라후기 9주의 하나였던 해양현처럼 속현이 된 곳도 있다. 고려시기 주현에 대해서는 이 책 제1장 참고. 尹京鎭은 앞 논문(2000, 박사학위논문)에서 주현을 신라 또는 통일전쟁기를 거치면서 지정학적으로 중심이 되는 지역으로 보았다.

58 이 책 제1장 참고.

59 『三國史記』 卷34, 地理1.

〈표 3-4〉 고려시기 '상주목지역'의 군현(현종 9년 기준)

군현 이름	신라후기 영속관계	현종 9년 영속관계	고려시기의 역(22역도)	기타 연혁
尙州牧	상주 영현 = 靑驍縣(靑理縣), 多仁縣, 化昌縣(고려 명칭 미상)	상주목	洛原驛(尙州道) 洛東驛(상주도) 洛陽驛(京山府道) 洛山驛*(경산부도)	태조대 安東都督府 성종 2 상주목(12牧) 성종 14 節度使 파견 현종 3 安東大都護府 현종 5 尙州安撫使 [조선] 세종 31 관찰사가 겸임, 곧 복구
聞喜郡	冠山縣 古寧郡(함녕군) 영현	문희군 상주목 속현	聊城驛(상주도)	후에 聞慶縣으로 개칭 공양왕 2 문경감무 [조선] 태종 13 문경현감
加恩縣	嘉善縣 고령군(함녕군) 영현	가은현 상주목 속현		공양왕 2 문경현 속현
虎溪縣	호계현 고령군(함녕군) 영현	호계현 상주목 속현	幽谷驛(상주도)	[조선] 태종 16 문경현 속현 후에 廢縣
咸寧郡	고령군 영현 = 가선현, 관산현, 호계현	함녕군 상주목 속현	德通驛(상주도)	후에 咸昌郡으로 개칭 명종 2 함창감무 [조선] 태종 13 함창현감
山陽縣	嘉猷縣 醴泉郡(甫州) 영현	산양현 상주목 속현		후에 산양감무 명종 11 감무 혁파 [조선] 상주목 속현
龍宮郡	竺山(園山)	현종 3 용궁군 상주목 속현	智保驛(상주도)	성종 14 刺史 파견 명종 2 용궁감무 [조선] 태종 13 용궁현감
多仁縣	다인현 상주 영현	다인현 상주목 속현	守山驛(상주도)	후에 보주(예천군) 속현 [조선] 예천군 속현
單密縣	단밀현 聞韶郡(義城府) 영현	단밀현 상주목 속현		[조선] 상주목 속현
安定縣	安賢縣 문소군(의성부) 영현	안정현 상주목 속현	安溪驛(상주도)	공양왕 2 안정감무, 비옥 겸함, [조선] 세종 5 비안현 속현

比屋縣	비옥현 문소군(의성부) 영현	비옥현 상주목 속현	雙溪驛(상주도)	공양왕 2 안정감무가 겸임 [조선] 세종 3 安比縣監 세종 5 比安縣監
善州	嵩善郡 영현 = 孝靈縣, 尒同兮縣(미상), 軍威縣	선주 상주목 속현	連鄕驛(상주도) 仇於驛(상주도) 安谷驛(경산부도)	성종 14 刺史 파견 인종 21 —善縣令 후에 知善州事 [조선] 태종 13 善山郡으로 개칭 태종 15 善山都護府
海平郡	竝井縣	해평군 상주목 속현	上林驛(상주도)	인종 21 일선현 속현 [조선] 선산도호부 속현
軍威縣	군위현 崇善郡(善州) 영현	군위현 상주목 속현		인종 21 일선현 속현 공양왕 2 군위감무 [조선] 태종 13 군위현감
孝靈縣	효령현 숭선군(선주) 영현	효령현 상주목 속현	曹溪驛(상주도)	인종 21 일선현 속현 공양왕 2 군위현 속현 [조선] 군위현 속현
缶溪縣	缶林縣 숭선군(선주) 영현	부계현 상주목 속현		인종 21 일선현 속현 공양왕 2 義興縣 속현 [조선] 의흥현 속현
青理縣	青驍縣 상주 영현	청리현 상주목 속현		[조선] 상주목 속현 세종대 이후 廢縣
功城縣	大幷部曲	공성현 상주목 속현		[조선] 상주목 속현 세종대 이후 廢縣
禦侮縣	어모현 개령군 영현	어모현 상주목 속현	秋風驛(경산부도)	[조선] 金山郡 속현 세종대 이후 廢縣
開寧郡	開寧郡 영현 = 禦侮縣, 金山縣, 知禮縣, 茂豐縣	개령군 상주목 속현	扶桑驛(경상부도)	명종 2 개령감무 [조선] 태종 13 개령현감
化寧郡	化寧郡 영현 = 道安縣(中牟縣)	화령현 상주목 속현	長寧驛**(경산부도)	[조선] 상주목 속현
中牟縣	道安縣 화령군 영현	중모현 상주목 속현	常平驛(경산부도)	[조선] 상주목 속현

<table>
<tr><td rowspan="2">報令郡</td><td>三年郡</td><td>보령군</td><td rowspan="2">猿岩驛(경산부도)
舍林驛(경산부도)</td><td rowspan="2">명종 2 보령감무
[조선]
태종 13 충청도로 이속
태종 16 報恩縣監</td></tr>
<tr><td>영현 =
淸川縣,
耆山縣(靑山縣)</td><td>상주목 속현</td></tr>
<tr><td rowspan="2">靑山縣</td><td>耆山縣</td><td>청산현</td><td rowspan="2"></td><td rowspan="2">공양왕 2 청산감무
[조선]
정종 1 상주목 속현
태종 3 청산감무
태종 13 충청도로 이속
태종 14 黃澗縣과 병합, 黃靑縣으로 개칭
태종 16 청산현감</td></tr>
<tr><td>삼년군 영현</td><td>상주목 속현</td></tr>
<tr><td rowspan="2">永同郡</td><td>永同郡</td><td>영동군</td><td rowspan="2">會同驛(경산부도)</td><td rowspan="2">성종 14 刺史 파견
명종 2 영동감무
명종 6 영동현령
후에 영동감무
[조선]
태종 13 영동현감, 충청도로 이속</td></tr>
<tr><td>영현 =
陽山縣, 黃澗縣</td><td>상주목 속현</td></tr>
</table>

* 조선시기 洛平驛과 같은 역으로 보고 위치를 추정하였다.

** 조선시기 長林驛과 같은 역으로 보고 위치를 추정하였다.

(고려 현종 가은현), 관산현(고려 현종 문희군), 호계현(고려 현종 호계현)을 영현으로 두었는데,[60] 신라후기 '고령군영현단위'를 구성했던 4개의 군현은 고려 현종 9년 모두 상주목의 속현이 되었다.[61] 한편 호계현 동남쪽의 산양현은 신라 때 가유현으로 예천군(고려 현종 보주)의 영현이었는데, 고려 현종 9년 보주가 안동부의 속현이 된 것과 달리 상주목의 속현이 되었다. 또 산양현 동남쪽의 용궁군은 『고려사』 지리지에 본래 신라의 축산(竺山) 혹은 원산이라고만 되어 있어 신라후기의 영속관계가 확인되지 않는다.[62] 명칭으로 보아 신라 때는 독립 군현이 되지 못하였을 가능성

60 『三國史記』 卷34, 地理1.

61 『高麗史』 卷57, 地理2, 慶尙道, 尙州牧.

62 『高麗史』 卷57, 地理2, 慶尙道, 尙州牧, 龍宮郡.

이 높다. 그렇지만 고려 성종 14년에 용주자사로 승격되었던 것은 주목할 만하다.

다음으로 상주목 동쪽의 다인현·단밀현·안정현·비옥현을 보자. 다인현은 신라 때 상주의 영현이었으며, 안정현은 신라후기 안현현으로 단밀현·비옥현과 함께 문소군(고려 의성부)의 영현이었다.[63] 신라 때 문소군은 모두 4개의 영현을 거느렸는데, 고려 현종 9년 '주현속현단위'로 편성될 때 '문소군영현단위'에 속하였던 단위 군현 중 의성부의 서쪽에 있는 단밀현·안정현(신라 안현현)·비옥현 3현은 상주목의 속현이 되었고 군이었던 문소군(고려 의성부)은 안동부의 속현이 되었으며, 영현 중의 하나였던 진보현은 고려 때 보성부로 바뀌어 경주의 영현인 예주의 속현이 되었다.[64]

한편 상주목 동남쪽의 해평군·선주·군위현·효령현·부계현 중 군위현과 효령현은 신라 때 숭선군(고려 때 선주)의 영현으로 확인되지만, 해평군과 부계현은 『삼국사기』와 『고려사』에서는 신라 때의 연혁이 확인되지 않는다.[65] 신라 때 숭선군(고려 선주)의 영현으로는 군위현과 효령군 외에 이동혜현이 있었는데 역시 그 이후의 연혁은 확인되지 않는다. 상주목 남쪽의 청리현·공성현·어모현·개령군 중 신라 때 명칭이 청효현이었던 청리현은 상주의 영현이었고, 공성현은 신라 때 대병부곡이었

---

63 『三國史記』 卷34, 地理1.

64 『高麗史』 卷57, 地理2, 慶尙道.

65 그런데 『新增東國輿地勝覽』(卷29, 善山都護府, 屬縣)에는 海平縣이 본래 신라의 竝井縣으로 고려초기에 해평군으로 고쳐 福州(안동부)에 소속되었다가, 현종대에는 尙州에 소속되었고 인종 21년에 선산도호부의 속현이 되었다는 기록이 있으며, 『大東地志』(卷8, 義興)에는 缶溪縣의 옛 이름은 알 수 없지만 경덕왕 16년에 부림이라 고쳐 崇善郡의 領縣으로 삼았다가 고려 태조 20년에 부계로 고쳤고, 현종 9년 상주에 소속시켰고 후에 선주로 이속시켰다는 기록이 있다.

다가 고려초기에 현이 된 곳이고, 어모현은 개령군의 영현이었다. 신라후기 개령군에는 어모현을 비롯하여 김산현(金山縣)·지례현·무풍현이 영현으로 있었는데 신라후기 '개령군영현단위'는 고려에 들어와 해체되어 개령군과 어모현은 상주목의 속현이 되었고, 김산현과 지례현은 경산부의 속현이 되었으며, 무풍현은 '전주목영역'에 속한 진례현의 속현이 되었다.

다음으로 상주목 서쪽의 화령군·중모현·보령군·청산현·영동군의 영속관계 변화를 보자. 먼저 신라후기 도안현이었던 중모현은 화령군(고려 화령현)의 영현이었고, 신라 때 기산현이었던 청산현은 삼년군(고려 보령군)의 영현이었다.[66] 또 영동군은 신라후기 양산현과 황간현 2개의 영현을 거느린 군이었는데 고려 현종 9년 2개의 영현은 모두 경산부의 속현이 된 반면 영동군만 상주목의 속현이 되었다.

지금까지 살펴본 상주목과 24개의 속현으로 구성된 고려시기 '상주목지역'의 신라후기 이래의 영속관계를 정리하면 다음과 같다. 주·군이 영현과 같이 상주목에 포함된 것으로 상주목과 청리현(신라 청효현)·다인현, 함녕군(신라 고령군)과 가은현(신라 가선현)·문희군(신라 관산현)·호계현, 선주(신라 숭선군)와 군위현·효령현, 개령군과 어모현, 화령현(신라 화령군)과 중모현(신라 도안현), 보령군과 청산현(신라 기산현) 등 16개 군현이 있다. 이 중 일부는 신라후기 군영현단위 전체가 모두 상주목의 속현이 된 곳도 있지만 대부분은 해체되어 일부 군현은 경산부와 안동부의 속현으로 편입되었다.[67] 또 군영현관계가 해체되어 군만 상주목의 속현이 된

66 『三國史記』 卷34, 地理1. 신라후기 삼년군에는 청천현과 기산현 2개의 영현이 있었는데 그중 청천현은 고려 현종대 청주목의 속현이 되었다.

67 개령군의 영현이었던 무풍현은 고려 때 전주목 영역에 속한 진례현의 속현이 되었다(『高麗史』 卷57, 地理2, 全羅道, 進禮縣).

곳으로 영동군이 있으며, 신라후기 예천군(고려 현종 보주)의 영현이었던 산양현(신라 가유현)과 문소군(고려 의성부)의 영현이었던 단밀현·안정현(신라 안현현)·비옥현은 보주와 의성부가 안동부의 속현이 된 것과 달리 상주목의 속현이 되었다. 이렇게 보면 고려시기 '상주목지역'은 신라후기의 연혁이 명확하게 확인되지 않는 용궁군·부계현·해평군·공성현 등 4개를 제외하면 신라후기 9개의 '주영현단위' 혹은 '군영현단위'가 통합되거나 해체되어 형성되었으며, 이들 군현 대부분은 신라후기 '주군현제도' 때 몇몇 군현끼리 서로 영속관계를 맺고 있었음을 알 수 있다. 이것은 고려시기 '주현속현단위'의 규모가 신라후기 '군영현단위'보다 전체적으로 더 커진 것과도 연관된다.

그러면 상주목의 속현들이 상주목에 속하게 된 것은 언제일까? 〈표 3-4〉에 정리된 대로 『고려사』 지리지에는 24개의 군현 중 20개가 현종 9년에 상주목의 속현이 된 것으로 기록되어 있다. 그 외에 용궁군은 현종 3년, 청산현은 고려초기, 화령현은 고려초기 이후, 다인현은 고려로 기록되어 있다. 따라서 현종 9년 이전에 상주의 속현이 된 곳도 있지만 24개의 군현이 상주목의 속현이 되어 상주목을 주현으로 '주현속현단위'가 형성된 시기는 현종 9년이 된다. 그렇지만 고려 건국 후 현종 9년까지의 군현 사이의 영속관계는 확인하기가 어렵다. 고려 건국 이후의 군현 영속관계는 941년(태조 24)에 예천 명봉사에 세워진 '자적선사비' 음기에 보이는 보주(甫州, 예천군)와 은풍현(신라 적아현)의 관계에서 유추할 수 있듯이 대체로 신라후기 '군영현제도'를 바탕으로 전개되었다고 생각한다.[68] 이후 군현의 영속관계가 재편성된 시기는 성종 14년이다. 성종

68 윤경진, 1996, 앞 논문 참고. 아울러 '자적선사비' 음기에 '尙州鳴鳳寺'라 하여 명봉사를 상주관내로 표시한 것도 이 지역을 신라후기 이래의 9주 중의 하나인 상주 관할로 표기한

14년 7월에는 앞에서도 정리하였듯이 '10도제'와 '주현제도'로 대표되는 군현제 개편이 이루어졌다.[69] 고려 성종 14년 '주현제도'에서 '주현단위(州縣單位)'로 묶인 중간 운영단위의 규모는 신라의 군현제와 매우 유사하지만 군현의 영속관계는 이전의 것을 전면적으로 개편한 것으로 신라후기 군영현체제의 구성과는 매우 다르다.[70] 또한 개성부에 속한 군현을 적현 6개와 기현 7개로 개편한 것에서도 이전의 군현 영속관계가 크게 바뀌었다는 것을 알 수 있다.[71] 이런 점에서 본다면 성종 14년 군현제가 개편될 때 상주와 주변 군현의 영속관계도 상당부분 개편되었을 가능성이 크다. 즉 성종 14년에 신라 이래의 '군영현제도'를 해체하고 '10도제'와 '주현제도'를 실시하고 절도사를 파견하면서 그 제도의 근간을 운영하는 지역 중심지를 정하는 기준이 만들어졌을 가능성이 있다. 다만 성종 14년 주현으로 묶인 중간 운영단위의 평균 규모가 『고려사』 지리지에 정리된 '주현속현단위'보다는 신라후기 '군영현단위'에 가깝다는 점에서 성종 14년 10도제에서의 '주현단위'는 현종 9년 이후의 '주현속현단위'와 크게 달랐던 것은 분명하다.[72]

1018년(현종 9) 상주목을 중심으로 하는 '주현속현단위'가 정해진 이후

것으로 주목된다.

69 이 책 제1장 참고.

70 尹京鎭, 2001b, 앞 논문. 이에 대한 필자의 입장은 이 책 제1장 참고.

71 성종 14년 개성부를 구성하였던 적현 6개와 기현 7개가 어떤 군현이었는지에 대해서는 구체적인 기록이 없지만 대체로 문종 16년 개성부에 속했던 13개의 군현과 개경의 근원이 되는 송악군의 범주에서 벗어나지 않을 것으로 생각한다. 이 14개의 군현 중 송악군·개성군·우봉군·토산군은 신라후기 군이었고, 덕수현·임진현은 개성군의 영현, 여비현(송림현)·강음현은 송악군의 영현, 임강현·장단현·임단현(마전현)은 우봉군의 영현, 중성현(적성현)·파평현은 내소군의 영현이었고, 정주는 신라후기 때의 상태를 확인할 수 없다(『三國史記』 卷35, 地理2, 漢州). 그렇다면 성종 14년에는 신라후기 5개의 군영현단위가 해체되어 적현과 기현을 형성한 것이 된다(이 책 제3장 4절 참고).

72 이 책 제1장 참고.

'상주목지역'은 어떻게 변했을까? 가장 눈에 띄는 변화는 1143년(인종 21) 선주를 일선현으로 명칭을 바꾸어 현령을 파견하고, 일선현에 해평군·부계현·효령현·군위현을 속현으로 이속한 것이다.[73] 일선현과 그 동남쪽의 군현들은 '상주목지역' 중 상주목과 가장 멀리 떨어져 있던 군현이다. 상주목과 가장 멀리 떨어져 있는 이들 군현을 '일선현지역'으로 묶어서 독립시킨 것은 현종 9년 설정된 '주현속현단위'의 보완을 의미하는 것이기도 하여서 주목된다.[74]

다음으로 고려 중후기 감무 파견의 사례를 보자. '상주목지역'의 군현 중 고려 명종대에 감무가 파견된 곳으로 함녕군(후에 함창군)·개령군·보령군·영동군·용궁군이 있는데, 용궁군을 제외한 4곳은 모두 1172년(명종 2)에 감무가 파견된 것으로 기록되어 있다. 또한 고려말기인 1390년(공양왕 2)에 감무가 파견된 곳으로 문경군·안정현·군위현·청산현이 확인된다. 여기서 주목되는 것은 공양왕 2년에 감무가 파견될 때에는 이웃 군현의 감무를 겸하거나 속현의 이속이 수반된 것이다. 즉 안정현의 감무가 비옥현을 겸하였고 군위현에 파견된 감무는 효령현을 겸하였으며, 가은현은 감무가 파견된 문경군의 속현이 되었다. 이런 조치가 조선초기로 이어진다는 점에서 공양왕 2년의 감무 파견은 조선초기 군현제 개편의 시작이라 할 수 있다.[75]

---

73 『高麗史』 지리지에서는 당시 부계현의 이속은 확인되지 않지만 부계현의 위치와 부계현이 현종 9년 상주에 속했다가 후에 선주에 속했다는 『大東地志』(卷8, 義興)의 기록을 종합하면 인종 21년 일선현에 현령이 파견될 때 부계현도 일선현의 속현이 되었을 것으로 생각한다.

74 상주목의 속현 중 일시적이지만 명종 6년 영동군에 현령이 파견되었다. 영동군은 그 위치로 보아 상주목의 속현으로 편성되는 것보다 경산부의 속현이 되는 것이 더 자연스러운 곳이다. 그럼에도 영동군을 상주목의 속현으로 편성한 것은 영동군의 특별한 위치 때문이었다고 생각한다. 그런 점에서 명종 6년에 영동군에 현령을 파견한 것의 의미를 살필 필요가 있다.

다음으로 '상주목지역'에 속했던 25개의 군현이 조선초기에는 어떻게 개편되는지 간단히 살펴보자. 우선 조선초기에 폐현되는 곳이 4개이다. 청리현과 공성현은 상주에, 호계현은 문경현에, 어모현은 김산현에 통합되어 군현의 명칭조차 소멸되었다.[76] 또한 10개의 군현이 조선초기에도 속현으로 남는다. 즉 산양현·화령현·단밀현·중모현은 모두 상주목의 속현이 되었고, 다인현은 예천군의 속현, 가은현은 문경현의 속현, 효령현은 군위현의 속현, 부계현은 의흥현의 속현, 해평군은 선산도호부의 속현이 되었다. 또 조선초기 비옥현과 안정현이 비안현으로 통합되면서 안정현은 비안현의 속현이 되었다.[77] 조선초기의 속현은 고려시기의 속현이 독자적인 지방통치의 단위로 기능했던 것과 달리 독립성을 거의 잃은 채 소속 군현에 예속되었다.[78] 따라서 25개의 군현 중 조선초기 이후 독립군현으로 남은 곳은 상주목·선산도호부·문경현·함창현·용궁현·비안현·군위현·개령군·보은현(현감)·영동현(현감)·청산현(감무) 등 11곳에 불과하며, 그중에서 보은현·영동군·청산현은 조선초기에 충청도로 이속되었다.

---

75 윤경진은 공양왕대 이후에 설치된 감무는 속현이나 부곡을 이속하여 읍세를 보강하고, 이를 통해 해당 군현을 기존의 주현으로부터 분립시키는 것으로 보았다(尹京鎭, 2000, 앞 박사학위논문).

76 『新增東國輿地勝覽』 卷28, 尙州牧; 卷29, 錦山郡·聞慶縣, 古蹟.

77 『新增東國輿地勝覽』 卷24, 醴泉郡; 卷25, 比安縣·軍威縣; 卷27, 義興縣; 卷28, 尙州牧; 卷29, 聞慶縣·善山都護府.

78 조선초기 속현의 지위에 대해서는 다음의 논문 참고. 박종진, 1999, 「고려시기 '수취단위'의 의미와 속현의 지위」, 『역사와 현실』 32; 尹京鎭, 2000, 앞 박사학위논문.

2) '상주목지역'의 지리적 범위와 특징

주현인 상주목과 24개의 속현으로 구성된 '상주목지역'의 서쪽과 서남쪽에는 '경산부지역'이 있었고, 동쪽에는 '안동부지역'이 있었는데, 서쪽 '경산부지역'과의 지리적 경계는 백두대간 서쪽의 산줄기이지만 '청주목지역'과 같이 지리적으로 확연하게 구분되지는 않는다. 이것은 금강 상류지역에서 추풍령에 이르는 교통로에 경산부의 속현이 위치한 것과 관련이 있다. 또 '상주목지역' 남쪽의 속현들은 감천유역에 위치했는데, 가장 남쪽의 금오산을 경계로 '경산부지역'과 구분되었다. 동쪽 '안동부지역'과의 경계는 서쪽 '경산부지역'과 마찬가지로 확연하게 구분되지 않는다. 이제 '상주목지역'에 속한 군현의 지리적 특징을 좀 더 자세히 살펴보자.[79] 여기에서는 앞에 수록한 〈그림 3-2〉를 보면서 상주목의 속현 24개를 5개의 소지역권으로 나누어 산(산줄기)과 강(물줄기) 등 지형, 교통로 등 지리적 특징을 살펴보고자 한다.[80]

---

79 이 글 역시 '청주목지역'의 지리적 특징을 살핀 앞 글(이 책 제3장 1절)과 마찬가지로 부족한 문헌자료의 한계를 『大東輿地圖』, 『東輿圖』, 『山經表』 등 조선후기 이후의 지도와 지형도를 적극적으로 이용하여 해결하려 하였다. 아울러 이 지역의 지리적 이해를 위하여 몇 차례 현지답사를 실시하였다. 1차: 2009년 2월 8일, 문경·예천·상주·보은, 정학수·정보윤 동행. 2차: 2009년 3월 28일~29일, 영동·추풍령·무주·옥천, 홍영의 동행. 3차: 2009년 9월 9일~11일, 상주·예천·의성·구미·김천·팔공산·군위, 4차: 2010년 8월 7일, 백화산, 임경택 동행.

80 고려시기 주현과 속현의 지리적 관계를 살피기 위해서는 읍치의 위치에 대한 비정이 전제되어야 하지만 이 글의 검토 대상인 '상주목지역' 25개 군현의 치소를 모두 비정할 수 있는 자료가 부족하다. 따라서 이전 글과 마찬가지로 고려시기 군현의 읍치 위치에 대한 비정은 보류하고 조선시기 읍치를 중심으로 하는 비교적 광역의 고을 중심지를 설정하고 이를 토대로 작업을 진행하였다.

(1) 북쪽: 문희군·가은현·호계현·함녕군·산양현·용궁군

문희군·가은현·호계현·함녕군은 신라 때 군영현단위로 묶였던 곳으로 모두 백두대간 남쪽에 위치한다. 신라 때 상주의 북쪽에 있던 하나의 '군영현단위'가 고려 현종대 모두 상주목의 속현이 된 것은 이들 군현의 북쪽을 지나는 백두대간이 지리적으로 지역과 지역을 나누는 경계가 되었기 때문이다. 즉 제일 북쪽의 문희군과 가은현은 백두대간을 경계로 '충주목지역'의 장연현(현재 충청북도 괴산군 연풍면과 충주시 수안보면 일대)과 경계를 이루었는데, 이 지역 경계는 오늘날까지 이어진다.

반면 함녕군 동쪽에 있는 산양현과 용궁군의 경우는 설명이 필요하다. 산양현은 신라 때 예천군의 영현이었고, 그 동남쪽 가까이 있는 용궁군은 신라 때 명칭이 축산이었다는 기록만 있고, 연혁은 확인되지 않는다. 신라 때 예천군의 '군영현단위'였던 군현 중 군이었던 보주(신라후기 예천군)를 비롯하여 은풍현(신라후기 적아현)·풍산현(신라후기 영안현)은 고려 현종대 안동부의 속현이 된 반면 산양현은 상주의 속현이 되었다. 용궁군과 보주는 이 일대의 군현이 '상주목지역'과 '안동부지역'으로 재편되면서 '상주목지역'과 '안동부지역'의 경계가 되었다. 당시 용궁군과 보주(예천)의 경계는 백두대간 저수재에서 뻗은 산줄기로 생각된다. 다만 이 산줄기의 북쪽 산세는 700미터 이상의 제법 높은 산줄기로 이어지지만 남쪽으로 내려올수록 산세가 약해져 두 지역을 지리적으로 단절할 만큼은 되지 않는다. 따라서 고려시기 '주현속현단위'를 편성할 때 이 지역 군현의 소속이 상주목과 안동부로 갈린 것은 산줄기라는 자연지세뿐 아니라 이 일대 군현과 상주목·안동부와의 거리도 고려된 듯하다. 즉 신라후기 예천군의 영현으로 묶였던 군현 중 상주목에 가까운 산양현은 상주목 속현이 된 반면 안동부에 가까운 보주·은풍현·풍산현은 안동부의 속현이 되었다.

상주목 북쪽의 속현들은 고려시기 개경에서 상주목으로 오는 두 개의 길 중 하나인 '상주도'가 지나는 곳이다. 즉 개경에서 황려현·충주목을 지나 백두대간의 하늘재(계립령)를 넘어 상주목으로 오는 길이 여기에 해당한다. 충주목 쪽에서 백두대간을 넘어 상주목으로 올 때는 문희군(후 문경군)의 요성역, 그 남쪽에 있는 호계현의 유곡역, 함녕군(후 함창군)의 덕통역을 거쳤을 것으로 생각한다. 특히 유곡역은 조선시기 찰방역으로 이 지역의 중심역이었던 것으로 보아 고려시기에도 중요한 역이었을 것이다. 고려중기 이규보 역시 개경과 상주목을 왕복할 때 유곡역·요성역·하늘재의 미륵원을 거쳤다.[81] 거꾸로 상주목에서 북쪽의 속현으로 갈 때에도 이 역들을 이용하였을 것은 당연하다. 즉 상주목에서 함녕군·호계현·문희군으로 갈 때에는 특별한 경우가 아니라면 북쪽에서 상주목으로 올 때와 같은 경로를 거치게 되었을 것이기 때문이다. 반면 상주목에서 가은현으로 갈 때는 문희군까지 가서 그곳에서 가은현으로 들어갔을 것으로 생각한다. 또한 상주목에서 산양현과 용궁군으로 갈 때는 함녕군 동쪽에 있던 덕통역을 이용하였을 것이다. 반면 용궁군 동남쪽의 지보역은 용궁군에서 다인현이나 보주쪽으로 갈 때 이용한 역으로 추정된다.[82] 이규보가 상주에서 유람할 때 다인현의 대곡사를 들렀다가 용궁군에 들어갈 때에도 지보역을 이용하거나 통과하였을 것으로 보인다.[83]

(2) 동쪽: 다인현·단밀현·안정현·비옥현

다인현·단밀현·안정현·비옥현 등 4개의 속현은 모두 상주목 동쪽을 흐르는 낙동강 동쪽에 있었는데, 이 군현들은 '안동부지역'과 경계가 되는

---

81 『東國李相國集』 卷6, 古律詩.

82 용궁군에서 다인현에 갈 때에는 지보역 외에도 다인현의 수산역도 이용하였을 것이다. 〈그림 3-2〉 참고.

83 『東國李相國集』 卷6, 古律詩.

곳이었다. 먼저 다인현은 낙동강을 경계로 서쪽에는 상주목, 동쪽에는 안동부가 있었지만 고려 현종대 다인현이 상주목의 속현이 된 것은 다인현이 신라후기 상주의 영현이었기 때문일 것이다. 이것은 현종 9년 '주현속현단위'를 편성하면서 이전의 역사성을 우선 고려했기 때문이다. 더구나 다인현은 상주목과 가까운 곳이기 때문에 다인현이 상주목의 속현이 된 것은 자연스럽다.

한편 다인현 남쪽의 단밀현·안정현(신라후기 안현현)·비옥현은 모두 신라 때 문소군(고려 의성부)의 영현이었던 곳이다. 이 3개의 현은 낙동강 지류인 위천 유역에 있다. 신라 때 문소군(고려 의성부)에는 4개의 영현이 있었는데 고려 현종대에 '주현속현단위'를 편성할 때 단밀현·안정현·비옥현은 상주목의 속현이 되었고 의성부는 안동부의 속현, 진보현은 '경주목영역'에 속한 예주의 속현이 되었다. 이렇게 신라후기 문소군의 '군영현단위'가 고려 현종대 속현으로 재편성될 때 의성부(신라후기 문소군) 서쪽의 3현만 상주목의 속현이 된 것은 지형적인 요인보다는 의성부의 주현인 안동과의 거리가 고려되었으리라고 본다.

상주목에서 이 4현으로 가는 교통로를 간단히 살펴보자. 상주목에서 다인현에 갈 때에는 상주목 동쪽에 있던 낙원역을 이용하여 낙동강을 건넌 후 다인현의 수산역을 거쳐 다인현에 들어갔을 것이다. 다인현에서 남쪽의 3현으로 갈 때에는 안계역을 이용하였다. 또 3현 중 낙동강에서 가까운 단밀현의 경우 상주목에서 동남쪽의 낙동역을 거쳐 직접 단밀현으로 갈 수도 있었다. 이규보가 상주에서 유람할 때 일선현(고려 현종 선주)의 원흥사(현재 경상북도 구미시 도개면)에서 다인현의 대곡사(현재 경상북도 의성군 다인면)를 거쳐 용궁군으로 갔는데,[84] 당시 이규보가 원흥사에서 대곡

84 『東國李相國集』 卷6, 古律詩. 이규보가 이곳을 유람할 때인 1196년(명종 26)은 일선현에

사에 갈 때 낙동역을 이용하였을 것으로 보인다. 한편 비옥현의 쌍계역은 안정현이나 비옥현에서 동쪽의 의성부나 남쪽의 군위현으로 갈 때 이용할 수 있었다.

(3) 동남쪽: 해평군·선주(일선현)·군위현·효령현·부계현

해평군·선주(일선현)·군위현·효령현·부계현 등 동남쪽의 5개 속현은 상주목과 가장 거리가 먼 곳이다. 이 중 선주(일선현)와 군위현·효령현은 신라 때 하나의 '군영현단위'로 묶였던 곳이고, 선주 남쪽의 해평군과 효령현 동쪽의 부계현은 연혁이 확인되지 않는다. 선주와 해평군은 낙동강 가에 있어서 낙동강으로 상주목과 교통할 수 있고 또 상주목과 아주 멀리 떨어져 있지 않지만 군위현·효령현·부계현은 비옥현의 남쪽에 있는 곳들로 주현인 상주목과 아주 멀리 떨어져 있다. 특히 효령현과 그 남쪽의 부계현은 팔공산 북쪽 내륙 깊은 곳에 위치하여 교통도 불편하다. 동남쪽의 속현들은 상주목에서 멀리 떨어져 있었지만 안동부와도 멀리 떨어져 있었기 때문에 결국 상주목의 속현이 된 곳이다. 즉 상주목 동남쪽의 5개 속현은 팔공산을 경계로 '경산부지역', '경주영역' 등과 구분되면서 상주목의 속현이 되었지만 상주목과의 거리가 멀었기 때문에 결국 인종 21년 일선현령이 설치되면서 새로운 '주현속현단위'로 편성되었다.[85] 『고려사』에는 부계현이 일선현의 속현이 된 시점이 기록되어 있지 않지만 같은 시기에 부계현 역시 일선현의 속현이 되었을 것이다.

현령이 파견된 이후이다.

85 인종 21년에는 일선현 외에도 몇몇 지역에 현령이 파견되어 새로운 '주현속현단위'를 편성하는데, 이것은 현종 9년 정한 '주현속현단위'의 부분적인 수정을 의미한다. 즉 현종 9년 일정한 원칙에 따라 정한 '주현속현단위'를 지방통치의 효율성을 위해서 합리적으로 수정한 것이다. 그렇지만 인종 21년의 조치는 부분적인 개편일 뿐 현종 9년의 '주현속현단위'의 기본 틀은 고려말기까지 이어진다(윤경진, 2012g, 앞 논문).

상주목에서 동남쪽 속현으로 가는 길은 두 곳을 상정할 수 있다. 하나는 상주목 남쪽 청리현의 낙산역(현재 경상북도 상주시 청리면 청하리)을 거치고 선주(일선현)의 안곡역(현재 경상북도 구미시 무을면 안곡리)을 이용하여 선주로 가는 것이고, 다른 하나는 상주 동남쪽의 낙동역을 이용하여 남쪽으로 가는 길이다. 이 두 길의 이용은 경유지에 따라 달랐을 것이다. 상주목에서 바로 선주로 갈 때에는 낙산역과 안곡역을 이용하였을 가능성이 높지만 상주목에서 바로 해평군 등으로 갈 때에는 낙동역을 이용하였을 것이다.[86] 선주에는 안곡역 외에도 구어역과 연향역이 있었는데, 선주에 가까이 있는 구어역은 근처의 중심역이었다. 선주에서 동남쪽의 해평군으로 갈 때에는 연향역을 이용하였고 해평군에서 군위현과 효령현에 갈 때에는 상림역을 이용한 것으로 보인다. 상주목에서 가장 멀리 떨어져 있는 부계현에 가기 위해서는 효령현 남쪽의 조계역을 이용하였을 것이다.

(4) 남쪽: 청리현·공성현·어모현·개령군

청리현·공성현·어모현·개령군 등 남쪽 4개 속현 중 청리현(신라후기 청효현)과 공성현은 상주목과 가까운 곳이다. 특히 청리현은 신라후기 상주의 영현이었던 곳이다. 또 청리현 남쪽의 공성현은 신라 때 대병부곡이었다가 고려 때 현이 된 곳인데 구체적인 연혁은 확인되지 않는다. 한편 공성현 남쪽의 어모현과 개령군은 신라 때 군영현 관계에 있던 현이다. 신라 때 개령군과 어모현·김산현·지례현·무풍현은 '군영현단위'로 묶였었는데, 이 중 개령군과 어모현은 상주목의 속현이 된 반면, 김산현과 지례현은

86 이규보가 상주목에서 일선현에 속한 원흥사에 갈 때 낙동강을 이용한 것도 같은 이치이다(『東國李相國集』 卷6, 古律詩).

경산부의 속현이 되었고 무풍현은 '전주목영역'에 속한 주현(主縣)인 진례현(현재 충청남도 금산군)의 속현이 되었다. 상주목·경산부와 멀리 떨어진 백두대간의 서쪽 무풍현이 '전주목영역'으로 이속된 것은 고려 현종 9년 '주현속현단위'를 재편성할 때 지리적인 특성을 중요시한 당시의 원칙으로 볼 때 당연한 결과이다. 또 김산현과 지례현이 경산부의 속현이 된 것은 '상주목영역'의 군현 중 관성군(현재 충청북도 옥천군)·이산현·안읍현·양산현·황간현 등 금강 유역의 군현들이 경산부의 속현으로 편성된 것과 연관이 있다.[87] 낙동강 지류 중의 하나인 감천 유역의 개령군과 동쪽의 선주는 당시 '상주목지역'의 남쪽 경계가 되었던 곳으로 금오산을 경계로 '경산부지역'과 구분되었다. 상주목에서 남쪽의 속현으로 갈 때에는 상주목 남쪽의 낙산역과 일선현 북쪽의 안곡역을 이용하였다고 생각한다.

(5) 서쪽: 화령현·중모현·보령군·청산현·영동군

상주목 서쪽의 5개 속현은 모두 백두대간 서쪽에 있다. 우리 국토를 가로지르는 산줄기인 백두대간은 오래전부터 광역의 지역을 구분하는 경계가 된 곳이 많다. 그렇지만 상주 서쪽 곧 추풍령에서 화령에 이르는 백두대간의 산줄기는 비교적 낮고 오히려 백두대간 서쪽의 산세가 더 높고 험하다. 신라 때 상주와 웅주의 경계, 고려 때 '상주목영역'과 '전주목영역'의 경계, 조선 이후 경상도와 충청도의 경계는 백두대간이 아니라 그 서쪽 산줄기이다. 이런 점에서 고려시기에도 이 지역에서는 백두대간이 지역을 나누는 경계가 아니었다.

---

87 이곳은 현재 4번 국도가 지나는 곳과 대체로 일치한다. 한편 이들 군현과 같이 금강 유역에 위치한 영동군이 경산부의 속현이 아니라 상주목의 속현이 된 것은 자연스럽지 않다. 후술하듯이 영동군이 상주목의 속현이 된 배경에는 정치적 요인이 작용하였을 가능성이 크지만 확인할 수 있는 자료는 없다.

서쪽의 속현 중 화령현과 중모현(신라후기 도안현)은 신라 때 군영현 관계에 있던 군현으로 상주목에서 백두대간을 넘으면 바로 갈 수 있는 비교적 가까운 곳에 있다. 이 두 속현은 조선초기 이후 상주의 속현이 되어 독립성을 상실한다. 화령현과 중모현보다 더 서쪽에 있는 3개의 속현 중 보령군(신라후기 삼년군)과 청산현(신라후기 기산현)도 신라 때 '군영현단위'로 묶였던 곳이다. 신라후기 삼년군의 영현 중 하나인 청천현은 고려 현종 9년 청주목의 속현이 되었고 보령군과 청산현은 상주목의 속현이 되었다. 청천현은 교통이 불편한 오지로서 충주목과 상주목보다는 청주목이 더 가까웠기 때문에 청주목의 속현이 되었고,[88] 금강의 지류인 보청천을 끼고 있는 보령군과 청산현은 상주목의 속현이 되었다. 또 청천현과 보령군·청산현 사이에는 '한남금북정맥'이라는 산줄기가 지나가는데, 이것도 이들 군현이 서로 다른 '주현속현단위'로 나뉜 배경이 되었을 것이다. 한편 '상주목지역'의 서쪽 끝에 위치한 보령군은 청주목과 상주목을 잇는 중요한 교통로이기도 하였다.

청산현 남쪽의 영동군은 신라후기 황간현을 영현으로 거느렸던 군이었는데, 고려 현종대에 분리되어 영동군은 상주목 속현이 되었고, 황간현은 경산부의 속현이 되었다. 그런데 영동군이 상주목의 속현이 된 것은 영동군의 위치로 보아 자연스럽지 못하다. 금강 상류 지역을 끼고 있는 관성군(현재 충청북도 옥천군)·이산현(현재 옥천군 이원면)·안읍현(현재 옥천군 안내면)·양산현(현재 충청북도 영동군 양산면)·황간현(현재 영동군 황간면) 등 금강 유역의 군현들이 대부분 경산부의 속현으로 편성되었을 뿐 아니라 영동군은 '경산부지역'의 이산현·양산현·황간현 사이에 위치하기 때문이다. 즉 영동군의 위치는 상주목의 속현으로 편성하는 것보다는

88 이 책 제3장 1절 참고.

경산부 속현이 되는 것이 지리적으로 보아서 자연스럽다. 영동군을 상주목의 속현으로 정한 것에는 일반적으로 '주현속현단위'를 편성할 때 적용했던 원칙과는 다른 정치적 요인이 개입되었을 것으로 보이지만 그에 대해서 추론할 자료는 남아있지 않다.[89]

결국 보령군·청산현·영동군이 고려 현종대 '상주목지역'의 서쪽 경계가 되었는데, 이들 군현은 금강 유역의 교통로에 위치한 경산부의 속현들과 구분되었다. 고려 현종대 '상주목지역'과 '경산부지역'의 서쪽 경계가 되었던 것은 대체로 금강 동쪽의 산줄기이다. 한편 고려 때 '상주목영역'에 속했던 군현 중 '상주목지역'의 속현이었던 보령군·청산현·영동군과 '경산부지역'의 속현이었던 관성현·이산현·안읍현·양산현·황간현은 조선초기 군현제가 개편되었을 때 충청도로 이속되어 오늘에 이른다.

상주목 서쪽의 속현들은 개경에서 청주를 거쳐 상주목으로 오는 길과 연결되는데, 이 길이 경산부도이다. 청주목에서 상주목을 갈 때에는 청주목 동남쪽의 회인현을 거쳐 '상주목지역'의 서북쪽 경계인 보령군으로 들어왔고, 보령군에서는 원암역을 이용하여 화령현으로 왔으며, 다시 화령현의 장령역을 지나 백두대간의 고개 화령을 넘어 상주목으로 왔다.[90] 이 길은 공민왕이 1361년(공민왕 10) 홍건적을 피해 개경에서 복주(안동부)에 갔다가 복주에서 상주목·보령군·청주목을 거쳐 개경으로 돌아올 때 이용했던 교통로이기도 하다. 화령현에서 화령을 넘어 상주목으로 갈 때에는 상주목 서쪽의 낙양역을 거쳤을 것이다. 물론 상주목에서 화령현과 보령군에 갈 때에도 이 길을 이용하였다. 상주목에서 화령현

89 고려 현종 9년 상주목의 속현이 되었던 영동군은 1172년(명종 2) 監務, 1176년에 현령관이 되었다가 뒤에 다시 감무관이 되었다(『高麗史』 卷57, 地理2, 慶尙道, 尙州牧, 永同郡).

90 『高麗史』 卷39; 卷40. 공민왕 11년 공민왕이 상주목에서 청주목으로 갈 때 보령군 남쪽의 원암역에 머물렀다(『高麗史』 卷40, 恭愍王 11年 8月 戊子).

남쪽의 중모현·청산현·영동군에 갈 때에도 상주 서쪽의 낙양역과 장령역을 이용하여 화령현으로 가서, 그곳에서 다시 중모현 북쪽 가까이에 있던 상평역을 이용하여 남쪽(중모현)으로 이동하였을 것으로 생각한다. 이 외에도 상주 남쪽의 낙산역을 이용하여 공성현까지 가서 서쪽으로 백두대간의 고개(큰재)를 넘어 중모현으로 갈 수도 있었다.

3) '상주목지역'의 편성 배경

상주목을 계수관으로 하는 '상주목영역'은 신라후기 9주의 하나인 상주의 영역과 대체로 일치하고 고려 성종 14년에 정해진 10도 중의 하나인 영남도의 영역과도 대체로 같다. 고려시기 '상주목영역'에는 계수관인 상주목을 비롯하여 안동부·경산부 등 3개의 주현과 53개의 속현이 속하였다. 즉 '상주목영역'은 '상주목지역'·'안동부지역'·'경산부지역' 등 3개의 '주현속현단위'로 구성되었다.

앞에서 살펴본 '상주목지역'의 지리적 특징을 이웃 지역과의 경계를 중심으로 간단히 정리하면 다음과 같다. 북쪽은 백두대간으로 '충주목지역'과 구분되었는데, 이 지역 경계는 오늘날까지 이어진다. '상주목지역'은 동쪽에 낙동강의 지류인 위천 유역을 포함하는데, 그 동쪽인 '안동부지역'과 경계가 될 만한 높고 험한 산줄기는 없다. 이 지역의 구분은 각 주현과의 거리가 고려된 듯하다. 동남쪽의 경계는 팔공산인데, 이를 경계로 동쪽으로 '경주지역', 남서쪽으로 '경산부지역'과 구분되었다. '상주목지역'의 남쪽은 낙동강 지류인 감천 유역이 포함되는데, 그 남쪽 금오산줄기로 '경산부지역'과 나뉜다. 서쪽 '경산부지역'과의 지리적 경계는 금강 유역이다.

'상주목지역'과 앞 절에서 고찰한 '청주목지역'의 지리적 특징을 살펴보면 고려시기 '주현속현단위'를 정할 때 지리적 요인이 매우 중요하게 고려되었다는 공통점을 확인할 수 있다. 아울러 두 지역을 비교하면 다음과 같은 2가지의 차이점도 확인할 수 있다. 하나는 상주목의 속현 수 24개는 청주목의 속현 수 9개보다 훨씬 많고 그에 따라 영역도 넓은 것이다. 또 '상주목지역'이라는 '주현속현단위'를 편성할 때 지리적 요인이 고려된 것은 분명하지만 '상주목지역'은 지리적으로 이웃 '주현속현단위'와 분명히 구분된 '청주목지역'과 달리 산줄기 등 지형에 의해서 이웃 '주현속현단위'와 분명히 구분되지 않는 방면도 있다.

그것은 고려 현종대 '주현속현단위'의 편성 과정에서 추론할 수 있다.[91] 고려 현종대를 전후하여 성종 14년에 정했던 10도를 포기하면서 지방통치의 중심지로 계수관과 계수관이 관할하는 '계수관영역'을 정했는데, 이때 '계수관영역'은 전라도와 경상도의 경우 신라후기의 9주와 고려 성종 14년의 10도 영역과 대체로 일치한다. 그것은 고려에 들어와 정해진 광역의 지방통치 단위가 신라후기 9주라는 광역의 지방통치 단위의 역사성을 토대로 하였다는 것을 의미한다. 고려시기의 지방 통치제도는 현종 9년 '주현속현단위'가 설정되면서 완성된다. '계수관영역'의 군현 중에서 지방통치의 중심지인 주현을 정하고 그 주현에 속현을 배치하는 방법으로 '주현속현단위'를 정했기 때문에 이 과정에서 주현을 정하는 것이 가장 중요하였다. 따라서 고려시기의 '주현속현단위' 설정 배경을 이해하기 위해서는 주현 설정의 배경에 대한 이해가 전제되어야 한다.

이렇게 주현을 먼저 정한 후 영역 안의 군현을 속현으로 배치했기 때문에 '상주목지역'처럼 많은 속현과 넓은 지역이 하나의 '주현속현단위'로 편성된 지역의 경우 지리적으로 하나의 생활권이 되기 어려운 곳도

91 고려 현종대 '주현속현단위'의 편성과정과 특징에 대해서는 이 책 제1장 참고.

있었다. 주현에 속현을 배치할 때에는 이전의 역사성을 살려 신라후기 '군영현단위'가 해체되지 않고 그대로 새로운 '주현속현단위'에 소속되는 경우도 있지만 '주현속현단위'가 신라후기의 '군영현단위'보다 훨씬 커지면서 신라후기의 단위 몇 개가 통합되거나 해체되는 경우가 많았는데, 그때에는 산줄기 등 지형과 거리 등이 고려되어 합리적으로 재배치되었다.

이와 같이 고려 현종대 '주현속현단위'를 정할 때 과거 지역단위의 역사성과 지리적 요인을 고려한 것은 분명하다. 그렇지만 지역에 따라서는 다른 요인이 적용된 예외도 있다. 영동군이 경산부의 속현이 아니라 상주목의 속현이 된 것이 대표적인 경우이다. 영동군은 경산부의 속현이 된 관성군(현재 충청북도 옥천군)에서 황간현, 추풍령, 김산현에 이르는 교통로에 위치하기 때문이다. 신라후기 무주였던 해양현이 나주목의 속현으로 편성된 것 역시 정치적 요인이 작용한 예라고 생각한다.

3. '밀성군지역'의 성립과 지리적 특징

1) '밀성군지역'의 성립

(1) '경주영역'의 구조

이 글의 분석 대상인 '밀성군지역'은 고려시기 계수관영역의 하나인 동경유수관 '경주영역'에 속하였다. 먼저 '경주영역'의 구조를 간략하게 살펴보자. 『고려사』 지리지를 기준으로 작성한 〈표 3-5〉를 보면 고려시기 경상도에는 '경주영역'·'진주목영역'·'상주목영역' 등 3개의 계수관영역이 속해 있었고, 각 계수관영역에는 몇 개의 '주현속현단위'가 속해 있었

〈표 3-5〉 '동경유수관 경주영역'의 구조(현종 9년 기준)

계수관	주현	속현	속현 수	평균 속현 수
東京留守官慶州	東京留守官慶州	興海郡, 章山郡, 壽城郡, 永州, 安康縣, 新寧縣, 慈仁縣, 河陽縣, 淸河縣, 延日縣, 解顔縣, 神光縣, 杞溪縣, 長鬐縣	14	
	蔚州	東萊縣, 巘陽縣, 機張縣*	3	
	禮州	甫城府, 英陽郡, 平海郡, 盈德郡, 靑鳧縣, 松生縣	6	
	金州	義安郡, 咸安郡, 漆園縣, 熊神縣, 合浦縣	5	
	良州	東平縣	1	
	密城郡	昌寧郡, 淸道郡, 玄豐縣, 桂城縣, 靈山縣, 豐角縣	6	
합	6		35	5.83

* 기장현은 『高麗史』 지리지 양주 속현조에 수록되어 있지만, 현종 9년에는 울주의 속현이었다(『高麗史』 卷57, 地理2, 慶尙道, 良州).

는데, '경주영역'에는 현종 9년을 기준으로 '경주지역'·'울주지역'·'예주지역'·'김주지역'·'양주지역'·'밀성군지역' 등 6개의 '주현속현단위'가 속해 있었다.

고려시기 '경주영역'은 현재의 행정구역으로 보면 대략 부산광역시, 울산광역시, 경상북도의 동쪽과 동남쪽, 경상남도의 동쪽과 남쪽을 포함하는 영역으로, 신라후기 9주 중의 하나인 양주와 수도 경주를 합한 영역과 대략 일치하며, 고려 성종 14년에 정해진 10도 중의 하나인 영동도(嶺東道)와도 거의 같다.[92] 신라후기에 이 영역은 수도인 경주와 주치인 양주, 김해소경을 포함하여 12개의 군과 36개의 현으로 구성되었는데, 이 영역

92 신라후기 '양주영역'에 속했던 군현 중 고려시기 '경주영역'에서 빠진 것은 수창군(고려 수성군)과 그 영현인 대구현, 팔리현(고려 팔거현), 하빈현, 화원현뿐이다. 이 군현들은 고려 현종 9년 '주현속현단위'가 편성될 때 모두 '상주목영역'에 속한 '경산부지역'의 속현이 되었다(『三國史記』 卷34, 地理1, 新羅).

은 신라말기에서 고려초기에 이르는 변동 속에서 성종 14년 10도 중의 하나인 영동도로 편성되었다가 현종 9년 이후에는 계수관영역인 '경주영역'으로 재편되었다. 고려시기 '경주영역'은 위 〈표 3-5〉와 같이 경주·울주·예주·김주·양주·밀성군을 주현으로 하는 6개의 '주현속현단위'로 재편되었다. 고려 현종 9년의 '주현속현단위'의 특징 중 하나는 신라후기의 '군영현단위'와 성종 14년의 '주현단위'보다 규모가 크고 다양해진 것이다.[93] 양계를 제외한 경기와 5도의 주현과 속현의 비율이 현종 9년을 기준으로 7.7이었는데,[94] '경주영역'의 비율은 5.83으로 다른 계수관영역보다 낮다. 특히 계수관인 경주에 속현이 14개인 것을 제외하면, 다른 '주현속현단위'의 주현과 속현의 비율보다 훨씬 더 떨어진다. '경주영역'은 신라의 수도 주변으로 예전부터 국가통치에서 중요한 지역이 많았고, 그에 따라 고려 현종 9년 '주현속현제도'가 성립할 때 주현을 많이 편성한 결과라고 볼 수 있다.

이 글의 검토대상인 '밀성군지역'은 주현인 밀성군(密城郡)과 창녕군(昌寧郡)·청도군(淸道郡)·현풍현(玄豐縣)·계성현(桂城縣)·영산현(靈山縣)·풍각현(豐角縣) 등 6개의 속현으로 구성되었다. 현종 9년에 성립된 '밀성군지역'의 지리적 범위는 〈그림 3-3〉에서 보듯이 서쪽과 남쪽은 낙동강을 경계로 다른 '주현속현단위'와 구분되었고, 북쪽과 동쪽은 높은 산이 이어진 산줄기가 다른 '주현속현단위'와 경계가 되었다. 즉 '밀성군지역'의 서쪽 경계인 낙동강의 서쪽에는 '상주목영역'에 속한 '경산부지역', '진주목영역'에 속한 '합주지역'·'진주목지역'이 있었고, '밀성군지역'의 남쪽에는 역시 낙동강을 경계로 '경주영역'에 속한 '김주지역'이 있었다. '밀성

93 현종 9년 '주현속현단위'의 특징에 대해서는 이 책 제1장 참고.

94 이 책 제2장 1절 〈표 2-1〉 참고.

군지역'의 동쪽에는 '낙동정맥'이라는 큰 산줄기가 지나가는데, '낙동정맥'과 '낙동정맥'에서 갈라져 나온 산줄기인 '영축지맥'을 경계로 그 동쪽에는 '경주영역'의 '경주지역'·'울주지역'·'양주지역'이 있었다. 또 '밀성군지역'의 북쪽에는 '경주지역'이 있었는데, 그 경계는 '낙동정맥'의 지맥인 '비슬지맥'이었다. '밀성군지역'의 지리적 범위와 특징에 대해서는 절을 바꾸어 자세하게 살펴보겠다.

(2) '밀성군지역'의 성립

고려 현종 9년 '밀성군지역'을 구성한 7개의 단위군현들은 신라후기 이래 몇 번의 지방제도 개편에 따라 새로 만들어진 것도 있고 또 그에 따라 영속관계도 변하였다. 이 절에서는 7개 단위군현들이 신라후기부터 고려 현종 9년 '밀성군지역'을 형성할 때까지 어떻게 변하였는지 살펴보겠다. 그 과정에서 '밀성군지역'의 특징을 확인할 수 있다. 아울러 고려시기 중요한 지방통치 단위인 '주현속현단위'의 성립과정과 그 특징도 살필 수 있다.

① 신라후기

고려시기 '밀성군지역'의 대부분은 신라후기 9주 중의 하나인 '양주영역'에 속하였는데,[95] '밀성군지역'에 포함된 7개의 단위군현 중 『삼국사기』 지리지에서 신라후기의 군영현관계를 확인할 수 있는 군현은 주현인 밀성군을 비롯하여 창녕군·현풍현·영산현뿐이다. 우선 7개의 단위군현 중 밀성군과 영산현은 신라후기 '밀성군영현단위'에 속하였다.[96] 신라후

---

95 『三國史記』 卷34, 地理1, 良州.

96 『三國史記』 卷34, 地理1, 良州, 密城郡.

〈표 3-6〉 '밀성군지역'의 군현(현종 9년 기준)

군현 이름	신라후기 영속관계	현종 9년 영속관계	고려시기의 역(22역도)	기타 연혁
密城郡	밀성군 領縣 = 尙藥縣(靈山縣), 密津縣, 烏丘山縣(烏也山縣), 荊山縣, 蘇山縣	밀성군 〈知郡事〉	無乙伊驛(金州道) 永安驛(김주도) 用家驛(김주도)	성종 14 刺史 파견 충렬왕 1 歸化部曲 충렬왕 12 밀성군 공양왕 1 密陽府 [조선] 태조 1 밀성군 태종 1 密陽郡 태종 15 密陽都護府
昌寧郡	火王郡 영현 = 玄驍縣(玄風縣)	창녕군 밀성군 속현	內也驛(김주도)	명종 2 창녕감무 [조선] 태종대 창녕현감
淸道郡	확인되지 않음	청도군 밀성군 속현	省乙峴驛(김주도) 楡川驛(김주도) 西之驛(김주도) 買田驛(김주도)	성종 14 刺史 파견 예종 4 청도감무 충혜왕 후4 知淸道郡事, 곧 복구 공민왕 15 청도군
玄風縣	玄驍縣 화왕군(창녕군) 영현	현풍현 밀성군 속현	竝山驛(김주도)	공양왕 2 현풍감무 [조선] 태종대 현풍현감
桂城縣	확인되지 않음	계성현 밀성군 속현	一門驛(김주도)	공민왕 15 영산현 속현 공양왕 2 밀성군 속현 [조선] 태조 3 영산현 속현 후에 廢縣
靈山縣	尙藥縣 밀성군 영현	영산현 밀성군 속현	溫井驛(김주도)	원종 15 영산감무 [조선] 태종대 영산현감
豐角縣	확인되지 않음	풍각현 밀성군 속현		[조선] 密陽都護府 속현

기 밀성군영현단위는 밀성군·상약현(尙藥縣, 고려 영산현)·밀진현(密津縣)·오구산현(烏丘山縣)·형산현(荊山縣)·소산현(蘇山縣)으로 구성되었는데,[97] 이 중 『고려사』 지리지에서는 밀성군과 영산현만 그 연혁이 확인된다.

반면 오구산현 등 3현은 대성군(大城郡)과 함께 고려초기에 청도군을 구성한 것으로 기록되어 있고, 밀진현은 그 이후의 기록이 없다.[98] 또한 창녕군(신라후기 화왕군)과 현풍현(신라후기 현효현)은 신라후기 '화왕군영현 단위'로 묶여 있었다. 즉 현효현(고려 현풍현)은 화왕군(고려 창녕군)의 영현이었다.[99] 반면 청도군·계성현·풍각현의 경우 신라후기의 명칭이나 영속관계를 확인할 수 없다.[100]

신라후기의 군현 중 고려시기 '밀성군지역'과 관련하여 논란이 되고 있는 곳은 대성군(大城郡)이다. 『고려사』 지리지에는 고려초기에 대성군과 신라후기 밀성군의 영현이었던 오구산현·형산현·소산현을 합하여 청도군을 만든 것으로 기록되어 있다. 즉 『고려사』 지리지에 따르면 대성군은 고려초기에 청도군을 만들 때 중심 지역이 된 곳이다. 그런데 『삼국사기』 지리지를 보면 오구산현·형산현·소산현이 밀성군의 영현으로 기록되어 있을 뿐 아니라[101] 이 세 군현과 같은 지역으로 보이는 솔이산성(率伊山城)·가산현(茄山縣, 또는 驚山城)·오도산성(烏刀山城) 등 3성(城)이 대성군 영역에도 포함된 것으로 기록되어 있다.[102] 이같이 『삼

97 『三國史記』 卷34, 地理1, 良州, 密城郡.

98 『高麗史』 卷57, 地理2, 慶尙道, 密城郡.

99 『三國史記』 卷34, 地理1, 良州, 火王郡.

100 『고려사』 지리지에는 청도군은 고려초기에 대성군과 밀성군의 영현이었던 오구산현, 형산현, 소산현을 합하여 만든 것으로 기록하고 있고 계성현에 대해서는 현종 9년에 밀성군의 속현이 되었다고만 기록되어 있으며, 풍각현에 대해서는 본래 상화촌현이었는데 고려 때 풍각현으로 이름을 고쳤으며 현종 9년에 밀성군의 속현이 되었다고 기록하고 있다(『高麗史』 卷57, 地理2, 慶尙道, 密城郡). 이에 대해서는 뒤에서 다시 서술하겠다.

101 『三國史記』 卷34, 地理1, 良州 "密城郡 本推火郡 景德王改名 今因之 領縣五 尙藥縣 本西火縣 景德王改名 今靈山縣 密津縣本 推浦縣(一云竹山) 景德王改名 今未詳 烏丘山縣 本烏也山縣(一云仇道, 一云烏禮山) 景德王改名 今合屬淸道郡 荊山縣 本驚山縣 景德王改名 今合屬淸道郡 蘇山縣 本率已山縣 景德王改名 今合屬淸道郡".

102 『三國史記』 卷34, 地理1, 良州 "大城郡 本仇刀城境內 率伊山城茄山縣(一云驚山城)烏刀

국사기』 지리지에서 고려초기 청도군을 형성했다는 3개의 현을 밀성군과 대성군에 모두 기록한 것은 선행연구에서 지적한 것[103]처럼 『삼국사기』 찬자의 오류라고 생각한다. 고려초기에 위 3개의 현을 합하여 청도군을 설치한 것은 분명해 보이지만 이때 대성군이 청도군에 합쳐졌다는 『고려사』 지리지의 기록은 대성군의 위치를 현재의 경주 동쪽에 비정하는 선행연구의 결과로 볼 때 자연스럽지 않다.[104] 『고려사』 지리지에서 고려초기에 청도군을 설치할 때 대성군이 포함되었다고 기록한 것은 『삼국사기』의 오류를 바로잡지 못한 채 그것을 토대로 청도군의 연혁을 정리하였기 때문이라고 생각한다.[105]

고려시기 '밀성군지역'에 속한 7개의 단위군현 중 신라후기의 군영현 관계를 확인할 수 있는 군현은 주현인 밀성군을 비롯하여 창녕군·현풍현·영산현뿐이다. 즉 밀성군과 영산현은 신라후기 '밀성군영현단위'에 속하였고, 창녕군(신라후기 화왕군)과 현풍현(신라후기 현효현)은 신라후기 '화왕군영현단위'로 묶여 있었다. 반면 청도군·계성현·풍각현의 경우 신라시기의 명칭이나 영속관계를 확인할 수 없다. 다만 고려초기에 신라후기 밀성군의 영현이었던 오구산현·형산현·소산현을 합하여 청도군

山城等三城 今合屬清道郡 約章縣 本惡支縣景德王改名今合屬慶州 東畿停本毛只停景德王改名今合屬慶州". 여기에 기록된 솔이산성·가산현·오도산성은 각각 밀성군의 영현으로 기록된 소산현·형산현(경산현)·오구산현과 같은 곳으로 추정된다(金侖禹, 1987, 「新羅時代 大城郡에 관한 考察-新羅王都 周圍의 所在郡縣에 대한 一考察-」, 『新羅文化』 3·4).

103 金侖禹, 1987, 위 논문.

104 金侖禹, 1987, 위 논문; 정구복 외, 1997, 『譯註三國史記』 4(註釋編 하), 한국정신문화연구원. 한편 김윤곤은 『고려사』 지리지 기록을 토대로 대성군이 고려초기 청도군을 설치할 때 중심이 되었다고 보았다(김윤곤, 2001, 「麗代의 雲門寺와 密陽青道 지방」, 『한국 중세 영남불교의 이해』, 영남대학교출판부).

105 『新增東國輿地勝覽』 등 조선초기 지리지도 이 오류를 그대로 옮겼지만, 조선후기 김정호는 『大東地志』(卷8, 清道)에서 『三國史記』의 기록이 오류라고 지적하였다.

을 설치하였다는 점을 주목한다면, 결국 신라후기 이 지역의 중심은 '밀성군영현단위'와 '화왕군영현단위'였다는 것을 알 수 있다.

② 고려 태조대

신라후기 군현의 영속관계가 고려 건국 이후 어떻게 변하였는지 살펴보자. 고려 건국 후 이 지역의 지방제도 개편에서 주목되는 것은 고려초기에 청도군이 설치되었다는 『고려사』 지리지의 기록이다.[106] 『고려사』 지리지에는 고려초기에 대성군과 오구산현·형산현·소산현을 합하여 청도군을 만들었다고 기록되어 있지만 앞에서 서술한 것처럼 경주 동쪽에 위치했던 것으로 비정되는 대성군이 청도군을 설치할 때 포함되었다고 보기 어렵다. 따라서 고려초기에 청도군을 형성한 것은 신라후기 밀성군의 영현 중 밀성군의 북쪽에 있었던 3현이었다고 생각한다.[107] 이 사실과 관련해서는 두 가지 문제를 검토할 필요가 있다. 하나는 청도군을 설치하였다고 하는 고려초기의 구체적인 시기에 대한 것이고, 다른 하나는 고려초기에 고려 중앙정부가 밀성군의 영현 3개를 떼어 청도군을 설치한 배경과 그것이 가지는 의미에 대한 것이다. 먼저 고려정부가 청도군을 설치하였다는 고려초기는 태조대로 보인다. 고려는 건국 후 '군영현제도'로 대표되는 신라의 지방제도를 토대로 지방을 통치하였지만 중앙국가의 필요에 따라 이전의 제도를 부분적으로 재편하기도 하였다. 즉 태조 2년 수도를 옮기면서 송악군과 송악군의 영현, 개성군과 개성군의 영현을 토대로 개주를 설치한 것을 비롯하여[108] 울주, 천안부

---

106 『高麗史』 卷57, 地理2, 慶尙道 "淸道郡 (一云道州) 高麗初 合新羅大城郡鳥岳荊山蘇山三縣爲郡來屬 睿宗四年 置監務 忠惠王後四年 以郡人上護軍金善莊有功 陞知郡事 明年復爲監務 恭愍王十五年 郡人金漢貴 爲監察大夫 復請陞爲知郡事".

107 청도군에 있었던 신라후기 3개 현의 위치는 〈그림 3-3〉 참고.

등 새로운 군현을 만들었다.[109] 청도군을 설치한 것도 울주, 천안부 등과 마찬가지로 태조대라고 생각한다. 태조대의 군현제도 정비는 후삼국통일 이후인 태조 23년 주부군현의 명칭을 개편하면서 마무리되는데, 이때의 명칭 개편은 단순히 이름만을 바꾼 것이 아니라 고려시기의 단위군현을 확정하는 과정으로 볼 수 있다.[110] 즉 태조 23년 주부군현의 명칭 개편은 고려 건국 후 후삼국 통합과정을 겪으면서 고려 영역에 들어온 군현들을 고려의 지방제도로 개편하는 과정이라고 할 수 있는데, 이것은 곧 중앙정부에서 각 군현의 토지와 호구를 파악하고, 그를 토대로 조세를 거둘 수 있게 되었다는 의미이다. 다만 이때에도 앞에서 본 것처럼 일부 군현의 영속관계가 개편되기도 했지만 대체로 신라후기 이후의 군현 영속관계가 전면적으로 개편되지는 않았다. 따라서 청도군은 태조대 군현 개편 과정에서 설치되었고, 그 과정 역시 태조 23년에 마무리되었을 것이다.[111] 이와 관련하여 태조 26년 청도군계(淸道郡界) 이심사(里審使) 순영(順英) 등이 작성한 주첩공문(柱帖公文)에 운문사(雲門寺)의 장생표(長生標)가 표기되었다는 『삼국유사』 보양이목(寶壤梨木)의 내용은 참고할 만하다.[112] 이 기록은 고려가 후삼국을 통일한 후 태조가 운문사에 토지 500결을 주고 운문사라는 절 이름을 내린 것[113]의 후속조치와 관련된 것으로 보인다. 이 기록을 통하여 청도군이 태조 26년 이전에 설치되었다는 사실뿐 아니라 이때 중앙에서 운문사의 영역을 확정하기 위해서 관리가 파견되었다는 것도 확인할 수 있다. 이것은 청도군이 신설되었을

---

108 이 책 제3장 4절 참고.
109 이 책 제1장 참고.
110 이 책 제1장 참고.
111 김정호도 『大東地志』에서 태조 23년에 청도군이 설치된 것으로 보았다(『大東地志』 卷8).
112 『三國遺事』 卷4, 寶壤梨木.
113 위와 같음.

뿐 아니라 이때 운문사가 태조의 특별대우를 받으면서 창건된 것과 관련이 있다고 생각한다. 밀성군의 영현 3개를 떼어서 청도군이라는 새로운 군을 설치하는 것은 이 지역에서는 매우 커다란 변화였다. 청도군의 설치는 이전 이 지역 중심군이었던 밀성군의 약화를 전제로 하기 때문이다. 그러면 왜 태조대 청도군을 설치하였을까? 이에 대해서는 기록이 없기 때문에 구체적인 내용을 확인할 수 없지만 앞에서 인용한 『삼국유사』 보양이목(寶壤梨木)의 내용 중에 참고할 만한 것이 있다. 즉 그 기록에는 보양(寶壤)이 추화(推火, 밀성군)의 봉성사(奉聖寺)에 있을 때 태조의 견성(犬城) 함락에 도움을 주었다는 내용이 실려 있다. 이를 계기로 태조는 경주와 밀성군의 중간지점인 견성을 중심으로 하는 지역의 전략적인 중요성을 깨달으면서 그곳에 새로운 군을 설치한 것으로 유추할 수 있다. 아울러 보양이 청도로 가서 창건한 운문사를 우대한 것도 관련이 있을 것으로 생각한다. 결과적으로 고려초기에 설치된 청도군은 이후 계수관인 경주와 밀성군을 잇는 중간 지점으로서 중요한 기능을 수행하였다.

이 지역의 군현관계는 태조대를 지나면서 이전의 '밀성군영현단위'와 '창녕군영현단위'가 개편되면서 청도군이 새로 설치되었고, 이 과정에서 군에 딸렸던 영현들도 부분적으로 이동하거나 신설되었다. 밀성군의 영현이었던 오구산현·형산현·소산현 등 3개현이 청도군을 구성한 것을 비롯하여 신라시기의 연혁이 확인되지 않는 계성현과 풍각현, 또 고려 이후의 연혁이 확인되지 않는 밀진현 등은 이때 신설되거나 개편되었을 것으로 생각한다. 『고려사』 지리지에 현종 9년에 밀성군의 속현이 되었다고 기록된 계성현은 영산현의 서쪽 가까이 있었다(〈그림 3-3〉 참고). 계성현의 연혁을 확인할 수 없지만 고려 태조대에 밀성군의 영현 3개를 떼어 청도군을 설치할 때 새로 만들어서 밀성군의 영현으로 삼았을 가능성이 있다고 생각한다.[114] 『고려사』 지리지에 따르면 풍각현은 본래 상화촌현(上火村縣)이었다가 고려시기에 풍각현이라고 이름을 고쳤고 현종 9년에 밀성군의 속현이 된 곳이다. 풍각현의 이전 연혁은 물론 상화촌현 역시 『삼국사기』 지리지에서 확인할 수 없다. 다만 풍각현의 위치로 보아 풍각현은 고려 태조대 청도군을 설치하면서 청도군의 영현으로 삼은 현이었을 가능성이 높다고 생각한다.[115]

이 지역의 군영현관계는 고려 태조대 청도군이 설치되면서 '밀성군영현단위'(밀성군과 영산현·계성현), '청도군영현단위'(청도군과 풍각현), '창녕군영현단위'(창녕군과 현풍현)로 재편되었다. 물론 고려 건국 후 신라후기의 군영현단위가 그대로 운영되었다고 볼 수는 없지만 고려시기에 들어와서도 군과 영현과의 관계는 어느 정도 유지되었을 것으로 보인다.[116]

③ 성종대 이후

태조 23년 주부군현의 명칭 개편의 형태로 일단락된 고려초기의 지방제도가 전면적으로 개편된 것은 성종대이다. 특히 성종 2년 개국 후 처음으로 12목에 지방관을 파견하고 향리제를 개편한 것은 고려 지방제도 성립과정에서 매우 중요하다. 그렇지만 성종 2년에는 군현의 영속관계를 포함한 전면적인 지방제도 개편은 이루어지지 않은 것으로 알려져 있다. 이후 전면적으로 지방제도가 개편된 것은 성종 14년이었다. 성종 14년에

---

114 계성현이 고려 건국 이전부터 있었을 가능성도 높지만 일단 『三國史記』 지리지에서 확인이 되지 않기 때문에 이 글에서는 잠정적으로 계성현이 고려초기에 신설된 것으로 보았다.

115 현재 경상북도 청도군 풍각면에는 보물 113호로 지정된 청도 봉기동 삼층석탑이 있다. 이 탑이 통일신라시기 것이란 점에서 상화촌현 혹은 풍각현은 통일신라시기에 존재하였던 것은 분명하다고 생각한다. 한편 『고려사』 지리지에는 고려 때 수산부곡을 수산현으로 삼았다는 기록이 실려 있다(『高麗史』 卷57, 密城郡). 현종 9년 당시에 수산현이 밀성군의 속현에 포함되지 않은 것으로 보아, 이때까지는 수산부곡으로 있었고, 그 이후에 수산현으로 개편되었을 것으로 생각한다. 『신증동국여지승람』에는 수산현은 밀양도호부의 속현으로 기록되어 있다(『新增東國輿地勝覽』 卷26, 密陽都護府).

116 윤경진, 1996, 「고려 태조대 군현제 개편의 성격」, 『역사와 현실』 22; 이 책 제1장 참고.

는 전국을 10도로 편성하고 단위군현의 명칭을 주와 현으로 고쳤다. 즉 성종 14년의 지방제도 개편은 10도제와 주현제도의 실시라고 할 수 있는데,[117] 이때 '밀성군지역'의 군현 영속관계에도 변화가 보인다. 우선 밀성군지역에 포함된 7개의 군현 중 『고려사』 지리지에서 성종 14년에 자사가 파견된 것으로 확인되는 것은 이때 밀주로 이름이 바뀐 밀성군뿐이다. 그렇지만 청도군을 도주(道州)로도 부른다는 『고려사』 지리지 기록에서 성종 14년에 청도군이 도주로 개편되었을 가능성을 읽을 수 있다. 이와 관련된 기록으로 『고려사』 식화지의 "현종 10년에 도주 관내 장산과 영주(永州) 관내의 해안 등 현의 금년 조세를 면제하였다"는 기록이 주목된다.[118] 신라후기 장산군과 해안현은 '장산군영현단위'로 묶여 있었다. 즉 해안현은 장산군의 영현이었는데, 현종 9년에는 모두 경주의 속현으로 편성되었다. 그런데 위에 인용한 『고려사』 식화지의 현종 10년 기록에 보이는 군현영속관계는 신라후기의 영속관계도 아니고 고려 현종 9년의 '주현속현제도'의 영속관계와도 다르다. 즉 이 기록은 신라후기 '군영현관계'가 해체되어 군이었던 장산군은 도주에, 영현이었던 해안현은 영주에 소속되었다는 사실을 알려주고 있다. 현종 10년은 고려 지방제도가 '주현속현제도'로 개편된 바로 다음 해라는 점에서 위 식화지 기록은 성종 14년에 개편된 주현제도에서의 영속관계의 내용이 남아있는 것으로 유추할 수 있다.[119] 따라서 성종 14년 청도군은 도주로 개편되어 자사가

---

117 이 책 제1장 참고.

118 『高麗史』 卷80, 食貨3, 恩免之制, 顯宗 10年 5月 "蠲道州管內獐山 永州管內解顏等縣 今年租稅".

119 尹京鎭, 2001b, 앞 논문. 그런데 『고려사』 식화지의 이 기록은 『고려사』보다 몇 달 후에 편찬된 『고려사절요』에는 장산현과 해안현의 영속관계가 표시되지 않은 채 "蠲獐山解顏等縣 今年租稅"(『高麗史節要』 卷3, 顯宗 10年 5月)로 기록되어 있어 흥미롭다. 이 책 제1장 3절 각주 54 참고.

파견되었고,[120] 장산(군) 등을 현으로 거느렸을 가능성이 있다고 생각한다.[121]

이와 같이 성종 14년에 밀주와 도주에 자사가 파견되었다고 보면, 이 지역의 영속관계도 이를 중심으로 개편되었을 것으로 보인다. 즉 신라후기에서 고려 태조대를 거치면서 이 지역에 편성되었던 '밀성군영현단위'·'창녕군영현단위'·'청도군영현단위' 등 3개의 군영현단위가 '밀주주현단위'와 '도주주현단위'로 군현 영속관계가 개편되었을 것이다. 그 영속관계의 내용은 확인할 수 없지만 대체로 '창녕군영현단위'가 '밀성군영현단위'와 합쳐져서 '밀주주현단위'가 되고,[122] '청도군영현단위'는 장산군 등이 합쳐져서 '도주주현단위'가 되었을 것으로 보인다.[123]

'10도제'와 '주현제도'로 대표되는 성종 14년의 지방제도는 고려의 지방제도로 정착하지 못하고, 현종 9년에 '주현속현제도'가 성립되면서 고려시기 지방제도가 완성되었다.[124] 그에 따라 성종 14년 이후 '밀주주현단위'와 '도주주현단위'로 편성되었던 곳이 '밀성군지역'으로 재편되었다. 즉 2개의 '주현단위'가 1개의 '주현속현단위'로 개편되었고 그에 따라 2개의 '주현단위'에 소속되었던 군현의 영속관계도 부분적으로 변하였다. 즉 '밀주주현단위'에 속하였던 밀성군(밀주)·영산현·계성현·창녕군·현

---

120 永州에는 성종 14년에 자사가 파견되었다(『高麗史』 卷57, 永州).

121 이때 풍각현도 도주의 관할 현으로 편성되었을 것이다.

122 '창녕군영현단위'의 위치와 지리적 특징으로 보아 성종 14년에 하나의 독립된 주현단위를 구성했을 가능성도 있지만, 현재 그를 유추할 수 있는 자료가 없기 때문에 이 글에서는 그 가능성이 희박하다고 보았다.

123 신라후기 이래의 '장산군영현단위'가 해체되어 '도주주현단위'와 '영주주현단위'에 나뉘어 배치된 것에서 성종 14년 지방제도 개편과정에서 신라후기 이래의 '군현영속단위'가 개편되는 양상의 일면을 읽을 수 있다. 이런 양상은 적현과 기현의 설치에서도 확인할 수 있다(이 책 제3장 4절 참고).

124 이 책 제1장 참고.

풍현과 '도주주현단위'에 속하였던 청도군(도주)과 풍각현은 모두 '밀성군지역'에 포함되었지만 '도주주현단위'에 속하였던 장산현은 경주의 속현으로 이속되었다. 이것은 장산현이 '낙동정맥'의 사룡산에서 비슬산으로 이어지는 '비슬지맥'의 북쪽에 있었기 때문이라고 생각한다.[125] 앞에서 살펴본 대로 이 지역은 고려 건국 후 태조대를 거치면서 3개의 '군영현단위'로 편성되었다가 성종 14년 지방제도 개편 때에는 2개의 '주현단위'로 개편되었고, 현종 9년 '주현속현제도'가 확립되면서 '밀성군지역'이라는 1개의 '주현속현단위'로 개편되었다. 다른 지역에서도 비슷한 추이 속에서 '주현속현제도'가 성립되었다.[126] 현종 9년 고려의 지방제도가 '주현속현제도'로 성립되면서 '밀성군지역'으로 편성된 곳은 밀성군과 창녕군·청도군·현풍현·계성현·영산현·풍각현 등 7개의 단위군현이다. 이 중 밀성군이 주현이 되었고 나머지 6개의 군현이 속현이 되었다. 현종 9년 7개의 단위군현으로 구성되었던 '밀성군지역'은 예종 4년 청도군에 감무가 파견되면서[127] 개편되기 시작하여 조선초기에는 밀성군은 밀양도호부가 되

125 강이나 산줄기는 예나 지금이나 사람의 이동을 제한함으로써 생활권을 구분하는 경계가 되기 때문에 이전부터 단위군현의 경계나 단위군현이 결합된 '지방통치단위'의 경계가 되었다. 그런데 2~4개 정도의 단위군현이 하나의 지방통치단위로 묶였던 신라후기의 '군영현단위'나 고려 성종 14년의 '주현단위'는 그 지리적 범위가 상대적으로 소규모였기 때문에 커다란 산줄기가 '군영현단위'나 '주현단위'를 통과하더라도 하나의 지방통치단위로 묶인 경우가 많았다. '비슬지맥'의 북쪽에 있는 장산현이 '도주주현단위'에 포함되었던 것은 그 하나의 예이다. 그렇지만 현종 9년 성립된 '주현속현단위'는 이전의 지방통치단위보다 지리적 범위가 확대된 단위가 많았기 때문에 '주현속현단위'를 편성하면서 강이나 산줄기 등 지리적 요소를 더 중요한 요소로 고려하게 되었다. 현종 9년 이전의 군현 영속관계를 새로운 '주현속현단위'로 재편성하면서 산줄기라는 지리적인 요소를 더 적극적으로 적용한 예는 '청주목지역'과 개성부의 '개성현지역'과 '장단현지역'의 설정에서도 확인할 수 있다(이 책 제3장 1절과 4절 참고).

126 현종 9년 '주현속현제도'의 성립에 대해서는 이 책 제1장 참고.

127 창녕군은 명종 2년, 현풍현은 공양왕 2년, 영산현은 충렬왕 15년에 감무가 파견되었다(〈표 3-6〉 참고).

어 부사가 파견되었고, 청도군에는 지군사가 파견되었으며, 창녕군·현풍현·영산현은 모두 현감이 파견되었다. 또 계성현은 폐현이 되었고, 풍각현은 밀양도호부의 속현이 되었다.[128]

2) '밀성군지역'의 지리적 범위와 특징

〈그림 3-3〉에서 보듯이 현종 9년에 성립된 '밀성군지역'의 지리적 범위는 대략 서쪽과 남쪽은 낙동강을 경계로 다른 '주현속현단위'와 구분되었고, 북쪽과 동쪽은 높은 산이 이어진 산줄기가 다른 '주현속현단위'와 경계가 되었다. 즉 '밀성군지역'의 서쪽 경계인 낙동강 서쪽에는 북쪽으로부터 '상주목영역'에 속한 '경산부지역', '진주목영역'에 속한 '합주지역'과 '진주지역'이 있었고, '밀성군지역'의 남쪽에는 역시 낙동강을 경계로 '경주영역'에 속한 '김주지역'이 있었다. '밀성군지역'의 동쪽에는 '낙동정맥'과 '낙동정맥'에서 갈라져 나온 산줄기인 '영축지맥'이 지나가는데, 그 산줄기를 경계로 그 동쪽에는 '경주영역'에 속한 '경주지역'·'울주지역'·'양주지역'이 있었다. 또 '밀성군지역'의 북쪽에는 '경주지역'이 있었는데, 그 경계는 '낙동정맥'의 지맥이라 할 수 있는 산줄기인 '비슬지맥'이었다. '밀성군지역'의 내부를 보면 서북쪽의 비슬산에서 갈라진 산줄기(비슬지맥)가 현풍현과 창녕군의 동쪽 경계를 따라 남쪽으로 내려가고 있고, 그 동쪽 지역에는 밀양강이 북쪽에서 남쪽으로 흘러 낙동강으로 들어간다. 이제 '밀성군지역'에 속한 군현의 지리적 특징을 좀 더 자세히 살펴보자.[129] 여기에서는 밀성군과 밀성군의 속현 6개를 3개의 소지역권으로

128 〈표 3-6〉과『新增東國輿地勝覽』卷26·卷27 참고.

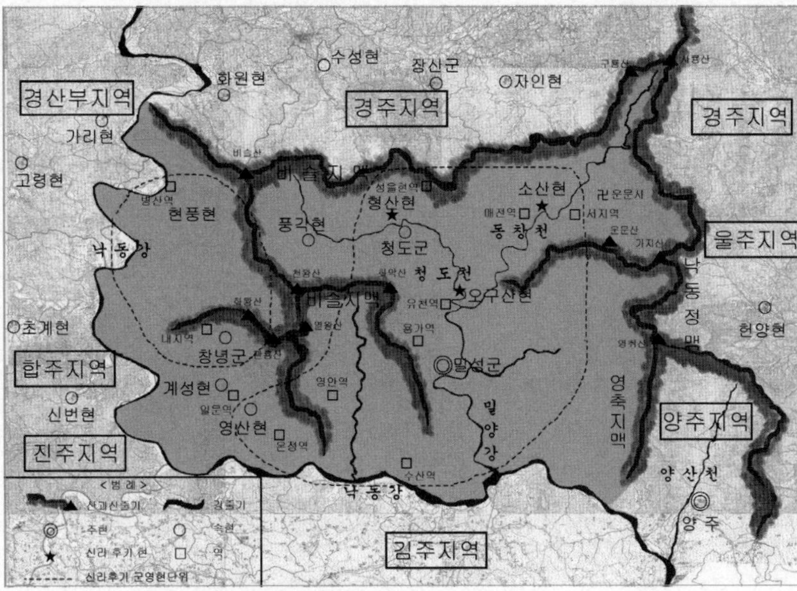

〈그림 3-3〉 '밀성군지역'의 지리적 범위

나누어 산(산줄기)과 강(물줄기) 등 지형, 주현과의 교통로 등 지리적 특징과 주현인 밀성군과의 관계를 살펴보고자 한다.[130]

129 이 글은 고려 현종 9년 '주현속현단위'를 정할 때 고려한 다양한 배경 중 지리적 요소도 매우 중요한 요인이었다고 보고 '청주목지역', '상주목지역', '개성부지역'의 지리적 특징을 살핀 글의 연장선에 있다(이 책 제3장 참고). 따라서 여기에서도 부족한 문헌자료의 한계를 『大東輿地圖』, 『東輿圖』, 『山經表』 등 조선후기 이후의 지도자료를 적극적으로 이용하여 해결하려 하였다. 아울러 이 지역의 지리적 이해를 위하여 두 차례 현지답사를 실시하였다. 1차: 2013년 8월 19일~20일, 창녕군 창녕읍·영산면, 신안식·홍영의·전경숙·변성아 동행. 2차: 2013년 10월 20일~21일. 현풍면·창녕군·밀양시·청도군, 정요근·구산우·박성현 동행.

130 고려시기 주현과 속현의 지리적 관계를 살피기 위해서는 읍치의 위치에 대한 비정이 전제되어야 한다. 하지만 이 글의 목적이 고려시기 읍치의 정확한 위치 파악이 아니라 군현과 군현과의 영속관계를 살피고자 하는 것이므로 이번 글에서는 이전 글과 마찬가지로 고려시기 군현의 읍치 위치에 대한 구체적인 비정은 보류하고 조선시기 읍치를 중심으로

‘밀성군지역’의 서쪽 경계는 낙동강인데, 현풍현·창녕군·계성현·영산현이 낙동강 동쪽에 위치하였다. 그중에서도 북쪽의 현풍현과 창녕군은 신라후기부터 군영현단위로 묶여 있었던 곳이다. 현재 현풍면은 대구광역시 달성군 소속이고 창녕군은 경상남도에 속해 있지만 서로 붙어있는 이 두 군현은 일찍부터 밀접한 관계를 맺고 있었고, 지리적으로도 비슷한 특징을 가지고 있다. 이 두 군현 서쪽으로는 낙동강이 흐를 뿐 아니라 동쪽에는 비슬산과 화왕산이라는 큰 산이 있는 것도 두 군현의 특징이다. ‘밀성군지역’의 속현 중 주현이었던 밀성군과 가장 멀리 떨어져 있던 현이 현풍현인데, 현풍현의 서쪽 경계인 낙동강 너머에는 ‘경산부지역’에 속한 고령현과 가리현이 있었고, 비슬산에서 서쪽으로 뻗은 산줄기 북쪽에는 역시 ‘경산부지역’의 화원현이 있었다. 동쪽에는 큰 산인 비슬산이 있고 그 동쪽에 풍각현이 있었고, 남쪽에는 창녕현이 있었다. 현풍현은 ‘밀성군지역’의 속현 중에서 주현인 밀성군과 가장 멀리 떨어져 있을 뿐 아니라 비슬산을 비롯한 높은 산들이 동쪽에 있어서 밀성군과 교통하기가 다른 군현보다 상대적으로 어려운 곳이었다. 그럼에도 고려시기 현풍현이 밀성군의 속현이 된 것은 현풍현이 소속된 ‘밀성군지역’과 그 서북쪽의 ‘경산부지역’의 지리적 조건으로 보아 신라후기 이래 묶였던 군영현관계를 분리할 만한 뚜렷한 지리적 요인이 없었고, 또 이전부터 있었던 현풍현과 창녕군 사이의 교통로도 고려되었을 것으로 생각한다. 고려시기 현풍현에는 ‘김주도(金州道)’에 속한 병산역(竝山驛)이 있었는데, 이 역은 현풍현에서 창녕군을 거쳐 주현인 밀성군으로 오가는 데 이용되었을 뿐 아니라 서북쪽의 ‘경산부지역’과 교통하는 데도 도움을 주었을 것이다. 현풍현의 남쪽에 위치했던 창녕군의 서쪽 낙동강 건너에는 ‘합주

하는 비교적 광역의 고을 중심지를 설정하고 그를 토대로 작업을 진행하였다.

지역'의 속현인 초계현과 신번현 등이 있었고, 동쪽에는 비슬산에서 남쪽으로 뻗은 산줄기에 화왕산, 관룡산 등 큰 산이 있으며, 그 동쪽에 풍각현과 밀성군이 있었다. 비슬산에서 남쪽으로 내려오는 산줄기인 '비슬지맥'은 현풍현·창녕군과 풍각현·밀성군을 동서로 나누는 경계가 되기도 하였다. 창녕군에는 역시 '김주도'에 속한 내야역(內也驛)이 있었는데, 이 역은 북쪽으로는 현풍현의 병산역, 남쪽으로는 계성현의 일문역(一門驛), 동쪽으로는 밀성군의 영안역(永安驛)과 조응하면서 '밀성군지역' 군현 사이의 교통에 이용되었을 것이다. 창녕군의 남쪽에는 계성현이 있었고 그 동남쪽에 영산현이 있었다. 이 중 영산현은 신라후기 밀성군의 영현이었던 상약현으로 확인되지만 계성현의 경우 그 연혁을 확인할 수 없다. 계성현과 영산현의 남쪽으로는 낙동강이 흐르는데, 낙동강 남쪽에는 김주의 속현인 함안현·칠원현·의안군이 있었다. 계성현에는 일문역이 있었고, 영산현에는 온정역(溫井驛)이 있었다. 이 중 계성현의 일문역은 앞에서 지적한 대로 계성현과 창녕현, 계성현과 영산현을 오가는 데 도움을 주었을 것이고, 영산현 동남쪽에 있던 온정역은 주현인 밀성군과 영산현 사이를 오가는 데 이용되었을 것이다. 창녕군·계성현·영산현의 동쪽에 주현인 밀성군이 있는데, 대략 경계가 되는 것은 크게 보면 비슬산에서 남쪽으로 뻗어 내려온 산줄기이다. 밀성군은 '밀성군지역'의 동남쪽에 위치하였는데 남쪽으로는 낙동강을 경계로 '김주지역', 동쪽은 큰 산줄기인 '낙동정맥'에서 갈라져 나온 산줄기인 '영축지맥'을 경계로 '양주지역'과 접해 있었다. 또 북쪽에는 청도군이 있었는데, 서북쪽은 비슬산에서 이어진 천왕산·화악산이 경계가 되었고, 동북쪽은 '낙동정맥'에 이어진 운문산 줄기가 경계가 되었다. 밀성군 동쪽으로는 밀양강이 '밀성군지역'을 관통하며 북쪽에서 남쪽으로 흐르는데, 밀성군은 밀양강을 통하여 북쪽으로는 청도군과 이어졌다.[131] 주현인 밀성군에는 모두 '김주도'에 속한 용가역(用家驛)·영안역·무을이역(無乙伊驛) 등 3개의 역이 있었다. 이 중 서북쪽의 용가역은 북쪽 청도군의 유천역(楡川驛)과 상응하여 밀성군과 청도군이 왕래할 때 이용하였을 것이고, 서쪽의 영안역은 영산현의 온정역, 계성현의 일문역, 창녕군의 내야역과 상응하면서 그쪽 방면과 왕래할 때 이용하였으며, 동남쪽의 무을이역은 김주의 금곡역과 조응하면서 밀성군과 김주를 연결하는 기능을 하였을 것으로 생각한다.

밀성군 북쪽의 풍각현과 청도군은 '밀성군지역'의 북쪽 경계인데, 그 경계 역할을 한 것이 '낙동정맥'의 사룡산에서 비슬산까지 이어지는 '비슬지맥'이다. 즉 풍각현과 청도군 북쪽에는 '경주지역'의 속현이었던 수성군·장산군·자인현이 '비슬지맥'이라는 산줄기 너머에 있었다. 청도군에는 서쪽 비슬산 자락에서 발원한 청도천과 동북쪽 '낙동정맥'에서 발원한 동창천이 남쪽으로 흐르는데, 그 두 물줄기가 청도군과 밀성군의 경계 근처에서 합류하여 밀양강이 된다. 청도군의 교통로는 이들 물줄기를 중심으로 형성되었다. 즉 서쪽의 풍각현과는 청도천을 따라 교통로가 발달하였고, 동북쪽으로는 동창천을 따라 경주로 가는 교통로가 발달하였다. 청도군에는 성을현역(省乙峴驛)·유천역(楡川驛)·서지역(西之驛)·매전역(買田驛)이 있었는데, 청도군 남쪽 밀성군과의 경계인 밀양강 합류지 근처에 있던 유천역은 주현인 밀성군과 청도군을 연결하는 역할을 하였고, 동북쪽의 동창천 근처에 있던 매전역과 서지역은 밀성군에서 청도군을 거쳐 경주쪽과 왕래할 때 이용된 곳이다. 또 북쪽에 있던 성을현역은 북쪽의 장산군 등과 교통하는 데 이용되었을 것이다. 지금까지 살펴본 고려시기 '밀성군지역'의 지리적 특징을 정리하면 다음과 같다.

131 밀양강은 비슬산 동쪽에서 발원한 청도천과 '낙동정맥'에서 발원한 동창천이 청도군과 밀성군 경계에서 합쳐져 남쪽으로 흘러 낙동강으로 들어가는 강이다.

첫째 '밀성군지역'은 산줄기와 강으로 둘러싸여 있다. 즉 낙동강이라는 큰 강은 서쪽과 남쪽 경계, 북쪽과 동쪽은 '낙동정맥'과 그 지맥인 '비슬지맥'·'영축지맥'이 다른 '주현속현단위'와 경계를 이루고 있다. 고려시기 '주현속현단위'를 정할 때 지리적 요소를 적극적으로 고려한 예가 많은데, '밀성군지역' 역시 지리적 요인이 중요하게 고려된 전형적인 예라고 생각한다. 둘째 '밀성군지역'의 내부에는 큰 산과 산줄기(비슬지맥, 운문지맥 등)가 지난다. 이 산줄기는 내부의 단위군현의 경계 기능도 하지만, 그곳에서 발원한 물줄기가 밀성군지역을 관통하면서 단위군현 사이의 교통로 구실을 하였다. 또 주현인 밀성군은 '밀성군지역'의 동남쪽에 있지만, 그 중심은 밀양강이 관통하는 '밀성군지역'의 중심부에 위치하였다. 밀성군의 치소는 밀성군을 중심으로 '밀성군지역'을 효과적으로 통치하는데 유리한 위치였다. 또한 '밀성군지역'의 역은 계수관인 경주와 밀성군, 밀성군과 각 속현과의 교통을 고려하여 설치되었다.

4. '개성부'의 변천과 지리적 범위

1) 태조 2년 개주의 설치와 그 지리적 범위

『고려사』에서 개성부가 처음 등장한 시기는 995년(성종 14)이다. 『고려사』에 따르면 이때 10도를 설치하고, 개주를 개성부로 삼고 적현 6개와 기현 7개를 관할하였다고 한다.[132] 따라서 성종 14년의 개성부를 이해하기 위해서는 919년(태조 2)에 설치된 개주를 먼저 이해해야 한다.

『고려사』와 『고려사절요』에는 태조 2년 송악산 남쪽에 도읍을 정하고, 송악군을 올려 개주로 삼았으며, 궁궐을 건설하고 시전을 세웠으며, 방리(坊里)를 나누어 5부로 하였다는 기록이 있다.[133] 이를 통하여 태조 2년 수도 개경과 관련된 지역으로 개주가 설치된 것을 확인할 수 있다. 아울러 태조 2년 철원(鐵原)에서 송악산 남쪽으로 천도하고 2개의 군 지역을 걸쳐서 개주로 삼았다는 『신증동국여지승람』의 기록[134]도 개주의 지리적 공간 범위를 이해하는 데 매우 중요하다. 선행연구에서 위 기록에 보이는 2개의 군을 송악군과 개성군으로 보면서 이를 토대로 고려초기 개주의 공간 범위를 이해하였듯이[135] 『신증동국여지승람』의 기록은 고려초기 개주의 공간범위를 이해하는 데 중요한 자료이다. 『신증동국여지승람』에 보이는 2개의 군은 선행연구에서 지적한 대로 송악군과 개성군, 더 나아가 신라후기 이래 송악군과 개성군의 영현이었던 강음현(江陰縣)·송림현(松林縣)·덕수현(德水縣)·임진현(臨津縣)을 포함하였다고 생각한다. 따라서 태조 2년 개주는 6개의 단위군현인 송악군·강음현·송림현·개성군·덕수현·임진현으로 구성되었으며, 그 기본 구조는 신라후기의 9주와 같았을 것이다.[136] 즉 당시 개주는 송악군이 개주의 중심, 곧 개경이 되고 나머지 5개 군현이 개주의 영현이 되는

---

132 『高麗史』 卷56, 地理1, 王京開城府.

133 『高麗史』 卷56, 地理1, 王京開城府 "太祖二年 定都于松嶽之陽 爲開州 創宮闕 立市廛 辨坊里分五部"; 『高麗史節要』 卷1.

134 『新增東國輿地勝覽』 卷4, 開城府上 "高麗太祖二年 自鐵原徙都松岳之陽 跨二郡之地 爲開州".

135 邊太燮, 1971, 「高麗時代 京畿의 統治制」, 『高麗政治制度史研究』, 일조각; 鄭學洙, 2007, 「高麗前期 京畿制 研究」, 건국대학교 박사학위논문.

136 태조 2년 개주를 설치할 때 고려국가 지방제도의 실상을 확인할 수 있는 자료는 없지만 당시 고려국가는 신라후기 이래의 '군영현제도'를 토대로 지방제도를 편성하고 운영하였을 것으로 보는 것이 일반적이다. 따라서 필자가 고려초기 개주의 구조를 신라말기의 9주와 같았다고 본 것은 이전의 연구 성과를 토대로 추론한 것이다.

구조였다. 그럴 경우 태조 2년 도읍이 된 개주의 지리적 공간 범위는 개경이 되는 송악군의 지리적 공간만을 가리킬 수도 있고 여기에 5개 군현의 공간까지를 포함할 수도 있다. 고려초기 개주의 지리적 범위를 이렇게 이해할 경우 태조 2년 10개의 절을 설치하였다는 도내(都內)의 범위 역시 자연스럽게 개주의 중심공간이 된 송악군(개주)과 그 영현이 된 5개 군현의 지리적 범위를 포함한 '개주지역'의 지리적 공간 범위가 된다.[137] 태조 2년 개주가 설치되면서 개주는 왕도(왕경)이자 왕경을 보위하는 특별구역이 되었고 이후 개경과 개경을 보위하는 '경기지역'의 토대가 되었다.[138]

태조 2년 개주는 신라후기 이후 고려초기까지 지속되었다고 여겨지는 2개의 '군영현단위'로 구성되었다. 〈그림 3-4〉에서 보듯이 태조 2년 개주를 구성한 2개의 '군영현단위'는 수도 개경이 되는 송악군을 포함한 '송악군영현단위'와 송악군 서쪽의 '개성군영현단위'이다. 이렇게 수도를 정하고 수도를 지원하는 행정단위인 개주를 설치하면서 신라후기의 지방제도를 바탕으로 한 것은 아직 고려의 지방제도를 갖추지 못하였기 때문이다.[139] 아울러 신라후기에 편제되어 오랫동안 운영된 '군영현단위'

137 최근 개경과 개경을 보위하는 특수지역인 경기의 공간구조에 대한 관심 속에서 개주의 기본 구조를 검토한 鄭學洙는 5부 방리가 적용된 개경은 개주 직할읍을 토대로 하였다고 보았고, 직할읍과 촌락의 경계는 대체로 나중에 나성이 되는 범위로 보았다. 아울러 태조 2년 창건된 10개의 절의 위치를 통하여 고려초기 (왕)도의 범위는 주변 촌락까지를 포함한 개주 직할읍의 범위로 보았다(鄭學洙, 2007, 앞 박사학위논문). 즉 정학수는 태조 2년 10개의 절 중 신흥사·문수사·영(원)통사 등이 세워진 것으로 보이는 천마산·성거산·오관산 일대를 개주 주변 촌락으로 보았다.

138 鄭學洙, 2007, 위 박사학위논문.

139 고려초기, 최소한 성종 14년 10도제가 실시되기 전까지 고려는 신라후기 이래의 '군영현제도'를 토대로 지방제도를 편성하고 운영하였을 것으로 보는 것이 일반적이다. 이에 대해서는 다음 글이 참고된다. 尹京鎭, 2001b, 「高麗 성종 14년의 郡縣制 改編에 대한 연구」, 『韓國文化』 27.

사이에는 교통로 등 기간 시설이 마련되어 있었을 것이다. 개주의 영현이 된 서북쪽의 강음현과 동쪽의 송림현은 거리가 상당히 떨어져 있고 두 현 사이에는 큰 산줄기인 '임진북예성남정맥'이 가로막고 있지만 이 2현은 신라후기 이래 같은 '군영현단위'로 묶여 있었기 때문에 이전부터 왕래할 수 있는 교통로가 있었다. 특히 이들 2개의 현은 그들 사이에 있는 개주가 된 송악군을 매개로 교통할 수 있었다.[140]

개주(개경)의 영현이 된 5개의 단위군현들의 위치는 개경을 둘러싼 개경과 가장 가까운 군현들이고, 이들은 모두 개경에서 각 방면으로 가는 역로의 처음 출발역이 있는 주요 지역이다.[141] 〈그림 3-4〉에서 보듯이 개경 동쪽으로 가는 역로인 '도원도(桃源道)'의 처음 출발역인 도원역(桃源驛)은 송림현 가까이에 있었고, 동남으로 가는 '청교도(靑郊道)'의 처음 출발역인 청교역(靑郊驛)은 개경 동남쪽의 청교[142]에 있었으며, 서쪽으로 향하는 '산예도(狻猊道)'의 산예역(狻猊驛)은 개성현 동쪽에, 서북으로 가는 '금교도(金郊道)'의 시발역인 금교역(金郊驛)은 강음현에 있었다. 이 외에도 개경 남쪽의 덕수현에는 평리역(平理驛)이 있었고,[143] 임진현의 통파역(通

140 신라후기 군영현단위 구성의 특징은 하나의 주나 군에 딸린 영현의 수가 평균 2.4개로 적은 것이다. 즉 신라후기의 군영현 단위는 대체로 거리를 중심으로 3, 4개의 군현을 묶은 것으로, 이 경우 그 단위가 비교적 작았기 때문에 산줄기 같은 지형을 크게 고려하지 않았다(이 책 제3장 1절 참고).

141 고려전기의 일원적인 역로망은 성종·현종연간에 이루어졌겠지만(鄭枖根, 2008, 「高麗朝鮮初의 驛路網과 驛制 硏究」, 서울대학교 박사학위논문), 고려초기부터 개경 주변의 군현에는 역이 설치되어 운영되었을 것이다.

142 『高麗史』 卷82, 兵2, 站驛에는 '청교도'에 속한 청교역이 개성에 위치한 것으로 기록되어 있다. 여기서 개성은 개경 서쪽의 개성현을 의미한다. 이 기록은 22역도의 기록이 정리될 시기에는 개성현의 공간 범위가 개경 동남쪽까지 포함되었을 가능성을 알려준다는 점에서 주목된다. 앞으로 정밀한 검토가 필요하다.

143 필자는 당시 덕수현에 있었다고 기록된 평리역의 위치를 유추할 만한 단서를 가지고 있지 못하기 때문에 〈그림 3-4〉에는 평리역의 위치를 개경 남쪽 정주와 덕수현 갈림길에

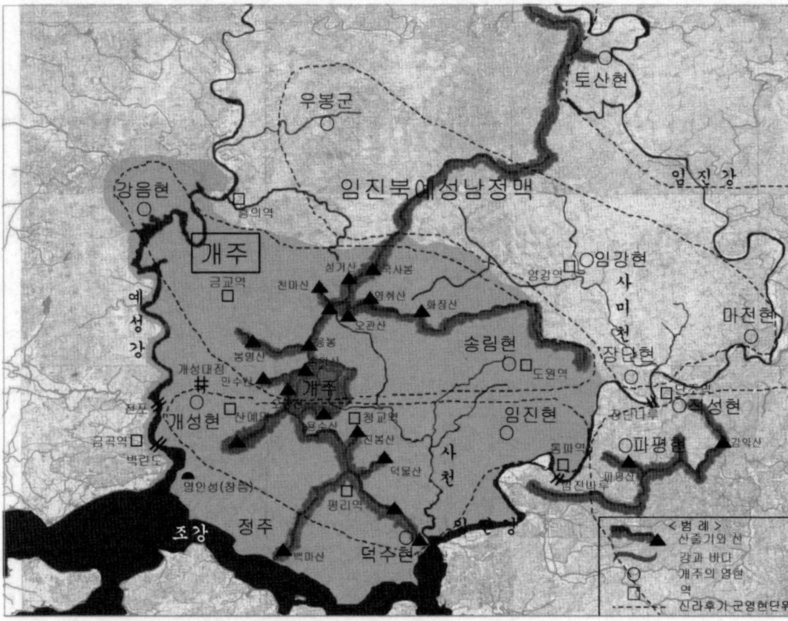

〈그림 3-4〉 '개주지역'의 지리적 범위[144]

波驛)과 적성현(赤城縣)의 단조역(丹棗驛)은 임진나루와 장단나루 근처에 있었다. 또한 이들 군현 중 송림현을 제외한 강음현·개성현·덕수현·임진현은 모두 예성강·조강·임진강 수로를 이용하여 서로 교통할 수 있었다. 크게 보면 태조 2년 설치된 '개주지역'의 지리적 공간 범위는 〈그림 3-4〉에서 보듯이 서쪽은 예성강 유역, 남쪽은 조강과 임진강까지이고, 북쪽경계는 대체로 천마산·성거산·오관산 등의 산악지대였다. 수도 개경을 가까이서 둘러싸고 있는 '개주지역'은 북쪽의 산악지대를

임의로 표시하였다. 앞으로 유추할 만한 자료가 확인되면 위치를 바로잡겠다.

144 송림현은 광종 2년 불일사가 창건되면서 縣治를 본래 위치에서 동북쪽으로 옮겼다(『高麗史』 卷2 및 卷56, 地理1, 王京開城府, 松林縣 참고).

제외하면 모두 교통의 요지에 해당한다. 아울러 이 지역은 대체로 태조 선조들의 활동무대이기도 하다. 즉 고려 태조의 선조 중 「고려세계」에 처음 등장하는 호경(虎景)의 활동 무대인 성거산(聖居山, 九龍山), 강충의 옛 집이 있던 오관산(五冠山) 마가갑(摩訶岬), 작제건(作帝建)의 아버지인 당나라 숙종이 즉위하기 전에 돈을 뿌리고 배에서 내렸다는 전포(錢鋪), 왕건의 할아버지인 작제건과 함께 온 용녀가 팠다고 전하는 개성 대정(大井), 왕건의 아버지 왕륭의 무덤이 있는 영안성(永安城, 창릉), 왕건이 소나무를 심었다는 송악산 등은 모두 개주와 개주 영현의 지리적 공간 범위인 '개주지역'에 포함되었다.[145]

2) 성종 14년 개성부의 설치와 적현·기현

(1) 개성부의 설치와 적현·기현의 구성

개성부가 처음 등장한 때는 995년(성종 14)이다. 『고려사절요』에 따르면 성종 14년 7월 개주를 개성부로 고쳐서 적현 6개와 기현 7개를 관할하였고, 10도를 정하였다고 한다.[146] '10도제'와 '주현제도'로 대표되는 성종 14년의 지방제도 개편은 중국 당나라 제도를 모범으로 하였는데,[147] 이때 10도와 함께 설치된 개성부는 수도 개경을 보위하는 특별구역이었다.[148]

145 946년(정종 元) 세워진 「無爲寺先覺大師遍光塔碑」(한국역사연구회편, 1996, 『譯註 羅末麗初金石文』, 혜안)에 보이는 '開州五冠山'이란 표현 역시 당시 '개주지역'의 지리적 범위와 일치한다.

146 『高麗史節要』 卷2, 成宗 14年 7月.

147 邊太燮, 1971, 앞 책; 鄭學洙, 2007, 앞 박사학위논문. 성종 14년 지방제도 개편 배경에 대해서는 이 책 제1장 참고.

148 邊太燮은 개성부는 지방기구이면서 왕도를 통치하는 특별구역으로, 개성부의 설치로 기보

성종 14년 개주를 개성부로 개편하고 여기에 적현 6개와 기현 7개를 소속시킨 것은 수도 개경을 지원하는 특별구역의 확대를 의미한다. 즉 이때 송악군을 포함하여 6개의 단위군현으로 구성된 개주의 지리적 범위가 적현 6개와 기현 7개로 확대되었다. 이것은 수도 개경의 기능이 커진 것과 관련이 있다고 여겨지는데,[149] 이때 적현과 기현으로 형성된 개경의 특별구역은 현종 9년의 '경기', 문종 16년 개성부의 형태로 고려후기까지 이어졌다.

성종 14년의 개성부에 대해서는 지금까지 다양한 관점에서 연구가 이루어져 어느 정도 정리가 되어 있다.[150] 그중에서도 적현과 기현 13개는 현종 9년 개성현과 장단현을 중심으로 '주현속현단위'를 구성했던 12개의 단위군현에 송악군이 포함된 것으로 보는 것이 일반적이다.[151] 특히 당시 개성부의 핵심영역인 적현 6개는 개성현·덕수현·임진현·정주·송림현·송악현으로 보거나,[152] 개성현·덕수현·임진현·강음현·송림현·송악현으로 본다.[153] 특히 후자는 모두 개주에 포함되었던 단위

지역(경기지역)이 형성되었다고 보았으며(邊太燮, 1971, 앞 책), 鄭學洙는 적기현제를 토대로 (왕경)개성부를 설치한 것은 명분론에 입각하여 국왕중심의 통치체제를 확립하려는 것이었고, 이때 만들어진 왕경개성부(경기제)의 틀은 고려말기까지 지속된다고 보았다(鄭學洙, 2007, 앞 박사학위논문).

149 수도 개경과 중앙정부의 운영에 필요한 현물은 고려초기 조세제도가 정비되면서 전국의 군현에서 조달되었을 것이다. 따라서 적현·기현이 개경을 보위하는 특별구역으로서 부담하였던 것은 주로 요역 같은 노동력이었을 것이다. 박종진, 2000, 『고려시기 재정운영과 조세제도』, 서울대학교출판부 참고.

150 邊太燮, 1971, 앞 책; 朴龍雲, 1996, 앞 논문; 鄭學洙, 2007, 앞 박사학위논문; 박종진, 1999, 「고려시기 개경사 연구동향」, 『역사와 현실』 34; 박종진, 2010, 「고려시기 개경사 연구동향 2(2000-2009)」, 『역사와 현실』 75.

151 尹武炳, 1956, 「所爲 '赤縣'에 대하여」, 『李丙燾博士華甲記念論叢』, 一潮閣; 邊太燮, 1971, 앞 책; 朴龍雲, 1996, 앞 논문.

152 朴龍雲, 1996, 앞 논문.

153 鄭學洙, 2007, 앞 박사학위논문.

군현들이다. 필자 역시 적현이 개성부의 핵심지역이고, 적현이 개주를 토대로 형성되었다고 생각한다.[154] 다만 필자는 적현 6개에 송악현이 포함되었다는 선행연구들의 결과에 대해서는 의문이 든다.[155] 과연 태조 2년 이후 수도 개경이 되어 5부로 편성된 송악군[송악현]이 개경 5부와 동시에 존재하였을까? 이와 관련하여 변태섭은 현종 9년에 송악군이 해체되어 5부가 특별구역으로 독립되었다고 보았다. 그렇지만 5부 방리는 태조 2년부터 시작되었다는 기록이 있을 뿐 아니라 최소한 성종대에는 방리의 명칭도 정해졌다고 보이므로[156] 송악군은 이미 현종 9년 이전에 5부로 해체되었다고 생각한다. 따라서 적현 6개는 개주를 구성했던 송악군·강음현·송림현·개성군·덕수현·임진현 중 수도 개주가 된 송악군이 빠지고 정주(貞州)가 포함되었을 가능성이 높다. 개주를 구성할 때 빠졌던 정주가 적현 6개에 포함된 것은 고려 태조 23년 군현제 개편 때 정주가 고려의 단위군현으로 편성되었기 때문이다. 『고려사』 지리지에서는 고려초기

154 「고려세계」에 실린 「편년통록」에는 태조 왕건의 할아버지 작제건과 함께 온 용녀가 처음 와서 개주 동북쪽 기슭에 은그릇으로 우물을 팠다는 기록이 있다. 용녀가 팠다는 개성 큰 우물은 옛 개성현(개성군)의 중심지에 있다는 점에서 보면 「편년통록」이 찬술된 의종대에 개성현을 개주로 부르거나 개주로 인식하기도 했다는 것을 알 수 있다. 이렇게 후대에 개성현을 개주로 인식하기도 했던 것은 개주가 이후 개성부의 모체가 되었기 때문일 것이다. 1159년(의종 13) 작성된 「王冲墓誌銘」(1993, 『高麗墓誌銘集成』)에 보이는 '守開州' 라는 표현 역시 위와 같은 사례로 생각한다.

155 선행연구에서 송악현(송악군)을 적현에 포함시킨 것은 고려 성종 14년 지방제도 개편에 큰 영향을 준 당나라 제도에 대한 이해를 바탕으로 하고 있다. 즉 당나라 경조부에 속한 京縣(적현)인 장안현과 만년현이 도성 안에 있었던 것을 바탕으로 고려의 적현 6개에 수도 개경이 된 송악현을 포함시킨 것이다. 그렇지만 당나라 제도에서 경조부의 경현 2개가 모두 도성 안에 있으면서 수도 경조부를 지원하는 형태였다면 고려의 적현 6개는 수도 개경 주위의 군현으로 편성되었다. 적현 6개가 비슷한 조건에서 수도 개경을 지원하는 군현으로 편성되었다면 수도 개경이 된 송악현이 적현에 포함되는 것은 자연스럽지 못하다고 생각한다.

156 홍영의, 2000, 「고려전기 개경의 오부방리(五部坊里) 구획과 영역」, 『역사와 현실』 38.

정주의 연혁이 확인되지 않지만[157] 조선후기 김정호가 편찬한 『대동지지(大東地志)』에는 태조대 정주가 되었다는 기록이 있다.[158] 따라서 실제로는 성종 14년 적현이 편성되기 이전에 정주가 개경이 된 송악군 대신 개주의 영현이 되어 '개주지역'에 편입되었을 가능성이 높다.

이를 바탕으로 필자는 적현 6개를 개성현·덕수현·임진현·강음현·송림현·정주로 보고, 기현 7개는 현종 9년 '개성현지역'과 '장단현지역' 등 2개의 '주현속현단위'에 포함된 장단현(長湍縣)·임강현(臨江縣)·마전현(麻田縣)·적성현(赤城縣)·파평현(坡平縣)·토산현(兎山縣)과 문종 16년 개성부로 이속된 우봉군(牛峯郡)이었을 것으로 생각한다.[159] 이것을 그림으로 그린 것이 〈그림 3-5〉인데, 이 그림에서 개주의 영현이 중심이 된 적현은 수도 개경과 가까운 단위군현으로 구성되었고 기현은 적현 바깥에 있는 단위군현으로 구성되었다는 것을 확인할 수 있다.[160] 즉 성종 14년의 적현과 기현은 모두 수도 개경을 보위하고 지원하는 특별구역으로 편성되었고, 적현과 기현 13개는 수도 개경(옛 송악군; 개경 5부)과는 공간적으로 다른 영역이었다.

개성부의 관원으로는 개성부윤(開城府尹)과 참군(參軍)이 확인된다. 그렇지만 서경·동경의 관원 구성을 토대로 유추하면 부윤 아래 소윤·판관·사록참군사·장서기 등이 더 있었을 것이다. 당시 개성부윤의 지

157 『高麗史』 卷56, 地理1, 王京開城府, 貞州.

158 『大東地志』 開城府, 古邑, 豐德, "高麗太祖改貞州". 이 기록은 현재 『대동지지』 이전의 기록에서 확인되지 않는다는 점에서 김정호가 추론하여 정리한 기록일 가능성이 있지만, 무리한 추론으로 생각되지는 않는다.

159 필자가 우봉군을 기현에 포함시킨 것은 우봉군이 알려진 적현과 기현을 제외하고는 개경과 가장 가까운 군현일 뿐 아니라 신라후기 이후 임강현·장단현·마전현과 하나의 군영현 단위로 묶였던 역사성을 가지고 있기 때문이다.

160 또 이전 견해처럼 송악현을 적현으로 보고 정주를 기현으로 볼 경우, 적현으로 보는 덕수현과 기현으로 보는 정주의 위치가 자연스럽지 않다(鄭學洙, 2007, 앞 박사학위논문).

위는 목종전시과 제5과에 비서감 등과 함께 편입되어 있는 것으로 보아 종3품에서 정4품 정도로 보이며, 이는 개성부가 도호부나 서경·동경보다 우위에 있지 못함을 말한다. 개성부는 성종 14년에 파견된 다른 외관과 마찬가지로 지방기구에 불과하지만 왕경을 보위하는 특별기구였기 때문에 장관을 부윤이라 칭하고 경관으로 삼았다.[161] 개성부윤이 형식상 개경 5부의 행정에도 관여하였다 하더라도,[162] 개성부는 개경 5부보다는 그 외곽 지역인 '적현지역'과 '기현지역'의 행정을 맡기 위해서 설치된 관부였던 것은 분명하다.[163]

한편 성종 14년 제도에는 개성부 외곽에 10도 중의 하나인 관내도가 존재하였다. 관내도 역시 형식상으로는 수도 개경을 보위하는 지방행정 단위로 편성되었다. 즉 성종 14년에는 개경과 가장 가까운 곳에 적현, 적현보다 조금 떨어진 군현을 기현으로 편성하고 적현과 기현 외곽에 다시 관내도를 설치하여 왕경을 보위하는 구조를 만들었다.[164]

(2) '적현지역'과 '기현지역'의 지리적 범위와 특징

성종 14년의 개성부는 개경을 보위하는 특별구역인 적현 6개와 기현 7개로 구성되었다. 〈그림 3-5〉를 토대로 '적현지역'과 '기현지역'의 지리적 범위와 지리적 특징을 간단히 살펴보자. 개성현·덕수현·임진현·강

---

161 邊太燮, 1971, 앞 책.

162 邊太燮은 성종 14년 개성부가 왕도 경내를 통치하였을 뿐 아니라 부근의 13현도 관할하였다고 보았고(邊太燮, 1971, 위 책, 242쪽), 박용운도 성종 14년에 설치된 개성부는 종래의 개성지역과 함께 그 주변의 赤畿 12현을 통할하는 관서로 보았다(朴龍雲, 1996, 앞 논문, 65쪽).

163 박종진, 2015a, 「고려말·조선초 개성부의 위상」, 『東方學志』 170.

164 10도 중의 하나인 관내도는 적현과 기현 외곽의 양주·광주·해주·황주 등이 포함되었고, 그중 양주와 해주가 左右二輔가 되어 개경을 보위하는 영역으로 설정되었지만, 관내도와 二輔制는 형식적인 제도에서 벗어나지 못하였다고 보고 있다(邊太燮, 1971, 앞 책).

음현·송림현·정주로 구성된 적현은 수도 개경(송악군)이 빠지고 정주가 편입한 것을 제외하고는 개주의 영역과 대체로 일치한다. 따라서 적현의 범위와 그 지리적 특징은 앞에서 살펴본 개주와 거의 일치한다. 즉 적현은 개경과 가장 가까운 단위군현들이고, 이들은 모두 개경에서 각 방면으로 가는 교통로의 출발점에 해당하는 주요 지역이다. 아울러 송림현을 제외한 적현 5개는 모두 수로로 연결될 수 있었다. 즉 강음현·개성현·정주는 예성강에, 덕수현은 조강에, 임진현은 임진강에 붙어 있거나 아주 가깝다. 적현이 개경을 둘러싼 개경과 가까운 군현들로 구성되었다면 기현은 적현 바로 밖에 위치한 우봉군·임강현·장단현·마전현·적성현·파평현·토산현으로 구성되었다. 먼저 눈에 띄는 것은 서북쪽의 우봉군과 그 동남쪽의 임강현·장단현·마전현은 신라후기 하나의 '군영현단위'라는 사실이다. 또 임진강 남쪽의 파평현과 적성현은 신라후기 내소군(來蘇郡, 고려 見州)의 영현이었는데, 감악산(甘嶽山) 북쪽의 2현만 기현으로 이속되었다. 또 개경에서 가장 멀리 떨어진 토산현은 안협현·삭읍현(고려 삭령현)·이천현을 영현으로 거느렸던 토산군이었는데,[165] 임진강 서쪽에 위치한 토산군만 기현에 포함되었다.[166] 〈그림 3-5〉에서 보듯이 우봉군과 임강현 사이에는 높고 험한 산줄기인 '임진북예성남정맥'이 가로막고 있다. 그렇지만 이 산줄기는 송악군·강음현·여비현(고려 송림현)이 신라후기에 하나의 '군영현단위'로 묶였던 것처럼 우봉군·임강현·장단현·마전현이 하나의 '군영현단위'로 묶이는 데 장애를 주지 않았고, 따라서

165 선행연구에서는 토산현의 위치를 임강현 동쪽, 임진강의 서쪽에 표시하였지만 그것은 잘못이다(朴龍雲, 1996, 앞 논문; 鄭學洙, 2007, 앞 박사학위논문).

166 성종 14년 '10도제'와 '주현제도'를 실시하면서 신라후기 이래의 군현 영속관계 개편이 있었을 것으로 생각하지만 이를 뒷받침할 만한 자료가 없다. 이 문제는 앞으로의 중요한 과제라고 생각한다. 이 책 제1장 참고.

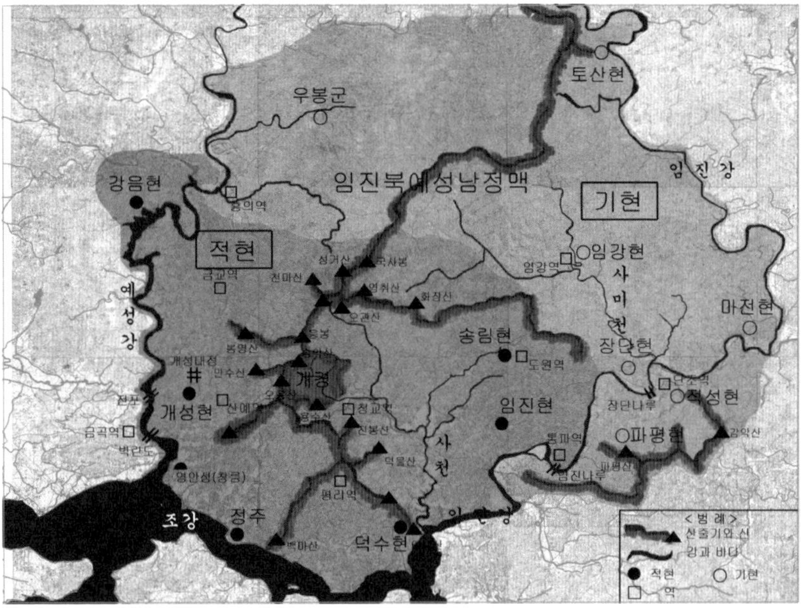

〈그림 3-5〉 '적현지역'과 '기현지역'의 지리적 범위

이 4개의 단위군현 사이에는 신라후기 이래로 교통로가 있었다.[167] 또한 고려 건국 이후에는 수도 개경을 기준으로 하는 교통로 역시 마련되었다. 즉 우봉군은 개경 서북쪽의 역로인 '금교도'의 금교역과 흥의역(興義驛)을 이용하여 개경과 연결할 수 있었다. 아울러 예성강을 따라서 수로로도 개경에서 우봉군에 접근할 수 있었다. 또한 신라후기 우봉군의 영현이었던 장단현·임강현·마전현은 개경 동쪽의 송림현과 송림현 근처의 도원역을 매개로 개경과 교통할 수 있었다. 임진강 남쪽의 파평현은 임진현과 그 남쪽의 임진나루와 통파역, 적성현은 장단현과 근처의 장단

167 이 문제에 대해서는 정요근, 2005, 「7~11세기 경기도 북부지역에서의 간선교통로 변천과 '長湍渡路'」, 『韓國史硏究』 131 참고.

나루 및 단조역을 이용하여 개경과 연결할 수 있었다. 임진강을 끼고 있는 파평현과 적성현은 당연히 임진강 수로를 이용할 수도 있었다. 개경에서 가장 멀리 떨어진 토산현은 송림현과 임강현을 거쳐 개경과 교통할 수 있었다. 이때 송림현 근처의 도원역과 임강현 근처 임강역의 도움을 받았을 것이다. 또 토산현은 임진강 수로를 이용할 수도 있었다.[168] 이렇게 적현 바로 바깥 군현들로 구성된 기현은 모두 임진강과 예성강 수로를 이용할 수 있는 곳이라는 특징이 있다.

성종 14년 수도 개경을 보위하는 특별구역으로 편성된 개성부의 지리적 경계는 서쪽으로는 예성강, 남쪽은 조강, 동쪽은 임진강, 동남쪽은 감악산과 파평산을 잇는 산줄기까지이다. 이 산들은 지금도 지리적인 경계가 된다.[169] 이 범위는 대체로 예성강과 임진강 수로를 이용할 수 있는 범위이기도 하다. 당시 적현·기현을 정할 때 개경과의 거리, 교통로 등이 고려되었을 것은 분명하다. 또한 적현이 대체로 이전 개주의 영역이었다는 것은 분명하지만 7개의 단위군현을 기현으로 정한 구체적인 배경은 확인하기 어렵다.

---

168 고려시기에 임진강 상류지역인 토산현까지 배가 드나들 수 있었는지는 확인할 수 없지만 조선중기의 기록인 『신증동국여지승람』에 토산군 근처를 지나는 동대천은 임진강을 따라 삭령·마전·적성 등지를 경유하여 임진나루까지 이어진다고 한 것으로 보아(『新增東國輿地勝覽』 卷42, 兔山郡, 山川, 東大川), 고려시기에도 토산현까지 배가 드나들었을 가능성이 높다고 생각한다.

169 현재 감악산 줄기는 파주시와 양주시·동두천시의 경계이고, 파평산 줄기는 파주시 파평면과 법원읍의 경계이다.

3) 현종 9년 '경기'의 성립과 그 지리적 특징

적현과 기현을 토대로 운영되던 개성부가 해체된 것은 현종 9년이다. 성종 14년 '10도제'와 '주현제도'를 토대로 한 고려의 지방제도는 현종 3년 절도사 등이 혁파되면서 유명무실해졌고, 현종 9년 2월에 '주현속현제도'를 근간으로 하는 고려 지방제도의 기본 틀이 만들어졌다. 이에 따라 개성부는 해체되고 수도 개경을 보위하던 '적현지역'과 '기현지역'은 개성현을 주현으로 하는 '개성현지역'과 장단현을 주현으로 하는 '장단현지역'으로 재편되었는데, 이때 이 두 지역을 모두 상서도성(尙書都省)에 직접 예속시키고 이를 경기(京畿)라 하였다. 즉 개성현과 장단현에 현령을 파견하여 주현으로 삼고, 개성현에는 강음현·덕수현·정주 등 3개의 군현을 속현으로 이속하였고, 장단현에는 송림현·임강현·토산현·마전현·임진현·적성현·파평현 등 7개 군현을 속현으로 이속하였다. 개성부의 해체와 '주현속현제도'의 성립은 현종 9년 전국적인 지방제도 개편에 따라 이루어진 것은 물론이다.[170] 현종 9년 '주현속현단위'를 편성할 때 지형 등 지리적인 요인이 매우 중요하게 작용하였는데[171] 이것은 개성부의 적현과 기현이 '개성현지역'과 '장단현지역'으로 편성될 때에도 그대로 적용되었다. 즉 개성부지역을 종단하는 커다란 산줄기인 '임진북예성남정맥'을 기준으로 서쪽은 '개성현지역', 동쪽은 '장단현지역'으로 편성되었고,[172] 기현

170 한편 윤경진은 1018년(현종 9) 개성현령과 장단현령을 주축으로 하는 이원적 경기 지배체제는 995년(성종 14) 개성부에 의한 적현·기현의 일원적 지배를 폐지하면서 마련된 것이 아니라 1001년(목종 4)에 장단현이 湍州로 승격되어 개성부와 단주가 이원적으로 지배하는 체제를 거친 이후부터라고 하였다. 윤경진, 2009b, 「고려전기 京畿의 편성과 운영」, 『역사문화연구』 33.

171 이 책 제3장 1절·2절·3절 참고.

172 '개성현지역'과 '장단현지역'의 지리적 경계에 대해서는 뒤에 보충 서술하였다.

중의 하나였던 우봉군은 지리적으로 가까운 평주의 속현으로 이속되었다.[173] 성종 14년의 '적현지역'·'기현지역'과 현종 9년의 '경기'는 개경을 보위하는 특수지역이라는 성격도 동일하며 그 지리적 범위에서도 우봉군이 평주로 이속된 것 말고는 달라진 것이 없다. 다만 전국적인 지방제도 개편에 따라 편제방식이 바뀌고 이에 따라 운영방식에 차이가 생긴 것일 뿐이다. 즉 이때 개경 주변의 군현을 다른 지역과 마찬가지로 '주현속현단위'로 묶으면서도 그 명칭을 '경기'라 하고 그를 중앙의 상서도성에 직접 예속시킨 것은 여전히 이 지역을 개경을 보위하는 특수지역으로 중요하게 여겼기 때문이다.

현종 9년 성립된 경기는 전국의 지방제도를 '주현속현제도'로 개편하면서 '적현지역'과 '기현지역'을 '개성현지역'과 '장단현지역'으로 개편하여 편성한 것이다. 〈그림 3-6〉을 토대로 현종 9년 '경기'의 지리적 범위를 보면 두 가지의 특징을 확인할 수 있다. 첫 번째 특징은 현종 9년 경기의 범위는 적현·기현의 범위와 거의 일치한다는 것이다. 즉 기현의 서북쪽 경계에 있던 우봉군만 그 북쪽의 평주로 이속되었고 나머지 12개의 단위 군현들은 모두 경기에 포함되었다. 우봉군을 평주의 속현으로 이속한

173 이때 우봉군을 평주의 속현으로 이속한 것도 당시 '주현속현단위' 편성의 원칙에 따른 것으로 생각한다. 이 문제를 구체적으로 밝힌 연구는 아직 없지만, 필자의 시론에 따르면 '주현속현단위'를 정할 때 지역단위의 역사성뿐 아니라 지리적 요인도 매우 중요하게 여겼던 것은 분명하다. 아울러 먼저 각 지역의 중심지 역할을 할 만한 군현을 主縣으로 정한 후, 주현으로 정해진 군현의 위상에 따라 지리적 특징을 고려하여 적절한 수의 속현을 이속시킨 것으로 생각한다(이 책 제1장과 제3장 1절·2절·3절 참고). 현종 9년 주현이 된 평주에는 2개의 속현이 이속되었는데, 북쪽의 동주는 절령이라는 고개 남쪽에 위치하였고 남쪽의 우봉군은 천마산에서 성거산으로 이어지는 큰 산줄기 북쪽에 위치하였다. 평주를 주현으로 하는 '평주지역' 남북의 경계가 산줄기에 의해서 정해진 것을 확인할 수 있다. 즉 현종 9년 우봉군이 '개성현지역'이나 '장단현지역'에서 '평주지역'으로 이속된 것은 우봉군이 천마산에서 성거산으로 이어지는 '임진북예성남정맥' 북쪽에 위치하였기 때문이다. '주현속현단위'의 설정 배경에 대해서는 앞으로 다양한 관점에서 폭넓은 연구가 필요하다.

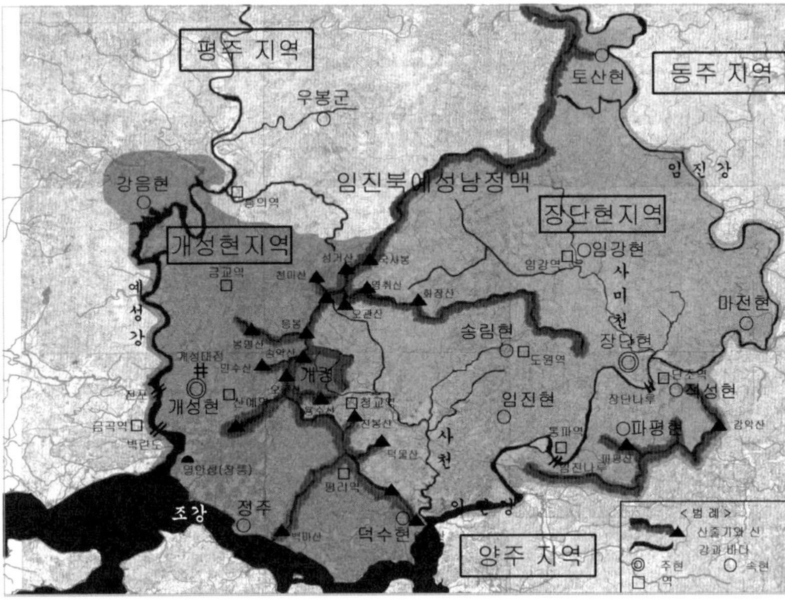

〈그림 3-6〉 '개성현지역'과 '장단현지역'의 지리적 범위

것은 현종 9년 '주현속현단위'를 편성할 때 산줄기를 중요한 기준으로 삼았기 때문이다.[174] 지방제도 편제방식을 바꾸면서도 경기의 범위를 크게 변경하지 않은 것은 경기를 적현과 기현의 성격을 계승하는 특수지역으로 유지하려고 하였기 때문이다.

두 번째 특징은 경기를 구성한 '개성현지역'과 '장단현지역'이 커다란 산줄기에 의해서 좌우로 배치된 것이다.[175] 현종 9년 경기는 지리적 공간

174 이 책 제1장, 제3장 1절·2절·3절 참고.

175 『신증동국여지승람』에 실린 徐居正이 쓴 「長湍客館新營記」에는 태조가 삼한을 통일하고 송경에 도읍하고 장단을 동익, 개성을 서익으로 삼았다는 기록이 있다(『新增東國輿地勝覽』 卷12, 長湍都護府, 宮室, 客館). 이것은 고려 건국 초기의 내용이라기보다는 현종 9년 때의 내용으로 보인다(鄭學洙는 이 기록을 태조 2년 개주를 설치할 때의

이 적현·기현과 거의 일치할 뿐 아니라 전체가 2개 지역으로 구분되어 있는 것도 같다. 그런데 개경과 가까운 곳이 적현이 되고, 그 외곽이 기현이 되었던 것과 달리 '개성현지역'과 '장단현지역'의 지리적 경계는 '경기영역'을 종단하는 커다란 산줄기이다. 이렇게 산줄기라는 지형을 기준으로 경기지역을 나눈 것은 현종 9년 지방제도의 개편에서 일반적으로 확인되는 중요한 특징이다. 경기를 좌우로 나누는 산줄기가 '임진북예성남정맥'인데 성거산·천마산·송악산으로 내려오던 이 산줄기는 개경 남쪽에서 좌우로 갈라져서 한 줄기는 정주쪽으로 내려가고 한 줄기는 덕수현 동쪽으로 내려간다. 조선후기 『산경도』에서 정해지는 '임진북예성남정맥'의 주맥은 서쪽으로 뻗어 백마산까지 가는 산줄기이지만[176] 현종 9년 경기를 구분한 산줄기는 여니산까지 이어진 동쪽 산줄기이다. 동쪽 산줄기의 고도가 서쪽 산줄기보다 조금 더 높은 것이 한 원인이 되었을 것으로 보인다. 아울러 개경 동남쪽을 흐르는 사천 역시 두 지역을 나누는 경계가 되기도 하였을 것이다.

4) 문종 16년 개성부의 복설과 '개성부영역'의 지리적 범위

현종 9년 이래 개성현령과 장단현령이 이끌던 '경기영역'은 1062년(문종 16) 개성현령이 지개성부사로 승격되면서 통치방식이 변하였다. 『고려사』 지리지에 따르면 상서도성에 속했던 '개성현지역'과 '장단현지역'의

기록으로 보고, 장단은 송림현을 가리키는 것으로 이해하였다. 鄭學洙, 2007, 앞 박사학위논문).

176 『산경도』(조석필, 1997, 『태백산맥은 없다: 이 땅의 산줄기는 백두대간이다』, 사람과山).

군현 11개가 개성부에 이속되고 여기에 평주의 속현이었던 우봉군도 이속되었다.[177] 이때 지개성부사에 이속된 11개의 군현은 현종 9년 경기를 구성했던 12개의 군현 중 이때 지개성부사가 설치된 개성현을 제외한 군현이다. 이 결과 '경기영역'은 2개의 '주현속현단위'가 하나의 광역 단위(계수관 단위)로 재편되었다.[178] 이것은 '경기영역'이 좌우 2지역으로 나뉘었던 현종 9년 체제를 보완하여 단일 구조로 편성한 것이며, 동시에 성종 14년 개성부 설치 이후 둘로 나뉘어 운영되던 특별구역(경기)이 하나로 통합된 것을 의미한다.[179] 그것은 수도 개경을 둘러싼 지역들이 개발되고 동시에 개경 중심으로 교통로가 정비되면서 개경을 중심으로 하는 생활권이 확대되어 특별구역을 하나로 묶을 수 있게 되었기 때문에 가능하였다. 이로써 개성부는 주현(主縣)이자 계수관이 되었다.[180]

---

177 『高麗史』 卷56, 地理1, 王京開城府.

178 문종 16년 '개성부영역'에 포함된 군현에 대해서는 〈표 3-7〉 '개성부영역'의 군현 참고.

179 한편 윤경진은 기존의 이해와는 달리 1062년(문종 16) 개편 때에 장단현이 개성부의 속현이 되지 않고 개성부와 장단현이 경기를 관할하는 2대 관부로 존재하였다고 하였다(윤경진, 2010a, 앞 논문). 그렇지만 윤경진이 제시한 문종 21년 정월 무진의 기록(『高麗史』 卷8)은 문종 16년 장단현이 지개성부사의 속현이 되었다는 『고려사』 지리지의 내용을 부정할 정도의 결정적인 자료는 아니라고 생각한다. 당시 국가에서 흥왕사 연등대회 때에 여러 군현에 채붕을 설치하도록 한 것은 일종의 요역 징발로 볼 수 있는데, 고려시기 요역 징발을 비롯한 조세의 수취와 감면은 主縣이 아니라 단위군현을 단위로 이루어졌기 때문이다(박종진, 2000, 앞 논문). 아울러 고려시기에는 주현과 주현에 딸린 속현의 일부만 조세감면 대상이 되는 경우도 보인다. 따라서 이 기록을 토대로 문종 16년 이후에도 장단현이 속현이 되지 않고 계속하여 현령이 파견되었다고 단정할 수 없다. 다만 이때 장단현이 다른 주현들과 함께 채붕 설치 대상 군현이 된 것은 장단현의 縣勢가 주변의 다른 속현들보다 우세하였기 때문일 것이다. 이것은 이전에 현령관이 설치되었던 것과 관련이 적지 않았을 것이다. 아울러 이런 것이 토대가 되어 얼마 후 장단현에 다시 현령이 파견되었을 것이다.

180 邊太燮, 1971, 앞 책. 최근 윤경진은 문종대 이후 고려중기 경기지역의 계수관 역할을 한 것은 지개성부가 아니라 1067년(문종 21) 楊州에서 승격된 南京이었을 것으로 보았다(윤경진, 2010a, 앞 논문). 이것은 '개성부영역(경기)'을 '남경영역', '광주영역' 등으로 구성된 양광도에 포함되지 않은 것으로 정리한 『고려사』 지리지의 인식과 정면으로 배치된다.

문종 16년의 개성부는 현종 9년 '주현속현제도'를 보완한 것으로 성종 14년의 개성부와는 그 구성과 성격이 달랐다. 즉 경관인 개성부윤이 파견되었던 성종 14년의 개성부와 달리 문종 16년의 개성부에는 지방관인 지개성부사가 파견되었는데, 지개성부사는 정6품의 원외랑 정도의 지위였다. 문종대에 정해졌다는 외관의 녹봉기록을 통하여 지개성부사의 지위를 살펴보면 개성부에는 지개성부사(86석 10두), 부사(40석), 판관(30석), 법조(13석 5두)가 있어서 다른 주부군과 비슷하다.[181] 다만 개성부에는 다른 곳과 달리 판관이 있었는데, 이에 대해 선행연구에서는 개성부가 계수관 역할을 하였기 때문이라고 보았다.[182] 문종 16년 통합된 '개성부영역'의 지리적 범위는 〈그림 3-7〉에서 보는 것과 같이 현종 9년의 '경기영역'에 평주의 속현이었던 우봉군이 포함된 것으로 그것은 성종 14년 개성부에 속했던 '적현지역'과 '기현지역'이 합해진 범위, 곧 '개성부'의 범위와 같다. 따라서 문종 16년 '개성부영역'의 지리적 특징 역시 성종 14년 개성부에 속했던 '적현지역'·'기현지역'과 같다. 즉 문종 16년 지개성부사가 관할하던 '개성부영역'의 지리적 경계는 서쪽으로는 예성강, 남쪽은 조강, 동쪽은 임진강, 동남쪽은 감악산과 파평산을 잇는 산줄기까지이다. 아울러 '개성부영역'은 '적현지역'·'기현지역'과 마찬가지로 예성강과 임진강 수로를 이용할 수 있는 공간 범위이기도 하다.

『고려사』 지리지에는 적지 않은 오류가 포함되어 있지만 『고려사』 지리지에 반영된 고려시기 지방제도의 틀 자체를 부정할 정도는 아니라고 생각한다. 문종 16년 지개성부사는 '개성부영역'에 다른 주현[領縣]이 없었다는 점에서 다른 영역의 계수관과는 다르겠지만 기본적으로 '개성부영역'을 대표하는 지방관이었다는 점에서 계수관의 위상을 가졌다고 생각한다.

181 이 부분은 邊太燮, 1971, 앞 책, 257쪽의 내용을 바탕으로 정리하였다.

182 邊太燮, 1971, 위 책.

〈표 3-7〉 '개성부영역'의 군현

군현 이름	신라후기 영속관계	성종14년 영속관계	현종9년 영속관계	문종16년 영속관계	고려시기의 역(22역도)	기타 연혁
王京 開城府 (開京)	松嶽郡	(개성부)	개경	개경		[조선] 태조 4 開城留後司
	領縣 = 如羆縣(松林縣), 江陰縣	개경5부				
開城縣	開城郡	개성현	개성현	개성부	靑郊驛 (靑郊道) 狻猊驛 (狻猊道)	[조선] 태조 4 개성유후사에 통합
	영현 = 덕수현, 임진현	적현	〈현령〉	〈지부사〉		
牛峯郡	우봉군	우봉군	우봉군	우봉군	興義驛 (金郊道) 安信驛 (금교도) 白原驛 (금교도)	예종 1 우봉감무 [조선] 태조 4 우봉현령 태종 13 황해도로 이속 효종 2 강음현과 병합, 金川郡으로 개칭
	영현 = 임강현, 장단현, 臨湍縣(麻田縣)	기현	平州 속현	개성부 속현		
貞州		태조 정주	정주	정주		예종 3 知昇天府事 충선왕 2 海豐郡 [조선] 태종 13 개성유후사에 통합 태종 18 해풍군 세종 24 덕수현과 병합, 豐德郡으로 개칭 순조 23 개성부에 통합
		적현	개성현 속현	개성부 속현		
德水縣	덕수현	덕수현	덕수현	덕수현	平理驛 (청교도)	공양왕 1 덕수감무 [조선] 태종 13 개성유후사에 통합 세종 24 해풍군과 병합, 풍덕군으로 개칭
	개성군 영현	적현	개성현 속현	개성부 속현		
江陰縣	강음현	강음현	강음현	강음현	金郊驛 (금교도) 玉池驛 (금교역)	인종 21 강음감무 [조선] 태종 13 강음현감 황해도로 이속 효종 2 우봉군과 병합, 金川郡으로 개칭
	송악군 영현	적현	개성현 속현	개성부 속현		

長湍縣	장단현	장단현	장단현	장단현	白嶺驛 (桃原道)	[조선] 태종 14 임강현·임진현 내속, 臨湍縣으로 개칭 태종 19 장단현령 예종 1 長湍都護府
	牛峰郡 영현	기현 목종 4 湍州	〈현령〉	개성부 속현		
臨江縣	임강현	임강현	임강현	임강현	臨江驛 (도원도)	공양왕 1 임강감무 [조선] 태종 14 장단현에 통합 곧 다시 복구해 임강현감
	우봉군 영현	기현	장단현 속현	개성부 속현		
兎山縣	토산군	토산현	토산현	토산현		예종 1 토산감무 [조선] 태종 13 토산현감 황해도로 이속
	영현= 安峽縣, 伊川縣, 朔邑縣(朔寧縣)	기현	장단현 속현	개성부 속현		
臨津縣	임진현	임진현	임진현	임진현	通波驛 (청교도)	공양왕 1 임진감무 [조선] 태종 14 장단현에 통합 태종 19 임진현감
	개성군 영현	적현	장단현 속현	개성부 속현		
松林縣	여비현	고려초 송림현	송림현	송림현	桃源驛 (도원도)	후에 송림감무 [조선] 태종 18 임강현 속현
	송악군 영현	적현	장단현 속현	개성부 속현		
麻田縣	임단현	고려초 마전현	마전현	마전현		후에 마전감무 한때 적성현과 병합 공양왕 1 마전감무 [조선] 태종 13 마전현감
	우봉군 영현	기현	장단현 속현	개성부 속현		
赤城縣	重城縣	고려초 적성현	적성현	적성현	丹棗驛 (청교도) 橡林驛 (청교도)	예종 1 적성감무 한때 마전현과 병합 [조선] 태종 13 적성현감
	來蘇郡(見州) 영현	기현	장단현 속현	개성부 속현		
坡平縣	파평현	파평현	파평현	파평현		예종 1 파평감무 [조선] 태조 7 瑞原縣과 병합, 原平郡으로 개칭 태종 15 原平都護府 세조 6 坡州牧
	내소군(견주) 영현	기현	장단현 속현	개성부 속현		

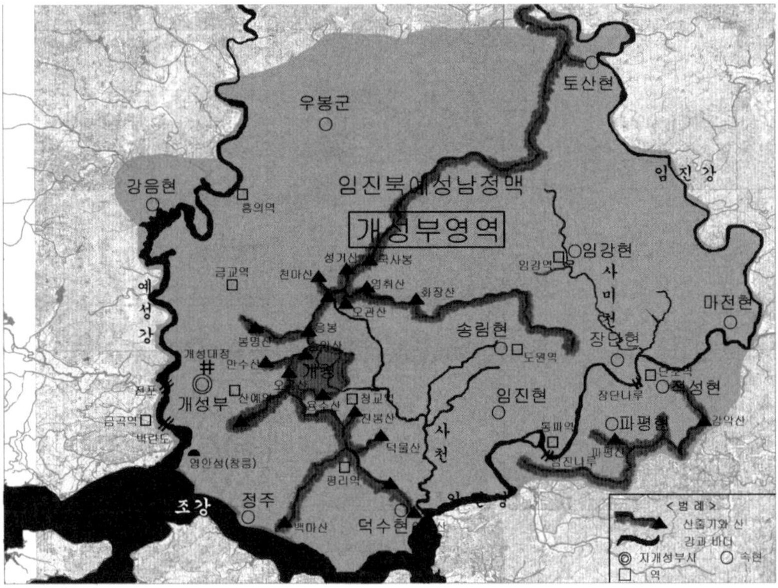

〈그림 3-7〉 '개성부영역'의 지리적 범위

한편 『고려사』에는 문종 16년의 지개성부사가 '개성부영역'을 관할하는 단일체제는 1308년(충렬왕 34) 충선왕 복위 때까지 지속되는 것으로 기록되어 있다. 즉 충렬왕 34년 개성부에 급전도감과 개경 5부를 통합하고 부윤 등의 관직을 설치하여 도성을 관할하게 하고, 따로 개성현령을 두어 도성 밖을 통치하게 되면서[183] 개성부는 경기지역이 아니라 도성 안을 통치하는 관서가 되었다. 위 기록대로라면 지개성부사를 주현이자 계수관으로 하는 '개성부영역'은 고려후기까지 그대로 유지되었을 것이다. 그렇지만 문종 16년 이후 '개성부영역'의 구성에 변동이 있었을 것으로 짐작할 수 있는 기록들이 확인된다. 우선 예종 3년 정주는 지승천부사

183 『高麗史』 卷56, 地理1, 王京開城府; 卷76, 百官1, 開城府.

로 승격되어 지방관이 파견되었으며, 정주 외에도 인종대 녹봉지급 대상에 장단현령과 우봉현령이 포함되어 있다. 인종대의 외관 녹봉 기록에 반영되어 있는 시점에 대해서는 논란이 있지만[184] 적어도 충선왕 복위 이전에 장단현령과 우봉현령이 파견되었을 가능성은 높다. 이렇게 문종 16년 이후 '개성부영역'에 포함되었던 군현에 지방관이 파견되면서 '개성부영역'의 구성도 변하였을 것이다. 즉 개성현 외에 장단현·승천부·우봉현 등에 지방관이 파견되면서 관할영역이 부분적으로 축소되었을 것이다. 어쩌면 지개성부사를 단일 계수관으로 하는 체제는 단기간만 유지되었을 수도 있다.[185]

184 현재 인종조 외관록의 기록에 대해서는 1178년(명종 8)에서 1197년(명종 27) 사이의 내용을 반영한 것으로 추정한 견해(濱中昇, 1979, 「≪高麗史≫食貨志外官祿條の批判」, 『朝鮮歷史論集 上』, 龍溪書舍), 1198년(신종 元)에서 1199년(신종 2)으로 본 견해(北村秀人, 1979, 「高麗時代の漕倉制について」, 『朝鮮歷史論集 上』, 龍溪書舍), 문종조 규정과 인종조 규정 모두 명종대 작성한 자료를 토대로 재정리한 것으로 본 견해(윤경진, 2010c, 「『高麗史』 식화지 외관록 규정의 기준 시점과 성립 배경」, 『역사와 현실』 78)가 있다.

185 이 외에도 고려중기 이후 '개성부영역'의 변화와 관련해서는 아직 논란이 되고 있는 문제들이 많다. 그중 대표적인 것이 '대경기제'의 실시 시기와 관련된 것이다(이에 대해서는 박종진, 2010, 「고려시기 개경사 연구동향 2(2000-2009)」, 『역사와 현실』 75 참고). 아울러 경기 州縣軍에 개성부도 외에 승천부도·강화도·장단도가 포함된 것도(『高麗史』 卷83, 兵3, 州縣軍) 주목되는 기록이다. 고려시기 州縣軍은 대체로 主縣 단위로 편성되었기 때문이다(이 기록을 바탕으로 邊太燮은 강화현이 경기에 편입된 것으로 보았다. 邊太燮, 1971, 앞 책). 또 원종 12년 녹과전 실시 때 보이는 경기 8현의 실체에 대해서도 앞으로 구체적인 연구가 필요하다고 생각한다(녹과전이 설치된 경기 8현에 대해서 민현구는 백남운의 의견을 따라서 현종 9년 '장단현지역'이었던 장단현·송림현·임진현·토산현·임강현·적성현·파평현·마전현으로 보았다. 閔賢九, 1971, 「高麗의 祿科田」, 『歷史學報』 53 · 54).

5) 충선왕 복위년 개성부 개편과 그 의미

앞에서 간단히 언급하였듯이 1308년(충선왕 복위) 개성부가 개편되었다. 『고려사』 지리지 왕경개성부에 따르면 1308년 충선왕이 복위한 후 급전도감(給田都監)과 5부(部)를 개성부에 병합하여 도성 안을 맡게 하고, 2품인 판부윤(判府尹) 1명을 비롯한 관원을 두었으며, 개성현에 따로 현령을 설치하여 도성 밖을 맡겼다.[186]

이 기록에서 선행연구에서 크게 주목하지 않았던 두 가지 사실을 확인할 수 있다. 그중 하나는 충선왕 복위년 개성부가 다시 설치된 것이 아니라 개편되었다는 사실이다. 선행연구에서는 이때의 개성부는 이전 개성부(지개성부사)와 성격이 다르다는 점에서 충선왕 복위년 개성부가 다시 설치되었다고 보았다.[187] 즉 995년(성종 14)에 설치되었던 개성부는 1018년(현종 9) 혁파되었고, 1062년(문종 16)에 개성부가 다시 설치되었지만 그때의 개성부는 지방관부의 기능만 하였기 때문이다. 그렇지만 위 기록에서 보듯이 1308년 충선왕은 개성부를 다시 설치한 것이 아니라 이전의 지방관부였던 개성부에 급전도감과 개경 5부를 병합한 것이다. 따라서 1308년에 충선왕은 개성부를 다시 설치한 것이 아니라 개성부를 확대 개편한 것이다.

둘째는 이때 개성부가 개편되면서 본격적으로 개성부가 수도 개경을 맡는 관부가 되었다는 점이다. 큰 흐름에서 보면 현종 9년 개성부가 혁파된 이후 문종 16년 설치된 개성부(지개성부사)는 개경 5부가 아니라 개경 외곽 군현인 '경기영역'의 행정을 담당하는 관부였다. 충선왕 복위년에 개성부가 개편되면서 개성부는 '경기영역'뿐 아니라 개경 5부도 아울

186 『高麗史』 卷56, 地理1, 王京開城府.

187 朴龍雲, 1994, 앞 논문.

러 관할하는 기구로 전환되었다. 따라서 충선왕대의 개성부 개편을 고려 성종대의 개성부, 더 나아가서 개국 초기의 개주의 형태로 돌아갔다고 이해하기도 한다.[188] 그렇지만 고려 성종대 설치된 개성부와 충선왕 복위년에 개편된 개성부는 커다란 차이가 있었다. 즉 성종대의 개성부는 성종 14년에 개성부를 만들어서 적현 6개와 기현 7개를 관장하였는데,[189] 이는 수도인 개경 5부가 아니라 개경을 둘러싼 적현과 기현을 관할하기 위해서 설치된 관부였다.[190] 개성부라는 명칭에서도 성종대의 개성부가 수도 개경 5부가 아니라 개성현을 토대로 설치되었다는 것을 유추할 수 있다.[191] 반면에 충선왕 복위년의 전반적인 관제 개편 속에서[192] 개성부에 개경 5부가 병합되면서 개성부는 본격적으로 수도 개경의 행정을 맡게 되었다. 비로소 고려시기 개성부의 중심에 개경 5부가 들어오게 된 것이다. 충선왕 복위년 개성부 개편 기록에서 개성부는 도성을 관장하고, 개성현에 따로 현령을 두어 도성 밖을 관장하였다고 기록한 것은 기본적으로 이 상황을 의미한다. 이때 개성부는 개성부(판부윤) 밑에 개경

---

188 鄭學洙, 2007, 앞 박사학위논문.

189 『高麗史』卷56, 地理1, 王京開城府 "十四年 爲開城府 管赤縣六畿縣七".

190 선행연구에서는 성종대 설치된 개성부를 적현과 기현의 통치뿐 아니라 수도인 개경 5부를 통치하기 위한 관부로 이해하였다. 즉 적현과 기현이 수도 개경을 지원하기 위해서 설치된 지역이라는 점에서 이때의 개성부는 수도 개경의 통치를 위한 기구로 보았다. 아울러 개경의 모태가 된 송악현이 적현 6개에 포함되는 것으로 이해하였다(朴龍雲, 1996, 앞 논문).

191 개성이라는 명칭이 고려의 수도 개경 곧 지금의 개성을 의미하게 되는 것은 충선왕 복위년에 개성부에 5부가 병합되면서부터라고 생각한다. 고려 성종대 개성부를 설치하면서 개성윤을 설치하였다는 기록 등으로 보아 성종대 개성부에서 개경 5부에 대한 행정 책임을 행사하였을 가능성은 있지만 그렇더라도 이때의 개성부는 개경 5부보다는 그 외곽 지역인 적현과 기현을 관할하기 위해서 설치한 관부였던 것은 분명하다. 이때 개경 5부의 행정은 개성부의 관원보다는 5부에 소속된 사, 부사 등 관원이 맡았다고 생각한다.

192 충선왕 복위년에 이루어진 관제개편에 대한 정리로는 다음 글이 있다. 박종진, 2000, 『고려시기 재정운영과 조세제도』, 서울대학교출판부, 177-195쪽.

5부(사)와 개성현(령)이 병존하는 구조였다고 생각한다. 그렇지만 개성부가 통치하는 중심은 개경 5부였다. 따라서 이때 개성부의 개편은 수도 개경 5부의 행정을 도맡은 관청이 생겼음을 의미한다.

이러한 개성부의 위상은 대체로 조선초기까지 이어졌다. 1390년(공양왕 2) 경기가 좌도와 우도로 나뉘고, 각각 도관찰출척사(都觀察黜陟使)가 설치되면서[193] 개성부와 경기영역은 제도적으로 분리되었지만,[194] 개성부는 개성윤 1명이 경기관찰사를 겸하는 형태로 경기영역의 행정에 계속 관여하였다. 그 결과 조선 건국 직후 문무백관의 제도를 정할 때 개성부가 개경과 경기의 행정을 맡도록 하면서 조선초기 개성부(천도 후 한성부)는 수도와 그 주변지역인 경기의 행정을 담당하는 관청으로 자리 잡게 되었다. 다만 조선왕조의 수도가 한양으로 정착된 후 경기관찰사는 한성부윤이 아니라 개성부윤이 겸하게 되면서 한성부는 오로지 수도의 행정만을 맡는 관청이 되었다. 이 사실은 고려시기 '경기영역'이 수도 개경을 보위하는 특별한 행정구역의 위상을 가졌다면 조선초기 이후 경기는 통치조직에서는 다른 도(道)와 거의 차이가 없는 지방행정구역이 된 것과도 연관된다고 생각한다.[195]

---

193 『高麗史』 卷56, 地理1, 王京開城府.

194 朴龍雲, 1996, 앞 논문; 홍영의, 2011, 「여말선초 개성부의 위상과 판사(유후)의 역할」, 『韓國學論叢』 35.

195 고려말기 이후 영역이 크게 확장된 '경기영역'은 관료들의 과전이 지급되는 지역으로 설정되었고, 그 명칭도 다른 도와 달리 '경기'였다. 이것은 조선초기에서도 '경기'가 수도를 보위하는 특별한 행정구역의 위상을 가졌음을 상징적으로 나타낸 것으로 볼 수 있다. 그렇지만 실제 '경기'의 관원 구성 등 통치조직은 다른 도와 차이가 없었다. 조선시기 경기의 위상에 대한 최근의 연구로는 다음 논문이 있다. 심승구, 2015, 「경기(京畿)를 통해 본 서울의 정체성: 고려와 조선의 경기 비교를 중심으로」, 『서울학연구』 58.

5. '진도현'의 위상과 변화

1) 현종 9년 '나주목지역'의 편성과 진도 3현의 위상

고려시기 진도에는 진도현·가흥현·임회현 등 3개의 현이 있었는데,[196] 1018년(현종 9) 고려의 군현제가 성립될 때 진도 3현은 모두 나주목의 속현으로 편성되었다. 당시 진도 3현의 위상을 살피기 위해서 먼저 '나주목지역'이 속했던 '나주목영역'의 구조를 살펴보자.

『고려사』 지리지를 기준으로 보면 고려시기 전라도는 '전주목영역'과 '나주목영역' 등 2개의 계수관영역을 포함하고 있으며, 몇 개의 '주현속현단위'가 속해 있었는데, '나주목영역'에는 〈표 3-8〉에서 보는 것처럼 현종 9년을 기준으로 '나주목지역'·'영광군지역'·'영암군지역'·'보성군지역'·'승평군지역' 등 5개의 '주현속현단위'가 속해 있었다.[197]

---

196 고려시기 진도에 있었던 진도현·가흥현·임회현은 '진도 3현'으로도 표기한다.

197 『고려사』 지리지에는 위 5개의 군현 외에도 장흥부·해양현·진도현·능성현·탐라군이 나주목의 영현[主縣]으로 정리되어 있지만, 현종 9년 당시 장흥부는 영암군의 속현이었고, 진도현·능성현은 나주목의 속현이었으며, 탐라군의 경우 숙종 10년에 비로소 군이 설치된 지역이다. 한편 해양현은 현종 9년에는 나주의 속현으로 편성되었다. 이와 관련하여 윤경진은 해양현이 현종 9년 나주목의 속현이었다가 예종대 감무가 파견된 것으로 보았다(윤경진, 2009a, 「고려전기 功臣 貫鄕의 승격과 그 향방」, 『사회적 네트워크와 공간』, 태학사). 고려시기 해양현과 관련해서는 문종대 정해진 외관의 녹봉기록에 해양현의 현령과 현위가 기록된 사실에 대한 설명이 필요하다. 즉 해양현(광주)이 현종 9년 당시 나주의 속현으로 편성되었다가 문종대를 전후하여 한때 현령관이 파견된 것인지, 아니면 식화지 녹봉 기록의 오류인지에 대해서는 앞으로 검토가 필요하다. 이와 관련하여 윤경진은 식화지 외관록에 대한 문종조 규정과 인종조 규정은 모두 명종대 작성한 자료를 토대로 재정리한 것으로 보았다(윤경진, 2010c, 「『高麗史』 식화지(食貨志) 외관록(外官祿) 규정의 기준 시점과 성립 배경」, 『역사와 현실』 78).

〈표 3-8〉 '나주목영역'의 구조(현종 9년 기준)

계수관	주현	속현	속현 수	평균 속현 수
羅州牧	羅州牧	務安郡, 潭陽郡, 谷城郡, 樂安郡, 南平郡, 鐵冶縣, 會津縣, 潘南縣, 安老縣, 伏龍縣, 原栗縣, 艅艎縣, 昌平縣, 長山縣, 珍原縣, 和順縣, 海陽縣, 珍島縣, 嘉興縣, 臨淮縣, 陵城縣	21	
	靈光郡	壓海郡, 長城郡, 森溪縣, 陸昌縣, 海際縣, 牟平縣, 咸豐縣, 臨淄縣, 長沙縣, 茂松縣	10	
	靈岩郡	黃原郡, 道康郡, 昆湄縣, 海南縣, 竹山縣, 定安縣, 遂寧縣, 耽津縣	8	
	寶城郡	同福縣, 福成縣, 兆陽縣, 南陽縣, 玉果縣, 泰江縣, 荳原縣, 會寧縣, 長澤縣	9	
	昇平郡	富有縣, 突山縣, 麗水縣, 光陽縣	4	
합	5		52	10.40

고려시기 '나주목영역'은 현재의 행정구역으로 보면 전라남도가 중심이고 전라북도 일부가 포함된 영역으로 신라후기 9주 중의 하나인 무주와 거의 일치하며, 995년(고려 성종 14)에 정해진 10도 중의 하나인 해양도와도 대체로 같다.[198] 신라후기 주치였던 무주와 15개 군·43개의 현으로 구성되었던 '무주영역'은 신라말기에서 고려초기에 이르는 변동 속에서 성종 14년 10도 중의 하나인 해양도로 편성되었다가 현종 9년 이후에는 '계수관영역'인 '나주목영역'으로 편성되었다. 현종 9년을 기준으로 '나주목영역'에 속한 주현은 나주목·영광군·영암군·보성군·승평군 등 5개이고 속현의 수는 모두 52개이다. '나주목영역'의 주현과 속현의

198 신라후기 무주에 속했던 군현 중 고려 '나주목영역'에서 빠진 것은 무령군(영광군)의 영현이었던 고창현이 '전주목영역'의 고부군의 속현이 된 것과 곡성군의 구례현이 전주목의 속현이 된 것 2개뿐이다(『三國史記』 卷36, 地理3, 武州; 『高麗史』 卷57, 地理2, 全羅道).

비율은 10.4로 경상도·전라도·양광도 등 3도의 '계수관영역'의 평균 8.8 보다는 조금 높다.[199]

한편 〈표 3-8〉에서 보는 것 같이 진도 3현이 속했던 '나주목지역'은 주현인 나주와 무안군(務安郡), 담양군(潭陽郡), 곡성군(谷城郡), 낙안군(樂安郡), 남평군(南平郡), 철야현(鐵冶縣), 회진현(會津縣), 반남현(潘南縣), 안로현(安老縣), 복룡현(伏龍縣), 원율현(原栗縣), 여황현(艅艎縣), 창평현(昌平縣), 장산현(長山縣), 진원현(珍原縣), 화순현(和順縣), 해양현(海陽縣), 진도현(珍島縣), 가흥현(嘉興縣), 임회현(臨淮縣), 능성현(陵城縣) 등 21개의 속현으로 구성되었다.

앞에서 본 대로 현종 9년 편성된 '나주목지역'은 계수관이자 주현인 나주목과 무안군 등 21개의 속현으로 구성되었으며, 진도에 있던 진도현·가흥현·임회현은 모두 나주목의 속현으로 편성되었다. 『고려사』 지리지에는 진도현은 주현으로 기록되고 가흥현과 임회현은 진도현의 속현으로 기록되어 있지만, 그것은 고려중기 이후 진도현에 현령이 파견된 이후의 상태를 나타낸 것이고 현종 9년 당시 진도 3현은 모두 나주목의 속현이었다.[200] 여기에서는 먼저 진도 3현이 고려 현종 9년 나주목의 속현으로 편성되기까지의 연혁을 살펴보고자 한다. 그 내용은 『고려사』

199 현종 9년을 기준으로 주현과 속현의 비율을 보면 양광도의 '광주목영역'은 7.2(36/5), '청주목영역'은 10(50/5), '충주목영역'은 6.5(13/2), 경상도의 '경주영역'은 5.8(35/6), '상주목영역'은 17.7(53/3), '진주목영역'은 6.8(27/4), 전라도의 '전주목영역'은 8.2(41/5)이고, 3도 계수관영역 전체의 주현과 속현의 비율은 약 8.8(307/35)이다. 이 책 제2장 1절의 〈표 2-1〉 참고.

200 이와 관련하여 李海濬은 고려 현종 9년에 진도현에 현령이 파견되고 가흥현과 임회현이 진도현의 속현이 되었다고 보았지만(李海濬, 1984, 「島道地域의 歷史的 背景」, 『島嶼文化』 2), 현종 9년은 진도현, 가흥현, 임회현이 모두 나주목의 속현으로 편성된 해이다. 또 『大東地志』 진도 '古邑'에 "顯宗九年來屬"이라고 기록되어 현종 9년에 가흥현과 임회현이 진도현의 속현이 된 것처럼 기록되어 있지만 그것은 가흥현과 임회현이 나주목의 속현이 되었다는 기록이다.

지리지에서 확인할 수 있다.

> 진도현(珍島縣)은 본래 백제(百濟)의 인진오군(因珍烏郡)으로 바다의 섬이다. 신라(新羅) 경덕왕(景德王)이 지금의 이름으로 고쳐서 무안군(務安郡)의 영현(領縣)으로 삼았다. 고려시기에는 나주(羅州)에 속했다가 후에 현령(縣令)을 설치했다. 충정왕(忠定王) 2년에 왜구(倭寇) 때문에 내지(內地)로 옮겼다. 큰 나루[大津]와 목지도(目只島)가 있다. 속현이 둘이다. 가흥현(嘉興縣)은 본래 백제의 도산현(徒山縣. 혹은 猿山縣이라고도 한다)으로 진도의 경계 안에 있다. 신라 경덕왕이 뇌산군(牢山郡)으로 고쳤다. 고려시기에 지금의 이름으로 고쳐서 (진도현에) 속하게 했다. 가서도(加西島)·응도(鷹島)·미포도(米浦島)·월량도(月良島)가 있다. 임회현(臨淮縣)은 본래 백제의 매구리현(買仇里縣)으로 역시 진도의 경계 안에 있다. 신라 경덕왕이 이름을 첨탐현(瞻耽縣)으로 고쳐서 뇌산군의 영현으로 삼았다. 고려시기에 지금의 이름으로 고쳐서 (진도현에) 속하게 하였다. 양도(壤島)·파질죽도(巴叱竹島)가 있다.[201]

위의 기록에 따르면 고려시기 진도 3현의 연원은 백제 때까지 거슬러 올라간다. 즉 고려 때의 진도현은 본래 백제의 인진오군(因珍烏郡)[202]이었

---

201 『高麗史』 卷57, 地理2, 珍島縣 "本百濟因珍烏郡 海中島也 新羅景德王 改今名 爲務安郡領縣 高麗 屬羅州 後置縣令 忠定王二年 因倭寇 遷內地 有大津 有目只島 屬縣二 嘉興縣本百濟徒山縣(一云猿山) 在珍島界 新羅景德王 改爲牢山郡 高麗 更今名 來屬 有加西島鷹島米浦島月良島 臨淮縣 本百濟買仇里縣 亦在珍島界 新羅景德王 改名瞻耽 爲牢山郡領縣 高麗 更今名 來屬 有壤島巴叱竹島".

202 『고려사』 지리지의 因珍烏郡의 烏자에 대해서는 표기상의 잘못인지 백제 때 불렸을 다른 이름에 대한 한자 표기인지 파악하기 어렵다는 견해(金井昊, 1987, 「珍島郡의 沿革」, 『珍島郡의 文化遺蹟』, 목포대학교 박물관)와 島자를 烏자로 잘못 읽은 것으로 보는 견해(김동수, 2007, 「역사시대」, 『珍島郡志 上』, 진도군지편찬위원회)가 있다. 필자는 이에 대해서 특별

는데 신라 경덕왕대에 이름이 진도현으로 바뀌고 무안군의 영현이 되었다. 또 가흥현은 본래 백제의 도산현 혹은 원산현이었는데 신라 경덕왕대에 뇌산군으로 바뀌었다가 고려시기에 가흥현이 되었으며, 임회현은 본래 백제의 매구리현이었는데 신라 경덕왕대에 첨탐현으로 이름이 바뀌어 뇌산군의 영현이 되었다가 역시 고려시기에 들어와 임회현이 되었다. 여기서 주목되는 것은 백제 때의 인진도군, 도산현(원산현), 매구리현의 군현관계가 신라 통일 후에 재편된 것이다. 위에 인용한 『고려사』 지리지에 따르면 이전에 군이었던 인진도군이 현(진도현)으로 개편되어 무안군의 영현이 되었고, 현이었던 도산현(원산현)은 뇌산군으로 개편되어 첨탐현(매구리현)을 영현으로 거느리게 된 것이다. 이것은 신라 경덕왕대에 군현의 영속관계를 재편하면서 진도 안의 군현 영속 관계를 분할한 결과로 볼 수 있지만 구체적인 과정은 확인할 수 없다.[203] 이전에 군이었던 진도현을 무안군의 영현으로 편성한 것은 이곳이 진도 3현 중 무안군과 가장 가까운 곳이었기 때문이라고 생각한다.

진도 3현은 고려초기부터 이루어진 군현제 개편에 따라 명칭이 바뀌고 영속관계도 재편되었다. 먼저 진도 3현의 명칭이 정해진 때에 대해서 살펴보자. 우선 신라후기 경덕왕대에 진도현이라는 명칭이 정해진 것은 의심할 필요가 없어 보인다. 다만 가흥현과 임회현의 이름이 정해진 때를 『고려사』 지리지에서는 '고려'로 기록하고 있어서 그 정확한 시기에 대해서는 정리할 필요가 있다. 뇌산군이 가흥현으로, 첨탐현이 임회현으

한 견해가 없지만 일단 이 글에서는 인진오군은 인진도군의 오기로 보고자 한다.

203 신라 통일 후 인진도군이 진도현이 되고 도산현(원산현)이 뇌산군이 된 것에 대하여 김정호는 고성리 일대의 인진도군의 중심 세력은 통일전쟁 때 신라에 강력하게 저항한 반면, 도산현(원산현) 지역의 세력은 반신라적 행동을 하지 않았고 일본 해적에도 강력하게 대항하였기 때문으로 보았다(김정호, 1987, 앞 논문).

로 이름이 바뀐 시기는 조선후기의 기록인 『대동지지』에 기록된 것처럼[204] 941년(태조 23)으로 보는 것이 자연스럽다. 즉 고려 태조 23년 고려 영역의 단위군현을 확정하면서 군현 명칭을 개편할 때 가흥현과 임회현의 명칭도 정해졌을 것이다.

한편 『고려사』 지리지에는 진도현이 고려시기에 나주목의 속현으로 편성되었다고 기록되어 있는데, 진도현이 나주목의 속현으로 편성된 '고려'는 현종 9년이고, 이때 가흥현과 임회현도 나주목의 속현으로 편성되었다. 즉 신라후기 진도에는 뇌산군, 뇌산군의 영현인 첨탐현, 무안군의 영현인 진도현이 있었는데, 그중 뇌산군과 첨탐현은 고려 태조 23년 가흥현과 임회현으로 이름이 바뀌었고 이어서 현종 9년 '주현속현제도'가 성립되면서 '나주목지역'이 편성될 때 진도현·가흥현·임회현 3현은 모두 나주목의 속현이 되었다.[205] 앞에서도 정리하였듯이 『고려사』 지리지에는 가흥현과 임회현이 진도현의 속현으로 기록되어 있지만 이것은 현종 9년 때의 '주현속현관계'를 나타낸 것이 아니라 진도현에 현령이 파견된 이후의 '주현속현관계'를 반영한 것이다. 다음으로 고려시기 진도 3현의 중심지(읍치)의 위치에 대해서 정리하겠다. 고려시기 진도에 있던 진도현·가흥현·임회현의 위치, 더 나아가서 백제시기부터 있었던 3현의 위치에 대해서는 일찍부터 관심을 가져왔고, 그에 따라 적지 않은 선행연구가 있다.[206] 선행연구들은 지명, 혹은 지석묘의 분포를 토대로

204 『大東地志』 珍島, 古邑; 李海濬, 1984, 앞 논문; 김동수, 2007, 앞 논문.

205 태조 23년과 성종 14년 당시 진도 3현의 영속관계에 대해서는 현재의 기록으로는 유추할 수 없다. 다만 태조 23년 때는 대체로 이전의 영속관계가 유지되었을 가능성이 크다. 반면 성종 14년 '주현제도'가 실시될 때에는 해양도 지역의 영속관계 재편 속에서 이곳 3현의 영속관계도 어느 정도 개편되었을 가능성이 있지만, 그것을 확인할 수 있는 자료는 없다.

206 宋正炫, 1979, 「珍島의 歷史」, 『湖南文化研究』 10·11; 李海濬, 1984, 앞 논문; 金井昊,

옛 군현의 위치(중심지)를 추정하였다. 필자는 고려시기 진도 3현의 위치를 정확하게 밝힐 만한 자료를 가지고 있지 않기 때문에 선행연구를 바탕으로 진도 3현의 위치를 다시 정리하되, 거기에 현지답사를 통해 얻은 내용을 보충하였다.[207]

먼저 진도현(백제 때 인진도군)의 읍치에 대해서는 선행연구 모두 현재 고군면 고성리 일대, 즉 첨찰산의 북쪽으로 보고 있다. 그것은 『신증동국여지승람』에서 고진도성을 서술하면서 1437년(조선 세종 18) 진도현이 해남현에서 분리되어 진도 외이리로 돌아왔다는 기록을 바탕으로 한다.[208] 이를 통하여 세종 18년 진도현이 돌아왔다는 외이리 일대가 바로 고려말기 진도현이 육지인 해남으로 나가기 이전 진도현의 읍치가 있던 곳임을 확인할 수 있다. 필자 역시 현재 고읍성이 있는 고군면 일대에 고려시기 진도현의 중심지가 있었다고 생각한다. 그렇지만 현재 고군면 고성리 고성초등학교 일대에 부분적으로 남아있는 직사각형 모양의 석축성인 고진도성을 고려후기까지 진도현의 읍치로 보는 것은 오류라고 생각한다. 즉 이 성을 백제 때 처음 축성되어 신라를 거쳐 고려 때까지 사용한 성으로 보는 견해도 있지만[209] 현재 고성리에 있는 고군성은 조선초기 진도군이 복구되어 진도로 돌아오면서 새로 쌓은 성으로 이전부터 있었던 성은 아니다. 『신증동국여지승람』에 이 성을 신성(新城)이라 한 것은 진도군이 진도로 돌아와 이곳에 새로 성을 쌓았기 때문일 것이다. 이 성의 구조가 방형인 것도 이 성이 이전부터 있었던 성이 아닌 것을

1987, 앞 논문; 김동수, 2007, 앞 논문.

207 이 글을 마무리하기까지 세 차례 진도답사를 실시하였다. 1차: 2010년 7월 21일~22일, 홍영의 동행. 2차: 2010년 11월 27일, 강봉룡 동행. 3차: 2011년 8월 17일~19일, 신안식·홍영의·정학수·정보윤 동행. 4차: 2015년 1월 29일~31일, 정요근·박성현·김보광 동행.

208 『新增東國輿地勝覽』 卷37, 全羅道, 珍島, 古蹟, 古珍島城.

209 裵鍾茂, 1987, 「진도지방의 歷史遺蹟」, 『珍島郡의 文化遺蹟』, 목포대학교 박물관, 149쪽.

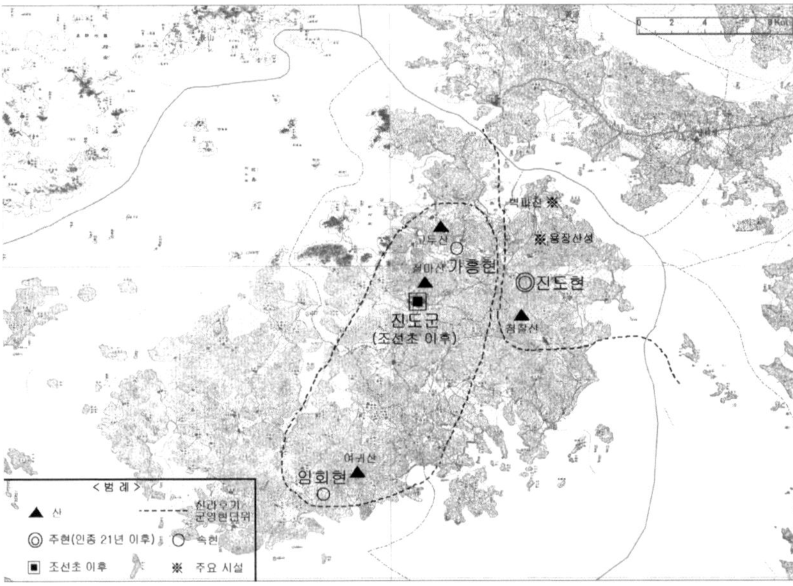

〈그림 3-8〉 고려시기 진도 3현의 위치

방증한다. 따라서 고려후기까지 있었던 진도현 읍치의 정확한 위치는 고군면의 고성리와 오산리 일대에서 다시 찾아야 한다고 생각한다. 세종 18년 진도군이 진도로 돌아오면서 예전의 읍치 자리에 성을 새로 쌓았는지 아니면 주변의 다른 곳에 쌓았는지 확인할 수 없기 때문이다.[210] 다음으로 가흥현의 위치에 대해서 살펴보자. 먼저 『신증동국여지승람』에서는 가흥 폐현이 당시 읍치 곧 지금 진도읍에서 북쪽으로 10리 되는 곳에 있다고 하였다.[211] 아울러 『신증동국여지승람』에서는 가흥현의 위치를 유추할 수 있는 가흥산의 위치를 군의 동쪽 15리로 기록하여 가흥산과

---

210 이 문제를 해결하기 위해서는 이 일대에 대한 정밀한 조사가 필요하다.

211 『新增東國輿地勝覽』 卷37, 全羅道, 珍島, 古蹟, 嘉興廢縣.

가흥폐현의 위치를 달리 기록하고 있어 혼동이 된다. 그렇지만 『여지도서』에 가흥산은 군의 북쪽 15리에 있고 금골산에서 온 것으로 기록한 것으로 보아[212] 『신증동국여지승람』에서 가흥산의 위치를 동 15리라 한 것은 북 15리를 잘못 기록한 것으로 볼 수 있다. 위의 내용을 종합하면 고려시기 가흥현의 위치는 지금 진도읍의 북쪽인 군내면 분토리 일대이고, 가흥산은 지금의 고두산으로 비정할 수 있다. 『대동여지도』의 가흥현의 위치 역시 위와 일치한다.

앞에서 정리한 대로 고려시기 진도현과 가흥현의 읍치에 대해서는 어느 정도 위치를 추정할 수 있지만 임회현의 경우는 구체적인 단서를 찾을 수 없다. 선행연구에서도 명칭을 토대로 유추하여 고려시기 임회현을 현재 임회면 일대로 비정하거나 지석묘 분포를 토대로 임회현의 백제 때의 명칭인 매구리현의 위치를 지산면의 인지리·관마리와 임회면의 상만리·봉상리 일대의 남서부로 추정하였다. 아주 단편적인 기록을 통하여 고려시기 임회현의 위치를 좀 더 좁혀보면 다음과 같다. 『신증동국여지승람』에서는 임회현의 위치를 군의 남 30리로 기록하였고, 『대동여지도』에는 임회현의 위치를 남도포(현재 남도석성) 동쪽, 여귀산 서쪽에 그려 넣었다. 위 두 기록에 보이는 임회현의 위치는 현재 상만리에 해당한다. 상만리는 선행연구에서 백제 때 매구리현의 위치로 추정된 여러 곳 중의 하나로 오래전부터 사람들이 살던 곳이다. 상만리에 고려시기 석탑이 전해지는 것도 상만리 일대가 고려시기 임회현의 중심지였을 가능성을 높이고 있다고 생각한다.[213] 고려시기 진도현의 읍치는 첨찰산

---

212 『輿地圖書』 下, 全羅道, 珍島, 山川.

213 현재 상만리 구암사에는 전라남도 유형문화재 10호로 지정된 고려시기 석탑(상만리 오층석탑)이 있다. 이와 관련하여 고려시기에는 각 군현 치소 근처에 資福寺라는 각 군현의 중심 사원이 있었다는 견해가 참고된다(韓基汶, 2006, 「高麗時代 裨補寺社의 成立과 運

북쪽의 고군면 고성리와 오산리 일대로, 가흥현의 읍치는 고두산 남쪽의 군내면 분토리 일대로, 임회현의 읍치는 여귀산의 서남쪽인 임회면 상만리 일대로 정리할 수 있다. 그렇지만 구체적인 유적이 확인되지 않는 한 고려시기 3현 읍치의 위치를 분명히 정하는 것은 어렵다. 이 일대에 대한 고고학적인 조사가 진행되기를 바란다.

2) 인종 21년 현령관의 파견과 '진도현지역'의 설치

『고려사』 지리지에 의하면 나주의 속현이었던 진도현은 후에 현령이 설치되었다. 진도현에 현령이 파견된 것은 언제일까? 현종 9년 이후 고려 지방제도 개편 추이를 살펴보면 진도현에 현령이 파견된 해는 1143년(인종 21)일 가능성이 제일 높다.[214] 『고려사』 지리지에 따르면 인종 21년에는 일선현(一善縣)·관성현(管城縣)·대구현(大丘縣)·순안현(順安縣)·의성현(義城縣)·김제현(金堤縣)·능성현(陵城縣)·부성현(富城縣)[215]에 현령이 파견되어 새로운 '주현속현단위'를 구성하였다(〈표 3-9〉 참고).[216] 인종 21년 현령관이 파견되어 새로운 '주현속현단위'가 된 곳은 현종 9년에 편성된 '주현

用」, 『한국중세사연구』 21).

214 윤경진, 2012g, 앞 논문.

215 『고려사』에는 부성현에 현령이 파견된 시기를 인종 22년으로 기록하고 있다(『高麗史』 卷56, 地理1, 楊廣道, 富城縣).

216 『고려사』 지리지에는 정안현이 지장흥부사가 된 시기를 인종대로 기록하였지만, 선행연구에서 지적한 대로 정안현이 지장흥부사로 승격되어 새로운 '주현속현단위'를 편성한 것을 의종대로 보는 것이 타당하다(윤경진, 2008c, 「고려 숙종-의종대 太后 貫鄕 승격의 의미: 『高麗史』 지리지 연혁의 보정을 겸하여」, 『국학연구』 13). 이때 영암군의 속현이었던 수령현과 탐진현, 보성군의 속현이었던 회령현과 장택현이 지장흥부사의 속현으로 이속되었다.

〈표 3-9〉 고려 인종 21년 현령관 파견 군현

파견 군현	파견 시기	이전 주현(속현 수)	이속된 속현
一善縣	인종 21년	상주목(24)	海平郡, 軍威縣, 孝靈縣, 缶溪縣
管城縣	인종 21년	경산부(15)	
大丘縣	인종 21년	경산부(15)	花園縣, 河濱縣
順安縣	인종 21년	안동부(14)	興州
義城縣	인종 21년	안동부(14)	義興郡
金堤縣	인종 21년	전주목(16)	平皐縣
陵城縣	인종 21년	나주목(21)	
富城縣	인종 22년	운주(홍주:17)	地谷縣, 蘇泰縣
珍島縣	후	나주목(21)	嘉興縣, 臨淮縣

속현단위' 중에서 속현의 수가 많은 주현(主縣)의 속현이었다. 〈표 3-9〉에서 확인할 수 있듯이 인종 21년 현령관이 파견된 현이 속하였던 '주현속현단위'의 현종 9년의 속현 수는 14개에서 24개로 5도 계수관의 평균 속현 수 11.1보다 더 많다.[217] 따라서 이들 '주현속현단위'는 다른 '주현속현단위'와 비교해서 효과적으로 통치하기 어려운 곳이었다. 곧 인종 21년 상대적으로 광역의 '주현속현단위'에 속한 속현의 일부에 현령관을 파견하여 새로운 '주현속현단위'를 편성한 것은 현종 9년 설정된 '주현속현단위'의 보완을 의미하는 것으로 볼 수 있다.

현종 9년 진도현이 속한 '나주목지역'은 나주목과 21개의 속현으로 구성된 광역의 지역일 뿐 아니라 여러 개의 섬이 포함되어 있었기 때문에 지방통치가 상대적으로 어려운 곳이었다. 진도 3현 역시 현종 9년

217 5도의 계수관 수는 모두 10개인데, 그에 딸린 속현의 수는 모두 111개로 5도 계수관에 딸린 평균 속현 수는 11.1개이다(이 책 제2장 1절 〈표 2-1〉 참고).

나주목의 속현이 되었지만 나주목에서 멀리 떨어진 섬인 진도에 위치하였기 때문에 주현인 나주목의 통치력이 원활하게 미치기 어려웠다. 따라서 인종 21년 여러 지역에 새로 현령관을 파견하여 '주현속현단위'를 편성할 때 진도현에도 현령관을 파견하여 독자적인 '주현속현단위'를 편성하였다. 또한 인종대 정했다고 한 외관의 녹봉 규정에 진도현령이 포함된 것도 인종 21년 진도현에 현령이 파견된 사실과 밀접한 관련이 있다고 생각한다.[218] 윤승해가 의종 말기에서 명종 초기에 진도현령이 된 것[219] 역시 의종대 이전에 진도현에 현령이 파견된 사실을 확인하여 준다.[220]

진도현령의 설치는 단지 진도현에 현령만 파견한 것이 아니라 진도현에 가흥현과 임회현을 속현으로 이속하여 새로운 '주현속현단위'를 편성한 것을 의미한다. 이때 진도현에 현령을 파견하여 새로운 '주현속현단위'를 편성한 것은 나주목과 21개의 속현으로 구성된 '나주목지역'이 하나의 통치단위로 기능하기 어려웠기 때문이다. 여기서 또 주목할 것은 3현 중 진도현에 현령이 파견되어 주현이 된 것이다. 이것은 진도의 3현 중 진도현이 진도에서 육지로 가는 교통이 더 편리했기 때문일 것이다. 즉 진도 3현이 고려 현종 9년 나주목의 속현이 된 후 진도의 3현에서 계수관이자 주현인 나주목으로 갈 때 진도현과 진도현 동쪽의 벽파정 앞의 항구를 이용하게 되면서 3현 중 진도현의 위상이 점차 높아졌다고 생각한다.[221] 후일 삼별초 세력이 진도에 들어와 용장산성에 자리 잡은

218 『高麗史』 卷80, 食貨3, 祿俸, 外官祿. 현재 인종대 외관록의 기록이 반영된 시점에 대해서는 의견이 갈리고 있지만(이 책 제3장 4절 각주 184 참고), 이들 견해 모두 고려 명종 이전에 진도현에 현령이 파견되었다는 사실을 부정하지는 않는다.

219 「尹承解墓誌銘」(金龍善 編, 2006, 『高麗墓誌銘集成』).

220 한편 김동수는 진도현에 현령관이 파견된 시기를 명종대에서 충정왕 2년 사이로 추정하였다(김동수, 2007, 앞 논문).

〈표 3-10〉 고려시기 '진도 3현'의 연혁

<table>
<tr><th rowspan="2">군현
이름</th><th>신라후기</th><th>현종 9년</th><th>인종 21년</th><th rowspan="2">기타 연혁</th></tr>
<tr><th>영속관계</th><th>영속관계</th><th>영속관계</th></tr>
<tr><td rowspan="2">珍島縣</td><td>진도현</td><td>진도현</td><td>진도현</td><td rowspan="6">고려말기 僑郡
[조선]
태종 7 海南縣과 병합하여 海珍郡
세종 19 해남현과 분리하여 진도군, 진도로 복귀
세종 22 읍치 이동</td></tr>
<tr><td>務安郡 영현</td><td>羅州牧 속현</td><td>현령 파견</td></tr>
<tr><td rowspan="2">嘉興縣</td><td>牢山郡</td><td>가흥현</td><td>가흥현</td></tr>
<tr><td></td><td>나주목 속현</td><td>진도현 속현</td></tr>
<tr><td rowspan="2">臨淮縣</td><td>瞻耽縣</td><td>임회현</td><td>임회현</td></tr>
<tr><td>뇌산군 영현</td><td>나주목 속현</td><td>진도현 속현</td></tr>
</table>

것 역시 이곳의 교통이 편리했기 때문일 것이다.

인종 21년 진도현령이 파견되면서 진도현은 진도의 중심이 되었고, 진도현의 읍치는 1270년(원종 11) 삼별초가 진도에 입거하기까지 지금 고군면 오산리와 고성리 일대에 있었을 가능성이 높다. 〈표 3-10〉은 지금까지 검토한 고려시기 '진도 3현'의 연혁을 정리한 것이다.

3) 고려후기 이후 진도현의 변화

진도현의 위상에 다시 변화가 온 것은 1270년(원종 11) 8월 삼별초가 진도에 들어오면서이다. 진도에 들어온[222] 삼별초 정부는 해상교통의 관문이

---

221 고려시기 진도에서 나주로 갈 때에는 승나주도에 속한 남리역을 이용하였다. 남리역은 고려시기 영암군의 속현인 황원군에 있었는데, 현지명은 해남군 황산면 남이리이다. 정요근, 2010, 「고려시대와 조선전기 전남지역의 역로망 구성과 그 특징」, 『지방사와 지방문화』 13-1 참고.

222 윤용혁은 최근 발표에서 삼별초가 진도에 들어온 시기를 1270년 7월 중순으로 추정하였다

라 할 수 있는 벽파정 근처의 용장산성 일대를 치소로 정하고 성을 쌓고 궁궐을 지은 것으로 알려져 왔다. 여러 기록에는 삼별초가 진도에 들어와 용장산성을 쌓고 그 안에 궁궐을 지은 것으로 되어 있지만 최근 용장산성의 고고학적 발굴 결과 용장산성의 축조는 삼별초가 진도에 들어오기 27년 전인 1243년(고종 30)경 입보산성으로 이용하기 위해서 축조된 것으로 조사되었다.[223] 이러한 조사 결과는 용장산성이 고려시기 진도현이 있던 위치 바로 북쪽에 있다는 사실로 보아 가능성이 높아 보인다. 이럴 경우 고종 30년경 진도현의 읍치가 입보산성(용장산성) 안으로 잠시나마 옮겨졌을 가능성이 있다. 이러한 사실과 관련하여 『옥주지(沃州誌)』 연혁에 기록된 고려가 진도를 군수 겸 방어사로 올리고 관부를 바다에 가까운 용장평으로 옮겼다는 내용[224]을 다시 음미할 필요가 있다. 이 기록은 다른 사서에 나오지 않는다는 점에서 대부분의 선행연구에서는 그 기록의 신빙성을 의심한다. 군수라는 용어 역시 고려 때의 관원명이 아니라는 점에서 필자 역시 『옥주지』의 이 기록을 그대로 받아들일 수는 없다. 다만 이 기록은 고종 30년경 진도현이 용장산성 안으로 입보한 사실을 표현한 것일 수도 있다고 생각한다.[225] 한편 고종 30년경 진도현의 치소가 용장산

(윤용혁, 2011, 「고려 삼별초의 항전과 진도」, 『13세기 동아시아 세계와 진도 삼별초』, 진도군·목포대학교박물관).

223 목포대학교박물관·진도군, 2006, 『珍島 龍藏山城』. 용장산성 발굴 결과 성벽, 서문지, 건물지에서 「大匠」·「惠」·「三月」·「○○年己巳生乎少人者」·「沙道」·「田○○」·「○辰?」·「寺」 등의 글이 새겨진 명문기와와 평기와가 다량 출토되었는데, 위 책에서는 이 중 「대장」·「혜」·「삼월」 명문기와는 신안군 압해도 건물지에서 13~14세기 청자와 함께 출토된 「大匠惠印癸卯三月」명 명문기와와 문양, 색조, 서체가 동일하다고 판단하였다. 위 책에서는 계묘년을 1243년(고종 30)으로 보고 이때를 전후하여 진도현에서 입보산성으로 이용하기 위해서 이전부터 있던 산성을 개축하여 용장산성을 축조한 것으로 보았다.

224 『珍島郡邑誌』(1987, 진도군), 沿革 "高麗改爲珍島陞郡守兼防禦使 移治官府于近隣海邊之 今龍藏坪 以舊邑爲外耳縣".

225 김동수는 용장산성을 고종 30년 입보산성과 연관시켜서 이해한 것은 아니지만 고려시기

성으로 들어갔다 하더라도 1271년(원종 12) 삼별초가 진압된 후 진도현의 치소는 이전의 치소로 돌아왔을 것이다. 삼별초가 진압되면서 용장성 일대는 파괴되어 치소로 이용하기 어려웠을 것이기 때문이다. 그렇지만 이후 진도현은 정상적으로 통치되었을 것으로 추정된다. 1282년(충렬왕 8) 12월 진도현령 조득주(趙得珠)가 파면된 사실이 확인되는데,[226] 이것은 원종 12년 진도에서 삼별초 세력이 진압된 후 진도현에 정상적으로 현령이 파견되었음을 확인하여 주는 기록이다.[227]

고려시기 진도현의 위상에 또다시 변화가 온 것은 고려말기 왜구의 침입으로 진도현을 육지로 옮기면서이다. 고려말기 왜구를 피하여 섬이나 해안 지방의 군현을 다른 군현의 영역 안으로 임시로 옮기는 교군(僑郡)의 사례는 진도현뿐 아니라 전라도의 압해현, 경상도의 거제현에서도 확인된다.[228] 『고려사』 지리지에는 진도현이 1350년(충정왕 2) 왜구 때문에 육지(내지)로 옮겼다고 되어 있지만, 실제로 진도현이 육지로 읍을 옮긴 것은 이보다 조금 뒷시기로 보는 것이 합리적일 것 같다. 충정왕 2년은 왜구가 본격적으로 출몰하기 시작하던 때이고, 그에 따라 국가에서도 그에 대한 대비책을 내놓는 단계였다.[229] 따라서 바로 그 시기에

지방제도의 변화 속에서 한때 진도현의 읍터(읍치)가 용장평으로 옮겼을 가능성을 열어 놓았다(김동수, 2007, 앞 논문).

226 『高麗史』 卷29, 忠烈王 8年 12月.

227 윤경진은 1271년 삼별초 세력이 함락되고 진도현이 복구될 때 가흥현과 임회현이 폐지된 것으로 보았지만(윤경진, 2008a, 「고려말 조선초 서해·남해안 僑郡 사례의 분석 –전라도·충청도·서해도 지역의 사례–」, 『한국사학보』 31, 81쪽), 이때 진도현에 현령을 파견하면서 굳이 2개의 속현을 폐지할 필요는 없었을 것으로 생각한다. 오히려 2개의 속현이 폐지된 것은 고려말기 진도현이 육지로 옮길 때로 보는 것이 더 자연스럽다.

228 윤경진, 2007c, 「고려말 조선초 僑郡의 설치와 재편: 경상도 지역을 중심으로」, 『韓國文化』 40; 윤경진, 2008a, 위 논문.

229 『高麗史』 卷37, 忠定王 2年 2月·3月·6月·11月 기록 참고.

섬지방의 읍치를 육지로 옮겼을 가능성은 적다.[230] 『여지도서』에 따르면 이후 진도현은 아지리(阿只里), 명산리(命山里), 삼촌리(三村里)로 읍치를 세 차례나 옮긴 것으로 되어 있다. 특히 두 번째로 옮겼던 명산리에 대해서는 북쪽으로 나주목과 30리, 남쪽으로 영암군과 30리 떨어진 곳으로 토성 터가 그때까지 남아 있었다고 기록하고 있다.[231] 이후 진도현은 1409년(조선 태종 7)에는 해남현과 통합되어 해진군이 되었다가 1437년(세종 19) 진도군으로 회복되어 진도로 돌아왔다.[232] 이때 진도군의 치소가 된 곳은 육지로 나가기 전 진도현의 읍치에 새로 쌓은 성이었다. 이것이 현재의 고진도성이다. 이에 대해서는 『신증동국여지승람』의 고진도성에 대한 기록이 참고된다. 그에 따르면 1437년(세종 19) 해남현에서 본도 외이리(外耳里)로 돌아왔으며, 3년 후인 세종 22년에는 진도의 읍치를 현재 진도군의 중심지로 다시 옮겼는데, 그 당시에는 외이리를 새로운 성[新城]으로 불렀다고 한다.[233] 즉 당시에는 현재 고성리 일대를 외이리라 했고, 그 성을 신성이라고 불렀다는 것이다. 『신증동국여지승람』 편찬 당시 현재의 고진도성을 신성이라 한 것은 해남에서 본도로 들어와서 새로 읍성을 쌓았기 때문일 것이고, 아울러 당시에는 고성도 있었기 때문일지도 모른다.[234] 해남군에서 진도로 들어온 지 3년 만인 1440년(세

230 윤경진, 2008a, 앞 논문. 윤경진은 진도현이 육지로 옮긴 때를 남해현과 마찬가지로 공민왕대로 보았다.

231 『輿地圖書』 全羅道, 珍島 "至正十年庚寅因倭寇遷內地月阿只里 再遷命山里北抵羅州牧三十里南抵靈巖郡三十里土城遺址尙存 三遷三村里北抵海南縣十里". 명산리를 지금 영암군 시종면으로 보는 견해가 있다(김정호, 1987, 앞 논문). 고려말기 이후 진도현의 內遷 지역에 대해서는 고려시기 영암군의 속현이었던 곤미현의 서쪽에 고진도의 읍기가 남아 있다는 기록도 주목된다(『新增東國輿地勝覽』 卷35, 靈巖郡, 古蹟, 古珍島).

232 『輿地圖書』 珍島郡, 建置沿革. 조선시기 진도군의 복군 과정에 대해서는 다음 글들이 참고된다. 金井昊, 1978, 앞 논문; 윤경진, 2008a, 앞 논문.

233 『新增東國輿地勝覽』 卷37, 珍島郡, 古蹟, 古珍島城.

종 22) 진도군은 읍치를 현재의 읍성 위치로 다시 옮겼다. 왜 해남에서 진도로 옮긴 지 3년 만에 진도군의 읍치를 옮겼을까? 이와 관련하여 먼저 생각할 수 있는 것은 진도군이 군으로 회복되어 진도에 돌아온 지 3년 만에 다시 읍치를 옮긴 것으로 보아 1437년(세종 19) 고성리 일대에 자리 잡은 것은 처음부터 임시적인 성격이었을 가능성이 있다는 점이다. 세종 22년 진도군의 읍치를 현재 읍성 위치로 옮긴 가장 큰 이유는 옛 읍치의 위치가 진도의 동북쪽에 치우쳐 있기 때문일 것이다. 즉 고려시기 진도에 3개의 현이 있을 때와 달리 조선초기에는 진도에 진도군 하나만 남게 되면서 섬의 효율적인 운영을 위해서 읍치를 섬의 중심에 가까운 지금의 읍성 자리로 옮긴 것으로 여겨진다.[235] 아울러 진도군이 읍치를 옮길 때를 전후하여 전반적으로 읍치를 정할 때 산세 등 지리적인 요인을 적극적으로 고려하기 시작한 것도 이와 관련이 있을 것이다.[236]

---

234 현재 고성리의 고읍성(고군성)은 훼손된 채로 일부가 고성초등학교의 담장으로 이용되고 있고, 그 규모는 남북이 긴 500*400미터 정도로 추정하고 있다(裵鍾茂, 1987, 「歷史遺蹟」, 『珍島郡의 文化遺蹟』). 고성리의 고읍성(고군성)을 백제 때부터 있던 성으로 보는 견해도 있지만(裵鍾茂, 1987, 위 논문), 필자는 방형의 평지성이라는 성의 구조 등으로 볼 때 이 성은 조선초기 임시로 새로 쌓은 성이라고 생각한다.

235 정요근, 2011a, 「여말선초 군현 간 병합·통합과 신읍치의 입지 경향」, 『역사와 현실』 80.

236 이기봉은 조선시대 경상도 읍치 입지에 대한 연구를 토대로 1430년대를 전후하여 지형·풍수·뒷산 배경의 경관 이미지라는 조선시대 전형적인 읍치 입지가 자리 잡기 시작하였다고 보았다(이기봉, 2008, 『조선의 도시, 권위와 상징의 공간』, 새문사).

결론

고려 현종 9년에 기본 틀이 정해진 고려시기 지방제도는 하나의 주현(主縣)과 몇 개의 속현(屬縣)이 하나의 지방통치단위인 '주현속현단위'로 묶여서 지방통치의 중심이 되는 제도라는 점에서 '주현속현제도'라고 할 수 있다. 이 책에서는 '주현속현제도'의 성립과 운영, '주현속현단위'의 지리적 특징에 대해서 연구하였다.

제1장에서는 고려초기 지방제도의 개편과정 속에서 '주현속현제도'의 성립과 그 의미에 대해서 살펴보았다. 고려는 건국 후 신라후기의 '주군현제도(州郡縣制度)'를 바탕으로 지방제도를 편성하여 운영하면서 정치적·군사적 목적에 따라서 부분적으로 지방제도를 개편하였다. 태조대 지방제도 개편의 결과는 940년(태조 23) 주부군현의 명칭을 고칠 때 반영되었는데, 이때 주부군현의 이름을 고친 것은 고려 건국 이후 이루어진 지방제도 개편의 내용을 반영하여 고려의 단위군현을 확정한 일이기도 하였다. 이로써 고려의 영토가 정해졌고 동시에 조세징수대상이 정해졌다.

후삼국 통일 이후 고려는 효과적으로 지방을 통치하기 위해서 지방제도 개편이 필요하였다. 그 기본 방향은 신라후기 이래 존속하던 군현의 영속관계를 새롭게 개편하고, 지방관을 파견하여 중앙집권적인 군현제도를 완성하는 것이었다. 이러한 방향 속에서 추진된 고려초기의 지방제도 개편은 특히 성종 즉위 이후 가속화되었다. 983년(성종 2)에 12목을 설치하여 지방관을 파견하였고, 또 향리제도를 개편하였다. 특히 향리제도의 시행은 이후 지방제도 개편의 시작이자 토대였다. '10도제'와 '주현제도(州縣制度)'로 대표되는 성종 14년의 지방제도 개편은 건국 이후 고려가 추구해 왔던 중앙집권적 지방제도로 개편하는 과정이었다. 이때는 이전의 군현 영속관계를 개편하여 '주현단위'를 편성하고, 여기에 절도사(節度使)·도단련사(都團練使)·단련사(團練使)·자사(刺史) 등을 파견하였는데, 이때 '남도'에서 지방관이 파견된 곳은 모두 64곳으로 이전보다 크게 늘어났다. 또한 성종 14년의 지방제도 개편은 군현제에 토대를 둔 신라후기 이래의 지방제도 곧 '주군현제도' 운영의 역사적 경험을 바탕으로 하고 있다는 것도 주목해야 한다. 성종 14년의 지방제도는 고려의 지방제도로 정착하지 못한 채 역사의 무대에서 사라지고 1018년(현종 9) 새로운 지방제도인 '주현속현제도'가 성립하였다. 이후 몇 차례 부분적인 개편이 있었지만 고려말기까지 '주현속현제도'의 기본 틀은 바뀌지 않았다. 현종 9년 '주현속현제도'는 '주현속현단위'를 편성하고 그 중심 군현인 주현에 지방관을 파견하는 제도이다. 즉 '주현속현제도'의 성립과정은 주현을 정하고, 주현에 주변의 단위군현을 속현으로 삼아 '주현속현단위'를 편성하는 과정이기도 하였다. 이 제도는 이전의 군현 간의 영속관계를 개편하고 그 중심 군현에 지방관[수령]을 파견하여 중앙집권적인 지방제도를 지향하였다는 점에서 이전 제도와 연관성이 있다. 즉 현종 9년의 '주현속현제도'는 성종 14년의 '주현제도'와 전혀 다른 제도가 아니라 그 한계를 보완한 제도이다. 또한 두 제도는 신라후기부터 운영하여 온 지방제도의 역사적 경험을 상당 부분 이어받았다.

현종 9년 '주현속현단위'를 편성하는 과정에서 제일 중요한 것은 '주현속현단위'의 중심 군현이 되는 주현을 정하는 일이었다. 현종 9년 양계를 제외한 '남도'에서 주현이 된 47개 단위군현의 대부분은 신라후기부터 지방 통치의 중심지였던 곳이었다. 아울러 47개 주현 중에는 소수이기는 하지만 고려 건국 이후에 정치적·군사적으로 중요성이 커진 곳도 포함되어 있었다.

제2장에서는 '주현속현제도'의 구조와 운영에 대해서 정리하였다. 『고려사』 지리지에는 고려시기의 군현이 왕경개성부(경기), 양광도·경상도·전라도·교주도·서해도(5도), 동계·북계(양계)로 나뉘어 정리되어 있다. 『고려사』 지리지는 조선초기의 편찬자들이 정리한 것이기 때문에 정리 기준시점이나 내용에서 보완할 내용이 있지만, 여기에는 고려시기 지방제도의 큰 틀은 반영되어 있다. 따라서 이를 토대로 고려시기의 지방편제를 경기와 5도·양계로 보는 것이 일반적이다.

『고려사』 지리지에서는 가장 상위 영역이라 할 수 있는 왕경개성부, 양광도, 경상도, 전라도, 교주도, 서해도, 동계, 북계로 나누어 각 영역에 속한 단위군현들을 군현 편제의 원칙에 따라 정리하였다. 즉 『고려사』 지리지에서는 속현은 주현보다 한 칸 내려 기록하여 주현과 속현을 구분하였을 뿐 아니라 주현에 딸린 속현을 주현에 이어서 기록하여서 '주현속현단위'를 다른 '주현속현단위'와 구분하였다. 또 같은 주현이라 하더라도 경·목·도호부 등 계수관은 일반 주현보다 한 칸 올려서 정리하였을 뿐 아니라 계수관에 대한 기록 끝에 계수관에 딸린 속현과 계수관영역에 속한 영군현(주현)의 수도 아울러 기록하여서 '계수관영역'을 구분하였다. 한편 『고려사』 지리지 맨 앞에 정리된 '왕경개성부'에는 수도 개경과 개경을 보위하는 특수지역인 개성부가 함께 기록되어 있다. 또한 동계와 북계의 경우 몇몇 지역을 제외하고는 속현을 포함하고 있지 않기 때문에 『고려사』 지리지의 기록 형식에서도 5도·경기와 차이가 있다.

『고려사』 지리지에 기록된 단위군현의 수는 현종 9년을 기준으로 정리하면 489개인데, 단위군현은 모두 독립된 영역을 가지고 있었고, 각각에는 토착적인 기반을 가진 향리(鄕吏)들이 읍사(邑司)를 중심으로 지방지배의 실무를 담당하였다. 국가에서는 이들의 존재를 인정하였으며, 이들의 경제기반으로 공해전 등을 지급하였다. 국가에서는 단위군현을 기준으로 양전(量田)과 호구조사, 조세 징수와 감면, 구휼 등 경제시책을 실시하였다. 이런 점에서 고려시기 단위군현은 모두 본질적으로 대등한 위상을 가졌다. 단위군현 중 중앙에서 외관[수령]이 파견된 곳이 바로 주현(主縣)이다. 이들 주현에는 읍격에 따라서 사·부사·판관·사록·법조·의사·문사·방어진사·현령·진장 등 복수의 외관[수령]이 파견되었는데, 이들은 해당 주현과 속현의 지배에 관여하였다. 군현제의 본질은 중앙에서 파견한 외관[수령]을 통하여 지방을 중앙집권적으로 통치하는 것이다. 고려는 모든 단위군현에 외관[수령]을 파견하지 않고 외관을 파견한 주현을 중심으로 '주현속현단위'를 편성하여 주현뿐 아니라 속현까지도 효과적으로 지배하려 하였다. 따라서 '주현속현제도'를 통한 지방지배의 중심축은 주현과 속현에 있었고, 그 운영의 주인공은 외관[수령]과 향리였다.

각 군현에서 공적인 실무를 담당한 것은 향리였다. 향리들이 담당한 군현의 실무 중 가장 중요하고 힘든 일이 조세 징수와 관련된 것이었다. 향리는 조세의 징수와 감면뿐 아니라 납부에도 관여하였다. 군현에서 향리를 통제하고 감독하는 것은 외관[수령]이었으며, 그중에서 조세 징수와 전곡 관리 등을 감독하는 것은 매우 중요한 일이었다. 그렇지만 중앙에서 파견된 소수의 외관이 토착적인 기반을 가지고 읍사를 중심으로 움직이는 여러 단위군현에 속한 많은 향리들을 효과적으로 장악하는 일은 쉽지 않았다. 고려시기 지방지배의 중심축은 주현·속현 관계였지만, 주현을 통한 속현의 지배에는 어려움이 많았다. 고려시기에는 이 어려움을 보완할 여러 장치를 가지고 있었는데, 그중의 하나가 주현에 복수의 외관[屬官]을 파견한 것이다. 고려시기에는 조선시기와 달리 주현에 복수의 외관[수령]을 파견하여 주현과 주현에 소속된 속현에 대한 지배와 통제를 할 수 있었다. 물론 주현에 복수로 파견된 외관은 기본적으로 '주현속현단위'를 효과적으로 지배하는 데 참여하였다. 아울러 대읍인 계수관에 파견된 복수의 외관[수령]들은 해당 읍과 그에 소속된 속현뿐 아니라 '계수관영역'에 소속된 '주현속현단위'의 통치에도 관여하였다.

고려시기 지방통치의 중심은 '주현속현단위'였고, 그 운영의 주인공은 향리와 외관[수령]이었다. 아울러 그 '주현속현제도'를 효과적으로 운영하기 위한 보완장치가 있었는데, 그 대표적인 것이 계수관(界首官)과 안찰사(按察使)였다. 즉 고려는 현종 9년 '주현속현제도'를 중심으로 지방제도를 정비하면서 몇 개의 '주현속현단위'를 묶어서 '계수관영역'을 편성하고, 경·목·도호부 등 대읍을 계수관으로 삼아 지방지배의 중심으로 활용하였다. 이어서 5도를 설치하고 도에 정기적으로 안찰사를 파견하여 수령을 감찰하는 등 지방지배의 한 축을 맡겼다. 이와 동시에 때에 따라 다양한 임시 사행을 파견하기도 하였고, 단위군현에 사심관(事審官)을 파견하여 일부 분야에서 외관[수령]과 향리를 조정하는 역할을 하게 하였다. 경·목·도호부 등 계수관은 영역을 대표하는 기능과 영역 안의 군현을 지휘·감독하는 기능을 수행하였다. 계수관은 영역을 대표하여 팔관회 등 국가기념일에 중앙으로 축하사절을 보냈으며, 제사 등 국가의 주요 행사를 개최하였고, 영역에 들어온 왕의 행차나 외국 사신을 접대하였다. 영역대표라는 계수관의 위상은 고려말기까지 크게 변하지 않았다. 또한 고려초기 계수관은 군현의 사법행정을 감독하기도 하였다. 그렇지만 안찰사 등의 기능이 정비되면서 계수관은 향공(鄕貢)을 뽑아서 중앙에 올리는 일을 제외하고는 영역 안의 군현을 지휘·감독하는 일은 거의 하지 않게 되었다. 고려시기 지방통치의 근본은 '주현속현제도'를 통하여 이루어졌으며, 고려중기 이후 안찰사 제도가 정비되면서 '주현속현제도'가 가진 한계는 점차 계수관보다는 안찰사 등에 의해서 보완되었기 때문이다.

한편 고려시기 경·목·도호부 등 계수관은 많은 인구와 넓은 토지, 관원과 시설을 갖춘 대읍으로서, 지방통치·교통·경제활동·교육·문화의 중심지였다. 아울러 고려시기 계수관은 속현을 거느린 주현의 하나로서 속현을 포함한 지역의 중심지로서 매우 중요한 위상을 가졌다.

995년(성종 14) 고려는 전국을 개성부와 10도로 편제하였는데, 이 중 패서도를 제외한 9도는 예종대까지 시차를 두고 5도로 개편되었다. 5도는 현종 9년에 개편된 군현의 영속관계를 바탕으로 하였으며, 그 기본 틀은 고려말기까지 유지되었다. 고려는 현종 9년의 군현 영속관계를 바탕으로 전국의 군현을 10여 개의 계수관을 중심으로 묶으면서 동시에 그보다 더 넓은 영역인 도를 편성하여 정기적으로 안찰사를 파견하였다. 고려가 현종 이후 5도를 편제하고 정기적으로 안찰사를 파견한 것은 분산적인 '주현속현제도'를 보완하면서 동시에 현종 9년 이후 파견된 외관[수령]을 규찰하기 위해서였다. 특히 예종 초기 전국적인 민의 유망 현상은 전국에 안찰사를 정기적으로 파견하는 중요한 계기가 되었다. 안찰사는 6개월의 임기 동안 군현을 순행하면서 주현에 파견된 수령을 감찰하고, 백성들의 어려움을 살펴서 중앙에 보고하였으며, 지방의 사법 행정을 감독하였다. 또 안찰사는 시기에 따라 군사를 지휘하기도 하였으며, 조세 징수에 관여하는 등 다양한 일들에 직간접으로 관여하였다. 그렇지만 그중에서 가장 중요한 일은 수령을 감찰하는 것이었다. 이런 점에서 안찰사를 도의 행정장관으로 규정하기는 어렵지만, 그렇다고 하여 안찰사를 단순한 수령의 감찰관으로만 볼 수도 없다. 고려중기 이후 안찰사의 임무는 점차 늘어났으며, 그에 따라 지방지배에서 차지하는 비중도 점차 커졌다. 그렇지만 6개월의 짧은 임기와 4·6품의 낮은 관품을 가진 안찰사는 맡은 임무를 효과적으로 수행할 수 없었다. 더욱이 고려말기 토지와 조세 문제를 둘러싼 갈등이 심각하게 드러나면서 안찰사는 수령과 함께 전송(田訟)에 시달리거나 권세가의 의도대로 수탈자가 되기도 하였다. 안찰사는 1388년(창왕 즉위) 8월 도관찰출척사(都觀察黜陟使)로 개편되었다. 이때 임기도 1년으로 늘었고 관품도 올랐으며, 1390년

(공양왕 2)에는 경력사(經歷司)가 설치되면서 도관찰출척사는 도의 행정장관의 위상을 가지게 되었다.

현종 9년의 '주현속현제도'에서 가장 중요한 지방통치단위는 '주현속현단위'였다. '주현속현단위'의 규모는 이전의 '주현단위'보다 대체로 커졌을 뿐 아니라 다양해졌다. 3장에서는 '주현속현단위' 편성의 배경을 살피기 위해서 '청주목지역', '상주목지역' 등 몇 개의 '주현속현단위'를 골라서 그 지리적 특징을 살펴보았다.

고려시기 '청주목지역'은 주현인 청주목과 연산군(燕山郡)·목주(木州)·진주(鎭州)·전의현(全義縣)·청천현(淸川縣)·도안현(道安縣)·청당현(靑塘縣)·연기현(燕岐縣)·회인현(懷仁縣) 등 9개의 속현으로 구성되었다. 신라후기 서원경으로 영현이 없던 청주목에 9개의 속현이 이속되어 '청주목지역'이 된 것은 현종 9년이다. 현종 9년 청주목의 속현이 되었던 9개 군현은 신라후기 4개의 '군영현단위'가 해체되어 형성되었다. '청주목지역' 범위의 서쪽 경계는 금북정맥, 남쪽 경계는 금강, 동쪽과 북쪽 경계는 한남금북정맥이 되는 셈이어서 '청주목지역'에 속한 10개의 군현은 청천현을 제외하고는 모두 이 범위에 들어 있었다. '청주목지역'은 주현인 청주목을 중심으로 9개의 속현이 사방으로 일정한 거리를 두고 위치하였고, 청주목과 속현 사이의 교통로는 주로 주현인 청주목을 중심으로 발달하였다. '청주목지역'은 산줄기와 물줄기로 다른 '주현속현단위'와 구분되었으며, 그 지리적 범위에는 주현을 중심으로 하루 혹은 이틀 정도 거리의 군현이 포함되었다. 이런 사실은 고려 현종대 '주현속현단위'를 정할 때 이를 하나의 '통치단위'로 정하면서도 동시에 주현을 중심으로 한 하나의 '생활권'으로도 기능할 수 있도록 고려하였기 때문이다. 곧 '주현속현단위'의 중심지인 주현은 지방통치의 중심지이면서 동시에 생활문화의 중심지였다. 이런 점에서 볼 때 고려 현종 9년 '주현속현단위'를 정하면서 우선 고려한 것은 고려초기 각 군현의 지방세력(호족)의 크기나 고려정부와의 관계 등 정치적인 면이 아니라 실질적이고 효과적인 지방 통치 단위가 될 수 있는 지역 단위의 설정이었다. 이를 위하여 이전부터 지방통치·교통·경제생활·문화의 중심지였던 곳을 주현으로 정하고 그를 중심으로 지형·교통·거리 등을 고려하여 '주현속현단위'를 정하였다. 이 사례연구를 통해서 고려 현종 9년 '주현속현단위'를 설정할 때 지리적 요소 특히 산줄기는 매우 중요한 기준이 되었다는 것을 확인할 수 있었다.

고려시기 '상주목지역'은 주현인 상주목과 24개의 속현으로 구성되었다. 고려 현종 9년 상주목의 속현이 되었던 24개 군현은 신라후기 9개의 '주영현단위'와 '군영현단위'가 해체되어 형성되었다. '상주목지역'의 지리적 특징을 이웃 지역과의 경계를 중심으로 간단히 살펴보면 다음과 같다. 북쪽은 백두대간을 경계로 '충주목지역'과 구분되었는데, 이 지역 경계는 오늘날까지 이어진다. 동쪽으로는 낙동강의 지류인 위천 유역을 포함하는데, 동쪽의 '안동부지역'과 경계가 될 만한 높고 험한 산줄기는 없다. 이 지역의 구분은 각 주현과의 거리가 고려된 듯하다. 동남쪽의 경계는 팔공산인데, 이를 경계로 동쪽으로 '경주지역', 남서쪽으로 '경산부지역'과 구분되었다. 남쪽으로는 낙동강 지류인 감천 유역이 포함되는데, 그 남쪽에 있는 금오산 줄기로 '경산부지역'과 구분되었다. 또 서쪽 '경산부지역'과의 지리적 경계는 금강 유역이다.

'청주목지역'과 '상주목지역'의 지리적 특징을 살펴보면 고려시기 '주현속현단위'를 정할 때 지리적 요인이 매우 중요하게 고려되었다는 공통점을 확인할 수 있다. 아울러 '청주목지역'보다 범위가 훨씬 큰 '상주목지역'은 '청주목지역'과 달리 산줄기 등 지형에 의해서 이웃 '주현속현단위'와 확연히 구분되지 않는 방면도 있다. 이런 차이는 고려 현종대 '주현속현단위'를 설정했던 과정에서 추론할 수 있다.

고려시기의 지방 통치체제는 현종 9년 '주현속현단위'가 편성되면서 완성되는데, '계수관영역'의 군현 중에서 지방통치의 중심지인 주현(主縣)을 정하고 그 주현에 속현을 배치하는 방법으로 '주현속현단위'를 편성했기 때문에 이 과정에서 주현을 정하는 것이 가장 중요하였다. 이렇게 주현을 먼저 정한 후 영역 안의 군현을 속현으로 배치했기 때문에 지리적인 요인을 토대로 '주현속현단위'를 설정했지만 '상주목지역'처럼 딸린 속현이 많고 영역이 넓은 지역은 이웃 '주현속현단위'와 지리적으로 확연하게 구분되지 않는 방면도 있게 되었다. 즉 주현에 속현을 배치할 때에는 이전의 역사성을 살려 신라후기 '군영현단위'가 해체되지 않고 그대로 새로운 '주현속현단위'에 소속되는 경우도 있지만 '주현속현단위'가 신라후기의 '군영현단위'보다 훨씬 커지면서 신라후기의 지방통치 단위 몇 개가 통합되거나 해체되는 경우가 많았는데, 그때에는 산줄기 등 지형과 거리 등이 고려되어 합리적으로 재배치되었다. 이와 같이 고려 현종대에 '주현속현단위'를 정할 때 과거 지역단위의 역사성과 지리적 요인을 고려한 것은 분명하다. 그렇지만 지역에 따라서는 다른 요인이 적용된 예외도 있다. 영동군이 경산부의 속현이 아니라 상주목의 속현이 된 것이 대표적인 경우이다.

고려시기 '밀성군지역'은 주현인 밀성군과 창녕군·청도군·현풍현·계성현·영산현·풍각현 등 6개의 속군현으로 구성되었다. 고려 현종 9년 '밀성군지역'을 구성한 7개의 단위군현들은 신라후기 이래 몇 번의 지방제도 개편에 따라 새로 만들어진 것도 있고 또 그에 따라 영속관계도 변하였다.

신라후기 '밀성군영현단위'와 '화왕군(창녕군)영현단위'를 중심으로 이루어졌던 이 지역의 군현관계는 태조대 청도군이 새로 설치되었고, 그 결과 '밀성군영현단위(밀성군과 영산현·계성현)', '청도군영현단위(청도군과 풍각현)', '창녕군영현단위(창녕군과 현풍현)'로 재편되었다. 이후 성종 14년에 밀주와 도주에 자사가 파견되면서 이 지역은 '밀주주현단위'와 '도주

주현단위'로 군현 영속관계가 개편되었고, 또 현종 9년에 '주현속현제도'가 성립되면서 '밀성군지역'으로 재편되었다. 즉 '밀주주현단위'에 속하였던 밀성군(밀주)·영산현·계성현·창녕군·현풍현과 '도주주현단위'에 속하였던 청도군(도주)과 풍각현은 모두 '밀성군지역'에 포함되었지만 '도주주현단위'에 속하였던 장산현은 경주의 속현으로 이속되었다. 이것은 장산현이 낙동정맥의 사룡산에서 비슬산으로 이어지는 '비슬지맥'의 북쪽에 있었기 때문이다. 정리하면 이 지역은 고려 건국 후 태조대를 거치면서 3개의 '군영현단위'로 편성되었다가 성종 14년 지방제도 개편 때에는 2개의 '주현단위'로 개편되었고, 현종 9년 '주현속현제도'가 확립되면서 '밀성군지역'이라는 1개의 '주현속현단위'로 개편되었다.

고려시기 '밀성군지역'의 지리적 범위는 산줄기와 강으로 둘러싸여 있다. 즉 낙동강이라는 큰 강은 서쪽과 남쪽의 경계였고, 북쪽과 동쪽은 낙동정맥과 그 지맥인 비슬지맥·영축지맥이 다른 주현속현단위와 경계를 이루고 있었다. 고려시기 '주현속현단위'를 정할 때 지리적 요소를 적극적으로 고려한 예가 많은데, '밀성군지역' 역시 지리적 요인이 중요하게 고려된 전형적인 예이다.

태조 2년 송악산 남쪽에 도읍을 정하면서 설치된 개주(開州)는 송악군(松嶽郡)·강음현(江陰縣)·송림현(松林縣)으로 구성된 '송악군영현단위'와 개성군(開城郡)·덕수현(德水縣)·임진현(臨津縣)으로 구성된 '개성군영현단위'로 이루어졌다. 즉 개주는 송악군이 개주의 중심, 곧 개경이 되고 나머지 5개 군현이 개주의 영현이 되는 구조였다. 따라서 개주의 지리적 범위는 개경이 되는 송악군만을 가리킬 수도 있고 여기에 5개의 영현까지를 포함할 수도 있다. 태조 2년 설치된 '개주지역'의 지리적 범위는 서쪽은 예성강 유역, 남쪽은 조강과 임진강까지이고, 북쪽 경계는 대체로 천마산(天磨山)·성거산(聖居山)·오관산(五冠山) 등의 산악지대였다. 개주(개경)의 영현이 된 5개 단위군현들은 개경과 가장 가까운 군현들이다.

또한 이들 군현 중 송림현을 제외한 강음현·개성현·덕수현·임진현은 모두 예성강·조강·임진강 수로를 이용하여 서로 교통할 수 있었다. 아울러 이 지역은 대체로 고려 태조 선조들의 활동무대이기도 하다.

성종 14년 고려는 개주를 개성부로 개편하고 여기에 적현 6개와 기현 7개를 소속시켰다. 이것은 개경을 보위하는 특별구역이 6개의 단위군현으로 구성된 개주가 적현 6개와 기현 7개로 확대된 것을 의미한다. 적현 6개는 개경과 가까운 단위군현인 개성현·덕수현·임진현·강음현·송림현·정주이다. 즉 적현에는 개주를 구성했던 6개의 단위군현 중 수도 개경이 된 송악군 대신 정주가 포함되었다. 기현 7개는 적현의 바로 바깥에 위치한 장단현·임강현·마전현·적성현·파평현·토산현·우봉군이었다. 수도 개경을 보위하고 지원하는 특별구역으로 편성된 '적현지역'과 '기현지역'에 포함된 13개의 단위군현은 수도 개경(옛 송악; 개경 5부)과는 공간적으로 다른 영역이었는데, 이때 적현과 기현으로 형성된 개경의 특별구역은 큰 변화 없이 고려후기까지 이어졌다. 성종 14년 수도 개경을 보위하는 특별구역으로 편성된 개성부의 지리적 경계는 서쪽으로는 예성강, 남쪽은 조강, 동쪽은 임진강, 동남쪽은 감악산과 파평산을 잇는 산줄기까지였다. '적현지역'과 '기현지역'은 예성강과 임진강 수로를 이용할 수 있는 범위이기도 하다.

현종 9년 2월에 '주현속현제도'를 근간으로 하는 고려 지방제도의 기본 틀이 만들어지면서 개성부는 해체되고 수도 개경을 보위하던 '적현지역'과 '기현지역'은 개성현과 장단현을 주현으로 하는 '주현속현제도'로 재편되었다. 현종 9년 개경 주변의 군현을 다른 지역과 마찬가지로 '주현속현단위'로 묶으면서도 그 '주현속현단위'를 특별히 경기(京畿)라 하고 그를 중앙의 상서도성에 직접 예속시킨 것은 여전히 이 지역을 개경을 보위하는 특수지역으로 중요하게 여겼기 때문이다.

현종 9년에 개편된 '경기영역'의 지리적 범위는 적현·기현의 범위와 거의 일치한다. 즉 기현의 서북쪽 경계에 있던 우봉군만 그 북쪽의 주현이 된 평주(平州)의 속현으로 이속되었고 나머지 12개의 단위군현들은 모두 경기에 포함되었다. 또 성종 14년에는 개경과 가까운 곳이 적현이 되고, 그 외곽이 기현이 되었던 것과 달리 현종 9년 정해진 '개성현지역'과 '장단현지역'의 지리적 경계는 '경기영역'을 종단하는 커다란 산줄기였다. 이렇게 산줄기 같은 지형을 기준으로 '주현속현단위'의 경계를 나눈 것은 현종 9년 지방제도의 개편에서 일반적으로 확인되는 중요한 특징 중의 하나이다.

현종 9년 이래 개성현령과 장단현령이 이끌던 '경기영역'은 문종 16년 개성현령이 지개성부사(知開城府事)로 승격되면서 통치방식이 변하였다. 이때 지개성부사에는 현종 9년 경기를 구성했던 12개의 군현 중 지개성부사가 된 개성현을 제외한 11개의 단위군현이 속현으로 이속되었고, 거기에 평주의 속현이었던 우봉군이 포함되었다. 이 결과 2개의 '주현속현단위'로 운영되던 경기가 하나의 광역 단위(계수관 단위)로 재편되었다. 이것은 '경기영역'이 좌우 2지역로 나뉘었던 현종 9년 체제를 보완하여 단일 구조로 편성한 것이다.

1062년(고려 문종 16) 통합된 '개성부영역'의 지리적 범위는 현종 9년의 '경기영역'에 평주의 속현이었던 우봉군이 포함된 것으로 그것은 성종 14년 개성부에 속했던 '적현지역'과 '기현지역'이 합해진 범위와 같다.

충선왕은 복위 후에 '경기영역'의 행정을 맡았던 개성부에 5부(部)와 급전도감(給田都監)을 병합하여 개성부를 개편하였다. 이후 개성부는 도성인 개경 5부와 그 바깥인 '경기영역'의 행정을 총괄하는 관청이 되었다. 고려 성종 14년에 설치한 개성부는 개경 외곽의 적현과 기현을 관할하기 위한 관부였고, 문종 16년 개성부[知開城府事]는 경기 13현을 관할하는 지방 관부였다. 따라서 충선왕 복위년 이후 개성부는 본격적으로 수도 개경의 행정을 맡게 되었다. 1308년(충선왕 복위)에 개편된 개성부의 위상은 거의 그대로 조선초기까지 이어졌다. 1390년(공양왕 2) 경기가 좌도와 우도로 나뉘고, 각각 도관찰출척사(都觀察黜陟使)가 설치되면서 개성부와 경기영역은 제도적으로 분리되었지만, 개성윤(開城尹) 1명이 경기관찰사를 겸하는 형태로 개성부는 경기영역의 행정에 계속 관여하였다.

현종 9년 '주현속현제도'가 성립할 때 편성된 '나주목지역'은 계수관이자 주현인 나주목과 무안군 등 21개의 속현으로 구성되었으며, 진도에 있던 진도현·가흥현·임회현은 모두 나주목의 속현으로 편성되었다. 고려시기 진도현의 읍치는 첨찰산 북쪽의 고군면 고성리와 오산리 일대, 가흥현의 읍치는 고두산 남쪽의 군내면 분토리 일대, 임회현의 읍치는 여귀산의 서남쪽인 임회면 상만리 일대로 정리할 수 있지만 현재 남아있는 자료를 가지고 고려시기 진도 3현의 읍치 위치를 분명히 정하는 것은 어렵다.

고려 현종 9년 나주목의 속현이었던 진도현은 고려 지방제도 개편 속에서 1043년(인종 21)에 현령이 파견되어 주현이 되었다. 진도현령의 설치는 단지 진도현에 현령만 파견한 것이 아니라 진도현에 가흥현과 임회현을 속현으로 이속하여 새로운 '주현속현단위'를 편성한 것을 의미한다. 이때 진도현에 현령을 파견하여 새로운 '주현속현단위'를 편성한 것은 나주목과 21개의 속현으로 구성된 '나주목지역'이 하나의 통치단위로 기능하기 어려웠기 때문이다. 3현 중 진도현에 현령이 파견된 것은 이곳이 진도에서 육지로 가는 교통이 가장 편리했기 때문일 것이다. 인종 21년 진도현령이 파견되면서 진도현은 진도의 중심이 되었다.

진도현의 위상에 다시 변화가 온 것은 1270년(원종 11) 8월 삼별초가 진도에 들어오면서이다. 진도에 들어온 삼별초는 벽파정 근처의 용장성 일대를 치소로 정하고 성을 쌓고 궁궐을 지어 새로운 정부를 표방하면서 몽골과 고려정부와 항쟁하였다. 원종 12년 삼별초가 진압된 후 진도현은 이전의 읍치인 고군면 고성리 일대로 돌아왔고, 중앙에서는 예전과 마찬가지로 현령을 파견하여 통치하였다.

고려말기 왜구가 침입하면서 진도현은 육지로 옮기는 커다란 변화를 겪게 되었다. 육지로 옮긴 이후 진도현은 읍치를 세 차례나 옮겼고, 1409년(조선 태종 7)에는 해남현과 통합되어 해진군이 되었다가 1437년(세종 19) 진도군으로 회복되어 진도로 돌아왔다. 이때 진도군의 치소가 된 곳은 육지로 나가기 전 진도현의 읍치 근처에 새로 쌓은 성이었다. 이것이 현재의 고진도성이다. 해남군에서 진도로 들어온 지 3년 만인 1440년(세종 22) 진도군은 읍치를 현재 진도군의 중심지로 다시 옮겼다. 그 가장 큰 이유는 옛 읍치의 위치가 진도의 동북쪽에 치우쳐 있기 때문일 것이다. 즉 고려시기 진도에 3개의 현이 있을 때와 달리 조선초기에는 진도에 진도군 하나만 남아 있게 되면서 섬의 효율적인 운영을 위해서 읍치를 섬의 중심에 가까운 현재 진도군의 중심지로 옮긴 것이다.

이 책의 성과는 다음과 같이 세 가지로 정리할 수 있다.

첫째, '주현속현제도'의 성립을 고려초기 지방제도의 개편과정 속에서 살펴봄으로써 고려 현종 9년에 성립된 고려 지방제도의 성립이 가지는 의미를 분명하게 설명할 수 있었다. 그 결과 고려 현종 9년에 성립한 '주현속현제도'는 고려 건국 이후 중앙집권적인 군현제의 정착이라는 일관된 방향에서 이루어진 몇 차례의 지방제도 개편 결과라는 것을 확인할 수 있었다. 특히 현종 9년의 '주현속현제도'는 성종 14년의 '주현제도'와 전혀 다른 제도가 아니라 그 한계를 보완한 제도이고, 또한 두 제도는 신라후기부터 운영하여 온 군현제를 토대로 한 지방제도 운영의 역사적 경험을 상당 부분 이어받았다는 것을 확인하였다.

둘째, 고려시기 지방통치의 중심은 '주현속현단위'였고, 그 운영의 주인공은 향리와 지방관(수령)이었다는 것을 확인하였고, 아울러 '주현속현제도'를 효과적으로 운영하기 위한 대표적인 보완장치였던 계수관과 안찰사의 기능과 위상에 대해서도 선행연구의 내용을 보완할 수 있었다.

셋째, 현종 9년의 '주현속현제도'에서 가장 중요한 지방통치단위인 '주현속현단위'의 편성 배경을 살피기 위해서 몇 개의 '주현속현단위'를 골라서 그 지리적 특징을 살펴보았다. '주현속현단위'의 지리적 특징을 살핀 것이 이 연구의 큰 특징인데, 그 결과 고려 현종대 '주현속현단위'를 정할 때 과거 지방통치 단위의 역사성과 지리적 요인을 적극적으로 고려하였음을 확인할 수 있었다. 우리의 국토는 산이 많기 때문에 산과 산줄기가 지역을 구분하는 경계가 된 연원은 오래되었지만, 특히 고려 현종대 '주현속현단위'의 편성 과정에 지형 등 지리적 요인이 적극적으로 고려되었다는 사실을 구체적으로 확인한 것은 이 연구의 매우 중요한 결과이다.

고려시기 지방제도 연구 목록

저서

강은경, 2002, 『高麗時代 戶長層 硏究』, 혜안.

具山祐, 2003, 『高麗前期 鄕村支配體制硏究』, 혜안.

金甲童, 1990, 『羅末麗初의 豪族과 社會變動硏究』, 고려대학교 민족문화연구소 출판부.

金南奎, 1989, 『高麗兩界地方史硏究』, 새문사.

金日宇, 1998, 『高麗初期 國家의 地方支配體制 硏究』, 일지사.

김창현, 2006, 『고려의 남경, 한양』, 신서원.

박경자, 2001, 『고려시대 향리연구』, 國學資料院.

朴恩卿, 1996, 『高麗時代鄕村社會硏究』, 일조각.

朴宗基, 1990, 『高麗時代 部曲制硏究』, 서울대학교출판부.

박종기, 2002, 『지배와 자율의 공간, 고려의 지방사회』, 푸른역사.

박종기, 2012, 『고려의 부곡인, 〈경계인〉으로 살다 – 부곡인과 부곡집단의 기원과 전개 –』, 푸른역사.

박종기, 2016, 『고려사 지리지 역주』, 한국학중앙연구원출판부.

邊太燮, 1971, 『高麗政治制度史硏究』, 一潮閣.

서인원, 2002, 『조선초기 지리지 연구』, 혜안.

윤경진, 2012, 『高麗史 地理志의 分析과 補正』, 여유당.

李樹健, 1984, 『韓國中世社會史硏究』, 一潮閣.

이정신, 2013, 『고려시대의 특수행정구역 所 연구』, 혜안.

蔡雄錫, 2000, 『高麗時代의 國家와 地方社會 –'本貫制'의 施行과 地方支配秩序 –』, 서울대학교출판부.

최종석, 2013, 『한국 중세의 읍치와 성』, 신구문화사.
최혜숙, 2004, 『고려시대 남경 연구』, 경인문화사.
河炫綱, 1977, 『高麗地方制度의 硏究』, 韓國硏究院(1988, 『韓國中世史硏究』, 일조각).
한정훈, 2013, 『고려시대 교통운수사 연구』, 혜안.

旗田巍, 1972, 『朝鮮中世社會史の硏究』, 法政大學出版局.
濱中昇, 1986, 『朝鮮古代の經濟と社會』, 法政大學出版局.

박사학위논문

姜鳳龍, 1994, 「新羅 地方統治體制 硏究」, 서울대학교 박사학위논문.
김아네스, 1996, 「高麗初期 地方統治體制 硏究」, 서강대학교 박사학위논문.
金潤坤, 1983, 「高麗郡縣制度의 硏究」, 경북대학교 박사학위논문.
朴敬子, 1986, 「高麗時代 鄕吏硏究」, 숙명여자대학교 박사학위논문.
劉善浩, 1992, 「高麗 郵驛制 硏究」, 단국대학교 박사학위논문.
尹京鎭, 2000, 「高麗 郡縣制의 構造와 運營」, 서울대학교 박사학위논문.
이정기, 2012, 「고려시기 양계 통치체제 연구」, 숙명여자대학교 박사학위논문.
林容漢, 1998, 「朝鮮初期의 守令制 硏究」, 경희대학교 박사학위논문.
鄭枖根, 2008, 「高麗朝鮮初의 驛路網과 驛制 硏究」, 서울대학교 박사학위논문.
鄭銀禎, 2009, 「고려시대 開京의 도시변화와 京畿制의 추이」, 부산대학교 박사학위논문.
鄭學洙, 2007, 「高麗前期 京畿制 硏究」, 건국대학교 박사학위논문.
西川孝雄, 2002, 「高麗時代 邑號陞降에 대한 事例硏究」, 경북대학교 박사학위논문.

일반논문

姜鳳龍, 1997, 「新羅下代 浿江鎭의 設置와 運營 -州郡縣體制의 확대와 관련하여-」, 『한국고대사연구』 11, 한국고대사연구회.
姜性文, 1983, 「高麗初期의 北界開拓에 대한 硏究」, 『白山學報』 27, 백산학회.
강은경, 1997, 「고려 후기 戶長層의 변동과 '兩班鄕吏戶籍'의 정리 -국보호적을 중심으로-」, 『東方學志』 97, 연세대학교 국학연구원.

姜恩景, 1998, 「高麗後期 戶長層의 變化와 『世宗實錄地理志』의 土姓亡姓」, 『東方學志』 99, 연세대학교 국학연구원.

姜恩景, 1999a, 「'李太祖戶籍原本'에 나타난 高麗末 鄕吏의 身分變化」, 『實學思想研究』 10·11, 毋岳實學會.

강은경, 1999b, 「高麗時代 鄕吏 公服制」, 『韓國思想과 文化』 4, 韓國思想文化學會.

姜恩景, 1999c, 「高麗初 州官의 形成과 그 構造」, 『한국중세사연구』 6, 한국중세사학회.

강은경, 2000, 「高麗 戶長制의 成立과 戶長層의 形成」, 『韓國史의 構造와 展開 -河炫綱教授定年紀念論叢-』, 河炫綱教授定年紀念論叢刊行委員會.

강은경, 2003, 「고려시대 공문서의 전달체계와 지방행정운영」, 『韓國史研究』 122, 韓國史研究會.

강종훈, 2012, 「『삼국사기』 지리지의 사료 비판」, 『삼국사기 사료비판론』, 여유당.

高昌錫, 1982, 「耽羅의 郡縣設置에 대한 考察 -高麗前期를 중심으로-」, 『濟州大論文集』 14, 제주대학교.

孔錫龜, 1996, 「≪高麗史≫ 地理志 北界條 沿革記事의 檢討」, 『白山學報』 46, 白山學會.

具山祐, 1988a, 「高麗前期 鄕村支配體制의 成立」, 『韓國史論』 20, 서울대학교 국사학과.

具山祐, 1988b, 「고려시기 부곡제의 연구성과와 과제」, 『釜大史學』 12, 釜山大學校史學會.

具山祐, 1992, 「羅末麗初의 蔚山地域과 朴允雄; 藿所의 기원과 관련하여」, 『한국문화연구』 5, 부산대학교 한국문화연구소.

具山祐, 1993, 「高麗 成宗代의 鄕村支配體制 강화와 그 정치사회적 갈등」, 『한국문화연구』 6, 부산대학교 한국문화연구소.

具山祐, 1994a, 「高麗 顯宗代 鄕村支配體制 개편의 배경과 성격」, 『한국중세사연구』 창간호, 한국중세사연구회.

具山祐, 1994b, 「高麗前期 鄕村社會의 身分·階層的 構成」, 『國史館論叢』 59, 國史編纂委員會.

구산우, 1995, 「중세의 지역촌과 자연촌」, 『역사비평』 28, 역사문제연구소.

具山祐, 1996, 「高麗前期 村落의 존재형태와 隣保組織」, 『한국중세사연구』 3, 한국중세사학회.

具山祐, 1997, 「고려시기 한국과 일본의 촌락 구조 비교 연구」, 『한국민족문화』 9, 부산대학교 한국민족문화연구소.

具山祐, 1998, 「高麗 太祖代의 地方制度 개편 양상 -≪高麗史≫ 地理志를 중심으로-」, 『釜大史學』 22, 釜山大學校史學會.

具山祐, 1999, 「高麗前期 鄕村支配體制 연구의 현황과 방향」, 『釜大史學』 23, 釜山大學校史學會.

具山祐, 2000, 「고려초기 향촌지배층의 사회적 동향 -금석문 분석을 통한 접근-」, 『釜山史學』 39, 釜山史學會.

구산우, 2001a, 「高麗前期 香徒의 佛事 조성과 구성원 규모」, 『한국중세사연구』 10, 한국중세사학회.

具山祐, 2001b, 「신라말 향촌사회의 변동과 새로운 계층구조의 형성」, 『韓國中世社會의 諸問題 -金潤坤敎授定年紀念論叢-』, 韓國中世史學會.

具山祐, 2002a, 「고려시기 계수관(界首官)의 지방행정 기능과 위상」, 『역사와 현실』 43, 한국역사연구회.

구산우, 2002b, 「고려시기의 촌락과 사원」, 『한국중세사연구』 13, 한국중세사학회.

구산우, 2004, 「고려시대 부산지역의 지방행정구조」, 『港都釜山』 20, 부산광역시사편찬위원회.

구산우, 2008, 「신라말 고려초 김해 창원지역의 호족과 鳳林山門」, 『한국중세사연구』 25, 한국중세사학회.

구산우, 2010, 「고려말 성곽 축조와 향촌사회의 동향」, 『역사와 경계』 75, 부산경남사학회

金甲童, 1985, 「高麗建國期의 淸州勢力과 王建」, 『韓國史硏究』 48, 韓國史硏究會.

金甲童, 1986a, 「'高麗初'의 州에 대한 考察」, 『高麗史의 諸問題』, 삼영사.

金甲童, 1986b, 「新羅 郡縣制의 硏究動向 및 그 課題」, 『湖西史學』 14, 호서사학회.

金甲童, 1988, 「高麗太祖代 郡縣의 來屬關係 形成」, 『韓國學報』 52, 일지사.

金甲童, 1992, 「高麗王朝의 成立과 郡縣制의 變化」, 『國史館論叢』 35, 국사편찬위원회.

金甲童, 1994, 「新羅高麗의 王朝交替와 郡縣制의 變化」, 『韓國古代史硏究』 7, 한국

고대사연구회.
金甲童, 1995, 「高麗 顯宗代의 地方制度 改革」, 『韓國學報』 80, 一志社.
金甲童, 1996, 「고려시대의 都領」, 『한국중세사연구』 3, 한국중세사연구회.
김갑동, 1998, 「고려시대의 戶長」, 『韓國史學報』 5, 고려사학회.
金甲童, 2002, 「나말여초 天安府의 성립과 그 동향」, 『韓國史研究』 117, 韓國史研究會.
김갑동, 2003a, 「羅末麗初 충남 지역의 군현제 변화 양상」, 『人文科學論文集』 35, 大田大學校 人文科學研究所.
김갑동, 2003b, 「통일신라에서 고려로의 군현제 변화와 그 요인 -충남 지역을 중심으로-」, 『韓國古代史研究』 30, 한국고대사학회.
김갑동, 2011, 「천안도독부의 성립과 군현제 변화」, 『충청학과 충청문화』 12, 충청남도역사문화연구원.
金光洙, 1972, 「羅末麗初의 地方學校 問題」, 『韓國史研究』 7, 韓國史研究會.
金光洙, 1977, 「고려建國期의 浿西豪族과 對女眞關係」, 『史叢』 21·22, 고려대학교 사학회.
金光洙, 1979, 「羅末麗初의 豪族과 官班」, 『韓國史研究』 23, 韓國史研究會.
김광철, 2008, 「고려후기 밀양 지역사회의 변동과 治所 이동」, 『石堂論叢』 41, 동아대학교 석당학술원.
김광철, 2010, 「고려후기 거제 지역사회의 변동과 巨濟縣의 이동」, 『석당논총』 46, 동아대학교 석당학술원.
김광철, 2012, 「고려시대 경남지역의 군현 편제와 지역문화」, 『한국중세사연구』 34, 한국중세사학회.
金琪燮, 2006, 「高麗 太祖代 군현 개편의 과정과 그 의미」, 『한국중세사연구』 21, 한국중세사학회.
金南圭, 1969, 「고려 兩界兵馬使에 대하여」, 『李弘稙博士 回甲紀念 韓國史學論叢』 李弘稙博士回甲紀念韓國史學論叢刊行委員會.
金南奎, 1973, 「高麗 兩界의 監倉使에 對하여」, 『史叢』 17·18, 고려대학교 사학회.
金南奎, 1975, 「高麗 勸農使에 대하여」, 『경남대학교 논문집』 2, 경남대학교.
金南奎, 1977, 「高麗 兩界의 都領에 대하여」, 『경남대학교 논문집』 4, 경남대학교.
金南奎, 1991, 「高麗前期 兩界 鎭城 移住民에 대하여」, 『慶大史論』 6, 경남대 사학회.
金東洙, 1989, 「고려중·후기의 監務 파견」, 『全南史學』 3, 全南史學會.

金東洙, 1990, 「朝鮮初期의 郡縣制 개편작업 -군현 병합 및 직촌화 작업을 중심으로-」, 『全南史學』 4, 全南史學會.
金東洙, 1991, 「조선초기 군현의 陞降 및 名號의 개정」, 『全南史學』 5, 全南史學會.
金東洙, 1992a, 「조선초기 郡縣制의 개편 -주현화 및 속현화, 任內의 이속작업 및 越境地의 정비작업을 중심으로-」, 『擇窩許善道先生停年紀念韓國史學論叢』, 일조각.
김동수, 1992b, 「조선초기 郡縣治所의 移設」, 『全南史學』 6, 全南史學會.
金東洙, 1993, 「『世宗實錄』 地理志 物産項의 검토」, 『歷史學研究』 12, 全南大學校史學會.
金東洙, 1994, 「고려시대의 界首官制 小論 -계수관의 범위문제 검토-」, 『李基白先生古稀紀念韓國史學論叢(上)』, 一潮閣.
김동수, 2002, 「고려시대 界首官의 범위에 대한 재론」, 『全南史學』 19, 全南史學會.
김동수, 2007, 「역사시대」, 『珍島郡志』 上, 진도군지편찬위원회.
金秉仁, 1994, 「高麗 睿宗代 監務의 設置背景」, 『全南史學』 8, 全南史學會.
김병인·이바른, 2010, 「고려 명종대 監務 파견의 정치적 성격」, 『한국중세사연구』 29, 한국중세사학회.
金宣沃, 2002, 「고려시대 鄕吏의 武士的 性格」, 『青藍史學』 6, 韓國教員大 青藍史學會.
金成俊, 1958, 「其人의 性格에 대한 考察(上)」, 『歷史學報』 10, 역사학회.
金成俊, 1959, 「其人의 性格에 대한 考察(下)」, 『歷史學報』 11, 역사학회.
金成俊, 1974, 「高麗時代의 良吏」, 『湖西史學』 3, 호서사학회.
金壽泰, 1981, 「高麗 本貫制度의 成立」, 『震檀學報』 52, 진단학회.
金壽泰, 1989, 「高麗初 忠州地方의 豪族 -忠州劉氏를 중심으로-」, 『충청문화연구』 1, 한남대 충청문화연구소.
김아네스, 1993, 「高麗時代의 察訪使」, 『韓國史研究』 82, 韓國史研究會.
김아네스, 1996, 「高麗太祖代의 地方支配體制」, 『高麗 太祖의 國家經營』, 서울대학교출판부.
김아네스, 1999, 「高麗初期 地方支配와 使」, 『國史館論叢』 87, 國史編纂委員會.
김아네스, 2002a, 「고려초기의 都護府와 都督府」, 『歷史學報』 173, 역사학회.
김아네스, 2002b, 「고려 성종대 유교 정치사상의 채택과 12州牧」, 『震檀學報』 93,

진단학회.

김아네스, 2008, 「신라의 州와 고려 초 界首邑」, 『新羅史學報』 12, 新羅史學會.

金潤坤, 1985, 「麗代의 按察使制度 成立과 그 背景」, 『嶠南史學』 創刊號, 영남대학교 국사학회.

金侖禹, 1992, 「居昌과 晋州의 古代沿革 考察 -서부 경남의 歷史地理的 考察을 통하여-」, 『민족문화』 15, 민족문화추진회.

金日宇, 1989, 「高麗初期 郡縣의 主屬關係 形成과 地方統治」, 『민족문화』 12, 민족문화추진회.

金日宇, 1996, 「高麗 太祖代 地方支配秩序의 形成과 國家支配」, 『史學硏究』 52, 韓國史學會.

김일우, 1998, 「高麗時代 耽羅의 地方編制 시기와 그 單位의 형태」, 『韓國史學報』 5, 고려사학회.

김일우, 2006, 「고려의 지방제도 정비와 楊州」, 『鄕土서울』 68, 서울特別市史編纂委員會.

金日宇, 2007, 「고려시대와 조선초기 濟州島 지역의 행정단위 변천」, 『한국중세사연구』 23, 한국중세사학회.

金田培, 1973, 「世宗實錄地理志 解題」, 『文化財』 7, 문화재관리국.

金井昊, 1987, 「珍島郡의 沿革」, 『珍島郡의 文化遺蹟』, 목포대학교 박물관.

金周成, 1988, 「高麗初 淸州地方의 豪族」, 『韓國史硏究』 61·62, 韓國史硏究會.

金哲埈, 1964, 「後三國時代의 支配勢力의 性格에 對하여」, 『李相佰博士回甲記念論叢』, 想白李相佰博士回甲記念論叢編輯委員會.

金泰植, 1995, 「『三國史記』 地理志 新羅條의 史料的 檢討 -原典 편찬 시기를 중심으로-」, 『三國史記의 原典 檢討』, 韓國精神文化硏究院.

金泰植, 1997, 「《三國史記》 地理志 高句麗條의 史料的 檢討」, 『歷史學報』 154, 역사학회.

金泰亨, 1993, 「高麗朝 郡縣陞降의 分析」, 『弘益史學』 5, 弘益大學校 歷史敎育科史學會.

김형수, 2008, 「고려후기 李子修의 官職任用資料 4점」, 『국학연구』 12, 한국국학진흥원.

金皓東, 1987, 「高麗 武臣政權時代 地方統治의 一斷面 -李奎報의 全州牧 '司錄兼

掌書記'의 活動을 중심으로-」, 『嶠南史學』 3, 영남대학교 국사학회.
김호동, 1995, 「군현제의 시각에서 바라본 12·13세기 농민항쟁의 역사적 배경」, 『역사연구』 4, 역사학연구소.
金晧東, 2003, 「桂陽都護府使 李奎報의 활동을 통해 본 고려 군현통치의 실상」, 『한국중세사연구』 14, 한국중세사학회.
김호동, 2007, 「고려시대 一善(善州)圈域의 변천과 지역사회의 동향」, 『한국중세사연구』 22, 한국중세사학회.
羅恪淳, 1988, 「高麗時代의 監務에 대한 研究」, 『溪村閔丙河敎授停年紀念史學論叢』, 계촌민병하교수정년기념사학논총간행위원회.
羅恪淳, 1990, 「高麗鄕吏의 身分變化」, 『國史館論叢』 13, 국사편찬위원회.
羅恪淳, 1992, 「高麗鄕吏의 身分的 特性과 그 變化」, 『史學研究』 45, 한국사학회.
盧明鎬, 1985, 「高麗初期 王室出身의 '鄕里'勢力 -麗初 親屬들의 政治勢力化 樣態-」, 『高麗史의 諸問題』, 삼영사.
盧明鎬, 1988, 「高麗時代 鄕村社會의 親族關係網과 家族」, 『韓國史論』 19, 서울대학교 국사학과.
노명호, 2006, 「고려시대 향리집단 속의 호장 이유(李裕)」, 『한국사시민강좌』 39, 일조각.
盧重國, 1995, 「『三國史記』의 百濟 地理關係 記事 檢討」, 『三國史記의 原典 檢討』, 韓國精神文化研究院.
류영철, 2001, 「후삼국정립기 고려의 지방경영과 府의 성립 -邑格의 변화를 중심으로-」, 『韓國中世社會의 諸問題 -金潤坤敎授定年紀念論叢-』, 韓國中世史學會.
文秀鎭, 1987, 「高麗建國期의 羅州勢力」, 『成大史林』 4, 성균관대학교 사학회.
閔丙河, 1963a, 「高麗時代의 地方制度와 土豪勢力」, 『성균관대학교논문집』 8, 성균관대학교.
閔丙河, 1963b, 「地方制度에서 본 高麗社會의 性格」, 『史學研究』 13, 한국사학회.
朴敬子, 1974, 「高麗 鄕吏制度의 成立」, 『歷史學報』 63, 역사학회.
朴敬子, 1992, 「高麗 鄕吏의 經濟的 基盤」, 『國史館論叢』 39, 국사편찬위원회.
박경자, 2001, 「高麗 鄕吏身分의 變動」, 『高麗 朝鮮前期 中人研究』, 新書苑.
朴龍雲, 1996, 「開京과 開城府」, 『高麗時代 開京 研究』, 일지사.
朴恩卿, 1984, 「高麗後期 地方品官勢力에 관한 研究」, 『韓國史研究』 44, 韓國史研

究會.

朴恩卿, 1987,「高麗後期 鄕吏層의 變動 -《世宗實錄》地理志 續姓 分析을 中心으로-」,『震檀學報』64, 진단학회.

朴恩卿, 1993,「高麗時代의 郡縣制와 鄕村支配單位」,『仁荷史學』1, 仁荷歷史學會.

朴恩卿, 1995,「高麗時代 事審官의 性格」,『仁荷史學』3, 仁荷歷史學會.

朴恩卿, 1999,「高麗時代 鄕村支配와 郡縣名號」,『韓國學研究』10, 仁荷大學校 韓國學研究所.

朴恩卿, 2000a,「高麗時代 邑號陞降과 郡縣制」,『白山學報』57, 白山學會.

박은경, 2000b,「高麗時代 邑號乘降의 신분별 요인에 대한 검토」,『人文研究』31, 仁荷大學校 人文科學研究所.

朴恩卿, 2005,「高麗의 郡縣制와 郡縣數」,『白山學報』73, 白山學會.

朴恩卿, 2007,「고려전기 군현제의 邑號와 邑格」,『白山學報』79, 白山學會.

朴宗基, 1980,「高麗時代 鄕部曲의 變質過程 -中央集權化 過程과 관련하여-」,『韓國史論』6, 서울대학교 국사학과.

朴宗基, 1981,「13세기 초엽의 村落과 部曲」,『韓國史研究』33, 韓國史研究會.

朴宗基, 1982,「14-15세기 越境地에 대한 再檢討」,『韓國史研究』36, 韓國史研究會.

朴宗基, 1984,「高麗 部曲制의 構造와 性格 -收取體系의 運營을 中心으로-」,『韓國史論』10, 서울대학교 국사학과.

朴宗基, 1985,「部曲制 分布에 關한 基礎的 整理」,『韓國學論叢』7, 국민대학교 한국학연구소.

朴宗基, 1986a,「高麗의 郡縣體系와 界首官制 -≪高麗史≫ 地理志 分析-」,『韓國學論叢』8, 국민대학교 한국학연구소.

朴宗基, 1986b,「高麗의 部曲吏」,『高麗史의 諸問題』, 삼영사.

朴宗基, 1987a,「≪高麗史≫ 地理志의「高麗初」年紀實證 -太祖代 郡縣改編의 背景-」,『斗溪李丙燾博士九旬紀念 韓國史學論叢』, 지식산업사.

朴宗基, 1987b,「高麗時代 村落의 機能과 構造」,『震檀學報』64, 진단학회.

朴宗基, 1987c,「新羅時代 鄕·部曲의 性格에 關한 試論」,『韓國學論叢』10, 국민대학교 한국학연구소.

朴宗基, 1988a,「高麗 太祖 23年 郡縣改編에 관한 研究」,『韓國史論』19, 서울대학교 국사학과.

朴宗基, 1988b, 「高麗時期 郡縣制 硏究成果와 「국사」教科書의 敍述」, 『역사교육』 44, 역사교육연구회.

朴宗基, 1989, 「高麗時代 郡縣支配體制와 構造」, 『國史館論叢』 4, 국사편찬위원회.

박종기, 1990, 「고려전기 향촌지배구조의 성립과 그 성격」, 『역사와 현실』 3, 한국역사연구회.

朴宗基, 1991, 「高麗 部曲人의 身分과 身分制 運營原理」, 『韓國學論叢』 13, 국민대학교 한국학연구소.

朴宗基, 1992, 「高麗時代 外官 屬官制 硏究」, 『震檀學報』 74, 진단학회.

박종기, 1994, 「14세기 군현구조의 변동과 향촌사회」, 『14세기 고려의 정치와 사회』, 民音社.

朴宗基, 1997a, 「고려 後期 部曲制의 소멸과 그 원인」, 『韓國 古代·中世의 支配體制와 農民』, 金容燮教授停年紀念韓國史學論叢刊行委員會.

박종기, 1997b, 「고려시대의 지방관원들 -속관(屬官)을 중심으로-」, 『역사와 현실』 20, 한국역사연구회.

박종기, 1999a, 「고려시대 賦稅收取와 屬縣」, 『역사와 현실』 31, 한국역사연구회.

朴宗基, 1999b, 「高麗時代 界首官의 범위와 성격」, 『韓國學論叢』 21, 국민대학교 한국학연구소.

朴宗基, 2000, 「朝鮮初期의 部曲」, 『國史館論叢』 92, 國史編纂委員會.

朴宗基, 2001a, 「『高麗史』 地理志 譯註(1) -史料性格, 序文 譯註」, 『韓國學論叢』 23, 국민대학교 한국학연구소.

朴宗基, 2001b, 「京畿 北部地域 中世 郡縣 特殊村落 變化硏究」, 『北岳史論』 8, 北岳史學會.

朴宗基, 2002, 「『高麗史』地理志 譯註(II) -開城府 編」, 『韓國學論叢』 24, 국민대학교 한국학연구소.

박종기, 2003a, 「고려시대 남경지역의 개발과 京畿制」, 『연구논문집』 1, 서울역사박물관.

朴宗基, 2003b, 「『高麗史』地理志 譯註(III) -開城府 屬縣編」, 『韓國學論叢』 25, 국민대학교 한국학연구소.

朴宗基, 2004, 「『高麗史』地理志 詳証(4) -慶州」, 『韓國學論叢』 26, 국민대학교 한국학연구소.

朴宗基, 2005a, 「『高麗史』地理志 譯註(5) -蔚州·禮州·全州·梁州·密城郡 編-」, 『韓國學論叢』 27, 국민대학교 한국학연구소.

박종기, 2005b, 「고려사 지리지 역주 전라도편(1)」, 『고려시대 연구』 8, 한국학중앙연구원.

朴宗基, 2006a, 「『高麗史』地理志 譯註(6) -晉州·陜州編」-, 『韓國學論叢』 28, 국민대학교 한국학연구소.

박종기, 2006b, 「조선 초기 부곡의 규모와 존재 형태」, 『東方學志』 133, 연세대학교 국학연구원.

朴宗基, 2006c, 「韓國 古代의 奴人과 部曲」, 『韓國古代史研究』 43, 한국고대사학회.

박종기, 2006d, 「고려중기 남경 건설의 배경과 경영」, 『鄕土서울』 68, 서울特別市史編纂委員會.

朴宗基, 2007, 「『高麗史』地理志 譯註(7) -尙州編-」, 『韓國學論叢』 29, 국민대학교 한국학연구소.

朴宗基, 2008a, 「『高麗史』地理志 譯註(8) -京山府 安東府 編-」, 『韓國學論叢』 30, 국민대학교 한국학연구소.

朴宗基, 2008b, 「고려 말 왜구와 지방사회」, 『한국중세사연구』 24, 한국중세사학회.

박종진, 1997, 「고려시기 경제운영의 단위와 지방제도」, 『韓國學研究』 7, 숙명여자대학교 한국학연구센터.

박종진, 1999, 「고려시기 '수취단위'의 의미와 속현의 지위」, 『역사와 현실』 32, 한국역사연구회.

박종진, 2002, 「강화천도 시기 고려국가의 지방지배」, 『한국중세사연구』 13, 한국중세사학회.

박종진, 2003, 「고려시기 안찰사의 기능과 위상」, 『東方學志』 122, 연세대학교 국학연구원.

박종진, 2005, 「고려시기 계수관의 기능과 위상」, 『역사와 현실』 56, 한국역사연구회.

박종진, 2008, 「고려시기 '주현속현단위'설정 배경에 대한 시론 -'청주목지역'의 지리적 특징의 분석-」, 『한국중세사연구』 25, 한국중세사학회.

박종진, 2010, 「고려시기 '상주목 지역'의 구조와 지리적 특징」, 『한국중세사연구』 29, 한국중세사학회.

박종진, 2011, 「고려시기 진도현의 위상과 변화」, 『島嶼文化』 38, 국립목포대학교 도서문화연구원.

박종진, 2012, 「고려전기 開城府의 변천과 지리적 범위」, 『東方學志』 157, 연세대학교 국학연구원.

박종진, 2014, 「고려시기 '밀성군지역'의 성립과 지리적 범위」, 『한국중세사연구』 38, 한국중세사학회.

박종진, 2015a, 「고려말·조선초 개성부의 위상」, 『東方學志』 170, 연세대학교 국학연구원.

박종진, 2015b, 「고려 초 지방제도 개편과 '主縣屬縣制度'의 성립」, 『韓國文化』 72, 서울대학교 규장각한국학연구원.

朴漢卨, 1985, 「羅州道大行臺考」, 『江原史學』 1, 강원대학교 사학회.

方東仁, 1973, 「『三國史記』地理志의 郡縣 考察 -九州所管郡縣의 漏記를 中心으로-」, 『史學研究』 23, 한국사학회.

배종도, 1989, 「新羅下代의 地方制度 개편에 대한 고찰」, 『學林』 11, 연세대학교 사학연구회.

배종도, 1991, 「≪고려사≫ 지리지의 일 고찰 -領屬관계의 기준연대 추정을 중심으로-」, 『역사와 현실』 6, 한국역사연구회.

白相起, 1995, 「高麗朝地方行政體制에 있어서 按察使制에 관한 研究」, 『社會科學研究』 14-2, 嶺南大學校 附設 社會科學研究所.

邊太燮, 1968a, 「高麗前期의 外官制 -地方機構의 行政體系-」, 『韓國史研究』 2, 韓國史研究會.

邊太燮, 1968b, 「高麗 按察使考」, 『歷史學報』 40, 역사학회.

邊太燮, 1971, 「高麗時代 京畿의 統治制」, 『高麗政治制度史研究』, 일조각.

邊太燮, 1987, 「高麗初期의 地方制度」, 『韓國史研究』 57, 韓國史研究會.

邊太燮, 1989, 「高麗時代 地方制度의 構造」, 『國史館論叢』 1, 국사편찬위원회.

서영대, 2010, 「인천의 읍격 변화와 그 원인 연구」, 『인천학연구』 13, 인천학연구원.

서인원, 1999, 「世宗實錄地理志 編纂의 再檢討(1)」, 『東國歷史教育』 7·8, 東國歷史教育會.

서인원, 2000, 「世宗實錄地理志 編纂의 再檢討(2)」, 『역사와 교육』 9, 역사와 교육학회.

송용덕, 2009, 「高麗後期 邊境地域 변동과 鴨綠江 沿邊認識의 형성」, 『歷史學報』 201, 역사학회.

宋正炫, 1979, 「珍島의 歷史」, 『湖南文化硏究』 10·11, 전남대학교 호남문화연구소.

신안식, 2003, 「고려시대 '京畿'의 위상과 역할」, 『人文科學硏究論叢』 25, 明知大學校 人文科學硏究所.

신안식, 2005, 「高麗前期 兩界制와 邊境」, 『한국중세사연구』 18, 한국중세사학회.

辛兌鉉, 1958, 「三國史記 地理志의 硏究」, 『新興大學校 論文集』 1, 신흥대학교.

沈奉謹, 1974, 「巨濟郡縣 治所 移動考 -島內所在 城址를 中心으로-」, 『又軒 鄭仲煥博士 還曆紀念 論文集』, 우헌정중환박사환력기념논문집간행위원회.

심승구, 2015, 「경기(京畿)를 통해 본 서울의 정체성 -고려와 조선의 경기 비교를 중심으로-」, 『서울학연구』 58, 서울시립대학교 서울학연구소.

安秉佑, 1990, 「高麗前期 地方官衙 公廨田의 설치와 운영」, 『이재룡박사환력기념한국사학논총』, 이재룡박사환력기념논총한국사학논총간행위원회.

呂恩暎, 1982, 「麗初 驛制形成에 대한 小考」, 『慶北史學』 5, 경북사학회.

오종록·박진우, 1990, 「고려말 조선초 향촌사회질서의 재편」, 『역사와 현실』 3, 한국역사연구회.

禹太連, 1987, 「高麗初 地名別號의 制定과 그 運用(上)」, 『慶北史學』 10, 경북사학회.

禹太連, 1988, 「高麗初 地名別號의 制定과 그 運用(中)」, 『慶北史學』 11, 경북사학회.

禹太連, 1989, 「高麗初 地名別號의 制定과 그 運用(下)」, 『慶北史學』 12, 경북사학회.

元昌愛, 1984, 「高麗 中·後期 監務增置와 地方制度의 變遷」, 『淸溪史學』 1, 한국정신문화연구원 대학원역사학과.

柳在春, 2000, 「麗末鮮初 東界地域의 變化와 治所城의 移轉·改築에 대하여 -강원도 영동지방을 중심으로-」, 『朝鮮時代史學報』 15, 朝鮮時代史學會.

尹京鎭, 1991, 「朝鮮初期 郡縣體制의 개편과 運營體系의 변화」, 『한국사론』 25, 서울대학교 국사학과.

윤경진, 1996, 「고려 태조대 군현제 개편의 성격 -신라 군현제와의 상관성을 중심으로-」, 『역사와 현실』 22, 한국역사연구회.

尹京鎭, 1997, 「高麗前期 鄕吏制의 구조와 戶長의 직제」, 『韓國文化』 20, 서울대학교 韓國文化硏究所.

尹京鎭, 1999a, 「≪高麗史≫ 地理志의 연혁정리 방식에 대한 비판적 검토」, 『奎章

閣』 22, 서울대학교 규장각한국학연구원.

尹京鎭, 1999b,「고려전기 戶長의 기능과 外官의 성격-지방행정체계상의 상관성을 중심으로-」,『國史館論叢』 87, 國史編纂委員會.

尹京鎭, 2000a,「古文書 자료를 통해 본 高麗의 地方行政體系」,『韓國文化』 25, 서울대학교 韓國文化研究所.

尹京鎭, 2000b,「≪高麗史≫ 地理志 정리의 기준 시점」,『韓國史研究』 110, 韓國史研究會.

尹京鎭, 2001a,「高麗 郡縣制의 운영원리와 州縣-屬縣 領屬關係의 성격」,『한국중세사연구』 10, 한국중세사학회.

尹京鎭, 2001b,「高麗 성종 14년의 郡縣制 改編에 대한 연구」,『韓國文化』 27, 서울대학교 韓國文化研究所.

尹京鎭, 2001c,「『慶州戶長先生案』舊案(慶州司首戶長行案)의 분석 -1281년~1445년 부분을 중심으로-」,『新羅文化』 19, 東國大學校 新羅文化研究所.

尹京鎭, 2002a,「高麗初期 在地官班의 정치적 위상과 지방사회 운영」,『韓國史研究』 116, 韓國史研究會.

尹京鎭, 2002b,「고려 성종 11년 읍호개정에 대한 연구 -고려초기 군현제의 구성과 관련하여-」,『역사와 현실』 45, 한국역사연구회.

윤경진, 2002c,「고려시기 所의 존재양태에 대한 試論」,『한국중세사연구』 13, 한국중세사학회.

尹京鎭, 2003a,「고려전기 界首官의 설정원리와 구성 변화 -『고려사』지리지 계수관 연혁의 補正을 겸하여-」,『震檀學報』 96, 진단학회.

윤경진, 2003b,「고려후기 先生案 자료를 통해 본 外官制의 변화」,『國史館論叢』 101, 國史編纂委員會.

윤경진, 2004,「고려전기 界首官의 운영체계와 기능」,『東方學志』 126, 연세대학교 국학연구원.

윤경진, 2005,「고려 界首官의 제도적 연원과 성립과정 -9州·12牧과의 연결성을 중심으로-」,『韓國文化』 36, 서울대학교 규장각한국학연구원.

尹京鎭, 2006a,「고려초기 10道制의 시행과 운영체계」,『震檀學報』 101, 진단학회.

윤경진, 2006b,「14-15세기 고문서 자료에 나타난 지방행정체계 -'陳省'의 발급과 송부체계를 중심으로-」,『古文書研究』 29, 韓國古文書學會.

윤경진, 2006c, 「고려전기 道의 다원적 편성과 5道의 성립」, 『東方學志』 135, 연세대학교 국학연구원.

윤경진, 2006d, 「15세기 古文書 二例의 소개와 분석 -「尹原生陳省牒呈」과 「錦城日記立案」-」, 『奎章閣』 29, 서울대학교 규장각한국학연구원.

윤경진, 2007a, 「『高麗史』 刑法志 公牒相通式 外官條의 분석」, 『역사문화연구』 27, 한국외국어대학교 역사문화연구소.

尹京鎭, 2007b, 「고려 태조대 都護府 설치의 추이와 운영」, 『군사』 64, 국방부 군사편찬연구소.

윤경진, 2007c, 「고려말 조선초 僑郡의 설치와 재편 -경상도 지역을 중심으로-」, 『韓國文化』 40, 서울대학교 규장각한국학연구원.

尹京鎭, 2008a, 「고려말 조선초 서해·남해안 僑郡 사례의 분석 -전라도·충청도·서해도 지역의 사례-」, 『韓國史學報』 31, 高麗史學會.

윤경진, 2008b, 「『高麗史』 지리지 '대경기' 기사의 비판적 검토 -공민왕 18년 경기 탁전(度田)으로의 재해석-」, 『역사와 현실』 69, 한국역사연구회.

윤경진, 2008c, 「고려 숙종-의종대 태후 관향 승격의 의미 -≪고려사≫ 지리지 연혁의 보정을 겸하여-」, 『국학연구』 13, 한국국학진흥원.

윤경진, 2009a, 「고려 무신집권기 功臣 貫鄕의 승격과 그 향방」, 『사회적 네트워크와 공간』, 태학사.

윤경진, 2009b, 「고려전기 京畿의 편성과 운영」, 『역사문화연구』 33, 한국외국어대학교 역사문화연구소.

윤경진, 2009c, 「고려초기 지방제도 개편과 都護府 -安東·安南의 置廢와 移動-」, 『한국중세사연구』 27, 한국중세사학회.

윤경진, 2009d, 「고려시대 西京畿의 형성과 재편 -≪고려사≫ 지리지 연혁의 補正을 중심으로-」, 『東方學志』 148, 연세대학교 국학연구원.

윤경진, 2010a, 「고려 문종 21년 南京 설치에 대한 재검토 -공양왕 2년 한양 천도의 합리화-」, 『韓國文化』 49, 서울대학교 규장각한국학연구원.

윤경진, 2010b, 「고려 태조대 鎭 설치에 대한 재검토 -禮山鎭·神光鎭을 중심으로-」, 『韓國史學報』 40, 고려사학회.

윤경진, 2010c, 「『고려사』 식화지(食貨志) 외관록(外官祿) 규정의 기준 시점과 성립 배경」, 『역사와 현실』 78, 한국역사연구회.

윤경진, 2010d, 「고려 태조-광종대 북방 개척과 州鎭 설치 -『高麗史』 地理志 北界 州鎭 연혁의 분석과 補正-」, 『奎章閣』 37, 서울대학교 규장각 한국학연구원.

윤경진, 2011a, 「고려 성종~현종초 북방 개척과 州鎭 설치」, 『역사문화연구』 38, 한국외국어대학교 역사문화연구소.

윤경진, 2011b, 「고려 현종말~문종초 北界 州鎭 설치와 長城 축조」, 『軍史』 79, 국방부 군사편찬연구소.

윤경진, 2011c, 「고려전기 東界 북부 지역 州鎭의 설치 과정」, 『한국중세사연구』 31, 한국중세사학회.

윤경진, 2011d, 「『高麗史』 地理志의 구성 양태와 분류체계」, 『慶尙史學』 27, 경상대학교 경상사학회.

윤경진, 2012a, 「『三國史記』 地理志의 기준 시점과 연혁 오류」, 『韓國史研究』 156, 韓國史研究會.

윤경진, 2012b, 「『三國史記』 地理志 수록 군현의 三國 分屬」, 『韓國史學報』 47, 고려사학회.

윤경진, 2012c, 「泰封의 지방제도 개편 -『三國史記』 地理志 高句麗조의 분석을 중심으로-」, 『東方學志』 158, 연세대학교 국학연구원.

윤경진, 2012d, 「『高麗史』 地理志 '신설' 군현의 연원 -『三國史記』 地理志와의 비교를 중심으로-」, 『新羅文化』 40, 동국대학교 신라문화연구소.

윤경진, 2012e, 「『高麗史』 地理志 고려초기 改號 기사의 자료적 기반과 정리 방식」, 『震檀學報』 115, 진단학회.

윤경진, 2012f, 「『高麗史』 地理志 고려초기 외관 설치 및 영속관계 편성기사 분석」, 『韓國文化』 59, 서울대학교 규장각한국학연구원.

윤경진, 2012g, 「고려 인종 21년 縣令 增置와 영속관계 개편 -『高麗史』 지리지 관련 기사의 분석과 재구성-」, 『사림』 43, 수선사학회.

윤경진, 2013, 「고려 按察使의 연원과 '五道按察使'의 성립」, 『韓國文化』 61, 서울대학교 규장각한국학연구원.

윤경진, 2014, 「고려시대 按察使의 기능에 대한 재검토 -군사 및 사법 기능을 중심으로-」, 『韓國文化』 65, 서울대학교 규장각한국학연구원.

尹武炳, 1953a, 「高麗北界地理考(上)」, 『歷史學報』 4, 역사학회.

尹武炳, 1953b, 「高麗北界地理考(下)」, 『歷史學報』 5, 역사학회.

尹武炳, 1956, 「所謂 '赤縣'에 對하여」, 『李丙燾博士華甲紀念論叢』, 일조각.

尹武炳, 1962, 「高麗時代 州府郡縣의 領屬關係와 界首官」, 『歷史學報』 17·18, 역사학회.

尹熙勉, 1982, 「新羅下代의 城主·將軍 -眞寶城主 洪術과 載岩城將軍 善弼을 中心으로-」, 『韓國史硏究』 39, 韓國史硏究會.

이강한, 2012, 「1308~1310년 고려내 "牧·府 신설"의 내용과 의미 -충선왕대 지방제도[계수관제] 개편방향에 대한 검토-」, 『韓國史硏究』 158, 韓國史硏究會.

李京兒, 1997, 「高麗後期 鄕吏의 變化樣相」, 『典農史論』 3, 서울市立大學校 國史學科.

이경아, 2001, 「원간섭기 부세제 운영을 통해서 본 향리의 지위 변화」, 『典農史論』 7, 서울市立大學校 國史學科.

李慶喜, 1994, 「高麗時代 鄕吏制度에 관한 硏究史的 檢討」, 『釜山女大史學』 12, 釜山女子大學校 史學會.

李慶喜, 1995, 「高麗初期 尙州牧의 郡縣編成과 屬邑統治의 實態 -若木郡內 鄕吏組織의 運營實態를 중심으로-」, 『한국중세사연구』 2, 한국중세사연구회.

李基白, 1965, 「고려 地方制度의 整備와 州縣軍의 成立」, 『曉城趙明基博士華甲紀念 佛敎史學論叢』, 曉城趙明基博士華甲紀念 佛敎史學論叢 刊行委員會.

李文基, 1990, 「統一新羅의 地方官制 硏究」, 『國史館論叢』 20, 국사편찬위원회.

李相瑄, 1987, 「高麗時代의 莊·處에 대한 再考 -王室의 莊·處를 中心으로-」, 『震檀學報』 64, 진단학회.

李相泰, 1994, 「朝鮮初期 地理志 編纂의 再檢討」, 『芝邨金甲周敎授華甲紀念史學論叢』, 刊行委員會.

李成茂, 1970, 「朝鮮 初期의 鄕吏」, 『韓國史硏究』 5, 韓國史硏究會.

李樹健, 1971, 「朝鮮初期 郡縣制 整備에 대하여」, 『영남사학』 1, 영남대학교 사학회.

李樹健, 1972, 「朝鮮朝 郡縣制의 一形態 -「越境地」에 대하여-」, 『東洋文化』 13, 영남대학교 동양문화연구소.

李樹健, 1989, 「高麗時代 「邑司」硏究」, 『國史館論叢』 3, 국사편찬위원회.

李樹健, 1997, 「高麗時代 支配勢力과 鄕吏」, 『啓明史學』 8, 啓明史學會.

李純根, 1983, 「高麗初 鄕吏制의 成立과 實施」, 『金哲埈博士華甲紀念史學論叢』, 金哲埈博士華甲紀念史學論叢 刊行準備委員會.

李純根, 1986, 「高麗時代 事審官의 機能과 性格」, 『高麗史의 諸問題』, 삼영사.

이순근, 1987, 「羅末麗初 「豪族」용어에 대한 연구사적 검토」, 『논문집』 19, 성심여자대학.

李純根, 1989, 「羅末麗初 地方勢力의 構成形態에 관한 一硏究」, 『韓國史硏究』 67, 韓國史硏究會.

李佑成, 1961, 「麗代 百姓考 -高麗時代 村落構造의 一斷面-」, 『歷史學報』 14, 역사학회.

李佑成, 1964, 「高麗朝의 「吏」에 對하여」, 『歷史學報』 23, 역사학회.

이인재, 1990, 「고려 중후기 지방제 개혁과 감무」, 『外大史學』 3, 한국외국어대학교 사학연구소.

이인재, 1993, 「高麗末 按廉使와 都觀察黜陟使」, 『역사연구』 2, 역사학연구소.

이정기, 2008, 「고려시기 양계 병마사의 성립과 기능」, 『한국중세사연구』 24, 한국중세사학회.

이정기, 2013, 「고려시기 동계 영역의 변동과 도호부의 이동」, 『한국민족문화』 47, 부산대학교 한국민족문화연구소.

이정신, 2001, 「원간섭기 동녕부의 존재형태」, 『韓國中世社會의 諸問題 -金潤坤敎授定年紀念論叢-』, 韓國中世史學會.

이진한, 1997, 「고려시대 初仕外官職의 운영과 녹봉」, 『韓國史學報』 2, 고려사학회.

이진한, 2002, 「고려시대 守令職의 제수 자격」, 『史叢』 55, 歷史學硏究會.

李鎭漢, 2003, 「高麗時代 守令의 京職 兼帶」, 『震檀學報』 95, 진단학회.

李鎭漢, 2004, 「高麗時代 土地制度의 變化와 鄕吏」, 『東方學志』 125, 연세대학교 국학연구원.

李海濬, 1984, 「鳥道地域의 歷史的 背景」, 『島嶼文化』 2, 목포대학교 도서문화연구소.

李惠玉, 1985, 「高麗時代 守令制度」, 『梨大史苑』 21, 이화여자대학교 사학과.

李惠玉, 1988, 「高麗時代의 鄕役」, 『梨花史學硏究』 17·18, 이화사학연구소.

李弘斗, 1999, 「高麗 部曲의 郡縣昇格과 賤人의 身分上昇」, 『實學思想硏究』 10·11, 毋岳實學會.

이홍두, 2000, 「慶州府 所屬 部曲의 存在形態」, 『慶州文化硏究』, 慶州大學校 慶州文化硏究所.

李勛相, 1985, 「高麗中期 鄕吏制度의 變化에 대한 一考察」, 『東亞硏究』 6, 서강대학교 동아연구소.

李義權, 1986,「高麗의 郡縣制度와 地方統治政策 -主·屬縣 考察을 中心으로-」,『高麗史의 諸問題』, 삼영사.

任先彬, 1998,「麗末鮮初 京外官職 分化와 使臣的 外官의 專任外官化」,『朝鮮時代의 社會와 思想』, 朝鮮社會硏究會.

林承豹, 1990,「朝鮮時代 邑號陞降에 관한 硏究(上) -地方統治制度 硏究의 一環으로-」,『민족문화』 13, 민족문화추진회.

林承豹, 1991,「朝鮮時代 邑號陞降에 관한 硏究(中) -地方統治制度 硏究의 一環으로-」,『민족문화』 14, 민족문화추진회.

林承豹, 1992,「朝鮮時代 邑號陞降에 관한 硏究(下) -地方統治制度 硏究의 一環으로-」,『민족문화』 15, 민족문화추진회.

林容漢, 1996,「麗末鮮初의 守令制 改革論」,『人文學硏究』 창간호, 경희대학교 인문학연구소.

林容漢, 2002,「고려후기 守令의 사법권 및 行刑範圍의 확대와 그 성격」,『韓國史論』 33, 國史編纂委員會.

張東翼, 1983,「高麗後期 守令 任命 實態 -14세기 慶州·永州·安東·羅州 先生案을 중심으로-」,『경북대학교 논문집』 36, 경북대학교.

張炳仁, 1989,「朝鮮初期의 觀察使」,『韓國史論』 4, 서울대학교 국사학과.

全基雄, 1987,「羅末麗初의 地方社會와 知州諸軍事」,『慶南史學』 4, 경남사학회.

全德在, 1997,「新羅 下代 鎭의 設置와 性格」,『軍史』 35, 國防軍史硏究所.

전덕재, 2006,「泰封의 地方制度에 대한 考察」,『新羅文化』 27, 東國大學校 新羅文化硏究所.

鄭求先, 1998,「高麗時代의 守令薦擧制」,『關東史學』 8, 關東大學校 關東史學會.

鄭杜熙, 1976a,「朝鮮初期 地理志의 編纂(1)」,『歷史學報』 69, 역사학회.

鄭杜熙, 1976b,「朝鮮初期 地理志의 編纂(2·完)」,『歷史學報』 70, 역사학회.

정요근, 2001,「高麗前期 驛制의 整備와 22驛道」,『韓國史論』 45, 서울대학교 국사학과.

정요근, 2005,「7~11세기 경기도 북부지역에서의 간선교통로 변천과 '長湍渡路'」,『韓國史硏究』 131, 韓國史硏究會.

정요근, 2006,「고려전기의 驛屬層과 지방 행정단위로서의 驛」,『震檀學報』 101, 진단학회.

정요근, 2008, 「後三國時期 高麗의 남방진출로 분석」, 『韓國文化』 44, 서울대학교 규장각한국학연구원.

정요근, 2009a, 「고려시대 驛 분포의 지역별 불균등성」, 『지역과 역사』 24, 부경역사연구소.

정요근, 2009b, 「후삼국시기 고려의 '주(州)'·'부(府)' 분포와 그 설치 의미」, 『역사와 현실』 73, 한국역사연구회.

정요근, 2010, 「고려시대와 조선전기 전남지역의 역로망 구성과 그 특징」, 『지방사와 지방문화』 13-1, 역사문화학회.

정요근, 2011a, 「여말선초 군현 간 합병·통합과 신읍치(新邑治)의 입지 경향」, 『역사와 현실』 80, 한국역사연구회.

정요근, 2011b, 「통일신라시기의 간선교통로 -王京과 州治·小京 간 연결을 중심으로-」, 『한국고대사연구』 63, 한국고대사학회.

정요근, 2012, 「고려~조선전기 전라도 서남해상 島嶼지역의 郡縣 편제와 그 변화」, 『島嶼文化』 39, 목포대학교 島嶼文化연구원.

정요근, 2015, 「고려~조선시대 낙동강 상류 지역의 越境地 분석」, 『韓國文化』 71, 서울대학교 규장각한국학연구원.

정은정, 2004, 「고려전기 경기의 형성과 대경기제」, 『한국중세사연구』 17, 한국중세사학회.

鄭清柱, 1988, 「新羅末·高麗初 豪族의 形成과 變化에 대한 一考察 -平山朴氏의 一家門의 實例 檢討-」, 『歷史學報』 18, 역사학회.

鄭清柱, 1991, 「新羅末·高麗初의 羅州豪族」, 『전북사학』 14, 전북대학교 사학회.

趙榮濟, 1980, 「高麗初期 鄕吏職의 由來에 對한 小考 -鄕吏職名의 變化를 中心으로-」, 『釜大史學』 4, 釜山大學校史學會.

趙榮濟, 1982, 「高麗前期 鄕吏制度에 대한 一考察 -制度上의 變化를 中心으로-」, 『釜山史學』 6, 부산사학회.

진영일, 2004, 「고려기 탐라파견 외관 고찰」, 『耽羅文化』 24, 濟州大 耽羅文化硏究所.

蔡尙植, 1982, 「淨土寺址 法鏡大師碑 陰記의 分析 -高麗初 地方社會와 禪門의 構造와 관련하여-」, 『韓國史硏究』 36, 韓國史硏究會.

蔡雄錫, 1986, 「高麗前期 社會構造와 本貫制」, 『高麗史의 諸問題』, 삼영사.

蔡雄錫, 1989, 「高麗時代 香徒의 社會的 性格과 變化」, 『國史館論叢』 2, 국사편찬위

원회.

蔡雄錫, 1995,「郡縣制와 鄕村社會」,『韓國歷史入門② 中世편』, 풀빛.

千寬宇, 1958,「閑人考 -고려 初期 地方統制에 關한 一考察-」,『社會科學』2, 韓國社會科學硏究會.

崔圭成, 1997,「高麗初期 郡縣制 改編」,『祥明史學』5, 祥明史學會.

崔柄憲, 1978,「新羅末 金海地方의 豪族勢力과 禪宗」,『韓國史論』4, 서울대학교 국사학과.

崔先惠, 1994,「高麗末·朝鮮初 地方勢力의 動向과 觀察使의 派遣」,『震檀學報』78, 진단학회.

崔先惠, 1997,「고려末·조선初 觀察使論의 전개와 中央集權體制의 정비」,『國史館論叢』76, 국사편찬위원회.

崔貞煥, 1996,「高麗 地方制度의 整備와 道制」,『慶北史學』19, 慶北史學會.

崔貞煥, 1997,「高麗兩界의 成立過程과 그 時期」,『啓明史學』8, 啓明史學會.

崔貞煥, 1998a,「高麗後期 5道 兩界의 變遷」,『한국중세사연구』5, 한국중세사학회.

崔貞煥, 1998b,「高麗時代 5道 兩界의 成立」,『慶北史學』2, 慶北大學校 慶北史學會.

최종택, 1998,「麗末鮮初 地方品官의 成長 過程」,『學林』15, 연세대학교 사학연구회.

崔惠淑, 1999,「高麗時代 南京의 領域」,『鶴山金廷鶴博士頌壽紀念 韓國史學論叢』, 한국사학논총간행위원회.

河日植, 1997,「新羅 統一期의 王室 直轄地와 郡縣制 -菁堤碑 貞元銘의 力役 運營事例 分析-」,『東方學志』97, 연세대학교 국학연구원.

하일식, 1999,「고려초기 지방사회의 주관(州官)과 관반(官班) -금석문 자료 분석을 통한 시론적(試論的) 해석-」,『역사와 현실』34, 한국역사연구회.

河炫綱, 1962a,「高麗 地方制度의 一硏究(上) -道制를 中心으로-」,『史學硏究』13, 한국사학회.

河炫綱, 1962b,「高麗 地方制度의 一硏究(下) -道制를 中心으로-」,『史學硏究』14, 한국사학회.

河炫綱, 1975,「地方勢力과 中央貴族」,『한국사』5, 국사편찬위원회.

河炫綱, 1977a,「高麗王朝의 成立과 豪族聯合政權」,『한국사』4, 국사편찬위원회.

河炫綱, 1977b,「豪族과 王權」,『한국사』4, 국사편찬위원회.

하현강, 1993,「지방 통치조직의 정비와 그 구조」,『한국사』13, 국사편찬위원회.

한국역사연구회 나말여초연구반, 1991「나말여초 호족의 연구동향 -1960년대 연구를 중심으로-」,『역사와 현실』5, 한국역사연구회.

韓㳓劤, 1961,「麗代의 其人選上規制」,『歷史學報』14, 역사학회.

한정훈, 2007,「고려시대 13조창과 주변 교통로 연구」,『한국중세사연구』23, 한국중세사학회.

한정훈, 2008,「고려전기 兩界의 교통로와 운송권역」,『韓國史硏究』141, 韓國史硏究會.

한정훈, 2013,「고려·조선 초기 낙동강유역 교통 네트워크 연구」,『大丘史學』110, 대구사학회.

허인욱, 2001,「高麗 中期 東北界에 대한 考察」,『白山學報』59, 白山學會.

洪承基, 1989,「高麗後期 事審官制度의 運用과 鄕吏의 中央進出」,『동아연구』17, 서강대학교 동아연구소.

洪承基, 2000,「高麗前期의 事審과 鄕吏」,『歷史學報』166, 역사학회.

洪淵津, 1993,「高麗前期 道制의 成立과 그 性格」,『釜大史學』17, 釜山大學校史學會.

홍영의, 2011,「여말선초 개성부의 위상과 판사(유후)의 역할」,『韓國學論叢』35, 국민대학교 한국학연구소.

黃善榮, 1994,「新羅下代의 府」,『한국중세사연구』창간호, 한국중세사연구회.

黃善榮, 1999,「高麗初期 地方統治의 再檢討」,『한국중세사연구』7, 한국중세사학회.

황인규, 1991,「『高麗史』地理志 '高麗初' '高麗'의 時期 比定試考」,『東國歷史教育』3, 東國大學校 歷史教育科.

황희경, 2001,「高麗 長吏의 職制와 그 變遷」,『全北史學』24, 全北史學會.

김유철, 1987a,「군현제연구의 견지에서 본 ≪고려사≫ 식화지 록봉조 외관록에 관한 기사의 사료적 가치(1)」,『력사과학』, 과학백과사전출판사.

김유철, 1987b,「군현제연구의 견지에서 본 ≪고려사≫ 식화지 록봉조 외관록에 관한 기사의 사료적 가치(2)」,『력사과학』, 과학백과사전출판사.

김유철, 1989,「고려봉건국가의 1018년 지방통치제도 개편에 대한 간단한 고찰」,『력사과학』1989-2, 과학백과사전출판사.

조복동, 1987,「『高麗史』지리지의 편찬시기」,『력사과학』1987-1, 과학백과사전출판사.

조복동, 1988, 「『高麗史』지리지 연구」, 『력사과학론문집』 13.

조복동, 1989, 「강좌: 고려시기 속현제에 대하여」, 『력사과학』, 과학백과사전출판사.

지승철, 1990, 「『삼국사기』 지리지 미상령현에 대하여」, 『력사과학』 1990-4, 과학백과사전출판사.

지승철, 1991, 「『삼국사기』 지리지의 미상지명가운데 일부 지명에 대한 재검토」, 『력사과학』 1991-4, 과학백과사전출판사.

지승철, 1993, 「『삼국사기』 지리지 미상지명 중 몇 개 지명에 대하여」, 『력사과학』 1993-2, 과학백과사전출판사.

江原正昭, 1979, 「高麗朝外官の歴史的展開 -防禦使中心として-」, 『旗田巍先生古稀記念 朝鮮歷史論集』 上, 旗田巍先生古稀記念會 龍溪書舍.

旗田巍, 1935, 「高麗の事審官」, 『東亞』 8-2(1972, 『朝鮮中世社會史の硏究』, 法政大學出版局).

旗田巍, 1960, 「高麗王朝成立期の府と豪族 -郡縣制度の性格の一端-」, 『法制史硏究』 10, 法制史學會(1972, 『朝鮮中世社會史の硏究』, 法政大學出版局).

旗田巍, 1961a, 「高麗李朝時代における郡縣制の一形成 -慶尙道安東府の屬縣部曲の編成と飛地-」, 『和田古稀紀念東洋史論叢』(1972, 『朝鮮中世社會史の硏究』, 法政大學出版局).

旗田巍, 1961b, 「高麗時代の賤民制度「部曲」について」, 『和田古稀紀念東洋史論叢』(1972, 『朝鮮中世社會史の硏究』, 法政大學出版局).

旗田巍, 1963, 「高麗史地理志について」, 『典籍論集』(1972, 『朝鮮中世社會史の硏究』, 法政大學出版局).

旗田巍, 1972, 「高麗時代の王室の花園 -莊·處-」, 『朝鮮中世社會史の硏究』, 法政大學出版局.

金鐘國, 1962, 「高麗時代の鄕吏について」, 『朝鮮學報』 25, 朝鮮學會.

藤田亮策, 1953, 「新羅九州五京攷」, 『朝鮮學報』 5, 朝鮮學會.

末松保和, 1938, 「高麗開城府考」, 『稻葉還曆記念滿鮮史論叢』.

武田幸男, 1962, 「淨兜寺五層石塔造成形止記 1 -高麗顯宗朝における若木郡の構造-」, 『朝鮮學報』 25, 朝鮮學會.

武田幸男, 1963,「高麗·李朝時代の屬縣」,『史學雜誌』72-8, 東京大學文學部內史學會.

武田幸男, 1964,「高麗時代の鄕職」,『東洋學報』47-2, 東洋學術協會.

北村倭人, 1976,「高麗末·李朝初期の鄕吏」,『朝鮮史硏究會論文集』13, 朝鮮史硏究會.

北村秀人, 1984,「高麗初期の在地支配機構管見」,『人文硏究 -史學-』36-9, 大阪市立大學文學部.

浜中昇, 1977,「十世紀末における高麗州郡制の施行」,『朝鮮學報』84, 朝鮮學會.

浜中昇, 1979,「『高麗史』食貨志外官祿條の批判」,『旗田巍先生古稀記念 朝鮮歷史論集』上, 旗田巍先生古稀記念會 龍溪書舍.

浜中昇, 1992,「高麗初期村落の性格をめぐって -血緣集團說の再檢討-」,『朝鮮學報』144, 朝鮮學會.

浜中昇, 1997,「『高麗史』地理志の批判 -顯宗九年條を中心に-」,『朝鮮社會の史的展開と東アジア』, 山川出版社.

西川孝雄, 2000,「高麗時代邑號陞降の硏究(2)」,『人間文化』15.

西川孝雄, 2001,「高麗時代邑豪降等の硏究 Ⅳ」,『人間文化』16.

矢木毅, 1990,「高麗官僚制度の槪觀 -外官への例調を中心に-」,『東洋史硏究』49-1

有井智德, 1955,「高麗の鄕吏について」,『東洋史學論叢』3.

六反田豊, 2001,「高麗時代の郡縣制」,『韓國文化』255.

井上秀雄, 1961,「三國史記地理志の史料批判」,『朝鮮學報』21·22, 朝鮮學會.

周藤吉之, 1976,「高麗初期の地方制度」,『高麗朝官僚制の硏究』, 法政大學出版局.

찾아보기

[ㄴ]

[ㄷ]

[ㅅ]

[ㅇ]

[ㅊ]

[ㅌ]

[ㅍ]

[ㅎ]

Abstract

A study on the local governing system in Goryeo Dynasty

The basic framework of the local governing system in Goryeo Dynasty was developed at the 9th year of reign of King Hyeonjong after several reorganizations since the foundation of Goryeo Dynasty. The local governing system at the 9th year of reign of King Hyeonjong can be defined as 'Juhyeon-Sokhyeon system(主縣屬縣制度)' in which Juhyeon(州縣, control county) and Sokhyeon(屬縣, subordinate county) are combined in one. This book studied the establishment and operation of 'Juhyeon-Sokhyeon system' and geographical features of 'Juhyeon-Sokhyeon unit(主縣屬縣單位)'. The results of the book are as follows.

Firstly, the study described the meaning of the establishment of the local governing system at the 9th year of reign of King Hyeonjong(顯宗) clearly by examining the establishment of 'Juhyeon-Sokhyeon system' in the course of reorganization of the local governing system in the early period of Goryeo Dynasty. 'Juhyeon-Sokhyeon system' established at the 9th year of reign of King Hyeonjong was a result of several reorganizations of the local governing system in the course of settlement of centralized Gunhyeon system after the foundation of Goryeo Dynasty. In particular, at 'Juhyeon-Sokhyeon system' at the 9th year of reign of King Hyeonjong supplemented limitation of 'Juhyeon system(州縣制度)' of the 14th year of King Seongjong(成宗). The two systems inherited historical experiences of the local governing system from the late Silla period.

Secondly, it sorted out basic facts on the structure and operation of the local governing system of Goryeo Dynasty. Gunhyeon units of Goryeo Dynasty which were recorded in Geography Section(地理志) of 『*Goryeo-sa*(高麗史)』 had equal status with independent region and eupsa(邑司) and were the basic units of the local governing by the state. In Goryeo Dynasty, local managements were not dispatched to all Gunhyeon units. The Goryeo government organized 'Johhyeon-Sokhyeon unit' through dispatching the local management on Juhyeon. The 'Johhyeon-Sokhyeon unit' was established to facilitate effective governing of Sokhyeon. Accordingly, the center of local governing through 'Juhyeon-Sokhyeon system' was 'Juhyeon-Sokhyeon unit' with Johhyeon and Sokhyeons. The central figure of operation was local management and Hyangri(鄕吏). In addition, there were Gyaesu-gwan(界首官) and Anchal-sa(按察使) as representative auxiliary systems for effective operation of 'Juhyeon-Sokhyeon system.'

Thirdly, to examine the background of organization of 'Juhyeon-Sokhyeon unit', the most important local governing unit in 'Juhyeon-Sokhyeon system' at the 9th year of reign of King Hyeonjong, the study selected some 'Juhyeon-Sokhyeon units' and examined their geographical characteristics. This is one of the key features of this study. As a result, it was found that historical experience and geographical factors of the local governing unit in the past were actively considered when 'Juhyeon-Sokhyeon unit' was established at the reign of King Hyeonjong. As there are many mountains in our country, mountain and mountain range have long been used as border between regions. Inparticular, the study specifically found that geographical factors were actively considered in the organization of 'Juhyeon-Sokhyeon unit' at the reign of King Hyeonjong of Goryeo. That is a very important finding of this study.

저자소개

박종진(朴鍾進)

1956년 서울 출생. 서울대학교 국사학과를 졸업하고 같은 대학 대학원에서 석사학위와 박사학위를 받았다. 1983년부터 1994년까지 울산대학교 사학과 부교수를 역임하였으며, 현재 숙명여자대학교 역사문화학과 교수로 재직 중이다.

주요 연구분야는 고려사이며 그중에서도 재정운영과 조세제도, 수도 개경, 지방제도 등이다.

『고려시기 재정운영과 조세제도』, 『譯註 『高麗史』 食貨志』(공저), 『고려시대 사람들은 어떻게 살았을까 1, 2』(공저), 『고려의 황도 개경』(공저), 『고려 500년 서울, 개경의 생활사』(공저) 등의 저서와 「忠宣王代의 財政改革策과 그 性格」, 「高麗末의 濟用財와 그 性格」, 「고려말·조선초 개성부의 위상」, 「고려초 지방제도 개편과 主縣屬縣制度의 성립」, 「고려왕조의 수도 개경의 경관」 등의 논문을 발표하였다.